A lanterna mágica de Mólotov

Rachel Polonsky

A lanterna mágica de Mólotov

Uma viagem pela história da Rússia

tradução
Sergio Mauro Santos Filho

todavia

Para Marc, com gratidão e amor

Vida… vidas, pessoas, revoluções, faces amadas apareceram, transformaram-se e esvaneceram entre Sparrow Hills e Primrose Hill; seus traços já quase desapareceram…

Aleksandr Herzen, *Passado e pensamentos*

… todas as nossas ideias têm origem em nossa ideia de lugar…

Oscar Milosz, *Os arcanos*

la forme d'une ville

Change plus vite, hélas! que le cœur d'un mortel

Charles Baudelaire, "Le Cygne"

I can't feel you anymore, I can't even touch the books you've read

Bob Dylan, "Idiot Wind"

Mapas **10**
Prólogo **15**

1. Românov **29**
2. Apartamento 61 **68**
3. A *bánia* **99**
4. Lutsinó **119**
5. Mozjinka **136**
6. Nóvgorod **156**
7. Stáraia Russa **176**
8. Rostov sobre o Don **198**
9. Taganrog **219**
10. Vólogda **239**
11. Arkhánguelsk **261**
12. Múrmansk e Barentsburg **279**
13. Archan e Irkutsk **294**
14. Ulan-Udé e Kiákhta **314**

Epílogo **331**
Nota **345**
Índice **351**

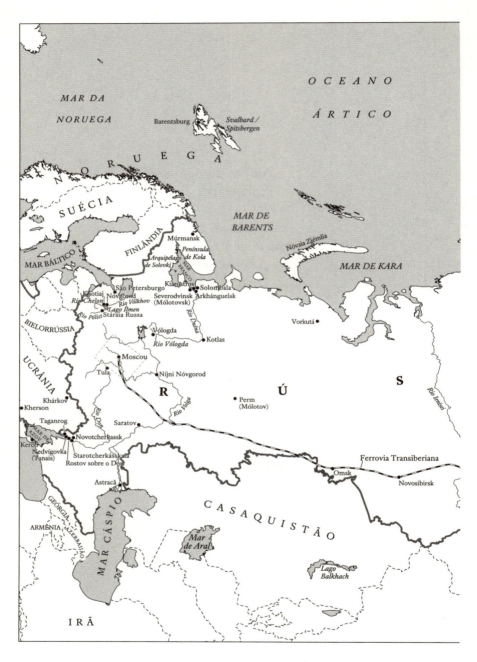

Mapa da Rússia mostrando alguns

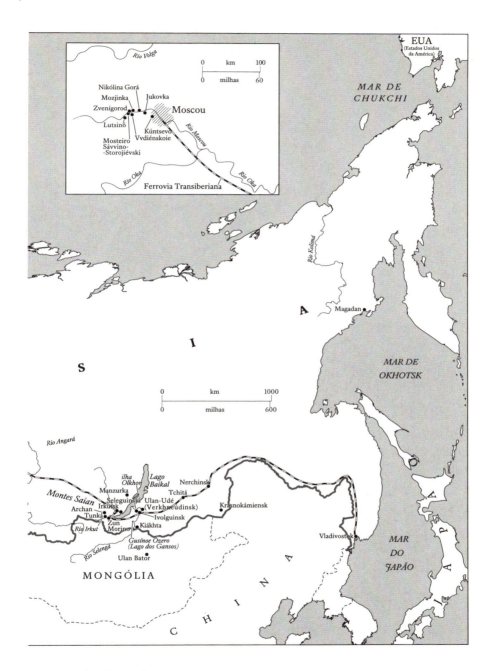

lugares referidos no livro

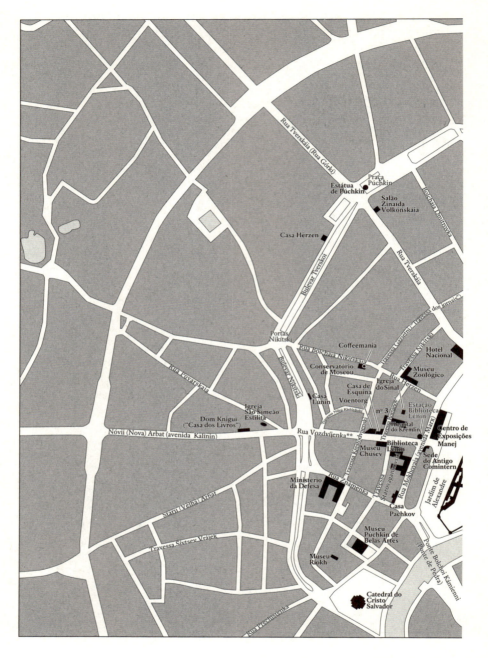

Mapa de Moscou mostrando alguns

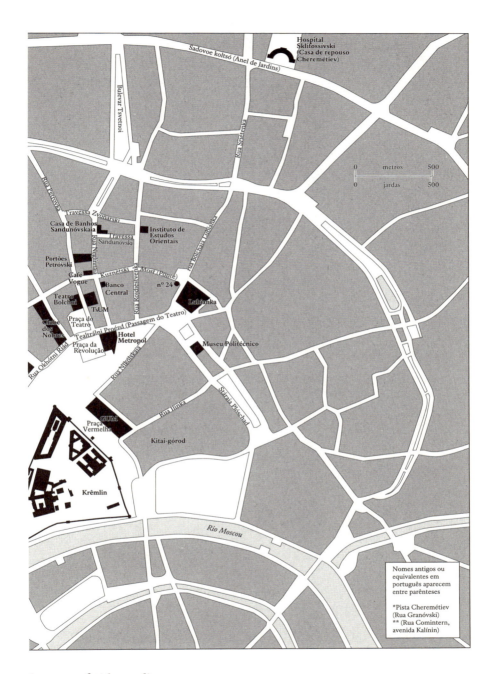

lugares referidos no livro

Prólogo

Em um canto da sala de visitas de Mólotov há uma lanterna mágica.

De costas para a janela que dá para a travessa Románov, seguro a alça de bronze da lanterna e aperto os olhos pela abertura de vidro daquele obelisco de mogno cinturado enquanto imagens esmaecidas passam com um leve estalido pelo carrossel de transparências. Um grupo de família, senhoras em antiquados trajes de banho com as mãos em pala, protegendo os olhos do sol, sorri diante de um rochedo no litoral da Crimeia para depois voltar à obscuridade, dando lugar a um xamã em transe que veste calças surradas e um chapéu amarrotado; uma roda de camponesas desliza em uma dança ritual, transformando-se em três imagens retocadas de casas de madeira e praças elegantes na cidade siberiana de Irkutsk.

"Pegue-as", disse o banqueiro em seu falar arrastado, agradável e esfumaçado, com as chaves de seu apartamento penduradas em um dedo. Ele fizera soar cedo nossa campainha ao descer as escadas em seu caminho habitual. "Você é a acadêmica, vai saber o que fazer com aquilo."

Havíamo-nos encontrado na noite anterior, durante a sua festa de boas-vindas a Moscou, em um dos outros apartamentos da Románov. Entre meu champanhe e seu Jack Daniel's eu lhe dissera, desajeitadamente, que eu era uma espécie de acadêmica fugitiva e não exatamente uma jornalista que trabalhava em um romance... Ele insistiu, como gostam de fazer alguns banqueiros, que não era um malvado capitalista e que amava os livros. Disse que sua verdadeira vocação era a política; por mais de uma década trabalhara quixotescamente para o Partido Democrata em seu estado natal, o Texas.

Nossa conversa ganhou novo fôlego quando ele me falou da biblioteca de Mólotov. Eu já sabia que o apartamento para o qual ele se mudara (bem em cima do nosso) tinha sido o lar em Moscou, nos últimos anos da longa vida, do mais leal assecla sobrevivente de Stálin. Não sabia que alguns dos pertences de Mólotov permaneciam no lugar – deixados ali por sua neta, que agora entregara o apartamento a banqueiros internacionais –, incluindo centenas de livros, alguns com dedicatórias ou com anotações a próprio punho, agora aparentemente esquecidos em um corredor dos fundos, nas prateleiras mais baixas de estantes fechadas.

Meu novo amigo banqueiro não fazia ideia do presente que me dava ao me estender as chaves. Nos meus primeiros e solitários momentos na vastidão do apartamento de Mólotov, com dispersos quartos apainelados e altos tetos de estuque, senti como se tivesse chegado a um destino. Era um dos destinos, então obscuros para mim, para os quais eu tinha me precipitado naquela infatigável primavera em Cambridge, onde a ânsia de me mudar se conformou em um plano para vir a Moscou. Mas um destino raramente é o que imaginamos, e a fortuna tem sempre um jeito de zombar de nossos desejos. Este é um dos estranhos prazeres ao se refletir sobre a história, incluindo a sua própria, quando se acredita ser movido pela sorte, pela providência, ou pelas artimanhas secretas da dialética.

Como eu deveria abordar a biblioteca abandonada de Viatcheslav Mólotov? Eu não viera para Moscou para me aprofundar em livros como estes. Tinha sido educada para valorizar os livros, mas aqueles volumes deteriorados eram resíduos de uma força maligna, ainda não extinta. Durante décadas o seu proprietário fora o segundo homem mais poderoso do império de Stálin, chefe da sua máquina de governo e o camarada mais próximo e confiável, um homem que havia diligentemente colaborado para os crimes do tirano, condenando milhões à morte. Enquanto eu erguia em pilhas vacilantes os livros que pegava nas prateleiras, surpreendi-me ao lembrar de um livro que lera em minha adolescência, presente do meu pai, cujo título era *A febre do Rouxinol*. Era um estudo, feito pelo acadêmico de Oxford, Ronald Hingley, sobre a vida e a obra de quatro poetas russos – Anna Akhmátova, Óssip Mandelstam, Marina Tsvetáieva e Boris Pasternak –, "rouxinóis" que nunca cessariam de cantar, todos perseguidos de maneira brutal e requintada pelo estado soviético, cujo poder Mólotov foi tão ativo em construir e sustentar. Fiquei então sensibilizada pela maneira como, na Rússia, a força da poesia era confirmada pelos políticos, a se considerarem as reações a estes quatro poetas por parte dos homens do Krêmlin, que pensavam poder comandar a história. No entanto, estes homens não passavam de monstros na sombra das histórias dos poetas que meu pai me dera.

Li os versos sem enxergar através do véu do meu russo escasso, embora fosse compelida pelos sons e ritmos e pelo muito que Mandelstam designou como "realidade monstruosamente condensada" que o modesto exterior da arte lírica contém. Algumas passagens permaneceram na minha mente, como o primeiro par de versos de um dos poemas da primeira coletânea de Mandelstam, "Pedra":

Foi-me dado um corpo, o que devo dele fazer?
Tão único e tão meu?

Só poderia ter lido este poema de 1909 – ao mesmo tempo tão simples e tão sofisticado – permeada pelo conhecimento da morte de Mandelstam em um campo de transição de um Gúlag três décadas depois. "Pela tranquila alegria de respirar e viver, a quem, diga-me, devo agradecer?" perguntou o poeta:

Sou ao mesmo tempo jardineiro e flor,
nas masmorras do mundo não estou só.

A história é ardilosa e molda estranhas reciprocidades. "Se Mólotov não existisse", disse Stálin, "seria necessário inventá-lo". Os poetas rouxinóis, cujos cantos o Partido não conseguiu silenciar, devem sua trágica grandeza a assassinos como Mólotov. A viúva de Mandelstam, Nadiéjda, disse em suas memórias, *Esperança contra Esperança*, que a imagem de "chefes de fino pescoço" no curto poema que Mandelstam escreveu sobre a tirania de Stálin (e que o levou à sua primeira prisão, em 1934) fora inspirada pela visão "do pescoço fino de Mólotov emergindo do colarinho e pela pequena cabeça que o coroava. 'Exatamente como um gato', disse Mandelstam, apontando para um retrato de Mólotov". No decorrer dos acontecimentos, Mólotov até fez uma gentileza a Mandelstam. Foi ele quem providenciou para Mandelstam uma viagem à república meridional da Armênia no final dos anos 1920 (quando seus dons de poeta se haviam exaurido por anos), instruindo a organização local do Partido a vigiar de perto o poeta e sua mulher. "A Armênia restaurou o dom da poesia em Mandelstam", lembrou a viúva Nadiéjda, "e um novo período de sua vida começou."

Olhar para o passado é como assistir a uma projeção de lanterna mágica. "A memória é estruturada como um projetor, de maneira a iluminar momentos descontínuos", disse Akhmátova, "deixando uma inconquistável escuridão em toda a volta". Tenho um pequeno conjunto de imagens prontas a serem evocadas conforme o desejo de meu olho mental, que iluminam momentos em meu caminho rumo ao apartamento de Mólotov.

Lembro-me das letras douradas na lombada de um livro preto nas prateleiras do gabinete de meu pai – *O significado da história,* de Nikolai Berdiáiev –, junto às quais eu dormi na minha infância, por algumas semanas, em uma cama de campanha. Eu nunca abri o livro (no qual, descobri mais tarde, meu avô anotou a lápis seu nome, no ano de 1937, em Adelaide, Austrália do Sul), mas a afirmação na sua lombada – a história com um significado – se enraizou na minha mente, associada a um nome russo.

Construí uma imagem de Moscou pela primeira vez em uma tarde seca da primavera de 1980, quando caminhava com uma colega de quinze anos de idade, voltando do Museu de Belas Artes Púchkin para o Hotel Bucareste, no lado afastado do rio. Estávamos incertas quanto ao caminho. Compramos sorvetes em um quiosque. Eles eram conhecidos como *lákomki,* colunas brancas de creme gelado cobertas com calda de chocolate granulado, que nós conviemos ser o mais delicioso que já havíamos provado. Caminhamos por trás dos muros do Krêmlin pelo Jardim de Alexandre, cruzamos a Praça Vermelha, acompanhamos o rio e entabulamos uma autoconsciente conversa intelectual (a primeira da minha vida) sobre o cubismo e o comunismo soviético, que achávamos que nunca acabaria, e encontramos alguns elos cruciais entre ambos. A cidade estava vazia e fechada em si. Parecia-me que Moscou era cheia de mistérios cuidadosamente encerrados e que éramos exploradoras invisíveis, intocáveis e livres.

Esta foi a primeira das várias ocasiões em que me aproximei deste lugar enquanto vagava pela vizinhança. Em nossa caminhada, minha amiga e eu devemos ter passado não muito longe do edifício da Románov, no tempo em que suas centenas de apartamentos ainda serviam como residência para as altas esferas da *nomenklatura* soviética, a elite privilegiada do aparelho de Estado e do Exército Vermelho. Era como se a memória intuísse, a despeito da minha cabeça pensante, este futuro particular entre a infinidade de futuros possíveis. Como se guardasse essa imagem para que eu pudesse justapô-la à minha visão atual da cidade, pela janela da frente na escura quietude do apartamento de Mólotov, olhando através do Hospital do Krêmlin no velho Palácio Cheremiétiev na direção da rua Mokhovaia (então avenida Marx), a qual certamente atravessamos naquele dia.

Pelas janelas de trás posso ver a Voentorg, a loja militar de departamentos na rua Vozdvíjenka, em cujas prateleiras despidas encontrei, no fim dos anos 1980, uma gravação de Akhmátova declamando o "Réquiem", sua suíte poética sobre o terror stalinista. Não foi muito depois do dia, em 1986, em que a celebração funerária de Mólotov promoveu uma vigília neste apartamento do qual a KGB removera todos os papéis particulares e fotografias considerados importantes para o Estado. O registro da voz arranhada no vinil, na soturna loja de departamentos, era um sinal débil e improvável de que o estado comunista estava prestes a definhar, em uma dialética bastante díspare daquela que o incansável estudo de Mólotov sobre marxismo-leninismo o levou a esperar.

Lembro-me também de um momento de árido conflito com o homem que hoje é meu marido. Estávamos de pé com uns amigos do lado fora da estação Biblioteca Lênin do metrô, sob os altos pilares da Casa Pachkov. Fazia frio, todos estávamos famintos (não existiam ainda na cidade os cafés luminosos) e não conseguíamos concordar sequer em onde atravessar a rua. Adoro a surpresa que o futuro nos ocultava: nosso lar, que compartilharíamos com as crianças, a apenas algumas centenas de metros da nossa penúria naquela esquina ventosa.

Guardo memórias mais próximas. O apartamento na faculdade do professor de russo, que morreu algumas semanas antes de eu assumir minha bolsa em Cambridge, é certamente parte da história. Ele aprendera a língua nas Forças Armadas, quando serviu nos comboios de ajuda dos Aliados aos portos soviéticos no Ártico e, depois da guerra, quando o russo se tornou uma disciplina de graduação na universidade, devotou a vida ao ensino da literatura russa e à leitura. O velho estudioso ficou conhecido por sua grande estatura, pelo sarcasmo, pela erudição e por um particular interesse pelo pensador conservador de meados do século XIX, Appolon Grigóriev. Morreu sem deixar testamento, sem ter publicado nada a não ser uma edição de *Pais e Filhos*, de Ivan Turguêniev, com as palavras acentuadas. Por que deveria eu escrever, perguntava ele, quando posso ler cinquenta vezes mais no mesmo tempo em que produziria um artigo acadêmico de escasso valor?

A faculdade não sabia o que fazer com o caos de livros e papéis – escombros de uma civilização privada – empilhados em meio a sapatos velhos e frascos de remédio pela metade. O tesoureiro da faculdade pediu-me para dar uma olhada, e eu perdi vários dias selecionando e decidindo ineficientemente quais volumes deveriam ser mantidos na biblioteca. Eu poderia ficar com o que quisesse do restante ou escolher quais deveriam ser doados ou descartados. O que significou para mim estar sozinha, podendo fazer o que quisesse dos livros do falecido? "Pergunte-me minha biografia e eu lhe direi que livros li", disse Mandelstam. A biblioteca do professor de russo revelou a mais profunda cultura e um verdadeiro amante de livros que viveu quase isolado do mundo, como então era possível aos estudiosos. Comprara aqueles livros em diversas cidades, cujos nomes – Arkhánguelsk, Moscou, Helsinque, Paris, Londres –, assim como as datas de compra, estavam neles manuscritos ao lado de seu próprio nome: E. Sands. *A questão judaica*, uma brochura da Penguin, estava datada: "Fev. 1939". Um Novo Testamento em russo, encadernado em capa preta, publicado pela Sociedade Bíblica, continha a inscrição "Cambridge Nov. 1942". Teria ele levado consigo nos comboios para a União Soviética de Stálin? Nele havia um fragmento de papel onde transcrevera, metade em francês, metade em latim, uma passagem sobre o casamento, extraída da primeira carta de São Paulo aos Coríntios: "Mais s'ils manquent de continence… melius est enim nubere" (Mas se lhes falta continência [deixe que se casem]; pois é melhor casar-se [do que arder em chamas]). Havia, deixados no meio das páginas à guisa de marcadores, fragmentos de papel com efemérides, eventos externos de uma vida em que dramas reais tinham lugar: cartões anunciando homenagens a acadêmicos falecidos, que a cada semana chegavam avulsos nos escaninhos; faturas de livrarias; notas de graduandos abjetos sobre ensaios atrasados e supervisões canceladas; cartões-postais de colegas em férias; impressões coloridas de uma série satírica do século XIX intitulada *As alegres mulheres de Paris*, de Gavarni. Seu lápis havia feito anotações em muitos destes livros, a maior parte corrigindo gralhas ou observando erros factuais; ocasionalmente incluía referências cruzadas que abrangiam toda a extensão da literatura russa, ou mesmo além dela. Eu o imaginava na poeirenta luz do entardecer, sentado na cadeira ao lado da janela, o som moído dos ônibus na rua, o livro descansando em suas pernas cruzadas, o lápis a postos. Possuía uma vasta coleção de literatura francesa e de romances franceses em edições soviéticas. No final dos anos 1980 lera uma tradução russa de *Sodoma e Gomorra*, de Marcel Proust, assinalando criticamente algumas passagens, e deixando um pedaço de envelope amarrotado marcando a página na qual o narrador Marcel percebe, após oitenta páginas de obsessivo tormento, que seu ciúme de várias mulheres que Albertine poderia ter amado subitamente fenecera. Nele, Sands anotou uma única frase, do romance em versos de Aleksandr Púchkin, *Evguiêni Oniéguin* (apenas três palavras em russo): "NB: 'a ciência da terna paixão'".

Será possível encontrar em meio aos livros de uma pessoa mapas secretos que nos indiquem um caminho por entre as defesas de sua essência? Há uma cena no capítulo sete de *Evguiêni Oniéguin*, após Oniéguin ter partido em suas andanças, na qual Tatiana, que o ama, encontra-se sozinha no gabinete dele. Ela lê avidamente e, sob o retrato de Byron e a estatueta de Napoleão, Tatiana explora um novo mundo, tentando decifrar a misteriosa essência do homem a partir das marcas deixadas pelas unhas nas páginas dos livros e das anotações feitas pelo lápis dele.

Por toda parte a alma de Oniéguin
Involuntariamente se revela
Por uma breve palavra, por uma cruz
Ou por um ponto de interrogação

Livros velhos são objeto de um tipo de desejo misterioso e compulsivo, nutrido por uma intuição obstinada de que ao serem manuseados, o passado revelaria seus segredos, como se algum significado espiritual ulterior habitasse sua própria matéria. Livros são o cenário e o palco de seus próprios destinos, disse Walter Benjamin. Ao mirá-los vislumbramos o passado distante que eles encerram. Os livros que contemplei naquela tarde na sala de Sands compunham a arquitetura de uma biografia, e ele, mesmo na ausência de um testamento, acabou por deixar-me um legado. Dispus lado a lado, no tapete, dois livros separados entre si por meio século: uma brochura branca e alaranjada da Penguin com contos russos selecionados pelo exilado político S. S. Koteliansky ("Kot", para Virginia Woolf) com a dedicatória *"Do svidânia"* – "Até logo" – na capa, e um perfil displicentemente rabiscado na página de rosto, como uma das garatujas de Púchkin nas margens, trazendo embaixo a palavra "ROSSIYA" e a data de 1941. Foi o ano da aliança anglo-soviética, quando o primeiro comboio, denominado "Dervish", chegou a Arkhánguelsk. Ao lado, coloquei o livro mais recente da coleção de Sands, uma brochura mais ou menos do mesmo tamanho, intitulada *Os comboios do Norte*, publicada em Arkhánguelsk em 1991, o ano em que a União Soviética se desfez.

Conservei para mim um livro delgado da escritora dissidente Lídia Chukóvskaia, que versava sobre a autobiografia filosófica de Aleksandr

Herzen, *Passado e pensamentos*; uma coletânea da era stalinista tardia com os escritos do rebelde antitsarista Ivan Iakúchkin; a transcrição de uma palestra sobre Anton Tchékhov; um panfleto que explicava as regras do críquete na Rússia; uma coleção de Púchkin maltratada à qual faltava um volume, com a inscrição "Arkhánguelsk, 1944"; e um livro sobre canções marítimas soviéticas que falavam sobre lutar por Stálin nas escarpas do mar de Barents, no qual Sands inseriu uma cópia do hino nacional soviético: "A união indestrutível das repúblicas livres, a Grande Mãe-Rússia consolidou para sempre". Evitando deixá-las para os olhos lascivos do tesoureiro da faculdade, escondi em páginas aleatórias dos livros algumas cartas de amor que encontrei em uma caixa de papéis, uma delas escrita em sucessivos rascunhos para uma mulher na França que ele havia reencontrado pela primeira vez após décadas: "Depois de todo este tempo você continua igual…". Teria ele enviado a carta? Escondi igualmente um cartão-postal em preto e branco doce e espirituoso, que retratava Marilyn Monroe usando apenas saltos-plataforma em acrílico, brincos de diamantes e uma echarpe de bolinhas, datado de 14 de fevereiro (sem menção ao ano), enviado por alguém que esperava que ele não ficasse zangado, assinado "Dido D".

Lembro-me de como meu rosto ficou afogueado ao me deparar com uma fotografia de Sands, do tamanho das fotos para passaporte, vestindo um gorro de astracã, tirada em Múrmansk em 1942. (Foi no inverno posterior ao voo secreto de Mólotov, quando ele era o chanceler soviético e sobrevoou o território alemão ocupado em um bombardeiro quadrimotor para formalizar a aliança anglo-soviética em Downing Street, ocasião em que Winston Churchill segurou-lhe o braço e olhou-o no rosto, com a certeza de que por um instante tinha enxergado o homem "por trás das aparências".) Foi a fotografia do jovem Sands, durante o breve período agitado que precedeu os longos anos de contemplação nestes cômodos, que acendeu em mim o desejo de sacudir das minhas mãos a poeira das supérfluas anotações de palestras sobre Tchékhov e Dostoiévski, e embarcar em um navio, sem mais delongas, rumo aos portos do Ártico.

Três anos depois, meu marido, um eterno cosmopolita desenraizado, telefonou-me em uma ligação de má qualidade de uma rua de Moscou, durante sua primeira visita à cidade para negócios jurídicos. Ele não voltara a visitar a Rússia desde que lá vivêramos como estudantes de graduação em Leningrado, durante o longo inverno do regime soviético.

"Moscou é agora uma cidade do mundo." Através da interferência pude sentir a excitação na voz dele. "Tornou-se uma verdadeira cidade."

E então chegou o momento de dar consentimento para esta aventura, em um restaurante abobadado e sem janelas chamado Boyars' Hall, construído de maneira a lembrar a antiga Rus,* nas profundezas das paredes art nouveau do Hotel Metropol. Tivéramos um dia exaustivo abrindo caminho pela neve que derretia, em um carro alugado, olhando apartamentos estranhos com banheiros de mármore escuro e átrios com o familiar odor de feromônios felinos. Acompanhado por um acordeão, um coro trajava roupas com retalhos de pele costurados à velha maneira moscovita e cantava uma canção folclórica sobre olhos negros apaixonados. Como pode uma simples banalidade por vezes levar a uma espécie de resoluto arrebatamento? Teria sido porque assistira em demasia à má TV soviética em 1990, nas noites invernais de Leningrado, que estes acordes menores e o timbre ansioso das vozes eslavas subitamente evocaram imagens dos largos rios russos à luz do luar, das florestas cobertas de neve, das estepes relvadas à luz do sol primaveril? Já estava em meu segundo copo de vinho, de volta aos contos de fadas e, sem hesitação, como já pressentia, eu disse sim.

Depois de arrumar meu precioso quarto na faculdade, guardei no porão várias caixas de papelão com meus livros e papéis, dizendo a mim mesma e a meus colegas que retornaria em dezoito meses. Planejava despender meu tempo em Moscou trabalhando nas grandes bibliotecas da cidade, estudando o orientalismo na poesia russa. Aqueles dezoito meses acabaram por se tornar dez anos.

Estes anos não foram despendidos em um estudo organizado. Rapidamente me desviei do caminho traçado. Em vez das obras-primas acadêmicas sobre orientalismo que tinha em mente, escrevi este livro, que relata minhas divagações na barafunda do passado causada pelos livros e lugares. Nos mapas, o Krêmlin assemelha-se ao centro de uma rosa dos ventos, com ruas que levam, a partir dele, para o norte, sul, leste e oeste, em direção às terras não muito definidas que ele pretende governar. Sempre que pude, saí

---

* Rus é uma designação introduzida durante a Alta Idade Média para as populações da Europa oriental que viviam nas regiões que hoje fazem parte da Ucrânia, Bielorrússia, Rússia, de uma pequena parte do nordeste da Eslováquia e de uma faixa do leste da Polônia, formando, na época, o primeiro estado oriental eslavo da história. [Esta e as demais notas chamadas por asterisco são do tradutor.]

da nossa casa perto do Krêmlin levada por caprichos, palpites e romances livrescos. Empreendi outras jornadas, igualmente cheias de aventuras fortuitas, sentando-me entre homens em trajes encardidos e mal-ajambrados que usavam óculos com armações de plástico grossas, nas mesas da Sala de Leitura nº 1 da Biblioteca Lênin, como ainda hoje é conhecida a Biblioteca Estatal Russa.

Essa grande biblioteca, da qual o nome Lênin foi retirado por um decreto presidencial de 1992, já foi denominada Museu Rumiántsev. O seu curador mais famoso, Nikolai Fiódorov, conhecido como o "Sócrates russo", era reputado por saber o conteúdo de todos os livros de suas coleções. Há uma história, referente ao bibliotecário ter alcançado um conhecimento enciclopédico, na qual um grupo de engenheiros que trabalhava na ferrovia Transiberiana veio até ele para lhe mostrar mapas da via projetada para atravessar as estepes, e Fiódorov, que nunca estivera na Sibéria, corrigiu-lhes os cálculos de altitude de algumas elevações. Fiódorov acreditava, quase literalmente, que livros são seres animados, por expressarem os pensamentos e a alma de seus autores. No âmago de seu trabalho como bibliotecário e de seus escritos filosóficos (postumamente publicados em 1903 como *Filosofia da tarefa comum*) havia uma recusa em conciliar-se com a realidade da morte. A tarefa humana na Terra seria a ressurreição material dos mortos ("não tão absurda quanto parece", observou Liev Tolstói) que estão presentes, desconstituídos na poeira da biblioteca, com suas almas aguardando nos livros pelo sistemático retorno das gerações passadas à vida. ("Não houve no mundo homem algum que tenha sofrido tanto com a morte das pessoas", disse Berdiáiev.) Ele passou o último quarto do século XIX metido no catálogo do Museu Rumiántsev, mal comendo ou dormindo, e relutante até em se sentar. Os maiores pensadores russos vinham até ele na biblioteca para trocar ideias. Tolstói, Fiódor Dostoiévski e o filósofo Vladímir Soloviov (que o chamava de "professor e pai espiritual"), todos o consideravam um filósofo genial. O pai de Boris Pasternak, o artista Leonid Pasternak, que era um de seus devotos, escondeu-se um dia atrás das estantes da sala de leitura para traçar esboços de Fiódorov, que era avesso à ideia de ter sua imagem capturada, pois acreditava que o ícone, no qual o semblante humano é santificado e apresentado em seu aspecto transcendente, é o único gênero artístico que faz jus à face humana.

Fiódorov foi pioneiro na arte da biblioteconomia. Acreditava que a guarda de livros era uma tarefa sagrada. O catálogo de uma biblioteca, pensava, deveria ser ordenado pela data de morte dos autores, como em um calendário com os santos dos dias. Um livro é a mais elevada das reminiscências do passado, pois representa o passado em seu aspecto mais humano, o passado enquanto pensamento. Para ele, apenas a luta contra o inimigo comum, a morte, a tarefa de ressuscitar os "pais", unificaria a humanidade. "Estudar", para Fiódorov, significava "não censurar nem louvar, mas restaurar a vida".

Hoje os bibliotecários da Biblioteca Lênin trabalham para recuperar os nomes de seus predecessores que foram "reprimidos" – presos, fuzilados, desaparecidos sem deixar rastro – nas décadas de 1920 e 1930. Em outubro de 1928 o *Jornal Vermelho da Noite* noticiou que a biblioteca se tornara "um refúgio para a intelectualidade contrarrevolucionária" e para descendentes da nobreza. O grande bibliotecário, bibliógrafo e editor Vladímir Niévski – diretor da biblioteca após a revolução, que lançou a pedra fundamental do novo edifício em 1927 –, quando foi preso em 1935, denunciou sob interrogatório o velho bolchevique Nikolai Bukhárin, e foi fuzilado em 1937, o ano mais sangrento do grande terror stalinista. Em seus últimos anos, Mólotov, inquestionavelmente responsável por inúmeras mortes similares, frequentemente passava seus dias na Sala de Leitura nº 1. Posto em desgraça pelo partido ao qual serviu, pôde meditar sobre o passado, erguendo defesas em torno das ideias que controlaram sua vida, na crença de que ainda poderiam direcionar o futuro.

As amplas janelas laterais da sala de leitura se abrem para a rua Mokhovaia, na direção dos Portões da Trindade e das cúpulas douradas do Krêmlin na colina atrás dos antigos quartéis generais do Comintern, onde nos anos 1920 comunistas de outros países como Gramsci, Béla Kun, Gueórgui Dimítrov e Ho Chi Minh trabalharam pela revolução mundial. No pátio de entrada, à frente da biblioteca, está uma gigantesca estátua de Dostoiévski, inaugurada no ano em que chegamos, no lugar da estátua de Lênin (que detestava o romancista). Recentemente, jovens adeptos de Vladímir Pútin se reuniram aos seus pés em manifestações de lealdade produzidas para a TV. Dostoiévski, agora um profeta cooptado pela "Nova Bizâncio" de Pútin, foi esculpido com os ombros curvados e escoliótico, um homem que sacrificou o que restava de sua saúde debruçado sobre uma escrivaninha, suportando o suplício da vocação para a escrita.

Como Dostoiévski sabia, são os pensamentos e desejos de pessoas reais que dão às cidades sua forma e contorno. "A forma de uma cidade muda, infelizmente, mais rápido que o coração dos homens", escreveu Baudelaire. E a forma de uma cidade não é menos desconcertante nem menos cheia de segredos e de vestígios de perdas. Cada lugar que explorei me levou em direção ao próximo destino, ao rumo de uma nova composição de paisagem, de política ou mito, que eu reuni neste caderno de viagens. Todas as minhas expedições foram sombras da busca por outras, algumas levando a lugares de exílio, investigação ou crimes, para fora das deterioradas páginas dos livros de Mólotov, por vezes perseguindo histórias que se iniciaram ou findaram neste grande edifício de apartamentos na travessa Románov.

Fui para o norte de trem, quando as noites eram insones, em homenagem ao pouco reconhecido serviço militar e intelectual de Sands, que eu só conheci por meio de seus livros, de alguns fragmentos remanescentes de papel e de uma fotografia. A oeste de Moscou, nos arredores de Zvení gorod, e mais ao norte, nas praias do lago Ílmen, onde a cristandade primeiramente contestou e depois adaptou as divindades pagãs dos rios, do trovão e das árvores, visitei lugares arruinados – mosteiros, estações de pesquisa, datchas, sanatórios – onde a ciência misturou-se com crenças religiosas, onde bioquímicos e físicos, padecendo sob tirania ideológica ou trabalhando profundamente em suas distorcidas estruturas, voltaram-se, na direção da luz e da cura, para os escritos de Tchékhov e de Dostoiévski, para os poderes da água sagrada, ou para os ensinamentos de sacerdotes dissidentes.

Na estepe siberiana, ao sul do lago Baikal, na vasta extensão de relva ressequida e de terra, de luz e de frio, o próprio espaço foi transformado em instrumento de repressão política. Ainda que este espaço nunca tenha perdido seu poder de invocar a esperança pela liberdade. O Estado e as personalidades individuais parecem dissolver-se, simultaneamente, à vista do tempo profundo e, conjuntamente esboçados contra o horizonte vazio, tornam-se mais definidos, mais reais e presentes, mais evidentemente fadados a se entrechocar. Homens e mulheres enviados para os confins do território russo, como punição por ter desafiado as regras autoritárias, criaram com palavras um panorama vívido, embora muitas vezes dissimulado, de "liberdade interior".

A lanterna mágica no apartamento de Mólotov povoou minha imaginação. Assim como a lanterna mágica que o pequeno e ansioso Marcel ganhou no início de *Em busca do tempo perdido*, de Proust, ela substituiu a "opacidade das paredes" por uma iridescência impalpável, cenas fabulosas, momentâneas e vacilantes, reflexos da história. Em minhas leituras e viagens, imagens de tempos e lugares distantes cintilaram aos meus olhos, ilusões conduziram para além dos limites do conhecimento a reclusos interiores da mente humana, à essência das coisas materiais que por vezes pensamos captar. A Rússia histórica e a Rússia do presente revelaram-se para mim em lampejos, através de lentes estreitas, como as imagens esmaecidas que aguardam pela luz nesse antigo projetor de slides: momentos de meu próprio passado e momentos considerados merecedores de registro por pessoas que nunca conhecerei, invocadas, como que por mágica, da escuridão envolvente.

I.
Románov

"Preciso de um recanto... Na minha memória,
percorro os apartamentos abandonados pela
burguesia."

Isaac Bábel, "Uma noite no Tsarina", 1922

A ostentação desta casa sugere uma promessa falsa.

Suas janelas estão construídas entre colunas ornamentais, cornijas protuberantes e molduras floridas. Nos pavimentos superiores, entre sacadas de ferro forjado e cômodos suspensos sustentados por colunas frisadas, fileiras de faces esculpidas portam elmos frígios e peles de animais observam a rua, sugerindo encerrar altos mistérios de conforto íntimo. A fachada foi projetada para enfatizar a extrema espessura das paredes externas e a sombreada tepidez desses recessos, como se na parte mais recôndita desta cidade, nesta rua de muitos nomes, uma casa pudesse oferecer um refúgio para a história.

Ulótchki-chkatulótchki, ulótchki moskóvskie: as ruas de Moscou são pequenas caixas de joias, diz uma canção de amor à velha Moscou. Antes de morar aqui, eu sabia que a travessa Románov não era uma pequena caixa de joias, mas sim um grande baú com tesouros escondidos. Os homens que viveram no nº 3 deram seus nomes a estações de metrô, institutos, cidades, cruzadores de batalha, tratores, fábricas de automóveis, crateras lunares e estrelas. Em meus passeios até a Biblioteca Lênin, saindo de nosso apartamento na rua Tverskáia, em Moscou, preferia vir por este caminho para poder ficar mais perto das vidas secretas destes homens. Eu era um destes passantes que caminhavam pausadamente ao longo do nº 3, parando para olhar as placas memoriais em granito ou mármore escuro, fixadas à altura dos olhos nas paredes rosa-terra, para depois olhar mais acima, além dos cravos pregados no topo das placas, para as foices e martelos em gesso que encimavam os frontões das portas, imaginando o que significaria, para aqueles marechais da era stalinista e para os *apparatchiki* do Partido, "viveu aqui", como diziam as inscrições.

Quem está na *nomenklatura* do nº 3, o edifício a quem os velhos moscovitas ainda se referem como "a casa dos generais" ou, menos respeitosamente, como o "arquivo do Partido" ou o "mausoléu"? Que intrincadas conspirações do destino e quais desígnios humanos, no sangrento drama político do século XX trabalharam para manter visíveis estes nomes específicos? A lógica e a direção ocultas da "luta", como o Partido indulgentemente denominava, são impossíveis de ser compreendidas através da série de nomes e rostos nas paredes desta casa. Entre eles estão heróis da Guerra Civil que se mudaram para estes apartamentos nos primeiros anos do poder soviético, guerreiros que derrotaram o Exército Branco na Sibéria e na Rússia meridional e empurraram a revolução para o interior da Ásia central: Mikhail Frunze, durante breve período sucessor de Trótski como Comissário de Guerra, que se mudou para cá em 1924 e morreu no ano seguinte de uma simples cirurgia de úlcera estomacal, deixando a suspeita de que teria sido assassinado pelos cirurgiões por ordem de Stálin; Semion Budiónni, Kliment Vorochílov e Semion Timochenko, generais de cavalaria que sobreviveram e floresceram como seus camaradas de armas e foram expurgados nos anos anteriores à Segunda Guerra Mundial; General Aleksandr Vassílievski, que se mudou para o edifício no primeiro inverno da guerra e que tranquilizou um Stálin preocupado ao dizer que tinha sido "aquinhoado com um excelente apartamento". Mais à frente, ao longo da parede, estão os remanescentes dispersos dos velhos bolcheviques: Piotr Smidóvich, que integrou o lendário "trem especial" de onde Trótski e sua comitiva administravam o Exército Vermelho durante a Guerra Civil; Dmítri Manuílski, grande contador de histórias e de anedotas, como mais tarde Mólotov recordou, embora "confuso" e "envolvido com trotsquistas"; e Emilian Iaroslávski com seus óculos de aro redondo, nascido na Sibéria, filho de um político judeu exilado, por muito tempo chefe da Liga dos Militantes Ateus, historiador grafomaníaco do Partido e um dos poucos de seu gênero a morrer de morte natural.

Não muito longe de Iaroslávski, na parede está Andrei Andréiv, ex-garçom e (raridade nos altos escalões do Partido) genuinamente proletário, que serviu a Stálin com implacável lealdade durante a coletivização da agricultura e o grande terror. Descendo a Románov, a partir da rua Bolchaia Nikítskaia, logo além do enorme portão que dá para o pátio do edifício, com árvores altas e uma fonte espalhafatosamente pintada, fica-se frente a frente com Aleksei Kossíguin e seus pequenos olhos apertados e com bolsas no semblante capturado no granito para sempre. Kossíguin cresceu dentro do Partido sob Stálin. Substituiu Nikita Khruschóv como primeiro-ministro em 1964, e Khruschóv, caído em desgraça, voltou imediatamente para seu apartamento no nº 3. Mais tarde, Kossíguin assistiu ao abandono silencioso do sonho utópico de que um dia o Estado definharia sob o comunismo. Com o futuro secretário-geral Leonid Brejnev, trabalhou para forjar o fenômeno, externamente estável, mas secretamente moribundo, conhecido como "socialismo real", pelo qual tantos ainda se consomem. Por fim, no extremo do edifício próximo à rua Vozdvíjenka, sob a janela de nosso quarto, fica a placa para o marechal Ivan Kóniev, filho de um pobre camponês da região de Vólogda. Seu olhar cinzelado e longínquo, sobre um imaginário campo de batalha, encontra a cega parede lateral do Hospital do Krêmlin. "E então, quem vai tomar Berlim, nós ou os Aliados?", perguntou Stálin a Kóniev e ao marechal Júkov, no início de abril de 1945. "Nós tomaremos Berlim", respondeu Kóniev. Oito anos depois, meses após a morte de Stálin, apesar de não ter sido mais do que um soldado, Kóniev atuou como chefe do Júri Especial no breve e vicioso julgamento de Lavriénti Biéria, ao fim do qual o vilipendiado ex-chefe da polícia secreta e sádico predador sexual foi condenado por "traição contra a Pátria-Mãe" e por "conexões secretas com a inteligência estrangeira", e fuzilado em uma cela preparada para este fim.

Existem muitos outros nomes na *nomenklatura* invisível do nº 3, nomes sem placas, eliminados durante as décadas do poder soviético por meio de assassinatos de Estado ou pela intratável desgraça: Trótski, Beloboródov, Sokólnikov, Frúmkin, Fúrtsieva, Malienkov, Rokossóvski, Togliatti, Júkov, Vichínski, Kossior, Tevossian, Khruschóv, Mólotov... E, antes deles, desempenhando destacados papéis secundários na história deste edifício, que sempre foi íntimo do destino desta nação de uma maneira única, um grupo de jovens atrizes do Teatro de Arte de Moscou que compartilhou um apartamento logo acima do pátio. No quente verão de 1918 elas forneceram acolhimento, ajuda e amor ao agente britânico Sidney Reilly, o "ás dos espiões", enquanto ele conspirava para derrubar Lênin e Trótski. Elizavieta Otten, a "rapariga-chefe de Reilly", pode ter sido a primeira dentre os muitos moradores deste edifício que foram presos durante a noite pela polícia secreta.

Naquele ano, quando os bolcheviques mudaram a capital para Moscou e expropriaram a maioria dos edifícios da cidade sob o *slogan* marxista "expropriar os expropriadores", as atrizes ainda viviam *la vie de bohème* em meio a famílias de advogados, médicos e professores universitários, para os quais o nº 3 fora construído vinte anos antes. Alguns dos membros daquela classe de profissionais pequena e intelectualizada do fim da era tsarista permaneceram em seus apartamentos, "coletivizados" depois que os bolcheviques assumiram o nº 3 como a mais prestigiosa residência, fora do Krêmlin, para a elite do Partido. A rua foi renomeada "Granóvski", nome de um historiador politicamente liberal da Universidade de Moscou, "o professor ideal" do século XIX (protótipo do ridículo Stiepan Vierkhoviénski do romance *Os demônios* de Dostoiévski), e o edifício ficou conhecido como a "quinta casa dos sovietes". (As primeiras quatro "casas dos sovietes" – grandes edifícios de Moscou tomados pelos bolcheviques – eram o Hotel Nacional, o Metropol, um seminário ortodoxo e o Hotel Peterhof, na esquina das ruas Vozdvíjenka e Mokhovaia, no lado oposto da Biblioteca Lênin.) Muitos outros advogados, doutores e acadêmicos do nº 3 foram chamados de "pessoas do passado" e enviados para campos de concentração ou fuzilados nos anos 1930, e não deixaram rastros de suas vidas exceto em memórias pessoais, velhas edições da lista telefônica "Toda Moscou" e em dispersos anais de suas profissões. Pelo que sei, nenhum de seus descendentes figura entre os atuais proprietários destes apartamentos, magnatas herdeiros dos generais do Exército Vermelho e do Partido Comunista, embora eu tenha cruzado com várias pessoas da intelectualidade moscovita que relembram com orgulho que, muito tempo atrás, antes dos expurgos stalinistas, este grande edifício era o lar de suas famílias.

***

Durante o período soviético, esta via de mão única era interditada ao tráfego regular. Milicianos verificavam documentos. Os membros mais privilegiados da *nomenklatura* vinham à Granóvski visitar a policlínica do Hospital do Krêmlin e sua farmácia, e para fazer uso de seus cupons, emitidos pelo Estado, na *stolóvaia** do Krêmlin. Tinham um valor meramente simbólico de dois rublos e dez para o almoço e de dois e cinquenta para a refeição da noite, ou o equivalente em mantimentos ou mercadorias dos bem abastecidos armazéns. A *stolóvaia* era reservada para os altos escalões do aparelho de Estado; os cupons eram a insígnia do mais alto prestígio. Antes de grandes feriados públicos, carros eram preparados e homens elegantes

---

* Refeitório.

os carregavam com carne, caviar, frutas e verduras, iguarias indisponíveis para a massa da população. Sob Stálin, a *nomenklatura* era conduzida pela cidade em carros americanos – veículos urbanos como Packards e Cadillacs, Buicks e Lincolns. Posteriormente, a elite voltou-se para os Zils e Volgas soviéticos.

Hoje em dia, Hummers, imponentes Maybachs e Bentleys com cortinas de correr que se fecham eletronicamente, e até mesmo alguns Jigulis russos mais recentes ficam estacionados nas calçadas o dia todo e o fluxo de veículos raramente é interrompido. A economia, financeiramente falando, nada em um oceano de liquidez. A cultura elitista do "automóvel harém", que Trótski tanto desprezava, agora se exibe em libertinagem flagrante na Románov. Percorrer a rua é ziguezaguear entre os para-choques e os muros das construções, exceto nas áreas externas de edifícios de escritórios onde passeios e calçadas foram extraoficialmente privatizados e guardas de segurança patrulham, ubíquos sentinelas de cabeças raspadas da Moscou central, com calçados pontudos e jaquetas pretas e volumosas que mal escondem suas armas. No entanto, a Románov mantém um ar de isolamento enclausurado, resultado da combinação entre largura estreita, a altura dos edifícios e seu traçado. Do pátio do nº 3, na metade de sua extensão, um carvalho, uma faia e um álamo se elevam à altura dos edifícios e sombreiam o meio da rua. Em outros lugares de Moscou o céu parece se estender até o infinito: "em nenhuma outra metrópole tem-se acima tanto céu", observou Walter Benjamin quando veio a Moscou, em 1926; "nesta cidade sempre se pode sentir a vastidão das estepes russas". Aqui, as fachadas de dois museus nos extremos separam a Románov dos vastos espaços da cidade, como portas em um corredor palaciano.

Em um dos extremos, na fachada turquesa e branca do Museu Zoológico, construído em 1902 na Bolchaia Nikítskaia, o reboco parece ter se transformado em um tumulto de formas e traços. Macacos de pedra, cabeças de carneiro, corujas e lebres se contorcem, emergindo de uma cornucópia de tortuosas formas de vida inferiores: répteis, insetos e plantas. O interior da construção é um labirinto de laboratórios, escritórios, biblioteca, auditórios e extensos corredores ladeados por salas de estudo para muitos professores. Mandelstam, quando vivia na Casa de Escritores Herzen, no bulevar Tverskói, ali perto, costumava visitar o museu. Era grato aos grandes biólogos Lineu, Buffon e Pallas por despertarem seu "assombro infantil pela ciência". Ele apreciava os salões pintados de escuro e suas galerias, atulhados de animais empalhados de olhares fixos por trás das vitrines – predadores noturnos com olhos de vidro, *Bubulcus ibis*, *Delphinus delphis* – e os armários com seres marinhos envasados nas prateleiras. "Repousando no escuro vestíbulo do Museu Zoológico da rua Nikítski, jaz sem vigilância a mandíbula de uma baleia, tal qual um enorme arado", escreveu Mandelstam no *Jornal da Armênia*, um fragmento exuberante de relato de viagem comovido com o drama da evolução. O curador do museu, Boris Kúzin ("não mais do que um rato de biblioteca, estudava fugazmente a ciência") era amigo e inspirador de Mandelstam, e o poeta se acomodava em seu vasto gabinete nas profundezas do museu para beber vinho georgiano. Por vezes ele se levantava e andava em círculos pela sala, compondo poemas que lhe ocorriam num repente, como "Cherry Brandy", datado de "março de 1931, Moscou, Museu Zoológico", que Nadiéjda transcreveu ali mesmo, no museu, enquanto ele declamava: "Vou lhe dizer sem rodeios... tudo é brandy, cherry brandy, meu anjo".

Com uma simetria pouco usual para uma rua contemporânea de Moscou, edifícios em curva suave situam-se em esquinas opostas nos extremos da Románov: a Faculdade de História da Universidade, na Bolchaia Nikítskaia, e a Casa de Esquina Cheremiétiev na Vozdvíjenka, que já foi lar da serva cantora de ópera Praskóvia Kovaliova, "a Pérola", esposa secreta do conde Nikolai Cheremiétiev, rebento de uma das mais aristocráticas dinastias russas. No extremo norte, onde a Románov encontra a Vozdvíjenka, o Museu Schussiév de Arquitetura, que já foi a "Câmara de Estado", encerra a rua com contida graça clássica.

> *Onde para os Helenos brilhou*
> *Beleza*
> *para mim, das negras fendas escancarou-se*
> *Vergonha*

escreveu Mandelstam em "Cherry Brandy". As finanças da cidade eram então administradas pela Câmara de Estado. Quando a Vozdvíjenka se tornou uma rua de edifícios governamentais, no primeiro ano após a revolução, o palácio de três pavimentos foi reformado para ser usado como quartel-general do Comitê Central. Todos os dias, Stálin e Mólotov percorriam as poucas centenas de metros até seus gabinetes no nº 5 da Vozdvíjenka, saindo de seus apartamentos no Krêmlin – sem guarda-costas, como Mólotov lembraria com nostalgia. Em 1923, o Comitê Central mudou-se para a Stáraia Plóschad, a Antiga Praça, do outro lado do Krêmlin, próximo à Lubianka. Foi apenas no fim de 1930 que o Politburo, a partir de um relatório da polícia secreta, decidiu que "o camarada Stálin fosse imediatamente solicitado a cessar de andar a pé pela cidade".

Este pedaço de terra, disperso nos contrafortes da colina acima do atualmente canalizado rio Neglínnaia, situa-se dentro da "Cidade Branca", uma extensa área ao lado norte do Krêmlin, cercada durante dois séculos por muros fortificados de pedras brancas e alvenaria construídos no final do século XVI, cujo traçado em curva ainda hoje é mantido pelos bulevares em anel de Moscou. O terreno onde se situa a travessa Románov foi antes conhecido como Corte Románov, e pertenceu ao boiardo* moscovita do século XVII, Nikita Románov, doado por seu primo, o tsar. Através dos séculos, imóveis livremente dispostos, palácios de pedra, paços e mosteiros foram sendo retificados para formarem ruas. Antes da revolucionária reforma da cultura russa, os nomes das ruas eram anedóticos e populares. Em séculos anteriores, esses terrenos eram conhecidos de forma diversa como "Palácios Románov", "Nikítski" (em referência ao benquisto boiardo), e também pelos nomes de outros proprietários, Razumóvski e Khitrovó, cujos domínios ficavam nesses terrenos antes do conde Nikolai Cheremiétiev comprá-los de seu cunhado arruinado conde Aleksei Razumóvski, como um ato de generosidade. Depois disso, a rua tornou-se travessa Cheremiétiev.

Perpendiculares a ela situam-se as ruas Bolchaia Nikítskaia (conhecida na antiga Moscou como rua Nóvgorod) e Vozdvíjenka, um dos logradouros mais antigos de Moscou, que parte dos portões do Krêmlin na direção da antiga cidade de Nóvgorod, a quase quinhentos quilômetros a noroeste. Em 1471 o tsar Ivan III foi cerimoniosamente saudado, em seu retorno de uma campanha militar para submeter a república de Nóvgorod, na Vozdvíjenka, na Ponte da Trindade, que então atravessava o largo rio Neglínnaia logo depois das Portas da Trindade do Krêmlin. Os nomes Vozdvíjenka e Bolchaia Nikítskaia foram tomados de mosteiros locais – o mosteiro Krestodvijénski (Mosteiro da Elevação da Cruz) e o Convento Nikítski, erigido nos séculos XV e XVI, quando Moscou se alçou ao poder como centro do Estado russo unificado. A Elevação da Cruz é uma festividade bizantina

---

* Título atribuído aos mais altos membros da aristocracia russa do século X ao século XVII.

tradicional associada à glória do império cristão ortodoxo, que comemora a recuperação dos persas por Heraclius da "verdadeira cruz", desenterrada em Jerusalém por Helena, mãe do imperador Constantino, enquanto seu filho construía a catedral de Santa Sofia. Durante o dia festivo da Elevação, que é novamente celebrado em meados de setembro nas igrejas remanescentes das redondezas, o "Senhor tende piedade de nós" é cantado repetidamente enquanto a cruz é erguida. Em 1934, a Igreja da Elevação (tudo o que restara depois do grande incêndio que saudou o exército de Napoleão em 1812) foi demolida durante a maciça reconstrução de Moscou ordenada por Stálin. Seu pároco, o padre Aleksandr Sídorov, fora assassinado em um campo de concentração três anos antes. O mosteiro Nikítski tinha sido demolido no ano anterior. Antes da demolição, os bolcheviques que viviam nesta rua podiam ver, dos quartos de trás de seus apartamentos, as freiras com as cabeças curvadas sobre suas almofadas. Em 1935 uma subestação elétrica para o novo sistema de metrô foi erigida no lugar do convento, um templo de energia sem janelas, em pedra cinza-escura pesadamente maciça, com frisas de heroicos trabalhadores e seus gigantescos corpos musculosos talhando, soldando, perfurando.

Na Románov, imagens da Moscou do passado e do presente e sonhos de seu futuro dispõem-se para serem contemplados. Em um lado da rua, no extremo da Bolchaia Nikítskaia, fica a ala traseira de um pequeno palácio clássico de dois pavimentos, que já foi propriedade de uma sucessão das mais nobres famílias russas – Golítsin, Orlov e Meschérski – e hoje são as instalações da Imprensa Universitária de Moscou. O poeta rebelde Vilguelm Kiukhelbiéker trabalhou nesse palácio como professor particular nos anos imediatamente anteriores à revolta dezembrista contra a autocracia tsarista, em 1825, na qual desempenhou papel crucial. Um opulento, mas raramente frequentado, "Salão de Antiguidades" ocupa agora o canto do palácio do lado da Románov, e suas vitrines exibem urnas de porcelana folheadas a ouro, tigres siberianos empalhados, modelos de barcos e paisagens do século XVII. Cartazes em acrílico brilhante, como asas nas paredes do palácio, anunciam os novos restaurantes Tesoro e Papillon e a floricultura Avant-Garde. Enquanto as janelas percorrem o que já foi uma ala lateral do palácio, o edifício se furta à lógica comercial que direciona as mudanças na Románov e mergulha de volta no conforto de uma época desgastada e estagnada. As janelas dos apartamentos de uso coletivo estão empoeiradas, alguns de seus estores estão quebrados, os sótãos, abandonados. Grandes áreas das paredes externas, com pintura amarelo-clara e gesso, descascaram. Em uma das salas, ícones estão agrupados em uma prateleira e um homem trabalha sob uma lâmpada descoberta, dracenas de aparência doentia e potes de pepinos em conserva permanecem entre os painéis duplos das janelas, trapos e panos sujos estão largados a meio caminho dos vitrais.

No lado oposto da Románov, no n.º 4, uma casa de corretagem vende fundos mútuos e ações de indústrias extrativistas da Sibéria e do extremo norte em um escritório com fachada envidraçada de cima a baixo. Como em um cômodo de pé-direito alto, sons e odores são intensificados na rua. Todo fim de tarde, em frente ao n.º 4, um homem em trajes escuros fica na calçada em meio a uma nuvem de fumaça de cachimbo com aroma de baunilha, lendo jornais de negócios impressos em papel cor-de-rosa. Advogados e corretores de ações se agrupam debaixo das arcadas que cobrem os degraus de granito polido do edifício, enrolando seus cigarros, tagarelando, segurando os casacos que os envolvem. Os finos saltos das mais adoráveis *demi-mondaines* de Moscou estalam levemente no pavimento quando elas passam pelo o estreito passeio de lajes de granito com reflexos verdes, refulgindo para a noite com seus diamantes e peles macias de visom, desde a luxuosa academia de ginástica no térreo do n.º 4 até as portas abertas de seus carros conduzidos por motoristas.

Antes de o arruinado edifício ao lado do n.º 4, conhecido como "casa do professor", ser coberto por andaimes e telas para fins de desocupação e *remont* (reforma), o som de sinos de vento invisíveis flutuava provocativamente no ar, proveniente de algum lugar nos pavimentos superiores. Esta rua está abrigada do vento rude que se move caprichosamente pela cidade. Nos invernos mais rigorosos, a ventania que sopra através do vale do Neglínnaia, abaixo dos muros ocidentais do Krêmlin, varre a neve fina como fumaça dos telhados do Hospital do Krêmlin. Por vezes, quando tudo derrete e os pedestres andam no meio das ruas, ou inquietos ao longo das calçadas frequentemente averiguando, escolhendo entre o perigo de serem atropelados pelos carros e os pingentes de gelo que podem cair dos beirais dos altos edifícios, o gelo das calhas estilhaça em fragmentos e cascateia com ruidoso ímpeto sobre o pavimento.

Em uma das sacadas do n.º 5 da travessa Románov, onde apartamentos coletivos ainda são adaptados para banqueiros estrangeiros, executivos do petróleo e novos ricos de Moscou, operários tajiques em roupas humildes recuperam o fôlego rindo, falando sua própria língua, olhando para a rua.

Eles moram nos apartamentos enquanto o trabalho está em curso. Abaixo deles, em um jipe preto, quatro homens de colete à prova de bala e uma camuflagem urbana em azul e cinza que os fazem parecer sombras à luz do crepúsculo esperam pelo magnata que de vez em quando visita seu apartamento no edifício, a postos para um inesperado ato de violência. Os grandes apartamentos do nº 5 (construído quinze anos após o nº 3 em um estilo mais sóbrio, mas em uma escala comparável) foram coletivizados nos anos 1920. Bolcheviques de escalão mais baixo do que os da vizinha "quinta casa do sovietes" mudaram-se para lá junto com as "pessoas do passado": artesãos, doutores e professores com nomes judeus. Em 1928 o futuro dissidente V. S. Jukóvski, filho de um jovem comunista da Ucrânia que um dia levantara a mão a favor de Trótski em uma reunião do Partido, mudou-se com seus pais para dois quartos de um apartamento de cinco quartos compartilhado por quatro famílias, no segundo piso do nº 5. As pessoas ainda então chamavam a rua de "Cheremiétiev". Em suas memórias, *Moscovitas da rua Granóvski*, ele relembrou as festas que sua mãe dava na pequena sala de estar, o piano Blüthner, a expressão na face de seu pai enquanto lia *Mein Kampf* (que deixava na mesa com a capa voltada para baixo), e o calendário semanal para uso do único banheiro. Um dos residentes da *kommunalka*,* o irritável e submisso à mulher Professor Himmelfarb, foi preso em uma noite de 1931 e morreu na prisão antes de ser julgado. Mesmo depois da morte de Stálin, sua viúva tinha medo demais para apelar por sua reabilitação. Outro morador, um membro operário do Partido, ex-mineiro, suicidou-se no auge do terror. O próprio pai de Jukóvski foi preso (como poderia ter sobrevivido àquele voto em favor de Trótski?) e fuzilado na Lubianka em 1940, fato de que seu filho só tomou conhecimento após a morte de Stálin.

***

Quando deixei o nº 3 e suas portas internas novamente se fecharam para mim, eu sabia que as memórias de meus anos aqui entrariam em colapso, como fazem as memórias, em uma coleção de momentos, com sua curiosa lógica própria, apartados do senso de duração, este aspecto do tempo que não pode jamais ser recuperado. Não consigo, apesar de todos os meus esforços, lembrar através de qual das inúmeras portas eu entrei na casa pela

---

* Apartamento coletivo.

primeira vez, nem mesmo se a entrada foi através da "entrada negra" do pátio, ou da entrada da rua. Em minhas lembranças, o interior, que era notável, destacava-se totalmente do exterior. Era como se eu fosse conduzida de olhos vendados para dentro e para fora. (Talvez seja a mesma imprecisão espacial que permitiu que membros do Politburo e altos generais tenham aqui vivido, como vizinhos, ao longo dos anos de prisões noturnas e julgamentos espetaculosos.) Era o último outono da presidência de Iéltsin, os aluguéis ainda estavam baixos após a inadimplência nacional e a quebra monetária do ano anterior, e nós estávamos exaustos da licenciosidade e do barulho das imediações da Tverskáia, onde dependentes vinham à noite até o vão da escada de nosso edifício e deixavam suas agulhas usadas no elevador. Naquela época, ainda pensava no nº 3 como uma inatingível casa dos meus sonhos. Vim para ver o menor de dois apartamentos que tinham sido anunciados para alugar. Lembro-me do suave odor de álcool na respiração da desarrumada e robusta mulher de meia-idade que nos recebeu, da pálida mão estendida, dos cabelos longos, dos chinelos de veludo requintados, da jaqueta chinesa de seda atrás dela. Lembro-me dos pingentes de cristal colorido no delicado lustre do século XVIII do hall de entrada, dos arcos de bétulas carelianas das cadeiras Biedermeyer do salão principal, e das cores nas fileiras de óleos de Picasso, Braque, Matisse e dos pintores vanguardistas russos Natália Gontcharova e Mikhail Lariónov refletidas nos espelhos dourados. "Não é adequado para uma família... as antiguidades... estamos à procura de um celibatário, de um esteta", disse a mulher enquanto me mostrava os aposentos. Apontou para um canapé no canto: "Pertenceu a um ajudante de ordens de Napoleão. Ele não o levou de volta para a França", riu-se. "Sua coleção é extraordinária", murmurei. "Meu falecido marido é quem era o colecionador." Seus olhos lacrimejantes me fixaram por um breve lampejo. "Ele era diplomata."

Quando nos mudamos para o apartamento 59, de meu quarto de estudos a vista era livre até a Voentorg. Aquela "Loja Militar de Departamentos", construída cinco anos antes da revolução para servir de instalações à "Sociedade Econômica-Militar dos Oficiais de Moscou", tornou-se uma das maiores lojas de departamentos da Moscou soviética, equivalente à GUM na Praça Vermelha, e à TSUM do Teatro Bolchoi. Famílias de generais do nº 3 tinham acesso especial à Voentorg, e nos primeiros anos após a guerra às vezes era possível encontrar em suas prateleiras deliciosas conservas *Lend-Lease** vindas dos Estados Unidos. Minha vista era tranquila, privada e esparsamente habitada, um verdadeiro luxo no centro de uma cidade. Um ex-coronel da KGB, que dirigia uma empresa de segurança nas estrebarias construídas atrás de casa, raramente ia até seu escritório. As mudas de bétula semeadas pelo vento cresciam ao lado da parede externa de alvenaria, suas cascas esgarçadas e sedosas absorviam as tonalidades das antigas construções do entorno: branco insípido, ocre, rosa e ferrugem; sombras de gesso, de terra clara, dos céus do Norte e de neve. Corvos vinham passear ao longo da tubulação de gás pintada de amarelo que corria ao longo da parede.

Um dos primeiros livros que li em meu esforço para prospectar a Románov foi *O ano da vitória*, memórias do marechal Kóniev, que peguei emprestado das coleções de Mólotov por um dia e levei para nosso apartamento, onde outrora o marechal residira. Por duas vezes herói da União Soviética, naquela época comandante da Primeira Frente Ucraniana, afamado como mestre da surpresa militar, da camuflagem e da arte de cercar cidades, o marechal residiu no nº 3 de 1947 até a sua morte, em 1973. (O ano em que Kóniev mudou-se para o apartamento 59 foi o ano em que o marechal Júkov perdeu os favores de um Stálin ciumento. O apartamento de Júkov no nº 3 foi objeto de uma busca cuidadosa pela polícia secreta, e cada item do mobiliário foi registrado.) Ao ler as memórias de Kóniev, tentei conjurar a imagem do confortável velho sobrevivente de Stálin, sentado em seu gabinete, compartilhando minha vista, enquanto rememorava a corrida para tomar Berlim. Mas fantasmas não são de carne e osso, portanto, tudo o que eu podia imaginar era o queixudo herói de granito na fachada embaixo do meu quarto. Tentei sobrepor minha vista urbana à descrição surreal de Kóniev de um campo de batalha polonês, nevado, repleto de tanques do Exército Vermelho camuflados com o tule branco requisitado de uma fábrica nas proximidades. "Vejo com os olhos da mente", escreveu, "as chaminés eretas da Silésia, o clarão das armas, as trilhas das lagartas, os tanques cobertos de tule..." Muito depois dessas imagens se dissiparem, fui informada por um conhecido meu, que conhecera a filha do marechal, de que meu gabinete tinha sido o quarto dela,

---

* O Lend-Lease Act foi o programa através do qual os Estados Unidos forneceram por empréstimo, às nações aliadas, armas e outros suprimentos entre 1941 e 1945 em troca do uso de bases militares.

e que o longo corredor que a ele conduzia estava forrado de troféus e de quadros pesados em molduras douradas, trazidos dos castelos saqueados da Prússia Oriental após a vitória soviética.

Em pouco tempo, a vista da minha janela de estudo começou a mudar. Perdi a árvore de bétula, a vista da Voentorg e a maior parte do céu. Operários da construção civil começaram a erguer no terreno ao lado um novo edifício para a prefeitura de Moscou, suspeitosamente denominado Departamento de Política Construtiva Extraorçamentária. O canteiro de obras era teatral, bem como cacofônico, um palco elevado no qual trabalhadores se moviam durante todo o inverno vestindo jaquetas acolchoadas, botas de feltro e gorros de lona amarrados por trás como antiquados espartilhos. Dia e noite, durante meses, trabalharam gritando, triturando, quebrando, aspergindo chuvas de faíscas na parede de alvenaria. Quando o novo edifício se ergueu, a Casa de esquina, que o período soviético deixou decair, foi submetida a uma *kapitálni remont*, uma reforma completa. No revestimento destruído de estuque da casa, trabalhadores sombrios se movimentavam à noite em andaimes de madeira, iluminados por lâmpadas descobertas penduradas nas vigas. Por algumas semanas eu pude observar a parte de dentro pelas janelas de trás e a parte de fora pelo outro lado. A casa estava praticamente oca, nenhuma parede ou piso foi deixado intacto. "O que você está murmurando, à meia-noite?/... Paracha morreu, a jovem senhora do local.../ Incenso flui de cada janela, o adorado dique se rompeu/ E o oval de sua face escurece", escreveu Akhmátova em um rascunho do "Poema sem herói", sua grande tentativa de organizar o passado por meio da poesia, quando morava em outro Palácio Cheremiétiev, na então Leningrado. Sua "Paracha" era Praskóvia, a serva que se casou com o celibatário mais rico da Rússia, viveu por breve período na Casa de esquina, morreu durante o parto e no fim do século XIX tornou-se uma folclórica heroína sentimental, paradigma de caridade inata.

Quando a reforma da Casa de esquina estava quase terminando, a vista para seu interior foi obstruída. O palácio estava então pintado de amarelo. Um conjunto de medalhões com efígies clássicas em relevo foi colorido de azul-claro para combinar com as molduras em PVC das janelas, calhas e sancas do novo edifício inteligente dos burocratas da cidade. Cortinas de náilon frisado foram penduradas nas janelas, que agora irradiavam apenas luz fluorescente. O pátio foi pavimentado e equipado com uma *chlagbaum*, uma cancela eletrônica, e com ela veio um destacamento de guardas atarracados e uma guarita. Atrás das grades de ferro, um jardim foi construído junto às paredes do nº 3, um rígido arranjo de arbustos de sempre-viva, cascalho branco e uma fonte de gesso rococó.

Para apreciar a beleza de Moscou é necessário se estabelecer e viver aqui, escreveu o crítico de arte Pável Murátov em 1909. O "gênio doméstico" de Moscou não reside na beleza extrovertida e premeditada de grandes espaços públicos ou em grandes conjuntos arquitetônicos, mas na sua beleza um tanto aleatória, intimista e confusa, uma beleza feita por pessoas e por seu dinheiro, não pelo Estado. "Não há nada que se possa fazer para unificar Moscou", disse Murátov, "ela será sempre 'incoerente, desconexa, inconsistente'." Aprender a amar esta cidade é se familiarizar com suas pequenas vielas e ruas laterais. Seu charme pode ser descoberto através de um estudo cuidadoso ou por acaso, no exato momento em que nossa atenção se dispersa. Aprender a amar Moscou é também se familiarizar com um certo tipo de lamento, pois não é uma cidade onde as autoridades prezam por sua conservação. Moscou avança arquitetonicamente por surtos de nova prosperidade ou de ideologia de estado, após surtos de destruição frenética, vindos de dentro ou de fora, ou após longos períodos de estagnação e negligência, deixando a lamentar, silenciosamente, todos aqueles que amam a "velha Moscou". Eu queria dispersar os acréscimos na Casa de esquina para substituí-los pela imagem de uma Moscou absoluta, bela e imaculada, e então cruzei a Vozdvíjenka pelo úmido túnel de pedestres, ladeado de quiosques, que naqueles dias ainda levava de um lado ao outro da rua, desde os pés da Voentorg até a biblioteca.

Folheei o catálogo de 1917 da cidade, *Toda Moscou*, a última lista telefônica publicada na Rússia imperial. Como este livro espesso poderia contribuir, com suas listas de nomes e números que nunca seriam chamados, com o esquema do bibliotecário Fiódorov de ressurreição dos mortos por meio dos livros? Ao lado da Vozdvíjenka nº 8, endereço da Casa de esquina, está o nome do conde Serguei Dmítrievitch Cheremiétiev. Entre as inúmeras filiações cívicas apostas a seu nome, o conde incluía a filiação a um comitê dedicado ao estabelecimento de um museu em 1812, o ano em que Moscou foi salva dos sonhos de conquista de Napoleão pela sua própria destruição.

Requisitei os escritos do conde. Os livros finos que os bibliotecários tiraram das estantes, duas horas depois, pareciam ter sido pouco tocados neste século desde que foram escritos. Em suas páginas encontrei a cidade que eu tinha procurado no vazio da Casa de esquina. "Nenhum destes edifícios da 'Nova Moscou' tem futuro", escreveu desafiadoramente o conde no verão de 1902, em *Recordações de Moscou*, como se algum dia os edifícios fossem desaparecer e devolver-lhe a vista que ele outrora amara e possuíra. A "Velha Moscou" sobreviverá, pois sem ela não há Rússia. Em uma orgia de "capitalismo intoxicado", na qual a cidade não se reconhecia e nem mais se chamava por seu próprio nome, o coração de Moscou fora transformado, preenchido com "vergonhosos" e "degenerados" edifícios novos, que escondiam as antigas igrejas, abandonadas à ruína.

O conde Serguei estava adiantado na meia-idade enquanto sua cidade natal se transformava, de uma cidade feudal constituída de terras da nobreza, mosteiros antigos, igrejas e bazares em estilo oriental, em uma metrópole capitalista de estilo europeu. Foi naquela época, a era da "propriedade para investimento", *dokhódni dom*, que a travessa Cheremiétiev foi transformada, de um conjunto de palácios livremente dispostos e prédios de serviços voltados para diferentes direções, em uma rua moderna com prédios de apartamentos para locação. A família do conde fora a mais próspera da Rússia servocrata, dando origem à expressão "rico como um Cheremiétiev". No entanto, no fim do século XIX, a Rússia não era mais propriedade da aristocracia. O dinheiro remodelava a cidade.

O conde Serguei serviu na cavalaria de guarda durante a guerra russo-turca de 1877-1878, um conflito com os otomanos islâmicos a respeito das terras "sagradas" e dos direitos dos cristãos eslavos nos Bálcãs, que irrigou um crescendo de profundo patriotismo público e um nacionalismo ortodoxo pan-eslávico. Após a guerra, o conde se retirou do serviço militar para se devotar à história. Era um antiquário e um conservacionista, um curador do passado da sua família e do seu país. Foi feito membro honorário da Academia Imperial de Ciências, publicou jornais de história e folhetos, chefiou comissões culturais, estabeleceu sociedades educativas e museus em São Petersburgo e Moscou e apoiou a arte e o artesanato russos, como a pintura decorativa de pequenas caixas de laca.

Com seus escritos e atividades cívicas, o conde encontrou um novo papel para o aristocrata russo, não mais dedicado a examinar seus ilimitados domínios materiais do presente, mas a revolver fragmentos recuperados de memória como um curador, um nostálgico melancólico em busca do tempo perdido, um colecionador unindo e reunindo objetos do passado para serem expostos. Tornou pública a história privada e doméstica da aristocracia, como se se preparasse para a catastrófica perda de patrimônio que, mesmo em seu silencioso desafio, ele parecia perceber no horizonte próximo.

Em *A corte Románov na Vozdvíjenka*, ele relembra que no início do século XVII a sossegada e remota viela "na terra branca entre a Nikítski e a Arbat, na paróquia de Dionísio Aerópago", na amuralhada Cidade branca a oeste do Krêmlin, era domínio do boiardo Románov. Ele reconstruiu a rua do século XVIII a partir de velhos planos arquitetônicos, incluindo as casas de família de um assessor colegiado e tenente-governador de Moscou entre os maiores edifícios da corte Románov, bem como o arranjo de armazéns, estábulos, casa de campo, poços, celeiros, hortas, casas de verão e pomares.

No fim do século XVIII, escreve o conde, a rua continha dois palácios, de um lado um mais velho e maior (hoje parte do Hospital do Krêmlin), e do outro a Casa de esquina, que foi construída em 1790 pelo conde Razumóvski. O conde Nikolai Cheremiétiev comprou essas propriedades no último ano do século XVIII, assim como a requintada "Igreja do Sinal" atrás do primeiro palácio, feita de alvenaria caiada "no estilo barroco de Moscou" e que se tornou a igreja doméstica da família Cheremiétiev. O conde Nikolai e Praskóvia, "a Pérola", começaram a vida de casados na Casa de esquina após suas núpcias secretas na São Simeão Estilita, uma minúscula igreja abobadada um pouco mais adiante na rua.

Em *A velha Vozdvíjenka*, o conde Serguei vasculha os inventários de venda da Casa de esquina, nos quais, observa, o nome de Praskóvia nunca é mencionado. Fornece descrições precisas da distribuição dos cômodos, seu formato e dimensões, remobiliando-os um a um. Descreve a escada cerimonial e sua balaustrada ornamental, que conduzia a um vestíbulo de entrada com quatro grandes janelas. Ao lado ficava uma sala de jantar com paredes amarelas e teto azul-celeste, duas lareiras e um retrato do grande santo russo Sérgio de Rádonej. Venezianas colunadas proporcionavam vista livre para o Krêmlin. Nas paredes alaranjadas da sala de estar estava pendurado um ícone de Eleusa, *a Madona da Ternura de Vladímir*, uma das imagens mais sagradas da Rússia. Cômodo por cômodo, o conde relaciona instrumentos musicais, biombos, ícones, papéis de parede, mesas de carvalho, poltronas de marroquim vermelho e verde, cômodas de mogno e bronze. A partir da mobília – um cravo, um genufléxório, um retrato da *Madona de Smoliénsk* e um retrato de Praskóvia em moldura dourada – ele deduz que este cômodo específico era o quarto da "Pérola".

Lendo estas páginas na biblioteca, em cujas coleções seu contemporâneo Fiódorov concebeu o trabalho sistemático de ressurreição corporal, percebi que havia mais nas pesquisas do conde do que uma simples nostalgia familiar aristocrática e uma sensibilidade de antiquário. Era uma atividade religiosa, como a pintura de ícones. O conde obtinha acesso à cidade morta de seus ancestrais da mesma forma que um pintor cria um portal para um mundo transcendente, administrando o ponto de vista, acrescentando uma luminosidade dourada. "Reminiscências são um lampejo do passado, que brilha e ilumina os caminhos que trilhamos", escreveu o amigo de Púchkin, o poeta e príncipe Piotr Viázemski, versos que o conde Serguei usou como epígrafe em suas memórias. Ele usava aquela luz para procurar por seus ancestrais no mundo paradisíaco deles, que, de acordo com a crença ortodoxa, é constituído por materiais resgatados deste mundo. Todo o passado se faz presente. Todos retornam, chamados pelo nome, transfigurados.

No mundo da aristocracia russa resgatado pela pintura do conde Serguei, divisões sociais são gentilmente ordenadas hierarquicamente. A piedade ascética e a humildade de espírito eram possíveis, tornadas de fato mais sinceras e belas, dadas as condições de fartura ilimitada nas quais a família vivia antes da abolição da servidão e do advento da economia monetária. A mãe do conde morreu cedo demais para que ele tivesse qualquer lembrança dela. Afeição familiar vinha em abundância por parte do pai, de diversas tias devotas e de suas adoradas avós, Varvara Petrovna e Ekatierina Vassílievna. "Cada cômodo contém memórias muito preciosas", escreveu, evocando nomes amados, personalidades ternamente relembradas: as serviçais Aksiucha, Cristina, Pólia e Pérsida, a sérvia, que cantava e sabia escrever; Matviei Iermoláiev, o velho lacaio cujo único dever era sentar-se no topo da grande escadaria que conduzia convidados desde a rua, a postos para anunciar a chegada deles.

Os cômodos da infância do conde ficavam em um palácio maior, no *piano nobile* com suas catorze janelas, na ala de frente para a rua, que sempre permanecia limpa quando nevava devido ao pouco tráfego. Podia enxergar a Catedral do Cristo Salvador, à jusante do rio Moscou. A quietude era quebrada apenas quando novos recrutas se alinhavam no lado de fora da Câmara de Estado na Vozdvíjenka. Havia guerras de bolas de neve no pátio e árvores de Natal repletas de luzes e brinquedos, e um órgão que sua mãe encomendara antes da morte em torno do qual a família se reunia para cantar.

O conde relembra o jubileu do tsar Nicolau I em 1850, quando ambos os palácios brilharam com a magnífica iluminação organizada por seu pai. A lealdade ao tsar mesclava-se com a sensibilidade liberal na vida dos Cheremiétiev. As ideias democráticas dos dezembristas eram discutidas em um respeitável círculo literário na Casa de esquina, nos anos anteriores ao levante aristocrático contra o tsar de dezembro de 1825. O grupo permaneceu unido após a data fatídica, e seus membros continuassem simpatizantes dos ideais republicanos. Após o jubileu, um dos conspiradores, Ivan Iakúchkin, que se tornou da família Cheremiétiev por casamento, veio para ficar na Casa de esquina após a anistia de Alexandre II, em 1856, e de seu retorno dos mais de trinta anos de exílio na Sibéria, para restabelecer a saúde e o espírito alquebrados, ainda sob estreita vigilância de espiões da polícia.

As avós do conde incorporavam o espírito virtuoso da aristocracia. Sua submissão à providência e ao quietismo diante da história tornou-se a essência da própria memória, que, pela sua devoção ao passado e pelo lamento quanto ao espetáculo das mudanças urbanas, foi um autoaprendizado em desapego, em aceitação da perda, em esperança de redenção. Varvara Petrovna, famosa na juventude pela beleza, manteve a família unida. Ele a descreve em sua escrivaninha com um penhoar branco, escrevendo cartas para os netos, com a trança longa que quase alcançava o chão. Ekatierina Vassílievna, que viveu seus dias na Casa de esquina, sempre se referia à morada como *le réfuge des Chéréméteff*. Seu quarto humildemente mobiliado era conhecido como sua "cela"; ela comia comida simples, sempre com um punhado de endro ao lado do prato. (A comida na Casa de esquina era sempre pobre, observa o conde, exceto pelo famoso "licor Cheremiétiev", feito pela serviçal Maricha, como se a família fosse gentil demais para reprovar ou recusar seus incompetentes dotes culinários.) Todos os dias o médico da família, Karl Karlovitch Pfel, era convidado pela velha senhora para uma xícara de café. "Você se sentava por algum tempo no quarto dela", lembrou o conde Serguei, "e sua alma ficava tranquila". Ele lembra sua pronúncia estranha, seu medo de portas entreabertas que lhe lembravam bocas bocejantes e sua cisma com as horas do crepúsculo antes que as lâmpadas fossem acesas. Ela gostava de leituras poéticas e citava trechos do poeta Mikhail Liérmontov sobre a fugacidade da vida. Entre seus convidados figurava o melancólico Kachálov, de volta de uma peregrinação a Jerusalém; a fatigada e desmilinguida Varvara Raiévskaia, que publicara seu próprio livro de devoções; e o Dr. Popandopulo, autor de um tratado sobre o assunto mais caro ao seu coração: as doenças de Napoleão.

Quando Ekatierina Vassílievna morreu, "metade de Moscou" saiu às ruas para velá-la. Ela antes havia se preocupado em parecer pavorosa em seu ataúde, mas parecia calma e santificada, com um ramo de palma nas mãos. Depois de quatro dias, seu corpo foi transportado pela Vozdvíjenka até a Igreja da Elevação. As palavras "Bem-aventurados os pacificadores" foram gravadas no túmulo. Em seu mundo pacífico, todos os servos amavam seus senhores e suas senhoras, os dezembristas tinham vindo para curar, não havia terroristas "niilistas" atiradores de bombas nas ruas, prontos para assassinar membros da nobreza, e Napoleão, que destruiu Moscou, despertava interesse apenas por conta de seus padecimentos.

Nos parágrafos finais de *A Casa de esquina da Vozdvíjenka*, escrito em 1903 (o ano da morte de Fiódorov), o conde escreve que o passado tornava-se "claro e luminoso" diante dos olhos de sua mente, à medida em que ele relembrava. A casa "sempre foi um refúgio para minha família, cada um de seus cômodos repletos de memórias de um tempo distante de felicidade". Ele sentia que não estava apenas morando na mesma casa, mas exatamente no mesmo cenário, com a mesma vista da rua e do Krêmlin. "Agradeço a Deus pela casa ainda estar intacta", escreveu, "e por sua vista não ter sido alterada por construções, que os cômodos estejam exatamente como sempre foram, e que todas as coisas antigas ainda estejam preservadas." A Câmara de Estado "ainda está ali, o mesmo ruído vem da rua, os mesmos sons de bênços e orações elevam-se no ar da manhã vindos da mesma Igreja da Elevação, cujos sepulcros ainda adornam a larga rua". O conde se aquece ao sol no profundo silêncio do inverno, vendo como as trilhas dos trenós na rua nevada brilham ao sol, celebrando o ar luminoso e a visão das cúpulas do Krêmlin, "a partir das quais o som dos sinos se espalha pela pétrea Moscou e pela Santa Rússia, badaladas que somente cessarão quando a própria Rússia cessar de existir".

O último grande projeto do conde Serguei foi a transformação da Casa de esquina em um repositório para arquivos privados. Em 1918, de acordo com seu filho, que também era historiador e curador de museus, ele entregou "de bom grado e quase contente" para a "Nova Rússia" todos os seus palácios e imóveis, e agradeceu a Lênin, sem ironia, por livrá-lo do fardo da propriedade. Morreu naquele mesmo ano.

***

Enquanto nossas janelas da frente emolduram uma vista perfeita do palácio em que o conde Serguei passou sua infância, as janelas da cozinha visam diretamente as estrebarias onde os *dvórniki** que mantêm o edifício vivem com suas famílias. Desde muito antes da revolução, *dvórnik* era como os tártaros eram tradicionalmente chamados. Os *dvórniki* tártaros de nosso edifício bebiam álcool, frequentemente em excesso, e um ano, na festa muçulmana do Miram-Biram, eu vi como eles puxaram a carcaça de uma vaca da traseira de um carro e a dividiram em três no pátio empoeirado. Eletricistas, encanadores, guardas e porteiros trabalham em turnos, dia e noite, e muitos deles moram no edifício, todos sob comando de uma *komendantka,*** temida por todos no nº 3, a despeito de seu nível social. Um dos encanadores é um homem instruído que fala um belo inglês, vai três vezes por semana a concertos no Conservatório da Bolchaia Nikítskaia e adora falar sobre poesia; optou por trabalhar como encanador, diz, pela paz que isso proporcionava aos seus pensamentos. Todos os dias do ano, sem exceção, ele fica uma hora sentado do lado de fora, sem camisa, "respirando ar" por sua saúde. Através de suas cortinas rendilhadas, podemos ver a TV ligada todas as noites nas antigas estrebarias, a estreita face de Pútin brilhando no quarto, discursando silenciosamente. Cedo, a cada manhã, um gato magro cinza sai pela janela aberta e um homem se debruça no parapeito, vestindo uma camisola, fumando. Certa manhã, uma ambulância e um carro de polícia estacionaram debaixo da janela da nossa cozinha. Um corpo enrolado foi carregado em uma maca. Mais tarde, a porteira disse que um enteado de um dos *dvórniki* viera e o assassinara em um acesso de raiva, e depois cortara a própria garganta. *"Gádost"*, ela murmurou, "imundície", e nenhuma outra palavra jamais foi dita sobre aquele horror.

Todos os apartamentos do nº 3 têm duas entradas: uma principal, pela rua ou pelo pátio (existem oito entradas principais); outra, chamada de "entrada negra", por uma escada gradeada nos fundos, que em nosso caso

---

* Zeladores.   ** Administradora.

conduzia para o espaço entre o edifício principal e as estrebarias. No passado, a escada dos fundos era usada para subir o combustível do porão, onde cada apartamento tinha seu próprio estoque de lenha, para os fogões e para as espaçosas mansardas que eram então usadas para secar roupas. De seu quarto no porão, a porteira podia ouvir quando qualquer porta, seja a da frente, seja a de trás, fosse aberta. Por um longo período, era sabido que todos os trabalhadores na manutenção do nº 3 eram agentes da polícia secreta. Mais tarde, depois de Stálin, assumia-se que apenas alguns deles, em particular as porteiras que se sentavam em cada entrada, eram obrigados a reportar todos os assuntos privados dos residentes. As viúvas dos comandantes do Exército Vermelho que ainda viviam no nº 3 tendiam a zombar da ideia de que seus lares estavam sob constante vigilância. Preferiam relembrar seu círculo de tricô. As crianças da casa sempre brincavam no pátio juntas, fossem seus pais marechais, membros do Politburo em desgraça ou *dvórniki*.

Do corredor dos fundos (que ficava acima da agência de viagens no térreo, *Intertour Luxe*) nós podíamos ver as janelas do "artista do bairro" que uma vez pintara o Politburo. Ao andar pela Románov, ele usava um paletó de veludo verde, colete e gravata de seda, e tinha sua própria galeria generosamente concedida pelo Estado em um pequeno palacete na rua Známienka, descendo a ladeira a partir do edifício do Ministério da Defesa, bem em frente à Casa Pachkov. O artista casara-se mais vezes do que alguém pudesse contar. Sua pequena filha, que às vezes nos visitava, certa vez convidou minhas filhas para o chá ao sair para brincar no pátio usando um vestido de baile de seda, antes que ela e sua mãe se mudassem de lá para ceder o lugar a uma amante mais jovem. Ela lhes deu, como presente para mim, um espelhinho compacto com uma pintura de sua mãe, feita pelo artista, vestida como uma *devitsa*, uma donzela, do século XIX. Quando o artista voltou para casa sem avisar, a menina se apavorou e apressou minhas filhas a saírem para o pátio pela entrada negra. Suas janelas foram as únicas da casa que a *komendantka* permitiu serem substituídas, na frente e atrás, por PVC emoldurado com elegantes e anacrônicos arcos em bronze. A *komendantka* é uma mulher idosa e vaidosa que detesta mulheres e crianças, tem uma sensibilidade sobrenatural para as sutilezas da *nomenklatura*, e é subornada pelos residentes por toda concessão que faz, por meio de envelopes pardos com dinheiro vivo ou de garrafas de conhaque.

Enquanto o conde Serguei Cheremiétiev ficava na mesa de trabalho criando sua idílica cidade de aristocracia e fé, seu contemporâneo, o jornalista Vladímir Guiliaróvski, explorava a Moscou dos favelados e dos criminosos, das prostitutas, dos artistas, dos pequenos comerciantes e dos jornalistas. De origem cossaca, e nascido na cidade setentrional de Vólogda, Guiliaróvski serviu na guerra russo-turca, empregou-se como trabalhador de fábrica, condutor de barcaças, professor particular e ator provincial antes de vir para Moscou e fazer seu nome como repórter criminal. Um excêntrico benquisto, era conhecido como "tio Guiliai". Era amigo de Anton Tchékhov e dos atores e diretores do Teatro de Arte de Moscou, e registrou suas memórias no livro *Gente do teatro*. Em *Moscou e os moscovitas*, um profundo retrato da cidade e de seus habitantes, publicado pela primeira vez em 1926, Guiliaróvski descreve a populosa, bisbilhoteira e depravada cidade, cuja existência as memórias do conde Serguei nunca alcançaram. Perambulou pelas ruas, bulevares e praças públicas e narrou lendas da vida nas tavernas e nas casas de jogo de Moscou, em saunas e banhos, redações de jornais, clubes noturnos, teatros e muquifos de estudantes.

Um dos capítulos de *Moscou e os moscovitas* ambienta-se no interior do palácio Cheremiétiev, do outro lado da rua, lar de infância do conde Serguei. Quando o conde era um jovem adulto, o elegante palácio de meados do século XIX tornou-se a Duma da cidade, um parlamento cujos assentos eram progressivamente ocupados enquanto o século XIX progredia, não por nobres, mas por membros da classe dos comerciantes. Quando a Duma se mudou para instalações construídas para seu fim específico, o palácio Cheremiétiev foi legado para o clube de caça, cujas acomodações prévias haviam desabado, uma noite, em volta de um grupo de carteadores rudes e irresponsáveis, durante um incêndio famoso.

Guiliaróvski descreve como as "câmaras senhoriais" do palácio Cheremiétiev, que os administradores da cidade tinham deixado em más condições, foram renovadas e transformadas no mais prestigioso clube privado de Moscou. "Burgueses boa-vida de ambos os sexos reuniam-se para jantares, exposições e bailes de máscara", nos quais os gastos eram de uma fabulosa extravagância, conta Guiliaróvski. Moscovitas abastados recepcionavam ceias íntimas aos domingos no grande salão do palácio, nas quais coros de jovens moças entoavam serenatas. Guiliaróvski descreve cenas de noitadas no Clube onde homens elegantes em seus *smokings* jogavam bacará, e um cavalheiro caçador, grande amante de "cartas, mulheres e cavalos" tinha o cabelo empastado em um "repartido inglês". Um novo-rico barulhento da região do Volga viera a Moscou para jogar cartas a noite toda. O jovem e frio jogador, com "as maneiras de um inglês", de rosto inexpressivo, não pôde suportar a tragédia que era perder.

Em uma vinheta, Guiliaróvski descreve um homem moreno, jogador e célebre contador de histórias, que gastou todo seu dinheiro com cartas e mulheres. Tinha "a mais bela barba de Moscou" e todas as mulheres no clube de caça o desejavam. O homem moreno colocou na mesa de bacará uma relíquia intrigante – uma caixa de rapé de ouro com uma letra N reluzente gravada na tampa – e disse aos outros jogadores que pagara um preço insano em Paris pela pequena peça. Mostrou a todos um certificado de autenticidade, comprovando que tinha sido a caixa de rapé de Napoleão. De fato, disse o homem de barba escura, é uma caixa de rapé com uma história épica. Napoleão tinha acabado de dar uma grande aspirada na bela caixa de ouro, no exato instante em que seu ajudante de ordens fazia um relato de batalha, e deixou escapar o que o ajudante dizia. Por conta disto, o grande general deslocou a cavalaria para uma área onde não teria contato com a infantaria, que lutava na planície. E assim, devaneia Guiliaróvski, o mundo pode ser virado de cabeça para baixo graças a uma pitada de rapé. Talvez, acrescenta em um de seus melancólicos apartes, o homem moreno tenha tido algum pressentimento dos dias afamados que viriam em Mônaco ou na Riviera.

O clube de caça não era apenas um palco para jogos de cartas decadentes e bailes de máscaras despreocupados. Todas as semanas a Sociedade de Arte e Literatura produzia um espetáculo, e um grupo de teatro amador, que mais tarde tornar-se-ia o Teatro de Arte de Moscou, se apresentava. De acordo com Guiliaróvski, a companhia do diretor Konstantin Stanislávski era por demais artisticamente sofisticada para o *demi-monde* que frequentava o clube de caça. A peça que eles mais apreciaram foi *O sino afogado*, em que um demônio peludo dos bosques saltava sobre pedras e barrancos, enquanto um duende das águas, sob a forma de um sapo enorme, coaxava e remava em um riacho.

Em um "dia significativo e inesquecível" de setembro de 1898, uma das atrizes cujas vidas íntimas ficaram associadas a esta rua se apaixonou. Foi no clube de caça que Olga Knipper se encontrou pela primeira vez com Tchékhov. "Nunca me esquecerei da excitação palpitante e ansiosa que tomou conta de mim quando me disseram que o grande dramaturgo assistiria ao nosso ensaio de *A gaivota*", relembra a atriz, "nem do raro estado mental com que me encaminhei, naquele dia, para o clube de caça." Foi ali, disse, que o "nó fino e emaranhado" de sua vida "começou a enredar-se".

Quando Guiliaróvski escreveu *Moscou e os moscovitas*, a cidade que ele descrevia tinha-se dissolvido na memória, exatamente como a piedosa cidade feudal do conde. Após 1917, o palácio Cheremiétiev foi ocupado por uma academia militar e por um museu do Exército e da Marinha Vermelhos. Ao lado da porta baixa de entrada da farmácia do Hospital do Krêmlin, uma placa de granito incrustada na ala lateral do palácio comemora um discurso que Lênin fez para recrutas do Exército Vermelho em 1919, antes que fossem enviados ao sul para combater os Brancos. Em primeiro de maio do mesmo ano, Lênin pôs-se de pé na Praça Vermelha com o braço levantado, em uma pose que seria reproduzida em milhares de monumentos por todo o império soviético, e prometeu à multidão que seus netos seriam incapazes de imaginar que edifícios públicos tivessem sido um dia propriedade privada.

***

A Revolução de Lênin lançou uma nova luz histórica sobre as relíquias do passado. Durante dois meses quentes em meados de 1918, aquela propriedade para investimento que os Cheremiétiev construíram entre seus palácios, vinte anos antes, tornou-se o centro de dramas conspiratórios que decidiram os destinos da Rússia. Uma guerra secreta foi encenada, dentro das paredes do n⁰ 3, entre os bolcheviques e o pretenso salvador da burguesia russa, o agente britânico Sidney Reilly, que considerou ser aquele lugar um cenário perfeito para tramar a contrarrevolução.

Naquele verão, quando o grande barômetro próximo à entrada do pátio mostrava temperaturas acima de 35°C, Lênin avisou que a revolução bolchevique estava em seu "período mais crítico". A Rússia vivia o paroxismo da luta de classes. A república soviética tinha encolhido para o tamanho do grão-ducado de Moscou do século XV. Os britânicos tinham ocupado a costa setentrional, desde Múrmansk até Arkhánguelsk e Kem, e proclamado o "Governo da Rússia Setentrional"; os alemães tomaram Pskov e Minsk e ocuparam a Ucrânia a Oeste; forças tchecas controlavam cidades importantes ao longo do rio Volga e de toda a extensão da ferrovia transiberiana, ao passo que Vladivostok, no extremo

Leste, estava sob dominação japonesa. Para o Sul, nos domínios cossacos em torno de Rostov sobre o Don, forças Brancas dominavam, os franceses tinham estabelecido uma base naval em Odessa, e os turcos estavam mobilizados ao longo da fronteira russa no Cáucaso. Perto de Moscou, contrarrevolucionários cresciam em Iaroslavl, Kostromá, Ribinsk e Níjni Nóvgorod.

Na própria Moscou, apenas recentemente restabelecida como capital, a luta revolucionária atuou com intensidade simbólica particular. Os revolucionários tinham "fincado sua bandeira em Moscou", proclamaram os bolcheviques, "a fim de mostrar graficamente o vínculo entre o ser da Rússia e o destino do mundo inteiro". Moscou, declarou o jornal *Izviéstia* do Partido, era o "o último santuário do espírito frouxo e preguiçoso da burguesia" da Rússia do passado, uma cidade de padres, de mercadores e da nobreza ociosa. "Golpear a burguesia em seu próprio ninho!", dizia o *slogan*. O ano de 1918 vivenciou uma rejeição extrema a todas as instituições da propriedade privada, o despojo da exploração. Proprietários eram inimigos da futura ordem. Não foram apenas as exigências do conflito civil, mas também a utopia revolucionária que levou ao "comunismo de guerra", à política bolchevique de comunização extrema das propriedades, nacionalização de terras, centralização econômica e requisições compulsórias. Em novembro de 1918, Mólotov, que foi encarregado da nacionalização econômica do Norte, publicou um artigo admitindo que "a expropriação dos expropriadores ocorria, na realidade, menos suavemente... do que pensaram que ocorreria aqueles que se autointitulam seguidores de Marx...". Após mais de nove meses de domínio socialista, disse, "a hora ainda não havia soado para todas as propriedades dos capitalistas". A inflação foi estimulada como um meio de desestabilizar e arruinar toda a economia de mercado. O principal economista aliado de Trótski, Evguiêni Preobrajiénski, falou sobre "a metralhadora do Comissariado para as Finanças, atacando pela retaguarda o sistema burguês e usando as leis monetárias deste sistema para destruí-lo". Bancos foram abolidos e um plano para substituir a moeda por "unidades de trabalho" foi concebido. Em uma tentativa de exercer total controle sobre a distribuição de bens, toda negociação privada foi banida. Para alguns, o "comunismo de guerra" foi um período heroico, uma era de exaltação moral, quando "os burgueses se tornaram criaturas desprezíveis e rejeitadas... párias, desprovidos não só de suas propriedades, mas também de sua honra".

Durante todo este tempo, tranquilamente empoleirado na sua "teatral casa segura", como ele a chamava, distante apenas uma rua dos portões do Krêmlin, Sidney Reilly planejou detalhadamente uma conspiração contrarrevolucionária tão intrincada que, como o *Izvéstia* observou posteriormente, "ela nos leva de volta aos tempos da república de Veneza, aos estados medievais italianos, ou às bárbaras terras do Leste". O plano de Reilly era derrubar o governo bolchevique e levar a Rússia de volta à Primeira Guerra Mundial. Ele planejava prender o governo revolucionário inteiro em uma reunião do conselho do povo no Teatro Bolchoi, no início de setembro. Relatando posteriormente aquela trama, a imprensa soviética afirma que a intenção de Reilly era matá-los, mas a sua solução para o problema do poder que eles detinham era mais teatral. Ele planejava exibir Lênin e Trótski sem calças pelas ruas de Moscou, agitando seus casacos, de modo que "todos deveriam ser advertidos de que os tiranos da Rússia tinham sido presos". Ele assegurou a seus superiores em Londres que "por trás de sua apatia nacional, a grande massa do povo russo anseia por ser libertada de seus opressores". Para o desfecho, Reilly proclamava-se como "mestre de Moscou".

Li diversos relatos sobre o caso Reilly, de fontes inglesas e russas e (como é usual em histórias de espionagem) parece-me impossível estabelecer os fatos. O papel de Reilly na conspiração nunca foi inteiramente compreendido. Um livro sugere que ele pode ter sido um agente duplo, o "primeiro homem" a trabalhar para a Tcheká, a polícia secreta de Lênin. É difícil encontrar qualquer consistência em termos de convicção ou lealdade a respeito de sua estranha vida, exceto um desejo por aventuras e a lógica de sua audácia e sagacidade. Ele se manteve parcialmente invisível, guardando seus segredos até o fim. Colecionou e descartou identidades, esposas, amantes, residências, passaportes, barbas falsas, bazófias, supostas origens, fortunas em dinheiro vivo e em produtos finos. Na realidade, era um filho ilegítimo, judeu nascido em Odessa, chamado Sigmund Rosenblum, que compartilhava origens sociais com muitos bolcheviques. Outro conspirador antibolchevique, chefe da missão diplomática inglesa em Moscou, Robert Bruce Lockhart, descrevia-o como "forjado no molde napoleônico".

O que me intriga neste conto ressoante de espionagem e intriga política, conhecido na imprensa soviética como "a conspiração Lockhart", é o papel nele desempenhado pelo nº 3 e por Elizavieta Otten, uma das mais atraentes ocupantes do apartamento 85. Otten deve ter valorizado seu bom nome e seu lugar no ordenamento desta cidade. Foi a única das jovens artistas que compartilharam o apartamento que teve o nome e o endereço listados no catálogo de 1917: "Otten, Eliz. Emil., Cheremiétievski 3". Tinha vinte anos. Uma fotografia em seu arquivo pessoal, guardado no principal teatro de marionetes de Moscou, mostra-a com maquiagem cênica, com uma flecha de cupido pintada a lápis nas extremidades dos lábios, cílios postiços, um olhar gentil e um lenço amarrado nos cabelos louros. Seu pai, gerente da companhia, desaprovava seus sonhos de palco. Mesmo assim, Otten tinha acabado de estrear no Estúdio Teatro de Arte de Moscou em uma peça chamada *O anel verde*, da poeta simbolista Zinaída Guíppius.

Otten dividia o apartamento com uma dançarina do Teatro de Arte conhecida como Dagmara K., que também teve participação ativa na conspiração antibolchevique. Era amante do conde Aleksandr Cheremiétiev, compositor e maestro do coro da Corte Imperial até 1917, meio-irmão do conde Serguei. Talvez tenha sido por meio do conde Aleksandr que Reilly, que tinha relações com a elite da sociedade moscovita, assim como com os níveis inferiores, encontrara pela primeira vez a atriz do nº 3.

Conhecido pela atriz como Sidney Gueórguievitch, o experiente sedutor Reilly foi uma "visita frequente" do apartamento, antes de Elizavieta Otten tornar-se sua "rapariga-chefe" em Moscou e de ele próprio mudar-se para lá. Durante todo o verão, Otten e suas amigas atuaram como mensageiras engenhosas enquanto ele tecia sua trama. Todas as manhãs, uma outra jovem dançarina, a charmosa Maria Fride, subia as escadas para entregar informações secretas de dentro do Krêmlin, cópias que ela fazia durante a noite de todos os documentos que passavam no dia anterior pelas mãos de seu irmão, o coronel Aleksandr Fride. O coronel, oficial dos Fuzileiros da Letônia, trabalhava para os bolcheviques como oficial de comunicações. Otten tramitou cartas secretas entre Reilly e o cônsul britânico em exercício, e recebia entregas de documentos no cais do Krêmlin. Enquanto isso, Reilly acumulava centenas de milhares de rublos, a maior parte proveniente de doações particulares de moscovitas, que ele escondia na gaveta de uma escrivaninha no apartamento: dinheiro vivo para subornar os mercenários letões que guardavam o Krêmlin. Naquela cidade que afundara, conforme ele escreve nas suas memórias auto-heroicizantes, *Mestre espião britânico*, "em um estado de putrefação e estagnação sem retorno", as jovens atrizes eram sem dúvida gratas por sua generosidade. Quaisquer que fossem seus motivos ou reais convicções, Reilly considerava-as "inteiramente" do seu lado e entre as "colaboradoras mais leais e devotadas".

Talvez não tenha sido apenas o charme da amável jovem conspiradora do Teatro de Arte, mas também a perfeita aptidão para a fantasmagoria contrarrevolucionária do despojado edifício em que viveram, o que levou Reilly a fazer daquele a sua principal "casa segura" na Moscou Vermelha. O lar da "Mlle S.", como ele chamava Elizavieta Otten, era o endereço mais adequado para conspirar para a salvação da burguesia enquanto classe. "A casa na Cheremeteff era um grande local que continha não menos que duzentos apartamentos, e alguns deles eram de grandes dimensões", disse Reilly, acrescentando que o apartamento das "jovens senhoras interessantes" era tão espaçoso que tinha quartos sobressalentes para emprestar a um ex-funcionário do governo e a um professor de música. Muitos dos outros apartamentos, observou, de fato acomodavam muitas famílias. Era como se sua missão pudesse ser purificada pela importância de salvar esta casa, em particular, e seus habitantes dos vorazes bolcheviques que estavam prontos para reivindicá-la como sua.

Mesmo o nome da rua parece ter possuído poder evocativo para Reilly, que a chamava de "Cheremeteff" repetidas vezes. O alinhamento de sua proclamada causa com a importância emblemática do nº 3 para ele emerge de seu retrato apocalíptico da cidade sob o Terror Vermelho. A cidade é "pavimentada com desolação, imundície, miséria, crueldade demoníaca, terror abjeto, luxúria, fome"; Moscou tornara-se uma visão do inferno, "batizada com o sangue da burguesia". Nesta "cidade dos malditos", "Cheremeteff" pinta um quadro de patologias quase alegóricas. Reilly descreve um bando de homens e mulheres sob vigilância, tentando debilmente retirar entulho das ruas que tresandavam a carcaças de cavalos abandonados. Os trabalhadores forçados tinham "fisionomias de acadêmicos bem-criados", as mulheres eram dignas e refinadas: "eram membros da burguesia; tinham sido corretores da bolsa, advogados e professoras escolares, quando havia ações, leis e escolas na Rússia ". Enquanto isso, acrescenta Reilly, os antigos servos se recusavam a trabalhar e passavam os dias a pilhar "os móveis que cobiçavam dos apartamentos de seus antigos senhores e senhoras para decorar melhor os próprios apartamentos". Em suas fantasias, Reilly torna-se o agente do conservadorismo, já que a cidade é violentamente arrancada da gentil burguesia pelo proletariado. A casa em "Cheremeteff" é uma última cidadela. A missão do novo

Napoleão de Moscou é salvar a classe derrubada da sua desapropriação, recuperar a pilhagem.

É verdade que nenhuma das *maisons à loyer* inseridas nos espaços vazios das velhas ruas patrimoniais de Moscou, quando a burguesia endinheirada adquiriu súbita proeminência no fim do século XIX, equivalia em extravagância e aspecto ao nº 3. Seus edifícios exibiam uma confiança despreocupada na prosperidade, como se a opulência pesada do interior burguês se tivesse projetado flagrante e excessivamente para as fachadas, em um convite à profanação. O arquiteto, Aleksandr Meisner, nativo de Nóvgorod e membro da conservacionista Sociedade Arqueológica, era um dos mais prestigiosos de Moscou. Meisner trabalhou para os Cheremétiev em outra propriedade de Moscou, e em 1903 reformou a fachada e o interior do clube do nobres, do final do século XVIII, uma assembleia para a aristocracia próxima à Praça Vermelha, acrescentando um terceiro piso. Em seu projeto para o nº 3, Meisner deu grande importância à entrada da frente e às escadarias, que ostentavam um ar aristocrático cerimonioso. Na densidade de suas texturas, na fluidez de sua ornamentação, tanto dentro quanto fora, o estilo da casa estava mais para vienense *modérne* do que para parisiense da *belle époque*. Além disso, na maneira como se entra vindo da rua, através de grades de ferro ornamentado para um profundo e sombreado pátio, a casa manifesta a indulgência para com espaços supérfluos que é peculiar à Rússia.

Reilly perambulava por Moscou usando documentos falsos, como "Relínski da Tcheká" ou como sr. Constantine, empresário grego. No primeiro dos muitos planos-sequência conspiratórios de suas memórias, narrado com um olho no estoque de atitudes de sua profissão, o "lendário mestre espião" dá voltas na "Cheremeteff" para se assegurar de que não há ninguém na rua. Sem ser visto, desliza para dentro do nº 3 e sobe a "escada abominavelmente malcheirosa". Reina um silêncio mortal no edifício. Ele para diante de uma porta, escuta, perscruta as escadas acima e abaixo. Bate à porta. A porta se abre, um centímetro. "É você, Dagmara?" Ouve-se o som de uma corrente sendo retirada, a porta se abre, e o agente desliza para dentro: "Sr. Constantine, chefe do Serviço Secreto da Inteligência Britânica na Rússia soviética".

Dias antes do planejado *coup d'état*, a conspiração foi desvelada. Uma tentativa fracassada de assassinar Lênin no fim de agosto foi seguida por prisões em massa, execuções sumárias e uma intensificação da guerra de classes nos maiores edifícios de apartamentos de Moscou. Em uma batida de rotina no apartamento das "raparigas de Reilly", a polícia secreta tropeçou por acaso na conspiração, assim foi dito. Quando a Tcheká chegou à porta, contou mais tarde Dagmara K. a um Reilly admirado, ela apanhou um maço de notas de mil rublos na gaveta da escrivaninha e enfiou-as entre as pernas, escondendo-as em sua roupa de baixo até que os agentes fossem embora. Otten foi presa. Maria Fride foi pega subindo as escadas com uma pasta de documentos secretos. Por razões desconhecidas, Dagmara K. foi poupada.

Reilly estava em Petrogrado (como São Petersburgo fora renomeada durante a Primeira Guerra Mundial) quando viu as notícias da "poderosa conspiração inglesa" na imprensa. "O nome Cheremeteff... me prendeu os olhos. Por um momento o papel flutuou diante dos meus olhos, as paredes balançaram e vieram em minha direção. A janela parecia avançar e recuar..." Reilly recuperou o rumo e correu disfarçado para Moscou, esperando escapar da Rússia. Com seu Colt no bolso interno, "pronto para enfiar a última bala na cabeça, antes de cair nas mãos daquela escória", ele desapareceu nas profundezas obscuras da cidade, longe da "Cheremeteff", hospedado por indigentes inimigos do regime e prostitutas compreensivas em bordéis elegantes que a Tcheká não alcançou.

Sob interrogatório na prisão de Butirka, Elizavieta Otten atuou metodicamente por sua vida. Apesar de ter estudado para atuar em dramas menos banais, aquilo que Konstantin Stanislávski chamaria de "realidade interior" de seu infortúnio extraiu dela o retrato convincente da ingênua com o coração partido, seduzida e traída por um estranho embusteiro. "Desde o início de nosso relacionamento ele me manteve presa a ele", escreveu em um apelo à Cruz Vermelha. Reilly teria vivido com ela, "fazendo-lhe a corte", e ela "gostava muito dele". Foi somente durante o interrogatório, afirmou, que ela descobriu que ele a tinha "tolamente enganado" a respeito de seus propósitos políticos, aproveitando-se de sua "intenção exclusivamente boa". Como em todos os detalhes registrados da conspiração, relatos de seu encarceramento divergem. Reilly disse que a saúde dela foi gravemente debilitada por confrontações que duravam oito horas, nas quais não podia nem comer nem se sentar. Lockhart relatou que os tormentos dirigidos a ela eram psicologicamente mais refinados. Foi mantida em uma cela com dúzias de outras mulheres, incluindo sete que reivindicavam terem se casado com Reilly. Todas belas e jovens, as supostas esposas iam de "uma atriz" a "uma filha de porteira" e "os ciúmes e brigas entre elas eram de se ver para crer".

No fim de novembro, Otten apresentou-se diante de um tribunal revolucionário, em um julgamento em massa de todos os ditos conspiradores. O *Izviéstia* deu-lhes o epíteto de "serviçais sujos de um caso sujo". Em 1918, foi estabelecida jurisprudência para uma única questão: se um dado ato fora "cometido ou não para restaurar a classe opressora no poder". Quando solicitada a explicar por que tinha destruído uma carta endereçada a Reilly quando a Tcheká viera revistar seu apartamento, Otten justificou o gesto como "instintivo", bastante inconsciente dos interesses da classe dominante. Seu desempenho (ou, se quisermos dar crédito a Reilly, um suborno de cinquenta mil rublos para seu "investigador") conseguiu-lhe a absolvição, mas seu relato no *Izviéstia* foi desonroso. O jornal descreveu-a como "uma ex-atriz do Teatro de Arte" e grafou seu nome errado.

O fascínio de Reilly por Napoleão foi uma das únicas coisas a dar consistência à sua biografia. Durante 25 anos ele reuniu uma preciosa coleção de livros, pinturas e artefatos relacionados à vida de Bonaparte, que dificuldades financeiras o obrigaram a vender por aproximadamente cem mil dólares em um leilão em Nova York, em 1921. Teria a venda incluído a caixa de rapé que um dia ele depositara na mesa de bacará do clube de caça na "Cheremeteff"?

***

"Nós dois não podíamos ser chamados de amigos", escreveu na história sobre o gúlag, "Ração Seca", o escritor e sobrevivente de campos de concentração Varlam Chalámov, "nós apenas gostávamos de relembrar Moscou juntos – suas ruas e monumentos, o rio Moscou coberto por uma fina camada de óleo, brilhando como madrepérola... éramos capazes de falar interminavelmente sobre Moscou." No gúlag, falar sobre Moscou era uma das maneiras de criar laços entre os prisioneiros, assim como falar sobre comida ou lembrar de sexo e fantasiar sobre mulheres. Mulheres, comida, Moscou. "Um moscovita?", pergunta o médico do gúlag, dr. Lúnin, em "Descendente de um dezembrista". O jovem estudante de medicina da história é um bisneto do famoso rebelde Mikhail Lúnin, um nobre hussardo dono de um requintado palácio colunado e decorado com liras no Bulevar Nikítski, a quem Púchkin chamou de "amigo de Marte,

Baco e Vênus". "Você sabe, moscovitas são pessoas que, mais do que qualquer outra coisa, gostam de falar da sua cidade – das ruas, dos ringues de patinação, das casas, do rio Moscou...", zomba Lúnin. Chalámov anseia por outra pessoa educada com quem possa conversar, e assim, enquanto seus olhos vasculham as prateleiras do cirurgião em busca de pão, obriga-se a "relembrar o distrito *kitai-górod* de Moscou e as Portas Nikítski, onde o escritor Andrei Sóbol suicidou-se, onde Stern atirou no carro do embaixador alemão... a história das ruas de Moscou que ninguém escreverá". "Sim, Moscou, Moscou. Diga-me, quantas mulheres você teve?", retruca Lúnin. Chalámov viera de Vólogda para a cidade, a "borbulhante Moscou", para estudar a lei soviética, nos dias em que Andrei Vichínski expunha a nova jurisprudência revolucionária que o levaria duas vezes ao gúlag pelo mesmo crime de pensamento.

O nomadismo da borbulhante Moscou e a recusa da vida burguesa acomodada era parte do fascínio de simpatizantes estrangeiros pela Revolução Russa. Walter Benjamin percebeu algo de incerto, provisório e selvagem na própria Moscou. Parecia "uma metrópole improvisada que tinha caído naquele lugar durante a noite". Tudo isto atraía a repórter americana Louise Bryant, amante do comunista John Reed. A um aceno de Reed, ela correu para Petrogrado em um trem da Finlândia para tomar parte nos eventos de outubro de 1917, para absorver a filosofia da revolução em seu mundo sensorial. Em *Espelhos de Moscou*, publicado seis anos depois, comprometeu-se a mostrar as pessoas reais por trás da "tela de fumaça e chamas", os revolucionários – Vladímir Lênin, Liev Kámienev, Félix Dzerjínski, Anatóli Lunatchárski, Mikhail Kalínin, Aleksandra Kollontai e Liev Trótski – "como eles realmente eram, como os conheci em suas casas, onde o fulgor vermelho não penetrava e eles viviam como outros homens". Ela não viu o que Trótski já tinha visto. Mesmo quando o romantismo da Revolução mexia com a sensibilidade boêmia do Greenwich Village de Bryant, seus líderes adquiriam um sabor burguês. "Ei-los aqui, então", relatou da Moscou bolchevique aos seus leitores americanos, "os russos de hoje. Próximos dos tártaros e dos cossacos da planície, dos filhos de servos, dos nórdicos e dos mongóis – próximos da terra e ambicionando as estrelas." Foi fotografada certa vez vestindo um *sarafan* camponês (uma espécie de salopete), exibindo o olhar distante de uma moça de aldeia recatada, e outra vez em uma atitude contrastante, usando botas cossacas e um gorro de pele atraente, fumando e rindo maliciosamente para as lentes da câmera.

Ivi Litvínov, esposa inglesa do comissário soviético (e futuro Comissário dos Assuntos Estrangeiros) Maksim Litvínov, que viera a Moscou no início dos anos 1920, escreveu uma carta para casa em que afirmava que na Rússia revolucionária "ideias" eram tudo e "coisas" pouco importavam, "porque todos terão o que quiserem sem coisas supérfluas"; mas quando perambulou pelas ruas da cidade, "olhando pelas janelas dos andares térreos", ela viu "as *coisas* de Moscou em uma desordem confusa pelos cantos, e percebeu que elas nunca tinham sido tão importantes".

"Guerra comunista" leva à carestia, à fome, ao colapso da vida civil. Em 1921 Lênin anunciou a Nova Política Econômica, a NEP. A vida econômica foi dramaticamente liberalizada, ao passo que as facções e a liberdade de discussão dentro do Partido foram suprimidas. A cidade debilitada rapidamente voltou à vida. Entulhos e esgotos foram varridos das ruas, serviços públicos foram restaurados e o alojamento racionalizado. Um banco estatal foi fundado. A moeda foi reformada e uma nova unidade monetária, parcialmente lastreada em ouro, conhecida como *chervonets*, foi introduzida. Saindo da Rússia durante a NEP, Walter Benjamin subornou um oficial com *chervonets* para assegurar a passagem do baú de brinquedos e livros infantis que ele tinha pechinchado nos mercados de rua de Moscou. Propriedades privadas de pequena escala foram devolvidas aos seus antigos donos, e durante alguns anos concessões a estrangeiros foram permitidas. Um novo catálogo telefônico de Moscou foi publicado em 1922, anunciando inumeráveis "corporações" e dando os números de telefone de oficiais do Krêmlin e de comissários bolcheviques ao longo da Vozdvíjenka, incluindo Lênin e Trótski. "O Víi está lendo a lista telefônica na Praça Vermelha", escreveu Mandelstam em sua raivosa obra em prosa, *A quarta prosa*. "Ergo minhas pálpebras... conecto-me com o Comitê Central." (O Víi é um gnomo malicioso do folclore russo com pálpebras de ferro, cujo olhar é fatal.)

Se ter uma residência fixa era o ideal da ordem burguesa do século XIX, moradia provisória era a condição dos anos 1920. "Miserável cidade de Moscou, por que não quer me dar um lugar em seu seio?" queixou-se o jovem compositor nascido em São Petersburgo, Dmítri Chostakóvitch, quando veio a Moscou em 1925, no começo da carreira. Não conseguiu achar um lugar para ficar na cidade instável, embora tenha-se esforçado, disse, com toda a sua alma. Chostakóvich encontrou refúgio no nº 3, convenientemente localizado perto do conservatório de Moscou, logo depois da esquina, como hóspede da escritora Galina Serebriakova, ex-mulher do revolucionário Leonid Serebriakov; ela acabara de casar-se com seu segundo velho bolchevique, Grigori Sokólnikov, Comissário para as Finanças, o inventor dos *chervonets* que possibilitou a recuperação da NEP. Sokólnikov, cujo verdadeiro nome era Hirsh Brilliant ("brilhante"), era formado em economia pela Sorbonne, um revolucionário da velha guarda que retornara à Rússia com Lênin no trem blindado em abril de 1917 e assinara o tratado de paz com a Alemanha, em Brest-Litovski. Em Moscou, Chostakóvitch foi favorecido pelo Marechal Tukhatchévski, um conhecedor de música que confeccionava violinos nas horas vagas e que atuaria como seu protetor pela próxima década. Presos em 1936, Sokólnikov e Serebriakov foram julgados, juntos, como membros do "Centro Trotskista Antissoviético"; Andrei Vichínski era o promotor. Entre os diversos crimes dos quais era acusado, o "Centro" figurava uma tentativa ficcional de assassinato de Mólotov. Serebriakov, que "confessou" tudo aquilo de que foi acusado após seus inquisidores terem-lhe dito que estavam conduzindo sua filha para a Lubianka para um "encontro", foi fuzilado. Sokólnikov, que igualmente "confessou" para salvar Galina, foi sentenciado a dez anos de prisão e morreu em um campo de concentração. Galina foi presa em 1937. Voltou da Sibéria para Moscou quase vinte anos depois, com sua lealdade ao Partido intacta. Mikhail Tukhatchévski foi fuzilado em 1937 sem a honra de um "julgamento-espetáculo". Muitos ouviram que a "Quinta Sinfonia" de Chostakóvitch, que foi executada no fim daquele ano, era um amargo réquiem pelos amigos desaparecidos, incluindo aqueles com os quais morou naquela casa em 1925.

Assim como Chostakóvitch, Benjamin viu-se procurando por um refúgio em Moscou, no auge da NEP. Chegou em pleno inverno de 1926, uma época de extrema tensão pessoal e intelectual. Estava apaixonado por uma revolucionária letã, a diretora teatral Asja Lācis, que se recuperava de uma crise nervosa em um sanatório perto da Tverskáia. Ao mesmo tempo, ele tentava se decidir se aderiria ao Partido Comunista Alemão. Queria ver a cidade da Revolução marxista, onde explodira o "*continuum* da história", onde, como ele colocava, "tudo o que é factual já é teoria". O potencial da Revolução para o sucesso ou para o fracasso era "brutalmente visível" nas ruas, junto ao povo. (Benjamin não podia ver a luta brutal que tinha lugar no Krêmlin naquele inverno, quando Stálin agia contra seus rivais.) Disse ao seu editor, Martin Buber, que escreveria uma "fisiognomia" de Moscou para o Jornal *The Creature*, um ensaio que permitiria "à criatura falar por si só", apreendendo e interpretando a "novíssima e desorientadora linguagem que ecoa através da máscara retumbante do ambiente".

Em meus anos aqui, voltei várias vezes ao *Diário de Moscou* de Benjamin. De todos os magos europeus daquilo que é conhecido como "teoria" entre os guardiões do mundo das ideias que me ensinaram em Cambridge vinte e cinco anos antes, Benjamin foi o único que li, desde então, com prazer. Sua prosa ferve de curiosidade a respeito de lugares e pessoas reais; com seu obsessivo amor pelo belo e estranho, sua fascinação por coisas físicas e pela complexidade dos relacionamentos humanos com as coisas físicas, de livros raros a brinquedos artesanais, casacos de pele e tortas de creme.

Benjamim começou a trabalhar no *Projeto Arcades* imediatamente após seu retorno de Moscou. A colagem vasta e inacabada de citações sugestivas e fragmentos de lampejos ou ideias era uma tentativa de caracterizar a Paris do Segundo Império, a "capital do século XIX". Em vez de usar o estilo de inventário das tradicionais histórias da civilização, tentou capturar a cidade em todas as suas manifestações mutantes, revelando como os feitos de uma civilização são transmitidos e "estranhamente alterados pelos constantes esforços da sociedade", tanto consciente quanto inconscientemente. Agarrou a história sorrateiramente, explorando a cidade crepuscular que irradiava luz artificial refletida em seus vidros, em ângulos sempre mutáveis, buscando correspondências, juntando sobras e traços aleatórios que poderiam ser reunidos e justapostos para fazer um retrato de sua vida interior, que ele chamava de "terra da fantasia dialética".

Voltei ao *Diário* também por razões históricas precisas. Benjamin achava Moscou uma "perfeita pedra de toque para o estrangeiro". Sua realidade removia a abstração que "vem à mente do europeu tão facilmente". Nenhuma teoria se sustentava. Tudo era fato material. A vida saltava para ele, "combativa, determinada, muda", dos arcos dos portões, das molduras das portas, das inscrições nas placas de rua, das imagens das botas ou das roupas recentemente passadas a ferro, de uma rampa desgastada ou da soleira sólida de uma escada. Registrou com agudeza a desorientação da cidade conforme ela se transformava pelo sonho comunista de um salto para fora da história das coisas, quando as amarras da propriedade fossem cortadas e a vida privada perdesse o vigor.

"Tem a ver com a criação de uma concha para nós mesmos", observou Benjamin a respeito do verbo "morar". Ele enxergava "morar" como a condição do século XIX, o século da burguesia, quando a residência "era concebida como um receptáculo para a pessoa, enclausurando-a com seus pertences, tão profundamente... que alguém poderia lembrar-se do estojo de uma bússola, onde o instrumento repousa envolto em profundas dobras de veludo violeta". Assim como diversos observadores estrangeiros, Benjamin pensava que a Revolução russa era o início do fim daquele mundo. Ele acreditava que o pensamento dialético marxista era o "órgão do despertar histórico". Com este novo órgão de percepção, ele acreditava que se poderia ver a história em seu trabalho secreto: "com a destituição da economia de mercado começamos a reconhecer ruínas nos monumentos da burguesia, mesmo antes de ruírem", escreveu. Quando chegou a Moscou, estava convencido de que tudo na nova sociedade coletivista maquinava contra a "melancolia do bem-estar" burguesa. A cidade burguesa centrada na distinção entre trabalho e lar tinha sido sacudida. A habitação era "uma questão difícil". As pessoas tinham abandonado a vida doméstica; viviam no escritório, no clube, na rua. Como parte do credo comunista, amor e casamento tornaram-se "uma bagatela"; fazer sexo deveria ser como tomar um copo d'água, declarou a Comissária do Povo, Aleksandra Kollontai. A ideia do interior completo burguês – revestimentos de parede, quadros, almofadas de sofá, capas de poltronas, colchas, quinquilharias nas consolas – fora descartada. De todas as instituições de Moscou, apenas as crianças de rua da Tverskáia, sentadas em trapos contra o muro do Museu da Revolução, recusaram-se a ser deslocadas. Tudo o mais na cidade estava "sob o dístico do *remont*".

Hoje, no século XXI, desde o abandono súbito do sonho comunista, a cidade está novamente sob o dístico do *remont*. Enquanto o preço do óleo e do gás, grande fonte de riqueza da Rússia, sobe nos mercados globais, a transformação de Moscou tem ares frenéticos. É dialético, suponho. As coisas deram voltas e tornaram-se seu oposto. Foi, certamente, gritante. Através da máscara do ambiente, o *emburguesamento* de Moscou ressoava dia e noite, ecoando nos edifícios por todos os lados. Era difícil dormir. Deitei-me em minha cama e pensei em uma frase do *Quarta prosa* de Mandelstam, "as noites cães de caça de Moscou". Sim, as noites eram cães de caça. Todos incansáveis, construindo um abrigo, procurando por um novo interior para trabalhar ou morar.

O *Diário de Moscou* é um registro de desamparo e fracasso erótico. O anseio de Benjamin em achar um lugar de descanso junto a Lācis, em possuí-la, tece seu caminho desde as primeiras páginas, quando ele a vê de pé no lodo da rua Tverskáia com um chapéu de pele, até o fim, quando ele é levado para longe dela pelas ruas crepusculares, segurando uma mala de viagem cheia de pertences sobre os joelhos, derramando lágrimas de perda. Não há espaço interno dentro da cidade no qual os amantes possam encontrar conforto juntos. A única hora em que ficam sozinhos no escuro é em um trenó puxado a cavalos na Arbat onde se abraçam. Em contrapartida, ele gasta dinheiro comprando coisas para sua coleção, presentes para Asja: três casinhas de papel colorido de um quiosque no lado de lá do rio Moscou, "pelo enorme preço de trinta copeques", que ele carrega desajeitadamente em seus braços no frio cortante; caixas de laca feitas à mão (ele é cativado, claro, por pequenos estojos fechados); doces, blusas, meias. O único interior totalmente mobiliado que ele encontra na cidade é em um museu estranho e pequeno dedicado à vida cotidiana dos anos 1840, onde vê uma sala cheia de mobília Louis-Philippe: arcas, candelabros, espelhos de parede, biombos, até papéis de carta e xales dobrados sobre cadeiras. Em um terno momento sozinhos na sala, Benjamin lê para Lācis sua tradução da cena lésbica de *No caminho de Swann*, de Proust. "Asja compreendeu o niilismo selvagem que ela contém", escreveu, "o modo como Proust, de certa maneira, penetra no interior do pequeno-burguês, um cômodo bem arrumado que leva a inscrição 'sadismo', e, depois, impiedosamente reduz tudo a cacos, de forma a não deixar traço da concepção imaculada e organizada de perversidade; ao contrário, o mal é que mostra explicitamente, dentro de cada fratura, sua substância verdadeira — 'humanidade', ou mesmo 'bondade'."*

Ele só pode vivenciar Moscou através de Asja, diz. Animosidade e amor se intercambiam dentro dele "como vento". Ele imagina a conquista de seu coração como uma proeza de engenharia urbana por parte dela: ela construiu uma rua entre eles. Por vezes, quando a olha, ela não parece bonita: selvagem debaixo do gorro de pele, sua face flácida pelo tempo gasto na cama. Ele lê uma passagem de seu novo livro *Rua de mão única*, cheia de metáforas sobre o lar, sobre a ânsia por refúgio em uma cidade grande e populosa, sobre os mistérios interiores, distantes da vista dos passantes. Benjamin fracassa na tentativa de captar Moscou, assim como fracassa em possuir Asja Lācis: "em nenhum lugar Moscou aparenta ser a cidade que realmente é". Edifícios parecem esconder algo. Ele quer encontrar uma via de entrada, tocar seu espírito, sua vida combativa e determinada, emboscá-los com seus olhos, de cima, das alturas de um aeroplano. Ele tenta

* Walter Benjamin, *Diário de Moscou*. Trad. de Hildegard Herbold. São Paulo: Companhia das Letras, 1989, p. 113.

encontrar o melhor lugar para se posicionar, a partir de "tantas dimensões quantas forem possíveis". "É a mesma coisa com casas. Somente após se insinuar por uma série delas na busca de uma específica é que alguém consegue apreender o que elas contêm."

***

Até a morte de Stálin, lembra V. S. Jukóvski, havia carpetes nos degraus externos de cada entrada da "quinta casa do sovietes". Enquanto jovem rapaz que crescia na casa vizinha, ele podia enxergar o pátio do nº 3 pela janela da cozinha de seu amigo Slava. Um dia ele viu quatro limusines Packard rodando pela Granóvski; sentados juntos no banco de trás de um dos carros estavam dois asseclas de Stálin, Lavriénti Biéria e Gueórgui Malienkov. O cortejo entrou no nº 3, Malienkov saiu e Biéria continuou até virar a esquina, na direção de sua mansão no Anel de Jardins.* Mólotov mudou--se posteriormente para aquela casa, após sua expulsão do Comitê Central. Jukóvski ocasionalmente o via na rua, caminhando com a esposa, Polina Jemtchújina. Mólotov estava sempre minuciosamente bem-vestido, lembra Jukóvski, com uma aparência lustrosa e saudável que desmentia sua idade e um olhar penetrante. Polina (que era sete anos mais jovem que o marido) era baixa, mirrada e curvada. (Tinha sido espancada na Lubianka e passou três anos em exílio no Cazaquistão, onde era referida oficialmente como "Objeto nº 12".) Era admirável, diz Jukóvski, a solicitude com que Mólotov conduzia a esposa pela rua, levando-a pelo braço.

O poeta stalinista Félix Tchúiev, que com um gravador no bolso teve 140 longas conversas com Mólotov nas últimas duas décadas de sua vida, lembra-se dele na entrada do nº 3, em um dia chuvoso de março de 1977. Tchúiev trouxera-o para a cidade, em seu carro, desde sua datcha em Jukovka, perto de Moscou. No carro, Mólotov cantou uma velha canção de combate soviética: "na luta pelo poder soviético, morreremos juntos!... Quem sabe por que deveríamos morrer juntos", gracejou ao fim da canção. Tchúiev conduziu Mólotov até a entrada e, observados por passantes atônitos, o velho saiu por cima das poças d'água. Mólotov desapareceu por trás da porta externa da casa e então, subitamente, foi novamente para a rua por alguns segundos e abanou a mão...

---

* Anel viário que interliga fortificações históricas na região central de Moscou.

"Durante um quarto de século, não perseguimos ninguém", escreveu Aleksandr Soljenítsin em *Arquipélago gúlag*: "Não levamos ninguém a julgamento. São suas feridas que tememos reabrir. Como símbolo de todos, o presunçoso e estúpido Mólotov vive na Granóvski nº 3, um homem que não aprendeu nada, nem mesmo agora, embora esteja saturado de nosso sangue e cruze a calçada nobremente para sentar-se em seu longo e amplo automóvel."

2.
Apartamento 61

"Não se deveria morar no Krêmlin..."

Anna Akhmátova

Subi as escadas na manhã em que o banqueiro me deu as chaves do apartamento de Mólotov. Para evitar ser detectada pela porteira, que ficava sentada em seu quartinho no *sous-sol* escutando o barulho das portas, tirei meus sapatos e fiquei perto da parede externa. Sempre que ela saía à soleira da porta, perscrutava o entorno e perguntava *"Kto?"* ("Quem?"), enxergando tudo através da balaustrada de ferro forjado que se enroscava em frondosos arabescos sob o corrimão polido, desde o vestíbulo de entrada pavimentado até o patamar do quinto andar.

Claro, não havia nenhuma razão séria para ter cautela com a curiosidade natural de uma bondosa *bábuchka*, mas de que serviria obrigá-la a imaginar por que eu estaria entrando no apartamento de um vizinho? Havia também algo mais que convidava a um comportamento furtivo, na maneira como a luz era atenuada pela poeira que se acumulava nos painéis duplos das janelas de vidro, afunilando em longos feixes sobre os desgastados degraus de pedra. "Segurança" era um termo que aqui tradicionalmente tivera amplo uso. A porteira ainda tinha o dever de reportar sobre os residentes do edifício, particularmente sobre cidadãos de potências estrangeiras "imperialistas". Embora os apartamentos tivessem sido privatizados no fim do período soviético e as pessoas que naquela época os habitavam detivessem seu usufruto, a "nua propriedade" pertencia ao *apparat* do Presidente. O nº 3 é propriedade do Krêmlin. A *komendantka* tem orgulho de ainda prestar contas aos serviços de segurança. Em uma ocasião ela declarou sonoramente às babás das crianças estrangeiras no pátio: "A casa está sob escuta. Sempre esteve, e sempre estará". Stálin contratou um engenheiro tcheco para plantar dispositivos de escuta nos gabinetes de seus camaradas no início dos anos 1920, e ele e Mólotov atualizavam arquivos sobre eles, suas histórias de vida e fraquezas cuidadosamente documentadas para uso futuro. Como o próprio Mólotov observou ao refletir sobre o fato de que suas próprias casas tinham sido monitoradas, "enquanto existirem classes, a vida será assim". Ou, como seu inimigo Trótski colocou, "o Estado não é puro espírito". Oitenta anos atrás, "órgãos" do jovem estado soviético permaneciam à porta do apartamento 62 na entrada do n.º 3, vigiando Trótski ir e vir, e relatavam cada movimento dele a Stálin.

O apartamento 62 é hoje o lar de um conhecido produtor de TV e de sua quarta esposa, uma loira arrogantemente sexy que passa a maior parte do ano na Toscana. Sua porta é a maior da escadaria, tendo à frente vidros à prova de balas e uma grade de ferro extravagante. Mas, através dela, o passado distante ainda é visível. Tal como em uma lanterna mágica ou em um diorama, pelos quais espectadores do século XIX viam imagens excitantes ou macabras de cenas históricas encenadas nos cômodos mais internos da cidade, imaginei Trótski sendo arrastado porta afora pela polícia secreta, numa frígida noite de inverno em 1928.

Trótski, que fez a revolução com Lênin em 1917, tinha se tornado uma figura da oposição em meados dos anos 1920. Em junho de 1926, Stálin escreveu a Mólotov que já era hora de "quebrar a cara de Trótski", transformando-o em um renegado. No XIV Congresso do Partido, seis meses antes, no qual Mólotov fora promovido a membro pleno do Politburo e tornara-se um dos mais proeminentes políticos, ele discursou contra a oposição, pregando o fanatismo e o extermínio de todos os argumentos políticos genuínos contra os bolcheviques. O resultado da contenda, declarou Mólotov, seria decidido pela "genuína convicção da justeza de um dos lados". A "ideologia da descrença" a tudo enfraquece: "a dúvida faz o comunista vacilar, suas mãos tremerem". Em uma plenária, naquele outono, Mólotov propôs ao Politburo uma resolução que retirava de Trótski sua participação plena no Comitê Central.

O ódio de Mólotov ao intelectualmente fulgurante Trótski datava dos primeiros anos da revolução, quando Lênin, rindo-se, disse-lhe que Trótski o considerava um "pau-mandado". Quando Mólotov foi feito membro pleno do Comitê Central do Partido em seu X Congresso, em 1921, Lênin chamou-o de "o melhor arquivista da Rússia". Mólotov permaneceu fiel a Lênin apesar destas desfeitas, apresentando-se como portador-padrão do seu legado ideológico após sua morte, em 1924, mas voltou seu ódio contra Trótski, chamando-o de "revolucionário narcisista e individualista", como alguém que tinha "desprezo pelas massas". Trótski, por sua vez, zombou abertamente de Mólotov em uma reunião do Partido, chamando-o de "encarnação da mediocridade", ao que Mólotov respondeu: "A ninguém é dado ser gênio. Apenas tenho orgulho de ter força de vontade e energia".

Em outubro de 1927, quando Trótski fez um discurso final em uma reunião do Comitê Central advertindo para a violência por trás do crescente poder de Stálin e para o Termidor vindouro, Emilian Iaroslávski atirou-lhe na cabeça um pesado livro de estatísticas. "Por trás dos membros máximos da organização há uma burguesia interna que ressurge", gritou Trótski por sobre as vaias de outros membros do Comitê Central no plenário de outubro, "e por trás deles a burguesia mundial". Stálin permaneceu tranquilamente sentado, desenhando lobos nas margens do discurso que estava prestes a proferir, no qual denunciaria Trótski como traidor do legado de Lênin. Teria sido nesta reunião que um dos seguidores de Trótski desenhara a caricatura recentemente descoberta em uma coleção estranha de esboços (alguns violentamente obscenos) nos arquivos do Partido? Datada de 1927, de "artista desconhecido", a caricatura representa "Iaroslavska" como sabujo do "opressor de todo o Partido e gendarme Stálin". Atrás de Stálin e de Iaroslávski estão uma prisão com o rótulo "aparato partidário" e um miserável prisioneiro identificado como "Grande Partido Comunista". Com as resoluções do XV Congresso do Partido enroladas no alto de sua bota, Stálin pisoteia a "democracia partidária".

O isolamento de Trótski no Partido logo se completaria; ele foi expulso do Comitê Central e afastado do Krêmlin. "Até encontrar acomodações permanentes, morarei temporariamente no apartamento do camarada Beloboródov (Rua Granióvski, nº 3, apt. 62)", escreveu ao chefe titular do governo. (Estava destinado a uma vida nômade, à verdadeira moda revolucionária, até que o picador de gelo de Ramón Mercader abrisse seu crânio, no México, treze anos depois.) Mudar-se para o nº 3 fez de Trótski vizinho de Semion Budiónni, o general de cavalaria bigodudo das estepes cossacas que tinha, até então, vivido na casa por três anos. Duas semanas antes da evicção de Trótski, Budiónni supervisionara a dispersão, à maneira de um pogrom, de uma manifestação de rua realizada por Trótski e seus apoiadores. Enquanto isso, Mólotov continuava os ataques na imprensa e nas ruas, denunciando o "trotskismo" em um artigo que comemorava o décimo aniversário da Revolução, e interrompendo pessoalmente um discurso de

Trótski em uma reunião de trabalhadores na estação Paveliétski, ordenando em nome do Comitê Central que a "reunião ilegal" se dispersasse. Em um ataque de raiva, Trótski denunciou Stálin e seus asseclas como "coveiros" da Revolução. No dia seguinte, o *Pravda* acusou Trótski de organizar um partido ilegal.

Durante a estadia de dois meses no nº 3, Trótski tentou se acomodar para trabalhar em seus livros. Nenhum editor estatal os aceitaria, então ele apelou para um velho camarada de índole independente, David Riazánov, diretor-fundador do Instituto Marx-Engels, que o contratou para traduzir os clássicos do "socialismo científico". Durante as noites, usando botas de feltro para proteger-se do frio, Trótski se levantava das páginas de Marx para perambular pelo quarto como um prisioneiro. No fim do ano, foi informado de que seria exilado no Cazaquistão. Seu anfitrião, Aleksandr Beloboródov (o homem que foi enviado para assassinar a família imperial em 1918), foi ao mesmo tempo informado de que seria enviado para o exílio em Kómi, no Norte.

O caricaturista soviético Boris Efímov lembrava-se de ter visitado o nº 3 em fevereiro de 1928, logo após o anúncio da deportação iminente de Trótski. O conhecido crítico e historiador da arte Viatcheslav Polónski, que sugerira a visita, entregou a Efímov alguns livros para Trótski, dizendo-lhe para não fazer caso dos policiais secretos nas escadarias. O próprio Trótski abriu a porta e gentilmente guardou o paletó de Efímov. Indicou um pequeno estúdio ao lado do corredor e eles se sentaram para conversar. Trótski incentivou Efímov a manter o seu trabalho – a caricatura era de vital importância naqueles tempos "estranhos", disse – e lamentou que o irmão de Efímov tivesse passado para o lado dos "termidorianos". O apartamento recendia fortemente a borsch, e em seguida uma voz feminina vinda da cozinha convidou Trótski para a mesa. Quando Trótski o ajudou novamente com seu paletó, Efímov estava tão embaraçado com as atenções do grande homem que não conseguiu enfiar o braço na manga. "Tenha boa uma viagem, Liev Davídovitch!", disse Efímov, "um bom retorno..." e se abraçaram. Quando o agente da polícia secreta viu o jovem caricaturista saindo sem a pilha de livros, pegou num telefone. Trótski embalou cuidadosamente todos os livros e papéis para a viagem. Stálin logo se lamentou por ter lhe permitido levá-los consigo em seu exílio.

Quando Trótski, em sua autobiografia, *Minha vida*, chega na cena de sua deportação, que emoldurava o *páthos* histórico daquele momento, ele enfoca a narrativa a partir de um espectador daquela cena: sua esposa, Natália Sedova. Quando os homens da OGPU (a polícia secreta) vieram buscá-lo para levá-lo à estação, Trótski recusou-se a ir tranquilamente; não permitiria a Stálin apresentar seu exílio como voluntário. A família trancou-se em um dos cômodos do apartamento. (Naquela noite, Trótski usava chinelos caseiros em vez de botas de feltro, enfatizando a violação de sua residência temporária.) Os agentes gritaram ordens por trás da porta, telefonaram a seus chefes em busca de instruções e finalmente abriram caminho à força, passando os braços uniformizados através dos vidros quebrados da porta. Um deles gritou "Atire, camarada Trótski, atire!", e Trótski disse-lhe para se acalmar e parar de dizer asneiras. Os agentes enfiaram-lhe as botas, casaco de pele e a *chapka*, e arrastaram-no porta afora e escada abaixo, trancando seus dois filhos no apartamento. Eles forçaram a saída, e um deles, Liova, subiu e desceu as escadas soando as campainhas, gritando "Eles estão levando o camarada Trótski!". "Faces atemorizadas relampejavam por nós nas portas e nas escadas", lembrou Sedova, "naquela casa viviam apenas trabalhadores soviéticos proeminentes."

No decurso da década seguinte, os "trabalhadores soviéticos proeminentes" aprenderiam a manter suas portas fechadas e a não abri-las quando ouvissem passos de botas nas escadas durante a noite, a comoção de uma prisão em um apartamento vizinho ou o som, que a mulher de Mandelstam lembraria por toda a vida, o som dos anos 1930, a ascensão e o ranger de velhos elevadores nas "horas de amor e paz".

Pensando no significado da cena na escadaria, tenho a sensação de que esta casa não foi meramente um cenário para a História, mas um ator do drama. Estes apartamentos foram estojos de veludo preparados para famílias da burguesia, para o amor, a paz e o acúmulo de posses. Anos depois, Trótski concluiu que a causa profunda da perda de seu poder tinha sido o rápido desenvolvimento do gosto burguês entre os revolucionários. Depois da guerra civil, "o filisteu que vivia dentro dos bolcheviques" foi liberado. Ao contrário dele, Trótski, segundo sua autoimagem, os demais não tinham "absorvido a filosofia da Revolução na carne e no sangue, de forma a que essa dominasse sua consciência e coordenasse seu mundo sensorial". Mesmo antes da morte de Lênin, observou Trótski, as lideranças bolcheviques começaram a se comportar como uma elite social: "os nômades da Revolução passaram a ter uma vida acomodada e as características filisteias, as simpatias e os gostos de funcionários satisfeitos foram despertados e desenvolvidos". Começaram a frequentar o balé e a realizar festas com bebidas em suas casas, nas quais podiam reduzir a frangalhos quem estivesse ausente. Tagarelando com uma garrafa de vinho ou voltando do balé, um oficial presunçoso diria a outro: "Ele só pensa na revolução permanente". Entre os esplendores e o conforto do n.º 3, a perspectiva de uma revolução permanente estimulava pouco mais do que um tédio defensivo nos nômades de 1917.

Embora, para Trótski, Mólotov incorporasse o aparato da ditadura totalitária-burocrática, ele deu crédito a seu oponente por ter revelado "um pouco mais de independência em relação ao discurso ritual do que outros líderes soviéticos". Eles compartilhavam um apetite revolucionário para a categoria do tempo futuro, livre das amarras do presente e do passado nas quais seus camaradas mais fracos aprenderam a ter prazer como "os mais completos esnobes" do mundo burguês. "A personalidade humana inicia-se no socialismo não com a preocupação por uma vida próspera", escreveu Trótski em *A revolução traída*, "mas, pelo contrário, com a extinção desta preocupação". A aguda denúncia de Trótski do bizantinismo e da ordem policial em meados dos anos 1930, naquele livro, persuadiu Stálin a resolver com uma solução assassina o problema da oposição "trotskista" dentro do Partido. Tanto Trótski quanto Mólotov professavam a crença na revolução marxista como um limiar da História, uma passagem para um futuro brilhante para o qual o partido de vanguarda leninista detinha a chave. A História se movia inevitavelmente em uma determinada direção, de acordo com leis internas que poderiam ser descobertas por meio do "socialismo científico". Transposto o limiar, a humanidade, conduzida pelo Partido, passaria do "reino da necessidade" para o "reino da liberdade" como Engels havia prometido. Neste reino do porvir, as "forças objetivas alheias que até então governaram a história passarão ao controle do próprio homem", que se tornaria finalmente o mestre da História e não mais sua vítima, com controle sobre si mesmo e sobre a natureza externa. Quando a sociedade tomar os meios de produção da classe proprietária, a produção de mercadorias será eliminada simultaneamente com o domínio do produto sobre o produtor. Não haverá mais necessidade de dinheiro ou de Estado. Somente então, de acordo com Engels, desaparecerá a desumanizadora luta pela existência individual. A ordem burguesa é anárquica. Ela deverá ser substituída pela organização sistemática do comunismo, quando o homem finalmente emergir para uma humanidade plena, como senhor consciente da natureza, não mais dominado pela matéria morta, pelas coisas. A dependência das coisas e as relações humanas baseadas em coisas, pensava Marx, eram as maiores ameaças "a serem dominadas no destino de todos", indignas de uma criatura racional. Para Trótski e para Mólotov, a despeito de suas mortais divergências, o marxismo não era apenas um mapa para o futuro, mas um sistema moral, um guia para a virtude pessoal. "O marxismo é uma ciência objetiva", dizia Mólotov, "chama o mal de mal e o bem de bem. Exige uma luta pelo bem genuína e intransigente." Ele sempre optou pelo dever revolucionário em detrimento de sua família, a qual amava "de corpo e alma", conforme reconheceu mais tarde na vida, e embora pensasse que a objetividade sobre sua própria vida fosse "teoricamente impossível", tinha a consciência tranquila.

Mólotov ainda morava em um apartamento do Krêmlin próximo a Stálin quando Trótski foi forçado ao exílio. Estava ocupado, naquele ano, expurgando a administração da cidade de Moscou de "desvios direitistas" e organizando a requisição forçada de grãos dos camponeses na Ucrânia. Décadas depois, no fim de sua vida, a família de Mólotov ocupou os dois apartamentos do terceiro andar desta casa, o 61 e o 62 do outro lado da escada, último refúgio de Trótski na Rússia. Mólotov ainda gostava de relembrar a humilhação, no patamar da escada, de seu adversário de longa data, o "aventureiro direitista". "Trótski foi arrastado deste apartamento", lembrava-se da cena Mólotov com visível carinho; "dois homens o carregaram. Um era o meu chefe da segurança, Pogúdin... Pogúdin era forte."

***

Os verdadeiros revolucionários queriam arrombar a porta da História e explodi-la. Seu materialismo histórico "conduz inevitavelmente ao desmoronamento da realidade histórica", disse Berdiáiev em *O significado da História*, e a realidade histórica é "acima de tudo uma realidade concreta e não abstrata". Atrás da porta externa do apartamento de Mólotov, que tinha dois metros e meio de altura e era revestida de couro negro, havia uma porta interna de madeira, elaboradamente entalhada em um dos lados e forrada com couro estofado no outro. (São portas duplas, com um largo espaço entre elas, como nos quartos da faculdade em Cambridge, conhecidos como "conjuntos".) Assim que se entra, uma câmera de segurança em circuito fechado mostra, em um monitor em preto e branco, imagens divididas entre a entrada da rua e as escadas. Deixei as luzes apagadas e perambulei pelos cômodos. Cada um dos apartamentos na escadaria é disposto de forma diferente, mas, como os demais, este era dividido em duas metades: grandes cômodos "cerimoniais" para uso recreativo, na frente, com cornijas intrincadamente moldadas, e cômodos ligeiramente menores, que conduziam a corredores nos fundos, destinados à vida familiar. À direita do vestíbulo de entrada havia uma porta que levava para os cômodos da família, onde um corredor escuro em T conduzia a quatro grandes quartos, com as paredes forradas de tecidos sintéticos florais, estampados em tediosos tons alaranjados e marrons. Na junção do corredor havia uma estante giratória que continha livros de arte e uma tradução russa, encadernada em tecido, da *História da Segunda Guerra Mundial*, de Winston Churchill, em vários volumes, publicada em uma edição numerada de tiragem limitada para uso restrito do Ministério da Defesa soviético. Peguei um dos volumes da estante e folheei as páginas, parando em uma sentença que havia provocado um ponto de exclamação em sua margem: "Se Hitler invadisse o inferno, eu no mínimo faria uma referência favorável ao diabo na Câmara dos Comuns". Sentei-me em uma poltrona ao lado da estante e virei as páginas vagarosamente, parando nas passagens marcadas pelo atento leitor prévio. "Viatcheslav Mólotov era um homem de habilidade fora do comum e de fria crueldade", recorda Churchill:

> Ele sobreviveu aos terríveis riscos e provações a que foram submetidos todos os líderes bolcheviques nos anos da Revolução triunfante. Viveu e prosperou em uma sociedade na qual a intriga sempre crescente era acompanhada da constante ameaça de extermínio pessoal. Sua cabeça em forma de ogiva, o bigode preto, o olhar abrangente, a face achatada, a destreza verbal e a conduta imperturbável eram manifestações apropriadas de suas qualidades e habilidades. Ele era, mais do que todos, adequado para ser o agente e o instrumento da política de uma máquina incalculável... Nunca vi nenhum ser humano que representasse mais perfeitamente o conceito moderno de um robô.

Na metade da frente do apartamento havia uma sala de estar, uma sala de jantar e um estúdio. A sala de estar era apainelada com madeira cor de mel até dois terços da altura do alto teto, incrustada com delicada marchetaria, ladeada por estreitas colunas polidas. Na sala de jantar uma lareira em dois tons de mármore, pesada e barroca, fora colocada dentro do fogão holandês azulejado original, da altura do teto. Um aparador sóbrio no estilo dos anos 1930 fora colocado contra uma parede, cuja aparência fazia imaginar se não teria atrás uma plaquinha numerada de latão, como todas as gratificações do Estado para a *nomenklatura* que um dia mobiliaram o nº 3. Meu senhorio, um homem genioso, satisfeito com a vida (pertencera ao alto escalão do Soviete Supremo sob Brejnev e adorava contar histórias sobre o alcoolismo e a violência doméstica dos filhos da elite partidária), disse-me mais tarde que esta sala de jantar tinha sido o estúdio de Mólotov. "Ele era uma lenda", disse-me com um riso abafado, apontando para o nosso teto, "mas era um covarde. Todos os homens de Stálin eram covardes."

Cobrindo o velho assoalho da sala de estar havia um grande tapete – ouro fosco, rosa-pastel e cinza, com figuras de ciprestes, rosas e gazelas – doado a Mólotov, segundo me disseram, pelo xá da Pérsia. Os candelabros no apartamento de Mólotov seguiam o design hipertrofiado da era stalinista, em negro, bronze e vidro esculpido, hoje procurados por colecionadores de "antiguidades" soviéticas, embora eu não soubesse dizer se datavam de meados dos anos 1930, quando o Partido disse que a vida se tornara "mais feliz e mais bela" e encorajara a aquisição de papéis de parede, abajures e discos de jazz, ou se eram do período do alto barroco stalinista do pós-guerra. Pinturas a óleo em molduras douradas estavam penduradas nas paredes: cenas do gênero sentimental do final do século XIX, de crianças camponesas dormindo aconchegadas, pescadores em uma praia. Dispostos em um mostruário havia uma coleção de ornamentos em laca e marfim, que o banqueiro me disse terem sido doados pelo presidente Mao. Em suas memórias, *Apenas um ano*, a filha de Stálin, Svetlana Allilúieva, recorda com desgosto as casas ricamente decoradas dos asseclas de seu pai, "atulhadas de tapetes finos, armas caucasianas de ouro e prata, porcelanas valiosas". Após a Segunda Guerra Mundial (quando Mólotov era ministro das Relações Exteriores), "ondas de presentes começaram a chegar de outros países, especialmente de países socialistas irmãos e da China. Vasos de jade, marfim entalhado, seda indiana, tapetes persas, artesanato da Iugoslávia, Bulgária, Tchecoslováquia... difícil imaginar objetos de valor que não decorassem as moradias daqueles 'veteranos da revolução'".

A tendência para a acumulação pessoal não era um espectro do passado capitalista na sociedade soviética, como Trótski lamentou em *A revolução traída*, mas "nova, poderosa e continuamente renovada". Após a austeridade do "comunismo de guerra", a NEP rapidamente trouxe aquelas tendências de volta à cena, para consternação dos verdadeiros crentes. A única ideia do ascético bibliotecário Fiódorov que agradava ao escritor Maksim Górki era a ideia de que nas sociedades capitalistas as mulheres conduziam ao consumismo, com seu interminável desejo por "quinquilharias". Em uma carta de 1926 ele evoca Fiódorov ("um pensador original"), que argumentava que "não apenas a indústria, mas toda a civilização é coisa das mulheres": "As mulheres, e a energia sexual que elas liberam, criam a apatia e o esgotamento, que por sua vez levam à degeneração e à extinção. Tal dominação pelas mulheres não é apenas onerosa, mas destrutiva". Seres humanos são como pássaros, observou Fiódorov: "belas plumagens e ninhos aconchegantes tornaram-se vestidos da moda, boudoirs luxuosos e móveis finos, mas ainda desempenham, com a mesma capacidade, o papel de estimulantes sexuais". O jornalista soviético "Zoritch" publicou um folhetim com o título "A dama do cachorrinho" (emprestado de Tchékhov), no qual critica a mulher mimada do dirigente partidário Serguei Kírov que, quando seu marido foi chamado de Baku a Moscou em 1926 para derrotar o trotsquistas no Partido, requisitou um vagão de trem inteiro para seus cães de estimação. Stálin reagiu ao artigo declarando Zoritch culpado de espalhar boatos e falsidades. (Em 1937, Zoritch, cujo nome verdadeiro era Vassíli Lókot, foi fuzilado.) Enquanto a elite soviética estabelecia seu mundo de privilégios, Trótski denunciava o "fator automóvel-harém" que afirmava moldar a moral da burocracia, gananciosa como nunca. Ridicularizou a descoberta soviética da palavra *luxo*, e enxergava as mulheres dos bem colocados membros do Partido, com seu amor por peles, joias, perfumes e mobiliário como culpadas pela degeneração dos bolcheviques em uma "nova aristocracia", uma casta compromissada apenas com a proteção de seu privilégio material.

Uma feminilidade antiquada, mercantilizada e expressa por meio de conveniências logo se incorporou, aberta ou encobertamente, ao programa do Partido para o desenvolvimento da sociedade soviética. A mulher de Mólotov, Polina Jemtchújina, desempenhou um papel protagonista na formação da feminilidade soviética. Ao passo que Mólotov, nascido Viatcheslav Scriábin, adotou um pseudônimo revolucionário mais aceitável em 1915, de *molot*, martelo, sua esposa, filha de um alfaiate judeu de uma aldeia cossaca em Zaporoje, na Rússia meridional, mudou seu nome de Perl Karpóvskaia para Polina Jemtchújina, que significa "perolazinha". Antes de aderir ao Partido Comunista em 1918, Jemtchújina trabalhara em uma fábrica de cigarros e no caixa de uma farmácia. De acordo com a mitologia partidária oficial, Mólotov encontrou Jemtchújina, conhecida por ser "popular entre os camponeses", em uma fazenda, onde ela supervisionava experimentos com métodos para semear beterrabas para a produção de açúcar. Na verdade, os dois se conheceram em um hospital de Moscou no verão de 1921, quando Jemtchújina ficou doente em uma Conferência Internacional de Mulheres, aonde tinha ido como delegada do partido, vinda do Sul. Como era um dos organizadores da conferência, Mólotov fez-lhe uma visita de cortesia. Apaixonaram-se e casaram-se poucos meses depois, à maneira verdadeiramente bolchevique. Segundo todos os relatos, sua mútua devoção durou toda a vida. Mólotov conservou sua pérola, na memória, como "bela, inteligente e genuinamente bolchevique"; sempre a amou, disse, "com toda a minha alma".

No ano seguinte ao casamento, Jemtchújina viajou para a Tchecoslováquia para um tratamento médico adicional, e Mólotov fez sua primeira viagem ao exterior para visitá-la, viajando pela Itália sob nome falso para observar "a ascensão do fascismo". ("Doenças misteriosas" eram uma constante na vida de Jemtchújina, lembrou Allilúieva, e quando se tornou a "primeira-dama" do Krêmlin após o suicídio da mulher de Stálin, em 1932, visitava frequentemente estâncias termais em Berlim e em Carlsbad com uma enorme comitiva de servidores.) Depois de estudar economia, Jemtchújina tornou-se, em 1930, diretora de uma fábrica de perfumes chamada *Novo Amanhecer*. A fábrica logo mudou seu nome para Companhia de Óleos Essenciais, conhecida afetuosamente como "o segredo da mulher". (Naquela época, Mólotov já era chefe do Conselho dos Comissários do Povo (*Sovnarkom*) e estava comprometido com os mais sérios assuntos partidários, como dirigir a industrialização do Primeiro Plano Quinquenal e a coletivização da agricultura.) Ao longo dos anos 1930, quando ela e Mólotov compartilhavam alojamentos no Krêmlin com Stálin, Jemtchújina trabalhou na indústria leve: alimentos e pesca, cosméticos e perfumes, têxteis, armarinhos e artigos finos. Durante e imediatamente após o grande terror, sua carreira avançou de modo notável. Depois que o chefe da polícia secreta, Guénrikh Iágoda, foi preso em uma reunião do Conselho dos Comissários do Povo presidida por Mólotov na primavera de 1937 ("ele era um gambá... um sujeito imundo... um réptil", disse a Tchúiev), os Mólotov assumiram sua sofisticada datcha estatal. Em 1938, Jemtchújina lançou um novo creme dental chamado Sanita, anunciado por um cartaz com a linda face sorridente da pilota Churá Kuvchínova. (Em junho daquele ano, logo antes do cartaz aparecer, o artista moscovita que o desenhara, Israel Bograd, havia sido preso e fuzilado como "espião inglês".) Em 1939, o ano em que Mólotov substituiu Litvínov como Comissário dos Assuntos Estrangeiros, Jemtchújina tornou-se Comissária da Pesca e "membro candidato" ao Comitê Central.

Jemtchújina tinha orgulho de ser a mulher mais bem-vestida da União Soviética; estudou técnicas de produção de seda e de tecidos sintéticos e coordenou permissões para que casas de moda europeias abrissem filiais em Moscou e Leningrado. Desafiando a tradição de puritanismo das mulheres bolcheviques, exemplificadas na mulher oficial de Lênin, Nadiéjda Krúpskaia, Jemtchújina incentivava as mulheres russas a usar cosméticos: esmalte de unhas, batom, pó de arroz e fragrâncias. Com orgulho, convidava diplomatas estrangeiros, como o embaixador americano Joseph Davies, a visitar as fábricas de cosméticos, perfumarias e salões de beleza abertos sob seus auspícios. Allilúieva lembra que o apartamento e a datcha de Mólotov "distinguiam-se pelo bom gosto e pela mobília luxuosa (pelos padrões soviéticos, é claro)". As visitas de Jemtchújina a Paris, a Berlim e à América, quando Mólotov era o Comissário de Assuntos Estrangeiros, fizeram-na esquecer seu passado humilde e os ideais revolucionários, escreve Allilúieva, e ela ofereceu dispendiosas recepções diplomáticas em sua datcha e em outras residências oficiais, deliciando os convidados com uma cozinha elaborada, serviços de mesa elegantes e generosos arranjos de lilases e ciclames (suas flores favoritas). Educou sua família como uma aristocrata, contratando os melhores professores de línguas, música e ginástica para sua filha que, como a filha de Stálin, chamava-se Svetlana. Chegou a ser madrinha da filha de uma cozinheira, em quem reparara um dia na quarta casa dos sovietes, e criou a menina, de nome Sônia, como irmã de Svetlana, em seu apartamento no Krêmlin. Sônia (conhecida na escola como "Mólotova") lembra que quando Mólotov telefonou a Jemtchújina na Crimeia, em 22 de junho de 1941, para dizer-lhe que os exércitos de Hitler tinham invadido a Rússia, sua primeira reação foi requisitar uma cabeleireira. Recém-penteada e pronta para ir a Moscou, ouviu ao meio-dia a declaração de guerra de Mólotov. "Este ataque inédito ao nosso país é uma perfídia sem paralelo na história das nações civilizadas...", declarou Mólotov ao povo da União Soviética, falhando em superar a habitual gagueira, enquanto a manicure de Jemtchújina trabalhava em suas unhas.

Quão interessado estava Mólotov na aquisição ou preservação destes embelezamentos, enfeites e *objets d'art* que vieram para ficar no interior melancólico de seu último lar em Moscou? Relatos sobre seu gosto por posses materiais variam muito. Jukóvski relata rumores em Moscou de que quando Mólotov se mudou do apartamento no Krêmlin para uma mansão nas cênicas Colinas Lênin, depois da morte de Stálin (as novas residências de Khruschóv para os chefões do Partido, construídas em estilo "Stálin imperial", foram apelidadas de "testamentos de Lênin"), pediu que seu estúdio fosse pintado com as cores do pôr do sol. Allilúieva lembra que essas mansões tinham paredes estofadas com seda, dispendiosos painéis de madeira, cornijas de lareira em mármore, peças maciças de mobiliário estatal (e péssimos encanamentos). "Todos tínhamos nossas fraquezas", disse Mólotov a Tchúiev, "e adquirimos algumas das maneiras da pequena nobreza. Éramos seduzidos por aquele estilo de vida, não há como negar." Ainda assim, Mólotov desdenhava do *bon-vivant* e esteta Vorochílov, cujas casas eram notoriamente as mais opulentas e festivas de todas. E outros membros do Partido desdenhavam de Mólotov como um aborrecido desmancha-prazeres, apelidando-o de "cu de ferro", porque despendia muito tempo com seus livros. Quando morreu, Mólotov deixou apenas quinhentos rublos para custear o funeral; a governanta Tatiana, que cuidou dele durante sua viuvez na última datcha em Júkovka (que foi doada a ele em 1966 após muitas petições de Jemtchújina ao Partido), afirmou que sua necessidade de conforto era mínima, que viveu com a simplicidade cabível a um bom comunista e que nunca deixava as luzes acesas. Tchúiev descreve o pequeno estúdio no sótão da datcha: uma janela, uma escrivaninha pequena com um volume de Tchékhov e um par de jornais e na parede um mapa-múndi político, encapado com celofane. "Ele não pedia nada... não precisava e nem gostava de luxo, não tinha tapetes nem candelabros", lembrou a mulher que cuidava do depósito de móveis do complexo da datcha. Após a morte de Mólotov, ela olhou com reverência para sua escrivaninha. Aqui, em seu vasto apartamento de Moscou, um sólido monumento burguês, as posses parecem ter cercado a virtude comunista de Mólotov com um brilho sarcástico e combativo; coisas mortas, embora não emudecidas, como as listas de mortes que permanecem nos arquivos com sua assinatura (e com epítetos de sua lavra, como "escória" e "bastardo"), estão por toda parte: o legado material de uma vida no poder e das consequências das teorias que ele tomou de livros e transformou na varinha divina da virtude e de sua obstinada luta pela sobrevivência.

***

Um dos grandes privilégios do poder político sob Stálin era a posse de uma biblioteca privada. Os asseclas mais próximos dele – Vorochílov, Mólotov, Lázar Kaganóvitch, Anastas Mikoian – "tinham bibliotecas idênticas à do apartamento de meu pai no Krêmlin", lembra Svetlana Allilúieva. Por norma, os editores eram obrigados a mandar àqueles homens exemplares gratuitos de todos os novos livros publicados. Após os expurgos de 1937 e 1938, disse Svetlana, os livros mais valiosos daquelas bibliotecas privadas eram as publicações soviéticas dos anos 1920 e 1930, que tinham sido completamente retiradas de circulação. Somente naquelas poucas coleções os "trabalhos de autores, que posteriormente foram presos e pereceram, ainda permanecem nas prateleiras". Eram "publicações partidárias que refletiam a luta entre as diversas facções e tendências – Trótski e Bukhárin –, publicações que tinham desaparecido, sem deixar traços, das bibliotecas púbicas". Depois de 1930, a posse desses livros era um crime punível com a execução ou com o gúlag.

De acordo com Allilúieva, a biblioteca de Vorochílov foi totalmente destruída quando sua esplêndida datcha de três andares se incendiou completamente, um dia após a guerra (seu neto brincava com fósforos debaixo da árvore de Ano Novo). "O governo decidiu confiscar a biblioteca de meu pai", disse Allilúieva, "dispondo dela de forma discricionária." Sucedeu que a biblioteca de Stálin foi guardada como parte de seu arquivo pessoal em uma instituição agora conhecida como RGASPI – Arquivo Estatal Russo de História Política e Social, na rua Bolchaia Dmítrovka, que começara como Instituto Marx-Engels David Riazánov. A biblioteca de Stálin foi recentemente aberta a pesquisadores, e ele revelou ter sido um leitor receptivo, passionalmente engajado com o conteúdo de seus livros sobre teoria política (não há outro tipo de livros na biblioteca). Ele assinalou abundantemente tudo o que leu: sublinhando, anotando, argumentando nas margens, exclamando. "Pare, Koba, não se faça de tolo. Todos sabem que teoria não é bem a sua praia", disse uma vez com desprezo Riazánov a Stálin (cuja alcunha no Partido era "Koba") durante uma reunião do Partido. Pelo resto da vida, Stálin, que odiava Riazánov por sua superioridade livresca, estudava teoria política até tarde da noite, atacando os livros com sua pena, lutando por maestria.

O que aconteceu com a preciosa biblioteca de Mólotov? Allilúieva diz que após terem sido expulsos do Politburo e do Krêmlin, Kaganóvitch e Mólotov obtiveram permissão para manter suas bibliotecas como propriedade pessoal, e que "venderam os itens mais raros e valiosos e guardaram o resto com eles... em suas novas e modestas habitações". Tchúiev continua a história. Quando Mólotov e seu "grupo antipartido" de stalinistas foi derrotado por Khruschóv no Plenário do Comitê Central, em 1957, Mólotov foi retirado de sua mansão nas Colinas Lênin. Não levou quase nada dali ou de sua datcha, recorda Tchúiev, deixando tudo para trás, "incluindo uma enorme biblioteca, que foi embalada em 57 caixas grandes e transportada para os porões do Ministério dos Assuntos Estrangeiros". Os porões foram inundados, e os livros de Mólotov "pereceram".

Seriam os livros que encontrei no nº 3, o lar para onde Mólotov se mudara após sua desgraça, alguns especialmente estimados salvos da inundação? Parecia que as estantes no estúdio continham coleções de múltiplos volumes de Marx e Engels, Lênin e Stálin. O mesmo tipo de estante apareceu em uma pintura de Stálin de 1949, um ícone soviético – "O grande Stálin é a luz do comunismo!" – agora vendida, no espírito pós-moderno, como uma curiosidade nas livrarias de Moscou. O Generalíssimo postado, cachimbo na mão, uma expressão sábia nos olhos, olhar de meia distância (para onde estava disposto, para além da moldura, o futuro do comunismo que somente ele podia ver), um volume de Lênin aberto em sua mão. Na estante com portas de vidro, atrás de Stálin, em ordem descendente, estão as obras de Marx, Engels e Lênin. Nas prateleiras mais baixas estão suas próprias obras, incluindo a *História do Partido Comunista* (há rumores de ter sido escrita pelo *ghost-writer* Emilian Iaroslávski). A pintura, com seu arranjo de estante, olhos, mão e cachimbo, captura toda a aura dos livros do século XIX, todo o paradoxo do marxismo-leninismo. Pois como pode esta ideologia resolver o problema em seu próprio coração? Se todo pensamento é apenas um reflexo das relações econômicas, como aquele punhado de homens letrados – profetas e portadores da luz – poderia enxergar, através da ilusão, o verdadeiro mistério do processo histórico?

Em vez daqueles profetas, o que eu encontrei nas estantes do apartamento de Mólotov foi uma coleção de livros rica, civilizada e eclética a qual uma família da *nomenklatura* podia ter acesso por meio de uma assinatura durante o período soviético tardio, quando havia um déficit de bons livros e os mais acessíveis, em liquidações, eram somente as memórias ilegíveis de generais do Exército Vermelho e de oficiais do Partido, e "livros de mesa" sobre ateísmo científico. Ali, contrastando, estavam os clássicos russos – Púchkin, Nekrássov, Dostoiévski, Tchékhov – em finas edições; uma reimpressão do clássico de Vladímir Dal, *Dicionário da Grande Língua Russa*; uma edição de 1877 de *A História da França como foi contada aos meus netos*, de Guizot, cada um dos cinco volumes assinados à mão em grego; uma biografia de Edgar Allan Poe; uma tradução de *A morte de Arthur*, de Thomas Malory; um grande volume em cores brilhantes sobre a obra do grande pintor medieval de ícones Andrei Rublióv; um livro do emigrado Ivan Búnin (a sentença de Varlam Chalámov no distante gúlag do Norte foi ampliada depois que um delator ouviu-o louvando a prosa de Búnin); as obras dos "simpatizantes estrangeiros" George Bernard Shaw e H. G. Wells; e uma edição ilustrada da *Divina Comédia*, de Dante, traduzida, durante sua doença terminal, pelo eterno amigo de Akhmátova, Mikhail Lozínski, em que as páginas do *Inferno* estavam grudadas pela umidade.

Livros como este eram então uma mercadoria preciosa, uma moeda de troca no mercado negro. Antes das viagens para a União Soviética nos anos 1980, meus amigos e eu visitamos uma casinha branca em Pimlico, em Londres. A sala da frente estava cheia de bíblias russas publicadas no Ocidente e de edições soviéticas de obras literárias, incluindo os quatro poetas rouxinóis cujas obras os editores estatais publicavam, a contragosto, em pequenas tiragens para exportação em moeda estrangeira. A livraria, que distribuía gratuitamente esses livros, queria contrabandeá-los de volta para a Rússia, uma sutil participação no esforço para vencer a Guerra Fria. Esta refinada operação camuflada fora criada, supúnhamos, pelo MI6 ou pela CIA. A mulher que entregava os livros (tantos quantos conseguíssemos carregar) uma vez tentou me empurrar uma versão russa de *Memórias de Brideshead*, assegurando-me de que Evelyn Waugh ('Ívlin Vô'; ela achava que se tratava de uma mulher) era extremamente popular na União Soviética.

"Falemos sobre a fisiologia da leitura", escreveu Mandelstam em *Viagem à Armênia*. "É um tema rico, inexaurível e, parece, proibido. Em todo o mundo material, entre todos os corpos físicos, um livro é o objeto que inspira o mais alto grau de confiança nos homens. Quando um livro está firmemente disposto na mesa de um leitor, é como se fosse uma tela esticada em uma moldura." A ampla mesa forrada de couro, entre as prateleiras deste que foi o mais exaltado dos *apparatchiks*, ainda carregava em si a aura da confiança na ideologia marxista do livro, da abertura de livros para a descoberta do conhecimento sólido. Peguei na prateleira o primeiro volume ("de A até Atualidade") da *Grande enciclopédia soviética* e abri sobre a mesa.

"A data de publicação e o formato de um livro são o único conhecimento exato que nele existe", observou certa vez Anatole France. A data de publicação daquela edição da enciclopédia era 1949-1958, anos cheios de acontecimentos na vida de Mólotov: a prisão de Jemtchújina; a morte de Stálin; a libertação de Jemtchújina da Lubianka um dia depois do funeral de Stálin (dia do aniversário de Mólotov); a execução de Biéria; o teste da bomba-H soviética; o "discurso secreto" de Khruschóv no XX Congresso do Partido denunciando os crimes de Stálin e o "culto à personalidade"; o rebaixamento de Mólotov a embaixador na Mongólia e sua expulsão do Comitê Central junto com seus camaradas do "grupo antipartido" stalinista que se opusera à liderança de Khruschóv, na esperança de reinstaurar a "dura e inquestionável disciplina" que acreditavam ser necessária para o triunfo do comunismo. Quando o último volume da enciclopédia apareceu, a história tinha conspirado para desintegrar as reinvidicações por "conhecimento exato" que seus verbetes incorporavam.

Li o verbete sobre o filósofo medieval Abelardo saboreando a venenosa, e certamente intencional, ironia daquelas poucas frases, escritas talvez por algum remanescente do *ancien régime* ou por um trotskista secreto no auge do culto a Stálin: "A obra autobiográfica de Abelardo, a muito conhecida *A história das minhas calamidades* (tradução russa de 1902), descreve o fanatismo cruel da igreja católica e a perseguição implacável à menor manifestação de liberdade de pensamento". Na página oposta, abaixo do verbete destinado à república soviética de Adjara, no Cáucaso, havia uma foto do jovem Stálin quando era membro da clandestinidade revolucionária, posando em 1902 ao lado dos trabalhadores de Batumi.

Procurei por "Mólotov" no volume "M", que foi publicado no ano posterior à morte de Stálin. A enciclopédia relata que ele nasceu em 1890 na família de um lojista, e que aderira ao Partido em 1906. A partir daí a prosa começa a avolumar-se e rolar em ondas de hipnótico clichê totalitário: toda a força, sabedoria e vasta experiência de Mólotov fora dedicada ao grande objetivo de construir o comunismo na União Soviética, como fiel discípulo e camarada em armas do grande Lênin e de Stálin; servira fielmente à causa dos trabalhadores e à causa do comunismo durante toda a vida, conquistando por meio de seu trabalho frutífero pelo bem da Pátria Mãe socialista o ardente amor e respeito do Partido e dos trabalhadores da União Soviética, dos batalhadores pela paz, pela democracia, pelo socialismo, e assim por diante. Virei a página, e havia mais Mólotov: cidades, aldeias, vilarejos, ruas, portos fluviais, teatros, bibliotecas e escolas, institutos médicos e farmacêuticos, ao longo e ao largo da poderosa União Soviética, ao Sul, Norte e Leste, através do mais vasto território do planeta. Mesmo quando este volume foi impresso, esses nomes estavam prestes a mudar novamente: a cidade de Perm nos pré-Urais que tinha sido renomeada para comemorar o quinquagésimo aniversário de Mólotov em 1940; o porto industrial de Mólotovsk, que ganhou o nome dele em 1938, uma criação da guerra, onde a maioria do material *Lend-Lease* foi descarregado, na embocadura do Mar Branco próximo a Arkhánguelsk; Nolinsk, cidade natal de seu pai, onde havia uma casa-museu dedicada a Mólotov; quatro aldeias nomeadas Mólotova no Vale do Ferganá; e as cidades de Molotovobad no Quirguistão e no Tajiquistão, uma das quais fica ao lado do rio Isfaram, em um ramal da linha Kokand-Andijan, na rota de Stalinabad. Com cuidado, desdobrei um mapa encartado da região de Mólotovsk; enrolado em uma das dobras, havia um fio de cabelo cinza.

Fechei a enciclopédia deixando o fio de cabelo único em seu mausoléu de papel, relíquia da necessidade fisiológica de um homem velho de ler a grandeza que seu amado Partido lhe confiscara tão abruptamente. Em seguida tirei o livro mais dilapidado das prateleiras. Assim que toquei as páginas da famosa edição de Lemke das obras de Aleksandr Herzen, pedaços de papel em decomposição, desgastados como um tecido, saíram de suas bordas em meus dedos. Muitos dos vinte volumes desta raridade das mais procuradas foram publicados durante o período do "comunismo de guerra" após a revolução, quando as relações de mercado (e até mesmo, brevemente, o dinheiro) foram abolidas e o Estado controlava cada aspecto da economia. A introdução ao primeiro volume associa a fome da população por livros à sua desesperada fome por comida. Herzen, um amargo oponente da autocracia tsarista, foi arrebatado e canonizado pelos bolcheviques como um ancestral valioso. Em 1920, uma comissão encarregada de uma nomenclatura ideologicamente apropriada para as vias públicas de Moscou renomeou a Bolchaia Nikítskaia (a grande rua para a qual a Románov conduz) como rua Herzen. Uma nota no primeiro volume de Lemke adverte que qualquer um que tente vendê-lo por uma quantia acima do preço marcado o faria "sob o terror da lei".

Livros têm seu próprio destino, e ali estava um que encenara seu próprio drama. Era isto que eu esperava encontrar aqui: marcas de tinta. (Chalámov, que aprendera no gúlag que um lápis de grafite era "um milagre maior do que um diamante", associava a tinta com o maligno poder do Estado. "Que tipo de tinta é usada para assinar sentenças de morte...? Nenhuma sentença de morte jamais foi assinada com um lápis.") Dezenas de entradas no índice estavam marcadas com diferentes cores de tinta. Ali estava a fome feroz do autodidata, que anseia por todo o conhecimento e não quer o fim do banquete. "Imperador Augusto" estava sublinhado com tinta verde; "Agripina", "Addison", "Bach", "Balzac" e "Beethoven", com lápis cinza-claro; o dezembrista "Bestújev", "Shelley", "Shakespeare" e "conde Cheremiétiev" em azul. Além do índice, apenas o volume 13 tinha marcas. Este volume, que continha o *Passado e pensamentos* de Herzen, fora publicado em 1921, o ano em que terminou a guerra civil, quando a fome nacional por livros estava em sua fase mais aguda. Chalámov lembrava-se da chegada, naquele ano, em sua Vólogda nativa, de um único exemplar, para toda a cidade, da poesia de Nikolai Nekrássov, fracamente impressa em um papel tão frágil quanto papel para embrulhar presentes.

Em uma passagem, na página 15, o leitor tinha traçado duas longas linhas paralelas, com tinta roxa, que sangraram profundamente o poroso papel escurecido. No capítulo intitulado "Retorno a Moscou e debate intelectual", a passagem era uma longa queixa de Herzen contra Hegel, pai da ideia de que a história tem sua própria direção interna, sua própria astúcia secreta. Hegel tinha medo da luz do dia, escreveu Herzen, ele "confinava--se na esfera da abstração" para evitar "aplicações práticas". A única área em que Hegel ousou aplicar suas teorias na prática, reclamava Herzen, foi no reino da estética. O filósofo saiu para a luz como um inválido, e mesmo assim, deixou para trás, no "labirinto dialético", todas as questões de maior interesse para o homem moderno. Seus discípulos eram fracos, complacentes e com perspectivas limitadas. A dialética deveria ser sobre "o desenvolvimento da realidade em si", bradava Herzen, mas Hegel deixou-a como nada mais do que um sistema de exercício lógico, como as buscas filosóficas dos sofistas gregos ou dos escolásticos medievais. Se as linhas roxas foram feitas por Mólotov, seu propósito está claro. Elas registram o medo de todos aqueles que enfrentam a perspectiva ou a memória de anos passados sobre livros: o medo de que suas leituras não passem de um jogo estéril, uma fuga da vida, que levam a lugar nenhum, assim como o pensamento se dissolve no nada com o passar do tempo. As linhas roxas assinalam o desafio de um revolucionário livresco em face daquele terror silencioso. A dialética, esta arte mágica, não deveria ficar restrita às bibliotecas, como uma matéria acadêmica aplicada apenas aos reinos da arte e da beleza. Os livros e os pensamentos deveriam mudar o mundo. A realização da própria história está em jogo na teoria dialética, embora possa contar com caneta, papel e impressão. A dialética presta serviço à ação política, à revolução, "necessariamente" acompanhada de derramamento de sangue.

***

Quando descreve os prazeres de colecionar livros, no breve ensaio "Desempacotando minha biblioteca", Walter Benjamin cita Hegel: "somente com a escuridão a coruja de Minerva inicia seu voo", ao que Benjamin acrescenta: "somente quando extinto o colecionador pode ser compreendido". Na íntima relação de propriedade, uma pessoa vive dentro de suas posses, faz delas um habitáculo para o espírito.

O Herzen de Lemke à parte, os livros do apartamento que claramente pertenceram a Mólotov (mais do que à sua filha intelectualmente talentosa, Svetlana, historiadora acadêmica, e ao seu marido, Aleksei Níkonov, também historiador, bem como agente da polícia secreta) foram inseridos na obscuridade tumular das prateleiras inferiores de uma daquelas altas estantes com portas de vidro que podem ser encontradas em tantos apartamentos russos, nas quais os livros das prateleiras superiores são virados para mostrar suas capas, como quadros. Ajoelhei-me, deslizei a porta corrediça de madeira para dentro da estante ao longo do trilho metálico e tirei punhados de livros, depositei-os no assoalho em pilhas ao meu redor e arranjei-os e rearranjei-os por data, autor e assunto, sem conseguir encontrar um sistema de ordenação, assoberbada pela quantidade e pela poeira que logo se espalhou pelo abafado corredor dos fundos. Muitos dos livros apresentavam vestígios de um convívio íntimo. Na página de rosto de um dos mais antigos, *As tarefas dos socialistas na batalha contra a fome na Rússia*, de Gueórgui Plekhánov, o "pai do marxismo russo", publicado em São Petersburgo em 1906, o ano em que foi oficialmente declarado que Mólotov aderira ao Partido Bolchevique (na verdade, ele provavelmente aderiu em 1908 ou 1909), estava o nome

"V. Scriábin". As páginas do livro sobre a batalha contra a fome não estavam refiladas, como as páginas em muitas das edições de Plekhánov, todas editadas por David Riazánov, dedicadas "A Mólotov". "Eu fui criado com Plekhánov, não com Lênin", disse Mólotov a Tchúiev; "Havia um bom motivo para que Lênin o valorizasse tanto... e Stálin também, quando disse que Hitler queria varrer Plekhánov e Lênin da Rússia, e nomeou Plekhánov em primeiro lugar."

Embora muitos estivessem em estado de extrema deterioração (especialmente aqueles publicados no início dos anos 1920, antes da revitalização econômica da NEP), os livros tinham sido claramente objeto de conservação cuidadosa. Todos os indícios sugeriam que Mólotov possuíra estes livros como um verdadeiro colecionador os deve possuir: examinando-os, ordenando-os, vivendo neles. A biblioteca fora catalogada e posteriormente recatalogada, com números marcados com tinta roxa na parte interna das capas e nas páginas do meio – 5651, 5652, 7366 –, e muitos livros tinham sido reencapados com sobrecapas de cartolina (também em roxo escuro). Se eu acompanhei corretamente o sistema, sua biblioteca contivera bem mais de dez mil livros, dos quais umas poucas centenas foram ali deixadas. Como atestavam as páginas não refiladas de sua coleção considerável de Plekhánov, Mólotov deve ter tido muitos exemplares de muitos livros. Além disso, a não leitura de livros, como disse Benjamin, é característica de colecionadores, que podem tornar-se inválidos se perderem seus livros, e para adquiri-los podem facilmente se tornar criminosos.

Tchúiev confirma que Mólotov era um leitor diligente, embora lento. Ele leu uma "quantidade chocante", disse, não só de obras de teoria política e econômica, mas também (diferentemente de Stálin) livros de ficção. Assinava periódicos, visitava regularmente principal a livraria de Moscou, "A Casa dos Livros" na Arbat, passava muitas horas na Biblioteca Lênin (de cujo catálogo seus próprios discursos foram removidos) e sempre perguntava o que deveria ler em seguida. Ele conversava sobre poesia, inclusive sobre os poetas simbolistas do início do século XX, Valiéri Briússov e Aleksandr Blok, e sabia muita coisa de cor, recitava versos líricos de Púchkin e de Pasternak. "Todos deveriam ler poesia", disse Mólotov a Tchúiev. Tentou restringir seu prazer pelos versos, disse, limitando o tempo que dedicava a lê-los e retornando à prosa, porque "é preciso se apossar dos fatos".

Ali estavam os tesouros que Svetlana Allilúieva lembrava das bibliotecas dos asseclas de seu pai: publicações dos anos 1920 e 1930, obras de homens que foram presos e fuzilados. As publicações dos primeiros anos do governo soviético dão uma pálida imagem de um novo regime em processo de teorização de sua existência, em ritmo de urgência. Do "comunismo de guerra" de 1918 havia um livro sobre "direitos fiscais dos sovietes locais", publicado pelo Comissariado dos Assuntos Internos na nova capital, Moscou, que delineava a "tributação revolucionária extrema" e, de 1919, um livro fartamente anotado sobre *Sindicatos e corporações na Rússia*. Havia livros preciosos do período da NEP com brilhantes projetos gráficos construtivistas em suas capas. Os endereços das editoras – rua Petrovka, Vozdvíjenka, travessa Kuznétski – desenhavam um mapa de Moscou do início dos anos 1920, a Moscou da primeira edição pós-revolucionária de *Toda Moscou*, as ruas que vibravam com pequenas lojas, "corporações" e editoras que empregavam os mais inventivos desenhistas gráficos do mundo para criar seus livros. Havia livros didáticos e cursos com palestras sobre a história do movimento revolucionário, obras de teoria jurídica – *Questões básicas sobre a teoria do Estado soviético* e *O papel revolucionário do Direito e do Estado*, publicado pelo Comissariado Popular da Justiça; um curso de *Alfabetização política*, editado por Nikolai Bukhárin, sem encadernação, que tinha as páginas amarradas com barbante, e a *Teoria do materialismo histórico*, de Bukhárin, um livro didático popular sobre a sociologia marxista, publicado em 1923. Havia um livro com artigos e palestras de Mikhail Frunze, intitulado *Seguindo novos caminhos*, publicado em 1925, o ano em que o comandante do Exército Vermelho morreu sob a faca do cirurgião. *Rumo à questão da estabilização do capitalismo mundial*, também publicado em 1925, tinha o nome de três autores na capa: Trótski, Karl Radek e o economista Evguiêni Varga. Por volta de 1947, quando Mólotov como ministro das Relações Exteriores incumbiu Varga de escrever um relatório sobre o Plano Marshall dos Estados Unidos, os outros dois autores haviam sido assassinados: Radek, por um criminoso comum em um campo de concentração no Ártico, e Trótski, no México, por um assassino enviado por Stálin.

Havia algumas poucas obras literárias em belas edições dos anos da NEP. Na capa de uma edição de 1923 da novela *O espelho do mar*, de Joseph Conrad (todas as páginas refiladas), o editor, Frenkel, anunciava uma lista de obras populares de literatura e filosofia, incluindo uma nova edição de *O declínio do Ocidente*, de Oswald Spengler. Havia duas novelas de Anatole France, uma delas dedicada a Mólotov por seu tradutor, P. S. Neiman, ou por seu editor, B. V. Himmelfarb (a tinta tinha esmaecido até quase a invisibilidade), publicada em 1925 por uma pequena editora chamada Problemas

Contemporâneos, situada na travessa Sívtsev Vrájek, 40. No meio de quatro edições de textos do popular escritor indiano Rabindranath Tagore havia uma com um plácido Buda azul na capa. O nome do grafomaníaco Iaroslávski aparecia nas capas de dúzias de livros, poucos deles com as páginas refiladas. Assim como a décima edição de 1938, Mólotov tinha edições do clássico de Iaroslávski do começo da NEP, *A Bíblia para crentes e incrédulos* (primeiramente publicada em 1922 em uma série de artigos da revista *O ateísta*), na qual declarava que a revolução do proletariado expusera o "papel prejudicial da Bíblia" e a "ilusão da religião", e que os camponeses nas fazendas coletivas soviéticas eram os verdadeiros "herdeiros da terra". Folheei as páginas em decomposição da obra magna em sete volumes intitulada "Cristo", do ancião revolucionário Nikolai Morózov. Esse veterano das prisões tsaristas, estimado pelo regime bolchevique, passou a parte derradeira de sua vida refutando cientificamente a história de Cristo, baseado em análises "astronômicas" dos Evangelhos e do Livro da revelação. De acordo com Morózov, era possível demonstrar, para além de qualquer dúvida possível, que Cristo havia sido pregado na cruz em 20 de março de 368, e sobrevivido. Morózov mandou cada um dos grandes e magnificamente ilustrados volumes para Mólotov, ternamente dedicados: "Ao caro camarada Mólotov, com agradecimentos afetuosos... novembro de 1925"; "Ao caro e profundamente respeitado Viatcheslav Mikháilovitch Mólotov, de todo coração... janeiro de 1933". As primeiras páginas do primeiro volume estavam intensamente marcadas com tinta roxa, cheias de pontos de interrogação ao lado de passagens sobre heresias e cismas no início do cristianismo. As páginas dos últimos volumes não estavam sequer refiladas.

Havia documentos da história recente. *O fim do tsarismo na Rússia: memórias de um antigo comandante do corpo de guardas* (Petrogrado, 1923), cheio de marcas a lápis, estava quase completamente deteriorado, mas no vinco entre as páginas 162 e 163 havia um outro fio cabelo. Mólotov possuía também dois volumes da correspondência apaixonada e totalmente mundana, escrita em inglês, entre o último tsar e sua esposa Alexandra entre 1914 e 1917, assim como *A monarquia antes da queda, 1914-1917: os papéis de Nicolau II*, e as cartas trocadas entre o tsar Nicolau II e seu primo Kaiser Guilherme (que se dirigia ao tsar como "Caro Nícki") entre 1894 e 1914. Havia um relatório da Primeira Conferência Internacional das Mulheres Comunistas, de 1921 (todas as páginas refiladas), talvez uma recordação pessoal do evento que trouxera Polina Jemtchújina do Sul para Moscou, com uma introdução da defensora do amor livre Aleksandra Kollontai (que uma vez descrevera Mólotov como "a incorporação da opacidade e do servilismo").

Com um lápis macio, Mólotov restaurou os títulos de um conjunto de anais do X Congresso do Partido, de 1921, e sua fragilidade era em si um testemunho da necessidade do Partido em restaurar a economia de mercado, introduzindo a NEP. A maioria dos homens cujos nomes apareciam nas capas dos livros foi morta nos anos 1930: Trótski, Bukhárin, Preobrajénski, Serebriakov, Sokólnikov, Gueórgui Piatakov, Mikhail Tómski, Grigóri Zinóviev, Kámienev, Ian Rúdzutak. Rúdzutak, membro do partido letão que fora um dia delegado de Mólotov, fora até então o mais alto membro do Partido (e candidato a membro do Politburo) a ser preso, quando foi levado à Lubianka em 1937. Isto marcou um novo estágio do grande terror: ninguém estava a salvo. Rúdzutak fora um associado próximo de Mólotov, seu assistente no Conselho dos Comissários do Povo e um aliado na luta contra os "trotskistas". Escrevera a introdução, em 1927, da edição em um volume das discussões do X Congresso do Partido que eu tinha em minhas mãos, que dizia que as razões para se reabrir o debate eram mostrar a inadequação das posições teóricas de Trótski e suas diferenças políticas com relação a Lênin. Mólotov ficou bastante intrigado com a coragem demonstrada por Rúdzutak sob tortura, pelo fato de nunca ter confessado. Até então, fora conhecido por sua indolência. "Eu o conhecia bem, pessoalmente", lembrou-se, "um companheiro muito bom... no fim de sua vida, entretanto, fiquei com a impressão de que estava interessado demais em emplumar seu próprio ninho..." Ecoando os apelos de Trótski pela virtude bolchevique, Mólotov disse que Rúdzutak não "estava mais travando a luta como um verdadeiro revolucionário" que estava envolvido demais com as mulheres. Lembrava-se de ter visitado a Lubianka com outros membros do Politburo e de ter escutado Rúdzutak alegar tortura: "ele parecia ter sido cruelmente torturado", observou Mólotov, "mas não devemos agir baseados apenas em impressões pessoais".

Havia dedicatórias a Mólotov na página de rosto de vários livros: "ao caro camarada Mólotov"; "ao caro Viatcheslav Mólotov"; "ao muito respeitado camarada Mólotov"; "a Viatcheslav Mólotov, de todo o coração..."; "ao mais próximo colega do Grande Stálin, Viatcheslav Mikháilovitch Mólotov, como sinal de sincero apreço e profundo respeito do autor, F. Konstantínov"; "ao caro Viatcheslav, o mais brilhante camarada em armas do caro Ilítch, de um grato discípulo – seu irmão, Victor German"; "ao Grande Mólotov como expressão de esperança e referência partidária, A. K. Azizian (membro do PC desde 1917)". O livro de Azizian foi enviado com uma carta, assinada com "saudações comunistas" datada de dezembro de 1927, o mês em que Mólotov entregou um relatório sobre a coletivização da agricultura ao XV Congresso do Partido. Azizian, que se descrevia como "porta-voz dos fazendeiros" no congresso, fez algumas correções ansiosas de deslizes menores, e manifestou preocupação se exemplares de seu livro teriam chegado a Moscou em tempo de serem usados. Havia um certo número de livros sobre agricultura e campesinato datados do final dos anos 1920, quando ferozes debates sobre o ritmo da coletivização da agricultura estavam em curso. Um deles, *O campo: 1917-1927*, de A. Bolchakov, com prefácio do bolchevique Mikhail Kalínin e introdução do grande orientalista S. F. Oldenburg (cujo nome eu conhecia bem de antigas pesquisas sobre temas menos relacionados), tinha um envelope de papel-ofício enfiado na capa com as palavras "Respeitável camarada Mólotov! Sabendo de seu interesse pelas questões contemporâneas relativas ao campo, rogo aceitar meu livro, com agradecimentos, do camarada A. Bolchakov, abril de 1927, Moscou, primeira casa dos sovietes, quarto 402".

"Eu mesmo vim de uma aldeia, mas não conheci bem a vida rural", disse Mólotov muito depois da luta mortal na área rural soviética. Depois do XV Congresso do Partido, foi enviado em visita às aldeias da Ucrânia. Passou noites em um trem especial, escoltado pela OGPU. "Fiz a máxima pressão para extorquir grãos", lembrou-se, "todos os tipos de métodos, um tanto duros." Na campanha de coletivização forçada e de "extermínio dos *kulaki* (camponeses ricos)", que levou a milhões de deportações e mortes, Mólotov desempenhou um papel tão zeloso quanto o de qualquer um nos altos escalões do Partido. Um livro em sua biblioteca, publicado em 1928, intitulado *O movimento das fazendas coletivas: seu passado, tarefas do presente e significado*, tinha sido dedicado por seu autor, com tinta vermelha e uma mão bastante trêmula, "Viatcheslav Mikháilovitch! Ficaria muito grato se você lesse isto... e desse sua opinião. A. Mitrofanov, 17/VI/28". Oito das suas 132 páginas tinham sido refiladas. No verão de 1928 Moisei Frúmkin, Comissário Deputado das Finanças, escreveu uma carta de protesto ao Politburo, na qual atacava a extrema hostilidade de Mólotov para com os *kulaki*. (Outro bolchevique judeu do sul da Rússia, Frúmkin mudara-se para o apartamento 73 desta casa em 1922. Gostava de divertir Lênin com piadas politicamente adequadas sobre judeus.

"O campo, com exceção de uma pequena parte de camponeses pobres, está contra nós", Frúmkin advertiu o Comitê Central. "Sim, lembro-me de um homem com o nome Frúmkin", disse Mólotov a Tchúiev mais de quatro décadas depois, "um homem muito franco. Conheci-o bem. Um homem íntegro que confrontou o Comitê abertamente..." "O que aconteceu com ele?", perguntou Tchúiev. "Ele também se misturou com os direitistas, acho", respondeu Mólotov, subitamente evasivo com os detalhes. (Frúmkin foi preso em outubro de 1937 e fuzilado em 1938.) Outra obra da coleção de Mólotov, pessoalmente dedicada por Azizian (apenas nove de suas páginas foram refiladas), *Relações de aluguel no campo soviético*, fora editada por Iákov Iákovlev, então chefe do Conselho da União Geral das Fazendas Coletivas, que acompanhou Mólotov a Tambov em janeiro de 1928 para apressar requisições mais extremas de grãos e uma repressão mais implacável dos *kulaki*. Quando Mólotov foi indicado chefe do Conselho dos Comissários do Povo em 1930, o ardente coletivista Iákovlev era seu Comissário da Agricultura. No fim da década, Iákovlev fora envolvido no caso elaboradamente fabricado contra Bukhárin. Foi fuzilado em março de 1939.

"A alma de um colecionador pode ser compreendida somente se olharmos para sua concepção do tempo", escreveu Spengler. Mólotov revelou a verdadeira angústia do colecionador com a perda de parte de sua coleção, muito depois deste fato, ainda que, ou talvez porque, a causa desta perda tenha sido sua própria generosidade. Relembrando como a burguesa cidade de Moscou resistiu à revolução bolchevique de 1917 e quão extremamente lento se deu o "levante", Mólotov voltou sua atenção para um homem chamado Aleksandr Aróssev, "um amigo muito próximo". Mólotov conhecera Aróssev (membro do recentemente fundado Partido Socialista Revolucionário) em 1905, em Kazan, para onde seus pais o haviam mandado, de seu Norte natal, para frequentar uma escola técnica, uma *realschule*. Mólotov (ainda com o nome Scriábin) acabara de começar a ter interesse em política radical, após a derrota russa na guerra russo-japonesa e as greves e insurreições de 1905. Ele e Aróssev compartilharam uma sentença de exílio na região de Vólogda de 1909 a 1911. Aróssev "tornou-se um autor", lembrou Mólotov. Permaneceram amigos até o final dos anos 1930, passando as horas de lazer junto com suas famílias. Pouco antes de sua prisão no verão de 1937, Aróssev telefonou a Mólotov. Ao ouvir sua voz pela linha, Mólotov desligou o telefone duas vezes. Aróssev ligou uma terceira vez e disse a Mólotov que podia ouvi-lo respirar. Depois de várias chamadas, Mólotov pronunciou apenas duas palavras, comunicando a Aróssev que tomaria conta de seus filhos. "Guardei alguns de seus livros autografados", meditou Mólotov. "Há algum tempo, em uma festa de jubileu em sua homenagem, fui suficientemente tolo para dar todos aqueles livros à sua filha mais velha..." Aparentemente, não foi tanto a perda do "amigo muito próximo" para os expurgos, mas sim a perda de sua própria coleção de livros devido a um "tolo" impulso emocional, após a reabilitação de Aróssev em 1955, o que Mólotov continuou a lamentar.

"Mataremos todos os inimigos", prometeu Stálin em um brinde em novembro de 1937; "se for um velho bolchevique, destruiremos seus parentes, sua família. Destruiremos todos aqueles que com ações ou *pensamentos* golpearem a unidade do estado soviético." Do pequeno grupo de homens que assinou as quase quatrocentas listas de execuções durante o auge do grande terror, que durou do verão de 1937, com a ordem do Politburo nº 00447 contra "elementos antissoviéticos", até o começo do inverno de 1938, Mólotov assinou o maior número: 373 (onze listas a mais do que o próprio Stálin), contendo os nomes de 43 569 pessoas. Em um só dia de dezembro de 1937, Mólotov, Stálin e Andrei Jdánov sentenciaram à morte 2274 vidas. Foi Mólotov quem sugeriu sentenciar por meio de listas, e em algumas das listas mudou pessoalmente veredictos de prisão para morte, mas criou o hábito de sublinhar números e não nomes.

Sempre que mais tarde em sua vida Mólotov falava sobre os expurgos dos camaradas do Partido, revelava uma indiferença aos fatos bastante em desacordo com a minúcia com que numerava e renumerava o catálogo da biblioteca que eu estava reunindo em fragmentos no chão do apartamento. "Não me interessa quem disse o quê e onde, quem cuspiu em quem...", retorquiu quando perguntado por que não escrevia suas memórias. "Ele foi reprimido...?", replicou quando perguntado sobre outro bolchevique que outrora conhecera bem. "Não me lembro. Que importa?... Não se pode lembrar de tudo." Os homens de Stálin cultivavam este tipo de rejeição da memória, da realidade concreta do passado.

David Riazánov, de quem muitas publicações dos anos 1920 estavam na coleção de Mólotov, foi exilado em Saratov, mas não lembrava quando: "ele era versado e muito lido. Mas, como Lênin costumava dizer dele, 'este homem é uma biblioteca de pernas para o ar'. Tudo estava misturado na sua cabeça, tudo era uma confusão... Que utilidade poderia ter?" Alguém deve ter contado a Mólotov como Riazánov (que olhara com tanto desprezo para as torpes tentativas de Stálin de usar a linguagem da teoria marxista) tinha se voltado para um amargo sarcasmo no final da vida. "Eu gostaria de ver como o socialismo vai ser construído em uma única cidade, em um único apartamento", dizia Riazánov. "Que utilidade poderia ter?" Riazánov foi preso em 1937 e fuzilado em 1938.

Em outros lugares, Mólotov revela a indiferença obsessiva dos colecionadores de livros pelos direitos de propriedade dos outros, ao admitir com naturalidade ter emitido permissão para remover da Biblioteca Lênin uma grande coleção de livretos, obras do marechal Tukhatchévski, muitas das quais guardou para si. Benjamin caracteriza o bibliófilo obsessivo de verdadeira estatura como aquele para o qual "o empréstimo de um livro seguido de sua não devolução" é o modo de aquisição mais apropriado e aquele que guardará seus tesouros fazendo "ouvidos moucos a todos os lembretes para o cotidiano mundo da legalidade". Mólotov descartou todos os livros de Tukhatchévski porque desaprovava a reabilitação feita por Khruschóv do brilhante e carismático general, que fora julgado por conspiração trotskista em procedimentos conduzidos pelo marechal Budiónni e sumariamente fuzilado junto com a elite do Exército Vermelho no verão de 1937. O que levou à prisão de Tukhatchévski e de outros oficiais superiores foi uma tácita diretiva de Mólotov – que falava da necessidade de arrancar pela raiz as "ervas daninhas" do exército. Como todo mundo, Mólotov descobriu ser muito difícil manter na memória a trajetória de vida de todos os seus camaradas expurgados – tantas histórias para relembrar –, mas ele ainda se lembrava de que Beloboródov fora torturado por muitos meses para dar informações sobre Tukhatchévski. As ordens para torturá-lo vieram dos mais altos escalões do Estado; apesar de negar até o fim da vida, Mólotov assinou em 1937 um decreto aprovando a tortura. Nikolai Iejov, chefe da NKVD (como foi renomeada a polícia secreta em 1934), enviara a Stálin a confissão "insatisfatória" de Beloboródov, que no passado fora o chefe da NKVD, e Stálin ordenou torturá-lo para obter dele uma "verdadeira confissão". "Havia uma história de que ele fora arrastado por um corredor da prisão, gritando 'Eu sou Beloboródov. Comuniquem ao Comitê Central que eu estou sendo torturado.'" Três décadas depois, Mólotov folheou os escritos de Tukhatchévski, que nunca tinha lido antes, em busca de evidências de culpa, e também porque, como observou, "os escritos de um gênio são sempre excitantes de ser lidos". Ele esperava desfrutar dos livros tanto quanto esperava que o homem que os escrevera fosse firmemente condenado como "inimigo do povo". Para seu desapontamento, não achou "nada revelador" nem mesmo excitante, notando, com mostras de um desdém cínico, que os "livretos" estavam repletos de elogios aos líderes do Partido, das promessas usuais de que os alemães seriam esmagados e de longas citações em itálico de Stálin, Vorochílov e dele mesmo. Para Mólotov, a "conspiração" do brilhante Tukhatchévski não era mais do que uma possibilidade, que deveria ser prevenida com uma bala. "Tukhatchévski não sabia para onde estava indo", Mólotov estava convencido, "parece-me que ele teria virado para a direita... 1937 foi necessário."

Uma impaciência desgastante com a falta de conhecimento de outras pessoas é às vezes uma característica do bibliófilo, que ama com fervor datas de publicação e números catalográficos, todas as categorias do conhecimento exato que um livro pode ser feito para representar. Apenas este tipo de agastamento aparece quando Mólotov se permite falar de todas as matanças que a história pareceu exigir dele e de seus companheiros, da dificuldade de manter a "dura e inquestionável disciplina" que uma ditadura exige. "Quem deve mantê-la?", pergunta, expressando o que parece ser uma genuína perplexidade. "As pessoas no fundo nem sempre a desejam, opõem-se a ela... não dispomos de pessoas puras já prontas, expurgadas de todos os pecados..."

Apenas um entre os livros remanescentes da biblioteca de Mólotov, o texto de seu discurso ao Soviete Supremo após a missão diplomática para ratificar, em Londres, no verão de 1942, o acordo para a aliança contra Hitler (número de catálogo 11531), continha uma dedicatória do próprio Mólotov, escrita com tinta azul esmaecida em caligrafia sofisticada: "Para Polinotchka, de seu Viatcheslav'. Para um homem cuja primeira vocação era a história, isto deve ter sido um símbolo conjugal de especial significado.

Em alguns livros, havia vestígios ainda mais íntimos e secretos da vida doméstica: um pedaço de papel com o desenho de um pinheiro com caixas de presentes sob ele (a maneira que Mólotov encontrou para trazer de volta a banida tradição do pinheiro – para celebrar o Ano Novo em vez do Natal), e as letras "C-R-I-S-E D-O F-A-S-C-I-S-M-O" enquadradas, como a solução de palavras cruzadas; um marcador de páginas rasgado, com uma única palavra, "borsch" (mais tarde, Jemtchújina sempre adicionaria alho picado na sopa de beterrabas, do jeito que Stálin gostava); e, rabiscadas na última página do discurso proferido em 1952 por seu camarada Vichínski na

Assembleia Geral das Nações Unidas, sobre como evitar a ameaça de uma guerra termonuclear, as palavras "maçanetas para portas, armário com espelho, cavilhas para o banheiro".

***

Depois de minhas primeiras horas com os livros de Mólotov saí para a rua para tomar um pouco daquilo que se passa por ar nesta cidade. Uma faxineira alegre, chamada Lena, quebrara minha solidão no fim da manhã. Queria aspirar o assoalho do corredor, os vestígios das almas na poeira dos livros com as quais Fiódorov esperava ressuscitar os mortos, e então cuidadosamente recoloquei os livros nas prateleiras. Fiquei de pé na esquina das ruas Románov e Vozdvíjenka, do lado de fora da Casa de esquina, e olhei para as janelas do estúdio do apartamento de Mólotov, minha garganta cheia de poeira, minha cabeça cheia dos números do catálogo marcados com tinta roxa acima dos nomes que haviam implorado a Mólotov por suas vidas. Carros surgiram rodeando o muro do Krêmlin, vindos da Ponte de pedra, poderosos carros alemães aptos para a aceleração dramática que exige esta curva ascendente na via.

Olhei para a Biblioteca Lênin. Diz-se que um grande fragmento do crânio de Hitler, trazido para Moscou do bunker do führer em Berlim em 1945, ainda está escondido ali dentro, em algum lugar. Em maio de 1939, Stálin nomeou Mólotov, que estava sendo preparado para o cargo havia dois anos, Comissário para os Assuntos Estrangeiros, substituindo o cosmopolita judeu Litvínov. Litvínov soube de sua demissão quando tropas da NKVD cercaram seu escritório, no nº 24 da Kuznétski Most, e Biéria, Malienkov e Mólotov chegaram para assumir o controle. Seguindo ordens de Stálin, o primeiro movimento de Mólotov foi expurgar do comissariado os muitos judeus sofisticados que ali trabalhavam, experientes na diplomacia e proficientes em outros idiomas, para substituí-los por russos monoglotas que não sabiam nada da arte da diplomacia e nunca tinham lidado com estrangeiros. Em suas infrutíferas negociações com a Tríplice Aliança, Mólotov recebeu os embaixadores da Inglaterra e da França sentado atrás de uma vasta mesa sobre um tablado, seus interlocutores bem abaixo equilibrando seus papéis sobre os joelhos. No fim de agosto, Mólotov e seu contraparte Ribbentrop assinaram (na presença de Stálin) um pacto de não agressão. O pacto entre a Alemanha nazista e a União Soviética continha um "protocolo secreto" (cuja existência Mólotov negou até o fim da vida), demarcando as "esferas de influência" das duas potências sobre os estados bálticos e a Polônia. Em setembro, a União Soviética invadiu a Polônia e, em março seguinte, Mólotov (com o resto do Politburo) aprovou uma requisição de Biéria para executar todo o corpo de oficiais poloneses – aproximadamente 22 mil homens – na floresta de Katyn.

Mais tarde, naquele ano, Mólotov jantou com Hitler em Berlim. Bem, "o Estado não é puro espírito". Brindando com Hitler? "Isto é diplomacia", disse Mólotov. Hitler propôs a Mólotov que eles dividissem "o mundo inteiro". Vociferou contra a Inglaterra ("umas ilhas miseráveis têm metade do mundo e pretendem tomá-lo inteiro... é injusto!"), e não ingeriu carne, café ou álcool. "Parecia que um coelho estava sentado ao meu lado, comendo capim", observou Mólotov, "um homem idealista." Ele formou sua própria opinião sobre o que ocorria naquela cabeça que terminaria, alguns anos depois, dentro de uma caixa na biblioteca do outro lado da rua. Como Napoleão, Hitler sonhou em destruir Moscou e entrar em suas ruínas como conquistador. "Filmes o retratam como maligno, um maníaco, mas não é verdade", refletiu Mólotov, "ele era muito inteligente, embora ao mesmo tempo estreito de pensamento e obtuso, devido ao seu egoísmo e ao seu fundamentalismo."

3.
A *bánia*

"Que o vapor lhe seja leve!"

Votos russos para se dizer após a *bánia*

Era com espírito de erudição dedicada que, nos meus primeiros anos em Moscou, eu terminava minhas sextas-feiras entre as odaliscas na casa de banhos Sandunóvskaia. Na obscuridade perfumada, a sujeira dos livros acumulada durante a semana em minhas pesquisas na biblioteca do Instituto de Estudos Orientais era levada dos meus poros pelo vapor. Afinal, desde os tempos de Moscóvia, viajantes ingleses apreciaram descobrir, nos recônditos rituais de uma casa de banhos russa, uma atração cultural em direção ao sensual, a-histórico e reconfortante imaginário do leste ocidental. Com o tempo, meus propósitos naquela biblioteca esvaneceram. Minhas pesquisas sobre o orientalismo russo levaram-me a uma sala de espelhos com infinitas regressões que conduziam a todas as direções. Eu não era mais amparada pelo que Mandelstam chamava de "ventos embaixadores da poesia persa". Deixei irem-se os meus sonhos de ler os gazais de Hafiz no original como uma acadêmica viajante do século XIX, mas meus hábitos de banho permaneceram.

Foi uma espécie de *déformation professionelle* que me levou a espiar, na noite de uma sexta-feira, a sobrecapa de um livro grosso vermelho que a bela mulher à minha frente lia, reclinada entre vapores em um divã de couro, com as pernas balançando languidamente no ar e vestindo apenas um par de sandálias de plástico e um turbante. Ela tinha a aparência de uma boneca Barbie, a tez bronzeada e uma borboleta tatuada no quadril. Lia *O declínio do Ocidente* de Spengler. Por que não? A sobrecapa da edição em capa dura da mesma obra, que eu havia recentemente comprado em uma vitrine de livros improvisada na estação de metrô Kuznétski Most, proclamava seu apelo a um amplo círculo de leitores.

Enquanto a Europa imolava-se na Primeira Guerra Mundial, Spengler, filho autodidata de um carteiro, escrevia em um exíguo apartamento em

Munique com um ardente senso do destino. Quando os sobreviventes retornaram e a Rússia desmoronou com a Revolução, sua obra de profecia historiográfica, *O declínio do Ocidente*, capturou o *zeitgeist* e uma ampla gama de leitores. Na Rússia, o livro foi acolhido com entusiasmo público e solenidade acadêmica, e rapidamente traduzido como *O ocaso da Europa*. A visão da Rússia de Spengler fora delineada a partir de Dostoiévski e de uma compreensão poética do papel das estepes na formação da alma russa. A sua "morfologia da História", que se articulava na distinção entre uma "cultura" religiosa orgânica e uma "civilização" internacional mecanicista, deu ao messianismo russo uma nova e luminosa preeminência. *O declínio do Ocidente* é parte inevitável de seu orgânico ciclo de vida histórico. A alma primitiva da Velha Rússia nunca seria capaz de se adaptar à civilização ocidental, com suas noções individualistas de justiça e de realização pessoal e suas cidades mundanas materialistas. O amor russo cresce na planície ilimitada; é o amor místico de irmãos "sob a mesma opressão em toda a terra", inconsciente, que comunga na culpa e na redenção coletivas. Capitalismo e parlamentarismo são alheios ao organismo nacional: "o tsarismo primitivo de Moscou é a única forma ainda hoje apropriada ao mundo russo". Da Rússia, a Europa podia pedir somente a reverência devida a um estimado defunto. "Os próximos mil anos pertencerão ao cristianismo de Dostoiévski", prometeu Spengler.

Nos meus primeiros tempos aqui, acometida por uma febre consumista, comprei, em edições populares baratas, as obras dos mais proeminentes pensadores culturais russos do fim do século XIX e começo do século XX que, como o "reacionário e nietzschiano" Spengler (como foi rotulado nos tempos soviéticos), permaneceram sem ser publicados por setenta anos. Na vida cultural russa, uma discussão que fora suprimida e redirecionada depois da revolução bolchevique foi retomada. Seu tema: Leste, Oeste, de onde e para onde vai a Rússia?

Spengler foi prontamente largado no divã quando uma mulher grande, nua e reluzente abriu a porta da sala de banho e gritou: "Sauna, meninas! Para a sauna, minhas belezas!". Mulheres brotaram de todos os cantos do vestiário opulento, enroladas em toalhas, torcendo encharcados fios de cabelo para dentro de toucas de feltro e seguindo em fila pela porta basculante. Nos fundos da sala de banho, a *parílschitsa*,* que usava uma touca de feltro nos moldes de um *budiónovka*, o chapéu da Cavalaria Vermelha,

---

* Responsável pela sauna. "Vaporizadora", em russo literal.

segurava aberta uma porta baixa de madeira e conduzia todas para a sauna. Uma criança magrinha de chinelos, que inclinava a cabeça para trás para poder enxergar por baixo da touca, avançou com o resto das pessoas e sua mãe mandou-a com aspereza sentar-se na laje de mármore do lado de fora, entre as banheiras de madeira de bétula encharcadas, e voltar só depois que o vapor diminuísse. "Que menininha corajosa!", exclamou uma mulher mais velha. "Eduque-as na sauna enquanto são jovens." A jovem com o turbante já estava deitada no piso da plataforma elevada de madeira, completamente enrolada em sua toalha, enquanto as demais subiam a arquibancada, tagarelando e suspirando, curvando-se sob a pressão do calor. Arranjaram-se uma por uma no piso e enrolaram as toalhas de linho sobre as cabeças.

"Prontas, gracinhas?", perguntou a *parílshcitsa*, fechando a porta da sala escaldante e fazendo o sinal da cruz. "Vai ser uma sauna bem forte." De baixo das toalhas veio um murmúrio de assentimento. A tampa de ferro guinchou fortemente quando ela abriu a fornalha. "Que Deus as tenha", disse, e o próximo som foi o do choque da água fria nas pedras incandescentes, explodindo em um chiado de vapor. À medida que as conchas de água caíam em ritmo constante sobre as pedras, o calor se tornava mais denso. "Ainda está mexendo?", perguntou alguém. "Oh, que maravilha, cheiro de *kvás*!"* "Chega, meninas?", perguntou a *parílshcitsa*. "Não, ainda é pouco", foi a réplica geral. "Está na hora de diminuir, meninas", anunciou finalmente a *parílshcitsa*, fechando a tampa, "é um vapor agradável, um bom vapor". "*Oi, Oi*, muito bom, muito bom, obrigada, que Deus lhe tenha piedade", murmuraram as mulheres mais velhas descobrindo as pernas riscadas de veias enquanto o manto de vapor que subira em direção ao teto abobadado de gesso descia sobre seus corpos cobertos e dispostos lado a lado ao longo das tábuas de madeira. "Que vocês sejam simples e verdadeiras, minhas gracinhas, e nunca cruéis...", respondeu a *parílshcitsa*, lançando uma última concha de água em direção ao teto. "Meu próximo vapor será um vapor suave!"

***

"O vapor transparente acumulava-se acima deles", poetizou Púchkin em uma cena picante de seu longo poema *Ruslan e Liudmila*. Um jovem khan

---

* Bebida fermentada de baixo teor alcoólico, feita de centeio maltado, semelhante à cerveja e à cidra.

é servido por donzelas encantadoras – gentis, silenciosas, seminuas – que o desembaraçam de seu escudo, capacete, espada e esporas empoeirados e o levam a uma "maravilhosa *bánia* russa". Deitam-no em luxuosos tapetes entre fontes refrescantes. Uma delas suaviza seus membros cansados com essência de rosas, outra perfuma seus cachos escuros, e uma terceira ondeia sobre ele feixes de ramos verdes de bétula em brasa que exalavam fragrâncias quentes. O khan logo esquece sua busca pela princesa Liudmila.

Compostos antes que Púchkin viajasse pela primeira vez ao exótico Sul da Rússia, os leves versos iâmbicos de *Ruslan e Liudmila* revestem a realidade da *bánia* de uma pródiga fantasia oriental de repouso e prazer. O poeta visitava com seus amigos a nova e luxuosa Sanduni sempre que vinha a Moscou, embora, de acordo com a tradição oral da Sanduni, suas visitas tinham mais a ver com proezas alcoólicas do que com donzelas suaves e essência de rosas. Naqueles dias, a protegida de Catarina, a Grande, Elizavieta Sandunova, cujos diamantes pagaram pela construção da casa de banhos, ainda vivia. A Sanduni era um lugar para a glamorosa Moscou literária se congregar. A sociedade que se reunia no Clube inglês e no salão Zinaída Volkónskaia na Tverskáia vinha para frequentar a sauna e ser friccionada pelos práticos *bánschiki*,* relaxar em toalhas limpas espalhadas sobre os divãs em seus vestiários espelhados e refrescar-se com vodca, *kvás* ou Moët gelada. Criou-se até a moda de resfriar as pedras quentes com champanhe. Púchkin, que viveu por um tempo em um "apartamento de dois cômodos assaz sebento" no Hotel Europa na Tverskáia, onde passava os dias "em um roupão tártaro prateado com o peito nu, sem o menor conforto", "adorava uma boa e quente sauna", disse o ator centenário Ivan Grigoróvski a Guiliaróvski, décadas depois. Assim como muita gente de teatro em Moscou, Grigoróvski vinha regularmente à Sanduni. Jamais sem seu frasco de bolso de vodca, ele aprendeu a beber com o "poeta hussardo" Denis Davídov, que um dia saiu da sauna, instalou-se em um divã em frente ao ator e em um estilo heroico típico emborcou uma mistura de áraque e vodca de mirtilo, enquanto recitava versos de seu amigo Púchkin sobre as alegrias do álcool.

***

---

* Atendentes de banho.

Quando a sauna suavizou, as mulheres livraram-se de suas cobertas úmidas e se colocaram em novas posições, com as pernas cruzadas sobre o piso, agachadas com os braços enlaçados ao redor do corpo ou estendidas nos altos bancos, alongando-se e friccionando suavemente os membros. Algumas saíam da sauna, murmurando e exalando fortemente, quando a menina apareceu no sopé dos degraus. Depois do suave som da sauna, a sala de banho de teto alto estava cheia de luz branca, de palavrório irrestrito e do som dos chuveiros que fluíam livremente. As mulheres pegavam bacias de água gelada de uma banheira de mármore e derramavam sobre si mesmas, entravam e saíam ofegantes de um barril, ou puxavam uma corrente para liberar um súbito jorro de um barril de madeira suspenso no alto da parede. Parcialmente visível atrás de uma cortina de plástico, uma atendente inclinava-se sobre uma laje de mármore, esfregando com uma bucha repleta de espuma um vulto estendido. Minha vizinha de vestiário estava cobrindo seus membros com uma pasta marrom. Na laje diante dela, no meio de uma bateria de cosméticos franceses, havia uma caixa de cremes e uma jarra de borra fresca de café com a qual ela havia elaborado sua esfoliação pungente.

O que Spengler teria feito delas? O que teriam representado em seu grandioso esquema esses rituais de ablução? Desde os tempos de Pedro, o Grande, de acordo com Spengler, a alma primitiva russa tinha sido forçada, como uma matéria vulcânica derretida, para dentro dos alienígenas moldes do barroco, do Iluminismo e da cultura urbana do século XIX. As cidades russas são "alienígenas", como úlceras na terra "sem cidades", "falsas, artificiais, pouco convincentes". "Moscou não tem alma própria", escreveu. A cidade que cresceu no entorno do Krêmlin, em volta das antigas fortalezas, era uma "cidade de imitação": "o espírito das classes altas era ocidental, e as classes baixas trouxeram com elas a alma do campo. Entre estes mundos não há compreensão recíproca, comunicação, caridade".

Spengler não estivera na Sanduni. Aqui, as práticas primitivas da antiga Rússia sem cidades sobreviviam dentro das elaboradas estruturas de pedra da cidade do século XIX. Ao longo da história desta casa de banhos, as europeizadas classes altas se comunicavam, em contato recíproco e íntimo com a Rússia do campo. A prática da sauna saiu da própria paisagem, dos rios e das florestas, do fogo e da neve. Nos rituais pagãos eslavos, deuses retiravam poder mágico de banhos de vapor. Acreditava-se que o vapor aromatizado com óleos perfumados bania os espíritos que traziam doenças. O geógrafo do século XI, Abu Ubaid Abd Allah al-Bakri, descreveu o fogão de pedra de uma casa de madeira, onde os antigos *russítchi** derramavam água, agitando o ar com feixes de ramos secos para conduzir o vapor na direção de seus corpos. A *Primeira crônica*, de Nestor, escrita no começo do século XII, relata como o apóstolo André (de acordo com a tradição ortodoxa, o discípulo "primeiro a ser chamado", e que veio até aqui desde a longínqua Jerusalém no primeiro século) observou os antigos eslavos aquecendo *bánias* de madeira, jogando *kvás* no fogo, açoitando-se com feixes de ramos verdes de bétula até verterem lágrimas, antes de se renovarem com água gelada, chamando isto de "limpeza" e não de "tortura".

Em todas as classes sociais, qualquer evento importante na vida russa era precedido por uma visita à *bánia*. Primitivas *bánia* do campo eram chamadas de "*bánia* pretas"; por vezes, camponeses jogavam água nos fogões em suas cabanas para transformá-la em uma sauna. Príncipes e boiardos tradicionalmente tomavam banho aos sábados para se preparar para o sabá. *Bánia* régias eram revestidas com tábuas lisas de limoeiro, uma madeira macia e sem perfume que não racha. Um boiardo podia provar-se suportando o extremo calor no nível superior da *bánia*, e graças a isto poderia ganhar o privilégio de fustigar o príncipe com feixes de bétula. Nos séculos XVI e XVII, diplomatas estrangeiros e viajantes observaram, e por vezes adotaram, as práticas de banho de seus anfitriões. Um enviado inglês a Vólogda observou que, nesta terra de longos invernos e falta de médicos, a sauna era a única maneira de prevenir doenças. Em 1720, Pedro, o Grande, emitiu um *ucaz*** autorizando a construção de *bánia* para todas as classes sociais. Na sua cidade "artificial" de São Petersburgo, banhos públicos estavam livres de tributação se fossem construídos em pedra (o emblema de Spengler do intemporal tornar-se espaço). O tsar, que havia se banhado em Baden-Baden e Karlsbad, considerava a política de construir *bánia* suficiente para melhorar a saúde da nação. "Não, não, para a Rússia *bánia* são suficientes", respondeu quando solicitado a aumentar o número de médicos que serviam ao povo.

Em meados do século XVIII a prática imemorial da sauna metamorfoseou-se em um costume urbano estabelecido. A multiplicação de *bánia* causou preocupação no senado com relação aos padrões de moral pública. Sob a tsarina Isabel da Rússia, banhos mistos foram proibidos. O largamente ignorado édito foi reforçado quatro décadas depois por Catarina, a Grande,

---

* Originários da antiga Rus.   ** Decreto.

em um detalhado decreto que especificava, para insatisfação geral, que as mulheres deveriam tomar banho pela manhã e os homens à noite.

Foi um médico judeu português, educado em seis cidades europeias, quem transformou os escassamente registrados rituais folclóricos da sauna russa em objeto da ciência médica do Iluminismo. "Nos últimos dias da minha vida, inteiramente dedicada ao império russo", escreveu António Ribeiro Nunes Sanches em seu tratado sobre as *bánia*, "aparentemente não há nada que eu possa fazer que seja mais útil aos demais do que demonstrar as propriedades dos banhos frequentados por seus habitantes desde a mais longínqua antiguidade". Sanches estudara em Leiden com o humanista e médico holandês Herman Boerhaave (que deu aulas brevemente a Pedro, o Grande, na Holanda, em 1715). Em busca de médicos qualificados, o governo russo voltou-se para Boerhaave, que recomendou Sanches. Ele entrou como "physicus" para o serviço estatal em 1731, na chancelaria médica. Sanches logo passou a trabalhar para os militares e acompanhava o exército nas campanhas. Tomou notas sobre os banhos turcos na cidade de Azov, no Sul, quando as tropas russas nela entraram em 1736. Sua reputação cresceu e ele se mudou para São Petersburgo, onde serviu à família imperial. Com a idade de 48 anos foi acometido por uma doença ocular e deixou a Rússia com uma pensão da corte e como membro honorário da Academia Imperial de Ciências. Estabeleceu-se em Paris para levar uma vida de estudos. Um ano depois, teve sua pertinência à Academia e sua pensão sumariamente canceladas. Seu amigo, o conde Kirill Razumóvski, chefe da Academia (e pai do conde Razumóvski que vendeu a Casa de Esquina ao conde Nikolai Cheremiétiev), explicou constrangido que esta súbita desgraça devia-se ao fato de que a consciência da tsarina Isabel da Rússia nunca permitiria em sua Academia quem quer que tivesse vivido "sob a bandeira de Moisés e dos profetas do velho Testamento". Sanches continuou a devotar-se à vida acadêmica, tratando os pobres por caridade, e se manteve, depois da destituição, graças a discretas doações de aristocratas russos em Paris. A única obra que publicou naqueles anos foi um influente estudo sobre as origens e o tratamento da sífilis. Além de dúzias de manuscritos sobre temas médicos que nunca foram publicados, legou um tratado intitulado "A origem da perseguição aos judeus". Catarina, a Grande (a quem Sanches havia curado de uma doença crônica quando ela tinha quinze anos) restituiu a pensão de Sanches, mas não sua filiação à Academia. Ele nunca mais voltou à Rússia.

Um dos livros de Sanches, *Sobres as bánia russas*, é uma obra de amor ferido. Publicada em Paris, em 1774, e logo traduzida para muitas línguas europeias, inclusive o russo, a obra louva os costumes do império que o rejeitara como alienígena. Catarina leu o livro e circulava com ele pela corte, com a qual compartilhava o sentimento de orgulho e a insistência para que um costume camponês russo se tornasse uma característica exaltada da civilização europeia. Distante da Rússia, o único consolo do médico, escreveu ele, era visitar a *bánia* em pensamento e refletir cientificamente sobre suas virtudes. Sanches tinha certeza de ter descoberto, na sauna, um segredo de tal poder alquímico que dispensaria a necessidade de três quartos dos medicamentos conhecidos pela ciência e a maioria das poções dos boticários. De acordo com Sanches, o poder único da *bánia* russa reside na renovação constante do vapor. Quando a água é jogada na fornalha, os elementos fogo e terra que ela contém são liberados. O corpo nu, estendido em todo seu comprimento, é sensibilizado, penetrado, alimentado; a pele relaxa, fluidos vitais se multiplicam e circulam, eflúvios insalubres são expelidos, sangue e respiração fluem livremente. O banhista começa a suar, experimentando o mais agradável relaxamento em seus membros e órgãos, e é predisposto ao sono mais suave possível. A *bánia* alivia de toda moléstia – desde infecções nos olhos, desarranjos digestivos e menstruais, até raiva, varíola e doenças venéreas (que Sanches acreditava ser o mais disseminado problema de saúde do Império russo). O vapor renovado pode aliviar a insônia, a raiva pela perda de posses, a depressão e a honra ofendida; o corpo é acalmado, a ordem é restabelecida, maus pensamentos são levados embora. Ramos de bétula, mel, vinagre e *kvás* são essenciais para os rituais da *bánia*. Os grandes médicos clássicos e renascentistas Hipócrates, Galeno e Paracelso compreenderam a força e o poder curativos do vapor, mas desde a ascensão do cristianismo ao poder os bispos determinaram a extinção das práticas pagãs. Sanches escreve, no firme espírito do anticlericalismo iluminista, "a arte do banho morreu na Europa". Só na Rússia, onde o clima é árduo, os médicos são escassos e as práticas pagãs permanecem intactas, o costume sobrevive em sua forma mais benéfica. Uma vez que o poder do Estado imperial depende do vigor da população, Sanches sugere que o estabelecimento e a manutenção de *bánia* limpas e com preços acessíveis, em cada cidade ou aldeia, deveriam ser de responsabilidade da polícia.

Em meio ao luxo eclético da Sanduni, as práticas que Sanches descreve ainda são dogmaticamente observadas. Depois da "segunda sauna", mulheres surgem radiantes na sala de banho, folhas cinzentas aderem a suas peles pintalgadas de calor, não há mais o farfalhar dos feixes de bétula, agora flácidos e amarfanhados. "Sua saúde, meninas", diz a *parílschitsa* quando a última mulher deixa o santuário da sauna. No vestiário, o rádio toca baixinho música pop italiana. A massagista e a cabeleireira fumam cigarros Vogue na antessala espelhada. Atendentes de chinelos trazem copos de cerveja, tigelas de camarões, bolinhos com molho, chá verde e mel. Minha vizinha tinha mergulhado naquele sono doce que Sanches tão carinhosamente lembrara, deitada no divã, os tornozelos perfeitamente cruzados, com Spengler servindo de travesseiro.

"A inteligência é a substituição da vida inconsciente pelo exercício do pensamento, magistral, mas lívido e insípido", escreveu Spengler em um capítulo visionário de *Cidades e pessoas*. A cidade significa visão e intelecto, dinheiro, tensão e causalidade; o campo significa sangue e instinto, senso comum, pulsão cósmica e destino. A História, para Spengler, é a história da cidade, que prospera e decai organicamente, movendo-se, em um majestoso arco evolucionário, do primitivo centro de trocas para a "cidade-cultura" e, por fim, para a cidade-mundo, "assim condenada... à autodestruição final". As gigantescas cidades da civilização estão apartadas da raiz anímica da cultura, que se liga sempre à paisagem. Spengler imagina-se olhando de uma torre para um mar de casas que transbordam em todas as direções, o aspecto nobre de velhos tempos destruído por demolições e reconstruções. Discerne na cena a época exata no ciclo de vida de uma cidade que "marca o fim do crescimento orgânico e o começo do processo inorgânico, e consequentemente irrestrito, de aglomeração". Se o camponês, que não tem história, se encontrasse na cidade, "ficaria desamparado, de pé na calçada, sem entender nada e sem nem ninguém entendê-lo, tolerado enquanto uma figura útil ao embuste e como provedor do pão de cada dia do mundo".

Na história da Sanduni, entretanto, há tanto instinto, sangue e destino quanto dinheiro, visão e intelecto. De fato, é difícil dizer qual época no ciclo de vida de Moscou Spengler reconheceria se tivesse olhado em 1810 e visto o grande edifício recém-erguido no terreno onde, para mistificação da vizinhança, o ator Sila Sandunov havia pouco demolira tantas casas. Seria isto a cultura florescendo ou começando a morrer?

O nome verdadeiro de Sandunov era Silvio Zandukeli. Nasceu em Moscou, vindo de uma família da Geórgia, e foi criado em Bolchaia

Grúzina, o novo bairro moscovita que cresceu depois que o rei Vakhtang VI, da província georgiana de Imeretia, foi destronado pelos iranianos e seus seguidores emigraram para a Rússia. A primeira *bánia para a alta sociedade*" da Rússia, acessível a qualquer cidadão que pudesse pagar suas tarifas, abriu em Bolchaia Grúzina em 1790. Limpa e cara, com um vestiário aquecido, parecia tão aconchegante quanto um clube. O avô de Sandunov, Moisei Zandukeli, tal como outros georgianos no exílio, lembrava-se dos banhos de Tíflise, das águas ferruginosas e sulfurosas que borbulhavam, brotando incessantemente do solo. Depois que um caçador de talentos o atraiu para o Teatro Hermitage em São Petersburgo, Sandunov trabalhou para um empresário inglês de nome Murdoch em um teatro próximo aos Portões Petróvski. Ágil e ousado no placo, Sandunov sobressaiu-se no papel do servo astuto.

O dinheiro com o qual a *bánia* de Sandunov foi fundada veio de sua ainda mais talentosa esposa, Elizavieta (conhecida como "Lizanka"), uma mezzo soprano com uma amplitude vocal espantosa, uma atriz de versatilidade brilhante e favorita de Catarina, a Grande. A tsarina ouvira a estreia da bela Lizanka de olhos negros em 1790, no papel de Amor, e enviou-lhe um anel de diamante em um estojo de veludo com uma nota dizendo: "Uma vez que você cantou ontem sobre um marido, este anel não deve ser dado a ninguém a não ser ao seu noivo". Ela apelidou a cantora de "Uranova", como o recém-descoberto planeta Urano. Quando Lizanka casou-se com Sila Sandunov (depois de rejeitar as atenções de um grande número de homens mais velhos), Catarina deu ao belo casal uma grande festa de casamento e muitos presentes, incluindo uma música de casamento composta por ela mesma e uma coleção de diamantes.

Sila e Lizanka Sandunov retornaram a Moscou para continuar suas carreiras no palco, estabelecendo-se na área onde ficava o Hotel Metropol. Ambos foram encarregados pelo conde Cheremiétiev de formar atores e cantores para seu teatro de servos; Lizanka deu aulas de atuação e canto a Praskóvia. Depois da trágica morte de Praskóvia, ela cantaria para sua audiência abastada uma canção folclórica camponesa que aprendera com os servos dos Cheremiétiev, que falava sobre o caso de amor da atriz com o conde. Com o dinheiro da venda dos diamantes, os Sandunov especularam no mercado imobiliário comprando uma área entre o Neglínnaia e o recém-drenado e aterrado Canal Samotiótchni. Depois de uma visita à Geórgia (algumas províncias que agora eram governadas pela Rússia) Sila

Sandunov decidiu-se sobre o que faria com o terreno. Ele lera Sanches durante seus dias na corte; Moscou não precisava das fontes curativas do Cáucaso. Desde 1802, quando Alexandre I decretara que casas de banho de pedra fossem construídas por todo o império, numerosas *bánia* com vestiários aquecidos apareceram perto das margens do rio Moscou e do Iáuza, ou de lagos, riachos ou rios menores (hoje há muito tempo canalizados) como o Níschenka, o Khapílovka e o Neglínnaia. Sandunov decidiu instituir o estabelecimento mais sofisticado e caro da cidade, com rituais e luxos inspirados nas culturas orientais. Sem contar o exterior, o interior de sua casa de banhos era palacial, com espelhos emoldurados em ouro e salões com colunatas de mármore. Em lugar dos bancos duros encontrados em outras *bánia* russas, havia divãs macios para atender ao desejo do corpo por um sono suave após a sauna, e mesas dispostas com bebidas e comidas. Atendentes peritos em ablução e asseio disponibilizavam toalhas limpas. Os ricos de Moscou, já admiradores dos talentos teatrais dos Sandunov, ficaram encantados. Generais, chefes de polícia e poderosos burocratas da cidade vieram como convidados, em primeiro lugar, para banhar-se. Homens ricos podiam ser friccionados e fustigados por seus próprios serviçais nas inovadoras *bánia* privativas numeradas. Noivas começaram a visitar as *bánia* numeradas para serem banhadas em tinas de prata antes dos rituais do matrimônio. O lucro real, no entanto, vinha das sessões a dois copeques, sem direito a adicionais, para as pessoas comuns da cidade.

O perdulário e hedonista Sandunov partiu, logo após a inauguração da *bánia*, para uma estação de águas no Cáucaso, deixando Lizanka em Moscou. Em seu retorno, o casamento desintegrou-se em meio a rumores de violência doméstica e infidelidade, rivalidade profissional e amargas disputas por dinheiro. A comerciante Avdótia Lamákina, cuja casa de banho desleixada do outro lado do Neglinka tinha sofrido perda de lucratividade, observou de longe a disputa, ansiosamente, até que, no início de 1812, um tribunal determinasse que a propriedade fosse vendida e os dividendos repartidos. A rude e analfabeta Lamákina, que tinha um olho comercial perspicaz para o esplendor do palco, comprou a *bánia* e chamou-a de Sanduni.

Para Spengler, o incêndio de Moscou quando o exército de Napoleão entrou em 1812 foi o "poderoso ato simbólico de um povo primitivo", uma "expressão do ódio macabeico pelo estrangeiro e pelo herético". A Rússia não estava pronta para as cidades. "O destino da Rússia deveria ter sido continuar sem história por algumas gerações", mas após a entrada triunfal de Alexandre I em Paris, em 1814, a nação "foi compelida para uma história falsa e artificial que a alma da Velha Rússia era incapaz de entender". Construída com pedras, como o tsar tinha decretado dez anos antes da invasão de Napoleão, a Sanduni, predestinada a permanecer na cidade do século XIX, sobreviveu às chamas de 1812, um santuário para o corpo do cidadão e para as práticas primitivas da antiga Rússia, reinventadas pelas investigações médicas de um médico sefardita e pela fantasia e visão empreendedora de um ator georgiano.

Despidas na *bánia*, etnias e classes sociais se mesclavam, as diferenças embaçadas no vapor. Guiliaróvski descreve o comércio feito pelos atendentes da casa de banho, os *bánschiki*, entre o campo e a cidade no século XIX. Os *bánschiki* vinham tradicionalmente das mesmas aldeias dos distritos próximos: Riazan, Tula e Zaraisk. Os *bánschiki* bem-sucedidos retornavam às suas aldeias, usando bonés com topos brilhantes e relógios com correntes, para escolher rapazes para servir nas casas de banho da cidade. Os mal alfabetizados jovens recebiam novos sapatos de fibras vegetais, dois conjuntos de roupas de baixo rústicas e documentos oficiais, muitas vezes com idades falsas. Parentes e amigos da aldeia que já se tinham estabelecido em Moscou os lavavam, aparavam e ensinavam os costumes da cidade. Os rapazes aprendiam a decantar o *kvás*, preparar buchas e atar feixes de ramos. Mais tarde ajudavam os barbeiros nos vestiários, aprendiam a aparar unhas e remover calos, e como dirigir-se aos nobres da cidade e desempenhar sua parte no elaborado sistema de partilha das gratificações na *bánia*. Poucos progrediam para o difícil papel de *parílschik* e trabalhavam descalços do amanhecer até a meia-noite usando apenas um avental curto, limpavam a sala de banhos, aumentavam e esfriavam a sauna.

De acordo com *Viagem a Azrum*, de Púchkin, uma nova tentativa foi feita para orientalizar a Sanduni, contratando *bánschiki* asiáticos e adotando novos rituais de ablução com luvas de lã e espuma de sabão. Em sua jornada pela Geórgia, durante a guerra russo-turca de 1829, Púchkin visitou os luxuosos banhos de Tíflise no dia reservado para senhoras, quando, para seu deleite, as "adoráveis donzelas georgianas", esquecidas de sua nudez, continuavam rindo e tagarelando enquanto passavam. O poeta foi banhado por um tártaro sem nariz chamado Hassan, que o deitou no chão de pedra, estalou seus membros, alongou suas articulações e açoitou-o ferozmente.

"*Bánschiki* asiáticos são por vezes levados ao êxtase", relatou Púchkin, "saltam sobre seus ombros, deslizam as pernas entre suas coxas, dançam acocorados em suas costas, e *sempre bene...*" Mas *bánshchiki* que não eram russos foram uma moda passageira na Sanduni; para serem açoitados, os moscovitas preferiram os feixes de bétula aos punhos tártaros.

***

Enquanto minha vizinha dormia, a mulher ao meu lado comia bolinhos de cereja com creme azedo; os melhores de Moscou, disse ela. Uma armênia de nariz perfeito, que eu vira várias vezes antes na Sanduni, demonstrava à sua companheira (que estava em estado de gravidez avançado) um movimento de fricção circular com a bucha. "Sauna e esfoliação, depois sauna e pule uma esfoliação", instruiu mimetizando as abrasões no ar, "e então sua pele vai ficar limpa e perfeita como a minha." Uma atendente sentou-se ao meu lado e propôs, em um afetado sussurro, vários serviços extraoficiais: chá de qualidade especial com hortelã fresca, massagem esfoliante, ou talvez ser fustigada com as mais espessas *viéniki** de bétula e carvalho. O novo sistema de pagamentos computadorizado da Sanduni tinha transtornado as tradições normalmente acordadas de pagamento em espécie, por fora, e os funcionários ainda estavam procurando meios de contorná-lo.

"Cada cultura tem a própria maneira de pensar o dinheiro", observou Spengler. Edificada graças à venda dos diamantes imperiais de Lizanka, a Sanduni foi logo capturada pela crescente teia das fortunas feitas por esforço próprio, especulação e corrupção da cidade. Em meados do século XIX, o rei das *bánia* de Moscou era o comerciante Piotr Biriukov, que um dia já fora um *bánschiki* na Sanduni de Lamákina, cuja prosperidade fora obtida com as gratificações recebidas graças à sua capacidade de ensaboar, fustigar e esfoliar os corpos dos ricos. Algumas das casas de banho de Biriukov ficaram conhecidas como lugares de má reputação. Mulheres da rua apanhavam homens no bulevar Tsvetnoi e na travessa Rakhmanóvski e os levavam para as *bánia* numeradas dos banhos Samotióchni, onde Biriukov tinha caiado o vidro das janelas. Biriukov alugou a Sanduni de seu novo proprietário, o magnata da lenha Ivan Firsánov, e com seu conhecimento íntimo

---

* Vassourinhas.

das *bánia* e olho clínico para o lucro livrou-se dos luxos românticos de Sila Sandunov. Banheiras de prata foram substituídas por madeira, cabines cortinadas desapareceram, espelhos saíram das paredes. As economias de Biriukov permitiram-lhe adquirir mais *bánia* na cidade, e ele disputou com outros proprietários a permissão para construir em um campo aberto perto do Krêmlin, e para isto conduzia sua carruagem para a Duma, em seu palácio na Vozdvíjenka, repleta de pedidos de construção que encheram os arquivos da administração da cidade de "pareceres", "questões pendentes" e "investigações", e os bolsos dos burocratas de subornos.

Para o poeta liberal dos anos 1860, Piotr Chumákher, a *bánia* incorporava os ideais acalentados de liberdade e fraternidade. Seu corpo era desconfortavelmente grande e dominado pela gota, mas a sauna e os feixes de bétula extraíram-lhe versos em um belo russo, de uma intensidade física apaixonada. Ele se descreve repousando os ossos cansados na alta arquibancada, suave e livre, no vapor que exalava a cereja, enquanto a *viénik*, "o boiardo da *bánia*", ficava perfumada e túrgida. Ele dormia na Sanduni por horas seguidas e então levava para casa sua *viénik* para servir de travesseiro. Tédio e aborrecimento evaporavam de seu espírito e ele saía da casa de banhos leve e agradável. O poema sobre a igualdade entre os homens, que ele compôs nos singelos banhos Volkóvski no rio Iáuza, era tão politicamente picante que não podia ser impresso, e foi passado de mão em mão em encontros ilegais. Devido a todos os seus sentimentos radicais, Chumákher viveu os últimos anos de vida da caridade dos Cheremiétiev, passando os invernos no magnífico abrigo para pobres na Súkharevka (construída em homenagem a Praskóvia) e os verões como convidado do conde na "Casa holandesa", na propriedade de nome *Kuskovo* de Cheremiétiev.

O jovem Tchékhov, que um dia morou perto da Sanduni, usava a *bánia*, em sua confusa identidade social, como um cenário para sua prosa. "Na *bánia*", que publicou pela primeira vez em 1885 sob o pseudônimo de A. Tchékhonte, é composta por duas miniaturas autocontidas da vida de Moscou. A sauna é uma câmara para a vida oral imediata da cidade. Comerciantes, sacerdotes, tártaros e nobres fazem juntos suas abluções e fricções, discutindo dinheiro, casamento, costumes contemporâneos e ideias. Difíceis de serem identificados, são reduzidos ao seu discurso e aos fatos de sua nudez. Mikháilo, barbeiro experiente, aplica ventosas no corpo carmesim de um homem gordo, enquanto um homem magro com cabelos longos, que Mikháilo tomou por algum tipo de escritor "anticristão", "com ideias", fustiga-se com uma *viénik* no degrau superior. O homem magro, em um sibilo baixo, diz a Mikháilo que existiram muitos escritores na Rússia "que trouxeram a iluminação e deveriam ser honrados, não profanados". Quando ele desce, Mikháilo vê que o falante despido é de fato um clérigo. "Padre Diácono", implora Mikháilo, "perdoe-me, por Cristo, pelo fato de que pensei que você tinha ideias na cabeça."

Nos tempos de Tchékhov, a Sanduni continuava a ser um lugar onde o dinheiro, a arte e a troca entre culturas eram associados aos mais simples desejos do corpo. Sonhos românticos de prazer ocidental e glamur teatral voltaram à *bánia* na última década do século XIX, quando a Sanduni foi reconstruída. Firsánov vivia em grande estilo em uma mansão nobre na Pretchístienka, com candelabros e lacaios, e possuía uma propriedade no campo, Srédnikovo, que uma vez pertencera a Liérmontov. Sua filha, Vera Vorónina, herdeira de sua fortuna em propriedades em Moscou, era uma jovem viúva altamente refinada que sediava um salão na mansão da Pretchístienka. Vorónina casou-se com Aleksei Gonétski, um corneteiro deserdado com olho clínico para a moda, um passado forjado e um interesse ardente por saunas. Os Gonétski decidiram reconstruir a Sanduni como um local de luxo insuperável, um palácio do prazer que mesclaria Oriente e Ocidente.

O casal lera tudo sobre o assunto, desde as *Cartas* da viajante inglesa Lady Mary Wortley Montagu, então na moda, até dissertações de estudantes da Academia Imperial Médica Militar sobre os efeitos da *bánia* na digestão e acidez estomacal, níveis de hemoglobina, rendimento do aleitamento materno e regulação do peso. Gonétski fez um *tour* pelos estabelecimentos de banho na Europa e convidou um arquiteto vienense, B. V. Freidenberg, que lera Sanches e especialistas em casas de banho, a vir a Moscou.

Após inúmeras objeções burocráticas e postergações, o governador de Moscou surpreendentemente aprovou, em 1894, os planos perdulários de Freidenberg para o novo edifício. Vera, que providenciara o dinheiro, gentilmente fingiu que seu marido tinha financiado a aventura. O conjunto proposto de edifícios de dois e três pavimentos incluía um bazar luxuoso e apartamentos mobiliados. Haveria arcos e colunas, ornamentos em ferro lavrado, baixos-relevos de cavalos e de figuras femininas emergindo da espuma do mar, cúpulas, três pátios fechados e uma fonte. Dentro haveria piscinas com tetos de vidro. Um edifício separado sediaria um gerador elétrico, caldeiras de vapor e suprimento de óleo. Seria o primeiro grande edifício da cidade completamente iluminado por eletricidade. Uma semana depois da assinatura do governador, trabalhadores começaram a demolir a velha Sanduni, na qual Púchkin banhara-se. Era o começo da primavera. Transeuntes paravam para ver enquanto a poeira dos tijolos era soprada para o Neglínnaia.

Gonétski apressou os trabalhos, discutindo com Freidenberg, que deplorava sua pressa, sua ignorância e a vulgaridade eclética de seu gosto. Gonétski encomendou um templo caótico de influências díspares, combinadas sem restrições: rococó e gótico, painéis de mosaico, murais da costa napolitana e marquises de parques franceses, ícones bizantinos, esculturas de nus no estilo romano sustentando lâmpadas, espelhos Luís XIV, salões decorados com estilos da Turquia e da Arábia e um recanto de leitura renascentista. Em fevereiro de 1896, as caldeiras foram acesas pela primeira vez, água quente correu pelas tubulações e o gerador foi acionado, inundando as ruas adjacentes de uma nova e desconhecida radiação.

Os Gonétski mudaram-se da Pretchístienka para um apartamento de onze cômodos no novo edifício, de frente para a Zvonarski, uma estreita viela na colina onde jipes pretos agora percorriam as ruas pavimentadas enquanto seus proprietários faziam sauna na Sanduni. O edifício foi abençoado em uma grande cerimônia com o coro de um mosteiro. Um sacerdote aspergiu água benta nas saunas. Uma loja que vendia os melhores instrumentos musicais e edições próprias de partituras abriu no pavimento térreo do edifício, do lado do Neglínnaia. Tchékhov, que sempre amara visitar a Sanduni original com seu irmão artista Nikolai, logo se mudou com Olga Knipper para um grande apartamento no andar superior. Era então um homem doente, e raramente saía para a rua.

A nova Sanduni era frequentada por atores, músicos, escritores e jornalistas, bem como pelos comerciantes novos-ricos de Moscou. Os atendentes vestiam seda e cetim, rosa e púrpura. A água que enxaguava os corpos dos ricos fluía através dos encanamentos para os banhos de cinco copeques do andar térreo, onde pessoas mais pobres se banhavam. O compositor Serguei Rakhmáninov e o cantor de ópera Fiódor Chaliápin vieram para compor no apartamento de Vera e frequentar a sauna nos banhos, onde Chaliápin, grande e belo como um *bogatir*, um cavaleiro medieval russo, dizia que sua voz soava melhor do que em qualquer teatro. Entrementes, Gonétski, empreendendo como sempre com a fortuna de sua esposa, desenvolveu uma paixão por arcadas de comércio cobertas de vidro, e contratou Freidenberg, que retornara à Rússia para a coroação de Nicolau II, para projetar uma grande *passage* para interligar o Neglínnaia com as ruas de Petrovka.

Assim como o casamento dos Sandunov, a parceria entre Vera e Aleksei Gonétski ruiu em pedaços entre recriminações sobre dinheiro e fidelidade. Vera tomou emprestado um dos guarda-costas de Chaliápin para protegê-la do marido, que ela tinha expulsado de todas as suas residências, e mudou o nome de volta para Firsánova. Tomou conta da Sanduni. Soubessem seus proprietários ou não, as *bánia* numeradas logo se tornariam novamente notórias como lugar de indecências, frequentadas pelas prostitutas e seus clientes. Em 1918 a Sanduni foi expropriada e manteve-se aberta durante o período soviético como Gosbani* nº 1. Vera Firsánova permaneceu em Moscou até 1930, quando Chaliápin ajudou-a a preparar sua emigração para Paris.

***

Os prazeres da *bánia* se entranham. Caminhei pela Neglínnaia, uma rua cujo nome lembra o rio canalizado, no frio de uma noite de março. Com a cabeça leve e paz de espírito, senti o calor da sauna, que ainda me suavizava por dentro, e meu corpo protegido contra a rudeza, a sujeira e o frio da cidade graças às horas passadas, fora da luz do dia, dentro de um dos santuários de pedra da cidade. "Que o vapor lhe seja leve", dizem os russos à pessoa que acabou de terminar uma seção na *bánia*. É impossível transmitir o seu significado, mas esta é uma bênção de extrema precisão. A *bánia* tem sua própria e complexa gramática, captada pelo ouvido agudo de Tchékhov para o discurso, um padrão de verbos e preposições que evoca imediata e intraduzivelmente a relação dinâmica entre carne e vapor.

Andei até depois do Banco Central, um palácio de finanças amarelado que já estava em seu lugar, havia pouco tempo, quando Gonétski pediu permissão às autoridades da cidade para reconstruir a Sanduni. Uma neve suave caía, rodopiando lentamente na luz rosa-amarelada das lâmpadas da rua, transformando-se em lama sob os pés dos transeuntes e das rodas dos carros. A eletricidade proporcionava àqueles edifícios de pedra uma certa aura, naquela hora do dia, o tempo de Spengler transformando-se em espaço rígido com suas estranhas linguagens ornamentais. Cruzando a rua,

---

* Banco do Estado.

as lojas na passagem comercial que se estendia entre a Neglínnaia e a Petrovka brilhavam com peles, rendas e joias, captadas no cenário ostentatório dos manequins congelados nas vitrines, iluminados por fachos de luz destinados a atrair as bonecas vivas da cidade, em cujos corpos e desejos materiais o dinheiro fluía pela cidade. Para além das arcadas de Gonétski, carros com vidros escuros estacionavam em fila tripla do lado de fora do Café Vogue, e motoristas dormiam nos bancos reclináveis de couro.

Virei a esquina na Kuznétski Most, caminhando sonhadora pela ladeira de bancos e lojas de luxo que se estendia desde a rua Bolchaia Dmítrovka até a Bolchaia Lubianka, cruzando a Petrovka, a Neglínnaia e a Rojdiéstvenka em meu caminho. Sempre houve belas lojas na Kuznétski Most, cujo nome significa "Ponte dos ferreiros", lembrando uma ponte que cruzava o rio Neglínnaia quando ele ainda corria acima do solo. Antes de 1812, as melhores lojas francesas situavam-se nesta rua; era parte da colônia francesa da cidade, conhecida como um "santuário do luxo e da moda". Quando as tropas napoleônicas entraram em Moscou, protegeram do grande fogo suas perfumarias, peleterias, lojas de costura, joalherias e confeitarias francesas. Atravessei a rua Rojdiéstvenka, onde o Instituto de Estudos Orientais da Academia de Ciências hoje ocupa a mansão colunada que já foi o hotel Anglia-Paris. Pensei no orientalista S. F. Oldenburg, o pesquisador acadêmico do budismo internacionalmente renomado, que escreveu a introdução ao livro bolchevique sobre o campo que eu encontrei, para minha surpresa, na biblioteca de Mólotov. Oldenburg era um democrata constitucional que serviu no curto governo provisório de Keriénski como ministro da Educação Pública e, depois de outubro de 1917, cooperou com o regime bolchevique na tarefa de educação pública, e trabalhou para o Instituto de Estudos Orientais desde 1930 até sua morte em 1934. Sua introdução expressava a esperança de que a Rússia do campo (que comparava com a Índia) poderia, ao menos na nova ordem política, despertar de seu sono primordial e começar a compartilhar da vida histórica da civilização.

No nº 24 da Kuznétski Most, na esquina com a rua Bolchaia Lubianka, floresceu todo tipo de arte e negócios em séculos passados. Quando o nº 24 era conhecido como "Casa Golítsin" (nome do príncipe dono destas terras), biscoitos, doces e drogas medicinais estavam à venda aqui. Depois de 1812, um professor universitário chamado Reiss abriu uma farmácia especializada em águas minerais curativas. I. P. Vitali, escultor da fonte do lado de fora do Bolchoi, viveu na casa no começo do século XIX e recebia Púchkin como hóspede. Nos anos 1850, plantas, sementes e produtos de metal ingleses eram vendidos em lojas do pavimento térreo e, mais tarde naquele século, a empresa Shwabier, maior varejista russa de instrumentos óticos, geodésicos e médicos, estabeleceu seu negócio ao lado do estúdio de um fotógrafo, de uma loja de rosas, de uma butique de roupas íntimas chamada "Jockey Club" e dos açucarados balcões de Landrin, o "rei dos caramelos".

Em 1918, o nº 24 foi empossado pelo novo governo. Até o gigantesco "bolo de casamento" de Stálin ser construído para o Ministério dos Assuntos Estrangeiros, em 1952, o edifício de quatro pavimentos serviu de instalações para o Narkomindel, Comissariado do Povo para Assuntos Estrangeiros. Como comissário (renomeado ministro do Exterior depois de 1946), Mólotov trabalhava dezesseis horas por dia em sua enorme mesa de mogno. Visitantes do escritório no nº 24 lembram-se do arranjo perfeito de canetas, lápis, réguas e blocos de anotação na mesa e de sua bateria de telefones. Na parede, retratos de Marx, Lênin e Stálin, e de três grandes generais da história imperial russa, Suvoróv, Kutúzov e Nakhímov.

Nos anos 1920, o edifício foi compartilhado com o curso de línguas Berlitz e com uma organização oficial chamada "Cruz Vermelha Política", que prestava assistência a famílias de prisioneiros. Mais tarde, durante os expurgos dos anos 1930, parentes de prisioneiros políticos vinham até a "recepção" da NKVD no nº 24 para ter notícias de seus presos amados. Desde a noite da prisão de seu pai até 1948, V. S. Jukóvski vinha aqui regularmente, desde a rua Granóvski, para saber de sua situação. "Ele está conosco", sempre lhe diziam, o que significava que seu pai estava na Lubianka. Mas, depois de alguns anos, o jovem tenente à mesa apenas sorria e dizia "não podemos dizer nada". "Por que não?" "As coisas são simplesmente assim." Foi somente depois da morte de Stálin que Jukóvski soube que seu pai fora fuzilado em 1940, condenado por "atividades contrarrevolucionárias", de acordo com o artigo 58 do Código Criminal.

A Lubianka, sede de uma antiga companhia de seguros em cujas profundezas os corpos dos cidadãos receberam terríveis atenções, fica bem do outro lado da rua. Em 1937, a polícia secreta de Stálin descobriu "trotskistas" e "sabotadores" na equipe da Gosbani nº 1, e conduziu-os às trevas através da curta distância, subindo a colina. Polina Jemtchújina passou muitos meses nas celas da Lubianka, quando foi interrogada, dia após dia, acusada de todo o tipo de traição contra o Estado, desde "contatos criminosos com jornalistas judeus" até orgias com trabalhadores no Ministério da Iluminação.

Em seu arquivo na polícia secreta há uma carta da amiga Galina Serebriakova, escrita para Jemtchújina desde o gúlag, e uma carta a seu irmão, que emigrara para os Estados Unidos depois da Revolução, mudara seu nome para Sam Karp, e fizera fortuna. Jemtchújina foi acusada, entre outras coisas, de ter assistido a uma cerimônia fúnebre em uma sinagoga. Nos quatro volumes de seu arquivo, havia também um pedaço de papel onde escrevera para um destinatário anônimo: "Nestes quatro anos de separação, quatro eternidades fluíram pela minha vida estranha e terrível"; "somente o pensamento em você me força a viver, e saber que você ainda pode precisar do que resta de meu atormentado coração..." "A segurança fez um trabalho completo nela", lembrou Mólotov, "eles se superaram." Biéria teria passado por ele em uma reunião do Politburo e sussurrado em seu ouvido "Polina está viva!" "Ela estava na prisão da Lubianka em Moscou", disse Mólotov, "e eu nem sabia que ela estava lá."

Gigantesca e imoderada, tão fechada e desprovida de características quanto uma pirâmide egípcia, o segundo edifício da polícia secreta, erguido em granito escuro, ferro e mármore preto nos últimos anos da longa permanência de Iuri Andrópov como chefe da KGB, ao lado dos edifícios demolidos na Kuznétski Most, nº 24, nada expressa a não ser seu maciço poder adamantino. Quando Andrópov (cuja placa memorial nos muros da Lubianka foi descerrada pelo ex-agente da KGB Vladímir Pútin em um de seus primeiros atos presidenciais) tornou-se Secretário Geral do Partido, em 1982, optou por iniciar uma grande reforma no sistema soviético ao ordenar uma limpeza da corrupção na casa de banhos Sandunóvskaia, mais abaixo na colina.

4.
Lutsinó

"Zvenígorod (ainda me alegro com
esse maravilhoso nome)..."

Marina Tsvetáieva

Depois de alguns anos em Moscou, reconhecemos o bom senso da maneira como a vida dos russos, de todas as classes sociais, é claramente dividida entre o tempo de trabalho na cidade e o tempo de "descanso" *na datcha*. Encontramos uma datcha para alugar na colônia da Academia de Ciências, a montante do rio Moscou, em Lutsinó, um vilarejo perto da antiga cidade de Zvenígorod, a uma hora de carro a Oeste daquela cidade. Quando vimos pela primeira vez a datcha n° 3, a pintura estava manchada e descascando, as varandas cobertas de trepadeiras mortas. Nina Balándina, nossa anfitriã, usou o aluguel do primeiro mês para pintar a datcha de azul-esverdeado e os aposentos dos antigos motoristas, nos quais ela vivia, de amarelo-claro. Quando outubro chegou, ela nos pediu para passar o rastelo e queimar as folhas caídas e as agulhas de pinheiro e adubar com a cinza das fogueiras os arbustos que plantara com a mãe quando o acadêmico Balándin voltou do gúlag. Sentávamo-nos lá até tarde, bebendo vinho e assando batatas em pequenas covas sob as chamas, e deixávamos o fogo, perfumado com casca úmida de pinheiro, espiralando fumaça até de manhã. Arrancamos as urtigas de trás da datcha e podamos os galhos da sorveira que cruzavam o estreito pátio de Nina através do jardim, até a cerca que limitava a colônia, onde terminava a floresta. Ela ria-se com bom humor de nosso cachorro indisciplinado, que não tinha nenhuma sensibilidade para os direitos de propriedade e a tratava como se fosse uma intrusa, latindo e correndo freneticamente em círculos ao seu redor quando ela passava mancando pelo jardim, toda manhã e todo fim de tarde, indo e vindo da igreja de São Nicolau, o Miraculoso, no vilarejo. Nina passara a maioria dos verões de sua infância aqui, exceto durante o intervalo, no início da adolescência, entre 1949 e a morte de Stálin, em

1953, anos perdidos sobre os quais seu pai (assim como muitos sobreviventes do gúlag) nunca falou, quando ele era um "inimigo do povo" e a datcha fora confiscada, depois de sua segunda prisão.

Aleksei Balándin foi preso pela primeira vez no verão de 1936, como um "elemento socialmente perigoso", e levado da prisão de Butirka até o que antes fora o mosteiro de Voronovo, no qual membros do alto escalão da NKVD agora interrogavam, torturavam e fuzilavam prisioneiros políticos. Foi um milagre, acredita Nina (que delineia um padrão de milagres no passado de sua família) que o pai não tenha sido preso um ano mais tarde, em 1937, quando a orgia de assassinatos estatais estava em seu maior desvario. Dois dos estudantes graduados de Balándin, os "terroristas antissoviéticos" Vadim Ussínin e Vassíli Agápov, denunciaram sob tortura seu professor como participante de um grupo terrorista trotskista, que supostamente usava os laboratórios da Faculdade de Química da Universidade de Moscou para fabricar explosivos. Balándin foi condenado a um "exílio administrativo" na distante cidade de Orenburg. Colegas eminentes intercederam por ele pessoalmente junto a Mólotov; mas, naquele tempo, disse Nina, o camarada Mólotov era indiferente ao prestígio científico ou de um nome. (Nas conversas, Nina se referia a Stálin e a Mólotov como "camaradas".) A intercessão do promotor-chefe Andrei Vichínski foi outro milagre. Vichínski, pessoalmente, ordenou a liberação de Balándin do exílio em 1939, permitindo que retornasse às pesquisas com catalizadores orgânicos, graças às quais foi feito membro da Academia de Ciências em 1940, ganhando o Prêmio Stálin e o título da datcha nº 3.

Quando os arquivos da KGB foram abertos no início dos anos 1990, Nina leu os protocolos dos interrogatórios de sua família. Durante os meses na Butirka e na Lubianka, acusado de "crimes contra o poder soviético", a única coisa da qual Balándin admitiu ser culpado foi o encobrimento de suas origens sociais. Se tivesse assinado qualquer outra "confissão", a mãe de Nina jamais teria sido capaz de obter sua anistia logo após a morte de Stálin, e ele poderia nunca mais ter experimentado o repouso de Lutsinó novamente. Sua mãe achou um bom advogado que o salvou, como Nina nos disse mais de uma vez. Embora tivesse prestado apenas alguns meses de "trabalho negro" nas minas de níquel de Norilsk antes de ser transferido para uma usina metalúrgica, junto com vários físicos nucleares e azes da aviação, sua saúde ficara debilitada. Tinha dividido barracões enregelados com criminosos comuns, suas cobertas foram roubadas no inverno e levara uma facada no estômago em uma briga por causa de um rublo. Enquanto estava no ártico, colegas cientistas haviam sido proibidos de citar o seu nome em publicações ou mencionar suas teorias, nem mesmo em conferências sobre assuntos de seu trabalho.

A gente nunca se recupera, dizia Nina. O pai não saía de sua cabeça. Deixou-a em boa situação imobiliária, com uma datcha em uma boa colônia e um apartamento grande em Moscou, no Anel de Jardins do lado oposto ao da embaixada americana, mas ela vivia asceticamente em sua casinha amarela escassamente mobiliada, dormia pouco, organizava os dias para a prática da fé ortodoxa, à qual aderira nos últimos dias do poder soviético por meio dos ensinamentos do padre Aleksandr Mien. Quando o tempo esfriava, seu rosto ficava avermelhado e rachado. Em novembro, às portas do inverno, a grama ficava rala e coberta de uma geada fina, as urtigas escuras e murchas, fenecendo elegantemente em uma cama de folhas mortas, finas como papel. Pica-paus bicavam com presteza o alto dos troncos nus dos pinheiros. Nina colocava galochas sobre os sapatos e usava seu sujo anoraque turquesa, a esfarrapada pele sintética do capuz misturando-se com seus cabelos grisalhos. Seus passos no jardim tornavam-se mais lentos, mais dolorosos.

Como os protocolos da Lubianka confirmaram, com todo o rancor legalista da luta de classes, a origem do pai de Nina era burguesa. De fato, em 1917 a mãe dele, Vera Balándina, era uma milionária que enriquecera por méritos próprios e era proprietária de estradas, minas de carvão e barcos a vapor que navegavam pelo grande rio Ienisei, desde Krasnoiarsk até os mares do Ártico. Nina agora estava livre para celebrar esta matriarca siberiana por tudo que seu capitalismo iluminista foi capaz de catalisar nas terras camponesas de sua região nativa. Vera Balándina foi a São Petersburgo, contra os desejos de seu pai, para matricular-se nos Cursos Superiores para Mulheres de Bestújev, e graduou-se em 1893 com o grau de mestra em Química. Socializou-se com *kursístki** revolucionárias-democráticas como Olga Ulianova, irmã de Lênin, a quem ela admirava muito, e Zinaída Nevzórova, esposa do bolchevique Gleb Krjijanóvski (que trabalhou com Mólotov no secretariado do Partido na Vozdvíjenka, em 1922, e foi posteriormente deputado no Conselho dos Comissários do Povo). Vera casou-se com outro cientista natural e viajou com ele para Paris, onde assistiu a palestras na Sorbonne e trabalhou

---

* "Alunas", em russo.

no instituto Pasteur. De volta à Sibéria, fiel às convicções progressistas que formara nos dias de estudante, Vera fundou uma escola gratuita para moças, uma "biblioteca do povo", um teatro e uma livraria que tinha em seu estoque as mais recentes publicações em arte e em ciências. Instalou laboratórios químicos e organizou expedições de prospecção. Ela descobriu diamantes na Sibéria oriental e ricos veios de carvão na ampla estepe de Abakanski. Lá fundou minas e uma cidade, chamada Tchernogorsk, Montanha Negra. Suas minas eram eletrificadas acima e abaixo do solo, conectadas a embarcadouros no rio Ienisei por canais e ferrovias. Construiu um hospital, um moinho de grãos, uma escola, uma biblioteca para os mineiros e associações de crédito mutualista que rapidamente se espalharam por toda Sibéria. Em 1912, Vera Balándina era a única mulher a trabalhar no comitê para construção de ferrovias do Ministério das Finanças. Pobre *bábuchka*, lamentou-se Nina em uma tarde de primavera quando estávamos na varanda de trás da datcha, contemplando os lírios do vale florescerem entre as urtigas ressurgentes, o que teria ela dito se soubesse que sob o camarada Stálin as cidades que criara transformaram-se em um gúlag, com prisioneiros trabalhando nas minas?

Vera instalara um laboratório químico para seus próprios filhos. Aleksei Balándin refletiria depois que, embora a vida intelectual fosse rarefeita na Sibéria, ela oferecia um rico ambiente natural que ele esperava compreender e voltá-lo para o uso de seu povo. Completara os estudos em Moscou, em um ginásio liberal na Známenka, a primeira escola mista desse tipo na Rússia, uma instituição séria e excitante na qual ele confirmara sua vocação científica. Durante uma aula, um professor de geografia excêntrico, esquecendo-se de que se dirigia a crianças, tinha tentado ansiosamente explicar a descoberta de Ernest Rutherford da estrutura do átomo: "um evento memorável, um evento da mais alta significância, meus caros senhores...". A "filosofia da química" é a "a base para a contemplação do mundo", escreveu Balándin com dezesseis anos de idade quando se preparava para entrar na Faculdade de Medicina. A química é "o aprofundamento nos mistérios da natureza" que vai "ampliar nosso conhecimento sobre os misteriosos fenômenos associados às substâncias radioativas".

Algumas mentes aprofundam-se mais do que outras nos segredos da natureza e obtêm uma sólida compreensão, assim como prazer. As pessoas para as quais as datchas Lutsinó foram construídas nos anos 1940 emprestaram seus nomes a teorias e fenômenos naturais. Embora o acadêmico Rehbinder, pai de Mariana, vizinha de Nina, da datcha nº 2, seja mais afetuosamente lembrado por sua predileção por colher cogumelos, por seu estilo na quadra de tênis e pelas árvores raras decorativas que plantou na colônia, um certo processo de redução da dureza de corpos pesados ainda é conhecido como "efeito Rehbinder". Quando me contaram que as primeiras pesquisas sobre a influência da turbulência atmosférica na difusão de raios luminosos tinham sido feitas próximas dali, nos Laboratórios de Pesquisa de Zvenígorod, só consegui pensar no arco-íris sobre o cemitério na última primavera. A descrição da "intensificação da luz incidente por objetos em seu caminho" nada mais evocava em minha mente do que os raios solares procurando caminho no meio da densa floresta, movendo-se de árvore em árvore, soprando a neve equilibrada nos galhos e vindo repousar nas radiantes auréolas do meio-dia no alto dos pinheiros.

A colônia de Lutsinó está situada em uma colina acima do rio Moscou. Frequentemente fazíamos uma caminhada de uma hora pela colônia, descendo uma trilha estreita até as margens do rio e voltando ao lado da *opushka*, como a borda da floresta é chamada, por uma escada. Luz e matéria frequentemente trocavam os papéis aqui. No fim do verão o rio parecia vitrificado, exaurido pelo último calor, completamente descolorido em alguns lugares, apenas uma superfície coberta por um enfadonho brilho batido. À jusante, um barco a remo permanecia imóvel sobre a água, o pescador era apenas uma silhueta na neblina. Depois das tempestades violentas à noite, a terra perecia coberta de vapor. Milhares de vibrantes fios de teias de aranha enredavam-se na grama. Trevos viçosos vergavam sob o peso de grossos pingos de água. O vapor pendia nos juncos da margem oposta. Os vilarejos ao longo dos campos arados escuros perdiam-se na bruma.

Andrei Sákharov, que mergulhou fundo nos mistérios do mundo material, passou longos verões durante sua infância nos vilarejos do entorno da antiga cidade de Zvenígorod, primeiramente em Dunino, com os Ulmer, uma "família grande e calorosa de alemães russificados", composta por médicos, engenheiros e advogados, a maioria deles presa e assassinada nos anos 1930. Mais tarde, em Lutsinó, ele perambulava por horas sozinho pela *opuchka* ao longo do rio. Os verões naquele sereno campo lírico deixaram-lhe profundas impressões, escreveu em suas memórias. Durante toda a vida, sua maior alegria era deitar-se de costas e olhar através dos galhos para o céu, ouvindo o zumbir dos insetos, ou virar-se de barriga para baixo, como fazia quando era uma criança bronzeada, para observar a minúscula vida na grama ou na areia. Seus vislumbres de memória dos verões da infância incluem uma coleção de recortes de jornais sobre o julgamento

Zinóviev–Kámienev e o sumário de acusação de Vichínski, "repleto, como sempre, de uma retórica cruel e afetada". Sákharov cresceu e tornou-se físico atômico. Em 1948, quando prisioneiros de guerra alemães ainda estavam construindo Lutsinó, juntou-se a uma equipe de elite de pesquisas da Academia de Ciências, sob supervisão de Biéria (que assumira o projeto de Mólotov, que não estava à altura das sutilezas da tarefa), para investigar a possibilidade de se criar armas termonucleares.

Cinco anos depois, Sákharov viu-se novamente deitado sobre seu ventre, longe de Lutsinó, próximo ao assentamento de Kara-Aul no Cazaquistão, vendo aterrorizado a bomba-H soviética ser testada. Arrancou os óculos para ver melhor as serpentinas de pó roxo que foram sugadas pelo tronco de uma nuvem vasta e brilhante em forma de cogumelo, enquanto a terra ribombava e o céu se pintava de um preto azulado sinistro. Por trabalhar no projeto, disse Sákharov, ficou subitamente velho e grisalho.

"Por sete anos ou mais, a União Soviética teve de conviver com o fato de que os Estados Unidos tinham a capacidade de infligir uma grande destruição às cidades russas, sem que a União Soviética pudesse retaliar à altura", sublinhou o leitor com um lápis duro, com um firme sinal na margem dos *Estudos sobre a guerra: nuclear e convencional*, Londres, 1962, de P. M. S. Blackett, um dos livros mais repletos de anotações na biblioteca de Mólotov. "Para justificar perante as sensíveis consciências dos povos ocidentais os planos deliberados, em certas circunstâncias militares, de aniquilar dezenas de milhões de russos, homens, mulheres e crianças", assinalou com uma linha dupla na margem, "era necessário fazer crer em uma União Soviética inatamente agressiva e pérfida. Quando uma nação requer para sua segurança uma arma absoluta, torna-se emocionalmente essencial acreditar em um inimigo absoluto."

***

Lutsinó, assim nomeado por causa de Lucina, filha de Júpiter e deusa do parto, foi associada às ciências biológicas e médicas desde fins do século XIX. Anton Tchékhov passou o úmido verão após sua graduação na Universidade de Moscou, em 1884, trabalhando como médico em um hospital de campo próximo à cidade monasterial de Zvenígorod, cujo nome significa "cidade dos sinos". Seu amigo, o pintor Isaac Levitan, também estava trabalhando em Zvenígorod naquele ano, restituindo na pintura os verdes infinitos da paisagem local, misturando branco e dourado para a grama das pradarias, e um sombreado tão escuro para a *opuchka* que era quase preto. A artista Maria Iakúnchikova, filha do comerciante e filantropo empresário moscovita Vassíli Iakúnchikov (que financiou a construção do Conservatório de Moscou), também passou verões pintando em Zvenígorod. Em Vvediénskoie, a nobre propriedade que seu pai adquiriu em meados dos anos 1860, Maria Iakúnchikova hospedou Levitan, Tchékhov e o compositor Tchaikóvski. Em 1884, Vvediénskoie foi comprada pelo conde Serguei Cheremiétiev, como dote para sua filha Maria.

No início dos anos 1900 três colegas de classe de Tchékhov da faculdade de Medicina adquiriram terras rio acima, nas bosquejadas colinas onde hoje se localiza a colônia, e construíram datchas no solo arenoso. Compartilhavam a cultura humanística da intelectualidade moscovita do fim do século XIX, na qual as ciências naturais, a política liberal e as artes eram estreitamente integradas. Essa cultura, que florescia em conversas descompromissadas em pequenas propriedades do campo, encontrou sua expressão duradoura na vida e na obra de Tchékhov. A propriedade de Golouchev, um físico conhecido, era entre as três a que ficava mais a montante do rio. Sob o pseudônimo de Glagol publicou peças teatrais, crítica de arte nos jornais de Moscou e estava entre os primeiros que identificaram o talento de Levitan, dedicando dois artigos ao pintor do "período Zvenígorod". A propriedade de Grigóri Rossolimo era a de posição mais elevada sobre o rio. Neuropatologista e pioneiro da psicologia infantil, Rossolimo publicou artigos sobre "a individualidade da criança", "o talento musical nas crianças" e "as crianças no futuro próximo". Em 1922 foi convocado à propriedade de campo de Lênin em Górki para tratar do enfermo líder partidário. O maiores escritores, pintores e músicos da Rússia estavam entre os amigos mais próximos de Rossolimo: Tolstói, Maksim Górki, Konstantin Balmont, Tchaikóvski e o pintor Valentin Serov foram hóspedes em sua casa. Tchékhov, Mikhail Zóschenko e a poetisa Téffi declamavam suas obras nas *soirées* organizadas por ele.

O enteado e herdeiro de Rossolimo, Serguei Skadóvski, hidrobiólogo e fundador da "nova ciência" da biologia físico-química, casou-se com a filha de N. S. Speránski, professor de dermatologia, o terceiro dos contemporâneos de Tchékhov, um *dátchnik** original de Lutsinó. Skadóvski era conhecido por seu talento como ator. Certa vez, quando lia um dos contos de Tchékhov em

---

* Veranista, proprietário de uma residência de verão.

voz alta, o escritor Mikhail Bulgákov disse-lhe para largar a biologia e dirigir-se ao Teatro de Arte de Moscou. Em 1910, Skadóvski comprou um grande pedaço de terra remanescente e fundou uma estação hidrobiológica com vários laboratórios dedicados ao estudo de microrganismos de água doce. A bioestação, como ficou conhecida, posteriormente tornou-se parte da Universidade de Moscou e um centro para a ciência genética russa.

Entre os edifícios que foram queimados nos meses de inverno de 1941, quando o Exército Vermelho enfrentou os alemães no lado oposto do rio, alguns foram reconstruídos, incluindo a datcha de Rossolimo, atual nº 37 desta colônia, onde seus descendentes ainda vivem. Da antiga propriedade, apenas os limoeiros, as quadras de tênis, as guaritas e um riacho, chamado Tchékhov, ainda permanecem. Skadóvski está enterrado no cemitério atrás da datcha de Nina.

Alguns meses após a guerra, Stálin decretou que, como recompensa pela contribuição para a vitória contra Hitler, os professores e acadêmicos mais eminentes da Rússia deveriam receber casas de verão projetadas por Aleksei Schúsev (arquiteto do mausoléu de Lênin e de vários outros monumentos de Moscou), com direitos de propriedade, nas mais adoráveis partes da região de Moscou. Para duradouro orgulho de seus proprietários, as datchas, todas iguais, foram feitas na Finlândia, implantadas por prisioneiros de guerra alemães em ângulos irregulares no terreno rodeado de árvores e supridas com material sanitário alemão oriental. Poucos anos depois, mais datchas foram construídas, desta vez para cientistas que tinham contribuído para o desenvolvimento da bomba atômica soviética. Havia na colônia uma escultura de Lênin sentado em um banco, com cabeça voltada para a figura de Stálin de pé. O sobretudo de Stálin estava estendido nas costas do banco. Mariana Rehbinder guardou a carta a seu pai, de julho de 1950, anunciando a ordem de Serguei Vavílov, presidente da Academia de Ciências, instruindo os *dátchniki* a depositar quinhentos rublos na *kassa* da filial do Gosbank, dentro de uma semana, para custear a escultura de seus líderes. Depois do discurso secreto de Khruschóv ao xx Congresso do Partido em 1956, Stálin foi removido, deixando Lênin com o sobretudo e o misterioso vestígio de uma única bota. Trinta anos depois, a escultura desapareceu, sem ser lamentada.

A bioestação, a relíquia mais charmosa e resistente de outros tempos, é preservada com descuido mas ainda apreciada pelos *dátchniki*. Esquiei até ela em um dia frio no fim de fevereiro. O céu estava azul-escuro. A neve pesava nos ramos dos abetos, que tinham perdido seu aspecto lúgubre com o brilho do sol. Troncos raros de bétula branca brilhavam entre eles. Ocasionalmente, um vento suave levantava a neve das árvores e a soprava, faiscando no ar. Na torre de água, que permanecia alta sobre pilares de ferro enferrujados, acima do topo das árvores, dois cachorros da colônia apareceram, animados pelo frio, para me conduzirem pela estrada com os rabos empinados. Quando a neve ficava espessa eles trotavam sobre ela, brincando de lutar, e o vira-latas cor de areia mordia o pescoço do alsaciano com coleira até que ele ganisse em submissão. Parei ao lado do quadro de avisos da colônia, junto à estrada, para me atualizar sobre a grande disputa entre facções da Academia de Ciências sobre os direitos de propriedade dos *dátchniki*. (Mariana Rehbinder estava profundamente envolvida com a intrincada política da colônia, que refletia a política nacional mais ampla, na qual assuntos de propriedade permaneciam sem solução.) Uma reunião pública fora anunciada para sábado à noite no jardim de uma das datchas. Uma senhora velha de olhar penetrante que vestia um casaco de astracã limpava a neve da rua. Alguns *dátchniki* mais velhos, vestindo casacos de inverno com golas de castor e botas de feltro, passeavam ao ar livre no silêncio arrebatador da manhã. As datchas mostravam suas cores na pureza da luz invernal: verde-amarelado claro, turquesa, ocre-dourado e rosa-acinzentado. Mais adiante havia casas de alvenaria, mas as datchas de madeira estavam mais malconservadas, sem pintura, com cercas quebradas e depósitos de lenha apodrecidos e desarranjados. Estalactites pendiam dos telhados de ferro corrugado, presas retorcidas com um metro e meio de comprimento. Saía fumaça da chaminé da datcha de Skadóvski, a última propriedade antes da bioestação. Um cartaz nos portões de ferro – com seu emblema, um pica-pau em um tronco de pinheiro – proibia a entrada não autorizada, mas não havia ninguém tomando conta, então esquiei para dentro, descendo pela neve profunda da colina íngreme, por entre edifícios de dormitórios pintados de verde. As janelas eram escuras, com cortinas de náilon esfarrapadas; em algumas faltavam vidraças. As casinhas das latrinas se inclinavam estranhamente na neve, com as portas abertas, oscilantes, quase fora das dobradiças. Segui o caminho estreito e sinuoso até o rio, incomodada com as profundas derrapagens dos meus esquis entre as árvores. As datchas inferiores da bioestação situavam-se em uma curva isolada do rio. Os edifícios arruinados, parcialmente enterrados na neve, falavam de verões passados e dos prazeres associativos da pesquisa biológica. Uma van Lada enferrujava atrás de um galpão parcialmente ruído, ao lado de uma escada que conduzia a um celeiro. Havia uma fileira de cabanas de ferro, de diferentes tamanhos, em tons enferrujados de azul e verde e tanques montados em plataformas com canos e torneiras. No centro deste conjunto de aparente casualidade, havia uma grande construção de madeira com mesas e bancos, em frente a uma estrutura menor de três lados que abrigava uma grelha *mangal.**

Aqui, onde a biologia florescia livremente como ciência natural, os favoritos de Stálin degradaram-na com uma farsa ideológica. Nem todos os *dátchniki* de Lutsinó eram cientistas naturais: alguns eram cientistas sociais. De volta para a bioestação, peguei o atalho que levava para depois da datcha n° 7, cujo terreno era maior do que os da maioria na colônia. Reputada por ter um piso de parquê, a datcha foi dada ao acadêmico Andrei Vichínski para celebrar seus anos de serviço acadêmico prestados ao Estado soviético. No entanto, após a prisão do velho bolchevique Leonid Serebriakov (primeiro marido de Galina Serebriakova) em 1936, Vichínski adquirira a datcha estatal de Serebriakov no vilarejo próximo de Nikólina Gorá, que cobiçava abertamente de longa data, e assim a datcha menor de Lutsinó tornou-se meramente uma datcha "de reserva" e as visitas do promotor-chefe eram raras.

Encontrei Vichínski em Moscou entre os livros de Mólotov, e aqui estava ele de novo em sua propriedade de campo. Quando substituiu Mólotov como ministro do Exterior em 1949 (algumas semanas antes da prisão de Jemtchújina), Vichínski assumiu seu escritório no segundo andar do n° 24 da Kuznétski Most. Vichínski era sensível, ao que parece, às acusações de que era afeiçoado ao conforto e às posses. Depois da sua morte, uma pasta vermelha foi encontrada em seu cofre com uma pistola Browning por cima. Na pasta havia uma carta a Stálin do ex-chefe do Comintern, Dmítri Manuílski, escrita em 1948 e que tinha sido redirecionada a Vichínski por Stálin, que adorava colocar seus homens uns contra os outros. Manuílski e Vichínski trabalharam como camaradas por anos, sentando-se lado a lado como delegados na ONU; seus livros ficavam juntos, apertados na escuridão da estante do apartamento de Mólotov. Na carta, Manuílski dizia a Stálin que Vichínski era um covarde e traidor, um homem de gostos pequeno-burgueses, leal apenas à sua paixão por luxo e segurança.

Fotografado nos anais da colônia como um "advogado, historiador e ativista do Estado", de terno e gravata, sobrancelhas altas, face quadrada e

---

* Braseiro, churrasqueira.

óculos escuros, Vichínski tornou-se acadêmico (o mais alto título para um estudioso soviético) em 1939, não muito depois da conclusão dos espetaculosos julgamentos de Moscou. Era um erudito. Filho de um farmacêutico, ensinava latim no ginásio antes da Revolução, um estudioso de elite com currículo clássico. Nos anos 1920, antes de direcionar sua mente para as questões jurídicas da ditadura do proletariado, escreveu livros populares mapeando o anseio humano primordial por um mundo justo e belo: desde o Jardim do Éden, passando por Hesíodo, Virgílio e Platão, a *Utopia* de Thomas More e *A Cidade do Sol* de Tommaso Campanella, até Engels e Marx. A constituição stalinista de 1936, para a qual Vichínski deu uma mão no esboço, garantia aos cidadãos liberdade contra prisões arbitrárias e o direito de defesa em um julgamento público, antes de um veredicto independente "sujeito apenas à lei", mas Vichínski habilmente transformou a lei em um instrumento de poder estatal, ao mesmo tempo brutal e sutil. Demoliu o conceito "burguês" de advocacia com todos os seus "falsos páthos", e definiu a confissão assinada (mesmo que extraída sob tortura) como a maior forma de evidência. A Lei era o Estado e o Estado era a Lei. No julgamento de seus antigos camaradas Bukhárin e Ríkov, proferiu palavras que Andrei Sákharov jamais esqueceria: "Nosso povo pede que esmaguemos os malditos vermes... nas covas dos traidores odiados germinarão ervas daninhas e espinhos, cobertas pelo eterno desprezo do povo soviético". Eles "tentaram, com seus pés imundos, pisar nas melhores e mais fragrantes flores de nosso estado socialista"; deveriam ser fuzilados como "cães raivosos". Ao sumariar em um dos últimos julgamentos, Vichínski descreveu os acusados como "fétidos montes de lixo humano... as derradeiras escórias e imundícies do passado".

Dússia Fetíssova, que vivia nos aposentos para motoristas da datcha de Vichínski, servira seus moradores desde o final dos anos 1940 até sua morte, em 1994, e não sabia nada sobre o papel dos senhorios na corrupção da jurisprudência soviética. É lembrada em Lutsinó pelo bom coração, pela habilidade em fazer plantas germinar em solo pobre e pelas histórias da vida por ela contadas no nº 7. Mesmo tendo procurado arduamente agradá-los, mantendo a casa e arranjando ramos de soveira em vasos, Dússia não recebeu da viúva de Vichínski ou da filha, Zinaída, nem dinheiro, nem gratidão. Elas afastaram-se das outras pessoas, disse, sempre ressentidas de sua evicção de Nikólina Gorá após a morte de Vichínski. Depois da morte da viúva de Vichínski (que era mais gentil e sociável do que sua filha), Zinaída, estudiosa do direito como o pai, vinha apenas por breves períodos. Tinha medo de dormir sozinha na datcha e, como Dússia colocava, era difícil para alguém tão orgulhosa e desconfiada encontrar companhia. Dússia sempre desejou que o pequeno chalé no qual vivera fosse a ela legado, mas Zinaída, dizia, não queria legar nada a ninguém. Apesar dos rumores sobre sua opulência, Dússia dizia que a datcha era escassamente mobiliada e alguns de seus quartos eram quase vazios. Um dos amigos de Dússia da colônia tinha alguma mobília usada comprada da família Vichínski. Para Nina Balándina, Vichínski será sempre o agente da libertação de seu pai do exílio.

A patroa anterior de Dússia no nº 7 não era mais gentil do que Zinaída Vichínskaia. A acadêmica Olga Lepechínskaia, a quem Vichínski alugou o nº 7 quando ela estava no ápice de sua carreira de bióloga, ali viveu entre 1949 e 1952. Quando perguntei a Nina o que lembrava de Lepechínskaia, piscou e sacudiu a cabeça. Disse que era difícil relembrar os últimos anos perdidos de seu pai, era doloroso pensar no que acontecera. As lembranças de Dússia eram mais fluentes. Lepechínskaia, uma "velha *bolchevichka*", conhecera Lênin no exílio na Sibéria e em Genebra. Ela alardeava que, quando estava grávida de sua filha, Lênin perguntou-lhe o que desejava, e quando ela replicou "meu bebê quer lagosta" ele encontrou-lhe uma lata de carne de caranguejo em conserva. Lepechínskaia era tão rabugenta, maldosa e traiçoeira, lembrou Dússia, que vasculhava o lixo para verificar se os serviçais não tinham roubado nenhum resto para dar a seus animais. A filha, Olga Panteleimónovna, seu marido e cinco filhos adotivos compartilhavam a datcha com Lepechínskaia. Dússia afirmou que cuidava das crianças negligenciadas pela mãe que, no entanto, como uma oponente fanática da ciência genética, sempre expressava o desejo de adotar mais crianças para moldá-las em comunistas perfeitos. Quando procurei no fichário do catálogo de livros da Biblioteca Lênin por todos os títulos de livros e tratados biológicos da agora esquecida Lepechínskaia, encontrei uma irregularidade, um longo romance chamado *Ruído verde*, publicado em 1937 pela Goslitizdat, a editora literária estatal. Era da filha de Lepechínskaia. (O bibliotecário Fiódorov não teria aprovado este erro no catálogo, que fez de duas pessoas distintas, por mais demeritórias que fossem, uma só.) Olga Panteleimónovna, que trabalhou no laboratório de sua mãe, era sensível à natureza. *Ruído verde* tem como cenário uma aldeia judia habitada por personagens de nomes Hirch, Sara, Vanda, Sholom e Farshtein. O livro termina liricamente, com a citação bíblica "tudo é vaidade": "Os sons de uma música, parcamente audíveis, eram trazidos de longe. O som das bétulas, sussurrando misteriosamente no cemitério, flutuava na leve brisa quente. A lua com seus raios fosforescentes fez da terra um conto de fadas...".

Voltemos, no entanto, à mãe da novelista. Assim como seu seguidor charlatão, Trofim Lisénko, que enviou para a execução ou para a prisão centenas de cientistas que dele discordavam, Lepechínskaia renegava os axiomas "burgueses" da genética em favor de teorias consistentes com o materialismo dialético marxista-leninista para o qual "o ser determina a consciência" e o ambiente a tudo condiciona. O poder de Lisénko e de Lepechínskaia no meio dominante científico atingiu seu pico em 1948, no auge do expurgo de doutores, cientistas e "cosmopolitas desenraizados" por Stálin. Enquanto Lisénko afirmava que podia produzir cevada a partir de grãos de trigo, Lepechínskaia alardeava que em breve cientistas russos estariam aptos a criar novas formas de vida, novas espécies. Em uma conferência organizada pelo Partido Comunista em 1950, ela argumentou, entre inúmeras referências a Marx, Lênin e Stálin, que uma célula viva não necessitaria ser produzida a partir de outras células, mas poderia ser formada a partir de matéria não celular. Afirmava ter observado a formação de novas células de sangue a partir de glóbulos na gema de um ovo. Outros biólogos, membros da "velha intelectualidade" que se apegavam à ideia de "autonomia da ciência", gracejavam, desde o início da sua carreira nos anos 1920, que Lepechínskaia era alquimista, charlatã e ignorante. No entanto, suas credenciais como revolucionária foram instrumento suficiente para uma grande carreira na ciência soviética. Konstantin Timiriázev (o filho stalinista do grande biólogo russo que vivera atrás do palácio Cheremiétiev na nossa rua) protegeu-a daqueles inimigos "idealistas" e, guiada pela bússola da dialética marxista-leninista, ela viajou para a "fonte da vida". Lênin dissera que nada poderia existir fora do mundo material, e ela queria demonstrar que não havia mistério sobre a origem da vida. Seu objetivo, disse, era provar a essência profunda da matéria viva, "*convicta* de que nesta questão fundamental não poderia haver segredos obstinados": "A própria vida vai nos mostrar sua fonte ancestral e será guia para seus segredos mais profundos".

Lepechínskaia achava fácil, disse, estudar "matéria viva não celular" em Lutsinó. Certa feita, convocou uma delegação de cientistas de ponta à sua datcha e convidou-os a olhar dentro de um barril de água da chuva, proveniente do telhado, para testemunhar as evidências de sua teoria. Os cientistas olharam para dentro do barril e não viram nada, exceto a água escura estagnada, mas, temendo por suas carreiras, maravilharam-se abertamente com a grande descoberta.

Diferentemente de Aleksei Balándin, cuja capacitação era notavelmente semelhante à sua, Lepechínskaia sabia como trair as origens sociais e forjar uma biografia revolucionária. Traçou o caminho de seu bolchevismo a partir do desgosto com o sucesso capitalista da mãe. Lepechínskaia nasceu em Perm (uma cidade conhecida em seus dias de grandeza como Mólotov). Assim como a de Balándin, sua mãe era uma mulher de negócios que fez fortuna nas minas de carvão e em fábricas. A mãe tinha orgulho dos aposentos que construíra para os mineiros, mas Olga nelas via "covas escavadas nas colinas parecidas com túmulos, com nuvens de fumaça densas saindo de suas estreitas janelas de vidro de garrafa e portas tão baixas que era necessário entrar engatinhando". Nas minas de sua mãe, "nas profundezas da terra, na escuridão sufocante, homens seminus deitavam-se na água e tinham os rostos encarvoados cortados por picaretas". Ela rejeitou o mundo dourado de seu lar e foi a São Petersburgo estudar Medicina. Leu Darwin e Marx, misturando-se com estudantes revolucionárias-democráticas – *kursístki* – como Vera Balándina. Visitou, para a Cruz Vermelha, prisioneiros da Fortaleza de Pedro e Paulo, e acompanhou no exílio o velho bolchevique Panteleimon Lepechínski como sua esposa, compartilhando um romance de vida subterrânea, uma vida de passaportes falsos e telegramas codificados, viagens em veículos de carga com malas de fundo falso, prisões e buscas, e a certeza da justeza ideológica que perdurou por toda a sua vida.

***

No começo, Lutsinó parecia-me limpa, um refúgio da sujeira da cidade. Amava seu ar, dormia profundamente. Mulheres vinham do vilarejo no fim do verão para nos vender comida de boa qualidade: enormes potes de vidro com pepinos em conserva marinados com folhas de carvalho e bordo e grãos de zimbro; ovos de galinhas alimentadas com salsinha, com gemas amarelo-escuras e claras tremeluzentes. Por vezes encontrávamos uma pastora de cabras em nossas caminhadas, que nos saudava como "filhinho" e "filhinha" e nos contava das fazendas coletivas arruinadas da sua Mordóvia natal e como era melhor em Lutsinó, onde as cabras comiam tão bem que "davam quatro copos ou mais". (Ela ouvira que as cabras nos países ocidentais produziam mais, mas não acreditava.) Os clientes da loja do vilarejo eram gentis e familiares: trabalhadores tajiques da construção civil que vinham em busca de peixe seco, pão e sopa, "a mais barata que se pode ter"; beberrões com caras inchadas que tomavam vodca a tarde toda na mesa de plástico do canto; a grande família cigana que tentava nos vender roupas esportivas ("melhor qualidade, muito barato") na traseira de uma velha Jiguli de janelas pintadas. A pequena igreja ao lado do cemitério na colina fora recentemente reconstruída por um chefão da máfia de Zvenígorod, após o assassinato de seu filho. Acompanhamos a lenta restauração da igreja maior do vilarejo, do abandono à brilhante magnificência alaranjada. No começo do período soviético a igreja fora usada como armazém para uma fábrica de instrumentos musicais; mais tarde caiu em ruínas. No dia em que a cruz foi erguida em sua cúpula, disse Nina, subitamente ela conseguiu andar sem a bengala. O som das badaladas dos sinos sobe pela colina até a datcha, pela manhã e pela tarde, mais um entre os poucos sons diários, como o do trem de carga passando pelo vale, o de passos do lado de fora da casa de Nina, o grito de um trabalhador entre as árvores, cães de guarda da colônia, cantos de pássaros e de sapos na primavera, adolescentes do vilarejo cantando ao lado de fogueiras na margem do rio nas noites de verão. Eu sentia as estações novamente, cujo ciclo de latência e de vitalidade exuberante a vida urbana tinha ofuscado.

No entanto, comecei a ficar perturbada pela história de Lutsinó, por seu entulho. Em um inverno, encontrei alguns *Pravdas* na pilha de lenha: discursos no XX Congresso do Partido, em fevereiro de 1956. Ponderei sobre o que poderia estar escondido, vivo ou morto, nas edificações elevadas da datcha. Havia um animal que, à noite, corria de um lado para o outro sobre o forro do teto acima da nossa cama. Vi que o sótão era uma confusão de velhos livros científicos, *Obras escolhidas de Lênin*, tapetes sujos, tralhas quebradas e inúteis. Embora não usasse nada, Nina guardava tudo. Quando a neve derretia, garrafas de vodca e de plástico desbotado proliferavam na ravina da cidade. Não havia recolhimento sistematizado de lixo. Nina dizia estar aqui em paz; não queria mais nada. Em setembro ela sabia quais cogumelos colher. Sei apenas nomear o *mukhomor*, chapéu da morte. Nina lembrava-se dos "bailes de máscaras de Lutsinó", sua mãe guiando uma bicicleta feminina. Ela fazia poesia. Em um poema, louvou o outono de Lutsinó. Em outro, lamentou-se por não mais poder ver o mundo em sua volta; seu trabalho como programadora de computadores (uma "demiurga, criadora de vidas passageiras") tinha destruído seus olhos. Ela tinha um cacoete, uma piscadela involuntária. No verão, mosquitos pousavam em seu rosto largo e membranoso.

Na véspera do Natal ortodoxo em nosso último inverno em Lutsinó, que estava estranha e sem neve, acompanhei Nina à meia-noite até a igreja, passando pelo rangido do portão dos fundos, sobre as fundações do interminável muro de alvenaria, por cima das pinhas dispersas sob a torre, ao longo dos limites do cemitério e pelo depósito de lixo. O cemitério de Lutsinó, com sua grade baixa, sua cruzes ortodoxas, estrelas comunistas e flores de plástico fluorescente, é a parte mais cuidada do vilarejo. O solo gelado mastigado e os padrões de gelo derretido na ladeira estavam iluminados pela lua cheia e pelo brilho eletrificado do vilarejo. Havia faróis de carros na rodovia, fachos de lanternas e vozes nos passeios de ambos os lados do cemitério. Nina disse-me uma vez que seu guia espiritual, padre Aleksandr Mien, dissera-lhe que vez por outra, nos cemitérios, ele podia sentir os continuados dramas dos mortos. Eu os sentia agora, como se o cemitério fosse aquele da curta obra-prima satírica de Dostoiévski, *Bóbok*, onde os mortos – generais, cientistas, advogados de tribunais e damas da sociedade – discutiam, conversavam, filosofavam e jogavam cartas sob as lápides, ainda capazes de sentir o cheiro moral de suas vidas e das vidas dos seus próximos.

Aleksandr Mien, um judeu convertido à fé ortodoxa, era um sacerdote de catacumbas no fim do período soviético. "Era um homem enviado por Deus para ser missionário na tribo selvagem da intelectualidade soviética", disse uma vez o acadêmico Serguei Averintsev. A idosa Nadejda Mandelstam foi batizada por ele e frequentemente vinha a Moscou tomar a comunhão em sua pequena igreja de madeira em Nóvaia Derévnia, a vila próxima da capital onde ele era pároco. A paixão intelectual do padre Mien eram as Ciências naturais. Quando jovem, no final dos anos 1950, esperava estudar Biologia, mas foi excluído da universidade por ser judeu, e teve que decidir por se inscrever no Instituto de Peles. "Em meus anos de infância, a contemplação da natureza foi minha *theologia prima*", disse. "Eu costumava ir a uma floresta ou a um museu de Paleontologia da mesma forma que ia à igreja". A natureza era para ele um ícone de primeira qualidade, e acreditava que "uma perspectiva religiosa não se pode justificar intelectualmente a não ser, de alguma maneira, no plano da evolução". Refletindo sobre as descobertas de seu tempo, observou que a penetração da ciência no tecido da matéria fizera a escala das tendências destrutivas da natureza mais aparente". A termodinâmica, acreditava, "revela uma tendência no movimento do cosmos *oposta* ao processo do vir a ser". Cedo, em uma manhã de setembro de 1990, ele foi assassinado com uma única machadada atrás da cabeça quando caminhava solitário de sua casa em direção à estação suburbana de trem, na bruma de um caminho florestal. Dirigia-se a Moscou para celebrar a liturgia na rua Sriétenka. Ninguém jamais foi condenado pela morte do padre Mien, mas os numerosos e devotados seguidores da intelectualidade acreditavam que o crime era muito provavelmente obra de elementos xenófobos da KGB, temerosos de seu carisma, seu judaísmo, sua abertura para outras fés e para o vasto mundo, sua "liberdade interior". "Nada pode ser inteiramente comprovado", escreveu certa feita Mien, "os cientistas sabem disto..."

O interior da igreja de Lutsinó, limpo e recentemente pintado, era decorado com abetos desprovidos de enfeites, e seu chão de concreto era coberto com revestimento plástico. O sacerdote, padre Evguiêni, em ricas vestimentas brancas e prateadas, ungiu a congregação, um a um, mergulhando um pincel em um pequeno vaso de óleo consagrado, amparado por um jovem acólito. Um homem com as feições inchadas pela bebida espargiu óleo consagrado sobre sua face e deixou a igreja, resmungando. Ungida, na sua vez, Nina tomou lugar junto aos amigos da congregação, uma vela acesa na mão, emoldurada pelo véu branco, pelo menos esta vez descansada, serena. (Exatamente como observou Tchékhov em sua novela, "A estepe": os mais velhos "ficam sempre radiantes quando voltam da igreja".) Parecia disposta a ficar a noite inteira em seu genuflexório diante dos santos, profetas e anjos da iconóstase, o conjunto de imagens de ordem transcendente e de comunhão que, de acordo com sua fé, traz o mundo da eternidade diretamente para este mundo temporal e material. O pai siberiano de Nina e sua avó, bioquímica e magnata capitalista, eram ícones privados de sua vida devotada.

Aleksei Balándin descreveu certa vez a química como "a contemplação do mundo material". Em um ponto de inflexão de sua criativa vida, Tchékhov observou que "o escritor deve ser tão objetivo quanto o químico", e que "para os químicos não há nada obscuro na terra".

5.
Mozjinka

"... não devemos minimizar nossos esforços
sagrados neste mundo, onde, como brilhos tênues
na escuridão, emergimos momentaneamente do
nada da inconsciência para a existência material."

Andrei Sákharov, discurso no Nobel

O sol já tinha se posto há horas, mas a lua ainda iluminava o rio e os campos
além. Na floresta, retângulos ocasionais de luz elétrica amarela de janelas
de datchas acenavam por entre os abetos. Bancos de gelo amontoados por
enxadas brilhavam em piscinas rosa-alaranjado sob as lâmpadas ao longo
da estrada que levava diretamente para a colônia. Atravessamos o clube da
Academia de Ciências com a neve rangendo sob nossos esquis. Um brilho
suave saído de dentro do clube reluzia.

Um zelador, que ainda vivia em um canto do palácio construído para os
cientistas de Stálin, mantinha o edifício sem uso inteiramente aquecido
ao longo de todo o inverno. O gesso branco da fachada neoclássica ruíra e
os largos degraus estavam rachados e deslocados pelas plantas subterrâ-
neas e pelo gelo, mas tapetes vermelhos ainda corriam por todo o comprimento de seus salões pavimentados com parquê e os lírios nas urnas no
sopé da grande escadaria ainda estavam verdes e úmidos. No auditório, o
palco estava arrumado com um tablado e cortinas de brocado pesado penduradas. No piso superior, o salão de banquetes e a cozinha esperavam por
uma noite de pompa e brindes que nunca viriam: fogões polidos, caçaro-
las empilhadas, facas afiadas.

Mais cedo naquele dia, quando o zelador permitiu-nos explorar o clube,
estudei o retrato de Serguei Vavílov pendurado na parede, olhando para seus
olhos. No fim da vida, como lembraram outros cientistas, aqueles olhos estavam cansados e vazios. Em uma ocasião, em 1943, o renomado cientista foi
visto saindo do gabinete do presidente da Academia de Ciências, em lágrimas, após ter peticionado em favor de seu irmão Nikolai Vavílov, cientista

de ainda maior expressão que estava definhando em uma "cela de morte" de uma prisão em Saratov. Vichínski ignorou todas as petições; Mólotov disse, irritado, que não tinha tempo para aquele assunto e Andrei Andréiev disse ao peticionante que existiam "fatos dos quais você não tem conhecimento". Dois anos depois, escreve Andrei Sákharov em suas memórias, Serguei Vavílov ficou sentado a noite toda, fumando vários maços de cigarros, perguntando-se se deveria aceitar o posto de presidente da Academia ou permitir a designação de Trofim Lisénko, favorito de Stálin, e a consequente destruição da ciência a da agricultura soviéticas. Vavílov morreu em 1951 com sessenta anos, antes que a Grande Enciclopédia Soviética que ele estava editando alcançasse "Mólotov", o nome do homem que sancionara pessoalmente a prisão de seu irmão Nikolai. No verbete Vavílov, a enciclopédia informava que "o trabalho científico de Vavílov foi interrompido em 1940", código para o fato de que ele fora preso e nunca retornaria.

Imaginei Serguei Vavílov quando passei por seu lugar de honra no clube quase escuro, seus olhos sombreados me fitando da parede. Vavílov insistira para que esta colônia de datchas fosse construída aqui, em Mozjinka, bem junto a Zvenígorod, no lado da antiga cidade voltado para Moscou. Era um lugar que ele amava. Durante a guerra, trabalhara em tecnologia de visão noturna para os militares. Nas discussões sobre onde estabelecer uma colônia de datchas para os cientistas que colaboraram para a vitória soviética, ele favoreceu Mozjinka, com seus densos abetos e solo de argila úmida, sobre o maciço arenoso acima da curva do rio na Lutsinó próxima. Moscovita nativo, descendente de camponeses locais, ele conhecia a área graças a passeios de verão e expedições para colher cogumelos.

Quando jovem, lutando para libertar-se de suas preocupações anteriores com as artes e com a beleza para dedicar-se à Física, Serguei Vavílov escreveu em um diário que tudo o que pedia à natureza era tranquilidade. Mas Mozjinka contém mais do que tranquilidade. É o cenário das lendas folclóricas de magia e terror que ele amara na infância, dos mundos imaginários de Hoffmann, Afanássiev e Gógol, que pela primeira vez o atraíram à vocação para a ciência da visão e da luz. Demônios dos bosques poderiam esconder-se na sombra dos abetos, a casa com pés de galinha de Baba Iagá poderia aparecer em alguma clareira da floresta, ou então, em alguma igreja deserta nas margens do rio, o duende Víi.

O descanso, para um cientista, dizia Vavílov, deveria ser encarado como uma espécie de trabalho criativo complementar. *Dátchniki* de Mozjinka lembram-se dele sentado no jardim de sua datcha, sempre com algum volume antigo em mãos. A bibliomania era um aspecto de seu esteticismo juvenil que ele tentou em vão superar. Quando era um jovem estudante, vasculhou as antigas livrarias da Mokhovaia e os porões da velha Súkharevka, encontrando joias na poeira como a edição do século XVII de *Experimenta Nova* (*ut vocantur*) *De Vacuo Spatio* de Otto von Guericke, um tratado sobre a física do vácuo. "O livro é a coisa 'mais elevada' do mundo, porque é quase uma pessoa", escreveu em seu diário em 1913; "por vezes, ainda maior do que uma pessoa (como Gauss, como Púchkin)." No entanto, ele ansiava refrear sua paixão. Ele refletia que não era um "novato" em matéria de livros; compreendia seu valor, a diferença entre um livro que fosse "apenas para ele mesmo", como a primeira edição de *Fausto*, de Goethe, e um que tivesse meramente a "raridade" como valor. No entanto, não conseguia parar de comprar todo tipo de inutilidade e "tijolões".

No *ex-libris* dos livros de Vavílov, um homem está de pé atrás de uma lâmpada, sua face invisível, a mão alcançando uma estante. Que valor atribuía Vavílov, que queria esconder sua face nos livros, ao "tijolão" encadernado em couro, impresso no mais fino papel, que editara para Stálin em seu septuagésimo aniversário? *Para Ióssif Vissariónovitch Stálin* continha ensaios dos assassinos de seu irmão: "estudiosos" como Lisénko, que saudava Stálin como a "encarnação da sabedoria do povo" e louvava o "milagre" da transformação, por meio da "biologia progressista", do trigo em centeio; e Vichínski, que descrevia as condições para o "encolhimento do Estado", um processo que só poderia ocorrer se não houvesse perspectivas de ataques externos (neste meio-tempo, as precauções do ex-promotor na luta contra a espionagem permaneceram uma das mais importantes funções do Estado soviético). Em uma contribuição do próprio Vavílov, "O gênio científico de Stálin", ele faz um "agradecimento ardente e sincero ao nosso sábio professor", o "corifeu da ciência", graças a quem "a história não acontece simplesmente, mas começa a ser conscientemente direcionada". Regozija-se com a vitória soviética sobre as "teorias mecanicistas e idealistas no estudo da matéria viva" no campo da Biologia. Com essas palavras, Vavílov estava "regozijando-se" com a dissolução do Instituto de Criação de Plantas da União que seu irmão Nikolai tinha fundado logo após a revolução e com a prisão de Nikolai, seus onze meses de tortura pela NKVD e sua sentença de morte por sabotagem trotskista e espionagem, em um julgamento de poucos minutos, sem testemunhas nem advogados.

***

Foi difícil prosseguir com meu companheiro pelo declive em direção ao rio. Antes de a estrada virar em sua longa volta ao longo da margem, ele deslizou para uma trilha estreita na floresta e eu não sabia dizer para onde ele ia. Ele esquiara por este caminho pela manhã e estava cheio de dinamismo e de intenções, gritando para mim que deveríamos pegar aquele atalho pela floresta, esquiar através do campo do outro lado e então retornar para casa para umas doses de vodca. Parei para descansar e perdi-o de vista. A trilha estava escura, o vento cortante, o topo das árvores arranhava o luar lilás.

Em minha primeira visita, Mozjinka pareceu-me um lugar secreto, fora do correr do tempo, feita para brincadeiras: esconde-esconde, caça ao tesouro, esqui noturno. Ao longo da autoestrada de Riga, que leva do Oeste de Moscou até Zvenígorod, novos assentamentos de datchas apareciam semana após semana entre torres em campos lamacentos, e seus nomes, inspirados nos romances de segunda linha da *marketologia* russa, eram anunciados em cartazes ao lado da estrada – "Lago da Princesa", "Sherwood", "Pequena Itália", "Ninho dos Aristocratas", "Europa" –, mas o desvio para Mozjinka permanecia sem aviso. Em nosso caminho para Lutsinó às vezes pegávamos este desvio para visitar uma amiga, uma viúva inglesa com quatro crianças que vivia, com um certo charme frágil, em uma casa cercada por altos muros. Seu marido, um inventor brilhante nascido em uma das dinastias científicas de Mozjinka, tinha acabado de terminar a construção da casa quando foi acometido de morte súbita. Ela dirigia uma pequena escola no subsolo. Havia trepa-trepas entre as altas bétulas do jardim, galpões cheios de esquis e trenós e uma *bánia*. No inverno ela inundava a garagem de água para fazer um ringue de patinação, e na Máslenitsa, celebração antes da quaresma, contratava um cavalo, um trenó com sininhos e um condutor para levar as crianças até o rio e trazê-las de volta. Tinha uma governanta inglesa, uma babá georgiana (que preparava banquetes de *khatchapúri* e *lobio*, pão de queijo e feijão cozido, aromatizados com ervas) e a amizade do sacerdote local, padre Ion, cuja filha tinha sido morta por um motorista embriagado, em uma noite, na estrada que atravessa a colônia.

Comecei a ler sobre o lugar. Teias de conhecimento surgiram, como se tivessem sido deixadas por observadores humanos entre as árvores, esperando que a luz as tocasse. Tudo o que eu li – sobre a infância, a serenidade das perdas, a Itália, poesia romântica, contos de fadas e a física da luz e do tempo – parecia esclarecer o mistério da vida de Serguei Vavílov, a tragédia de seu sucesso. Por sorte, como eu estava pesquisando um artigo sobre as alusões à poesia inglesa no "Poema sem herói" de Akhmátova, descobri que Claire Clairmont, cunhada de Shelley e amante de Byron, encontrou conforto nesta paisagem em 1825. De luto pelas mortes de Shelley e de sua pequena filha Allegra (filha de Byron), Clairmont deixou a Itália e encontrou trabalho como governanta na família tumultuada de um advogado moscovita. A família e sua comitiva de serviçais e educadores veraneavam em Zvenígorod.

Clairmont sentou-se em sua primeira noite em uma poltrona, para escapar dos "insetos, o tormento da Rússia". A lua brilhava por trás de finas nuvens escuras. Na tarde seguinte escreveu em seu diário que a paisagem encharcada pela chuva a deliciara durante todo o dia. O vento nas árvores a fazia relembrar as ondas quebrando nas praias de Lerici, último lar de Shelley. Sinos de cidades longínquas "davam significado à cena" – "cidade respondendo a cidade, em uma linguagem compreensível". Bebendo chá em uma pérgula, ela contemplou o pôr do sol além do rio, linhas de luz dourada que perfuravam as florestas densas, de tal forma que "cada abertura entre cada folha parecia se preencher por um diamante ou uma gema preciosa que irradiava todos os matizes possíveis". Leu Goethe e fez caminhadas com um tutor alemão, "muito sentimental", Chrétien-Hermann Gambs. Discutiam poesia, Filosofia, Matemática e as mais novas descobertas astronômicas a respeito da grande quantidade de sistemas solares e da imensidade do universo, cujo centro, como disse Pascal, "está em toda parte, mas sua circunferência está em lugar nenhum". Ela atentou para a observação de Platão de que se a cor do céu fosse vermelha em vez de azul, "a qualidade prevalente do homem seria uma disposição sanguinária". Leu os versos revolucionários de Shelley e refletiu sobre sua "rápida passagem pelo mundo": "toda sua existência foi empenho pela virtude e pela sabedoria e ele se precipitava em sua corrida com passos tão rápidos e ávidos que frequentemente as alcançava. Ele provou do verão da vida... e alçou voo antes da chegada do inevitável inverno".

Os irmãos Vavílov, o físico Serguei e o biólogo Nikolai, ambos buscavam "virtude e sabedoria" na ciência. Talvez tenham sido suas disposições, assim como os diferentes destinos das disciplinas da Física e da Biologia sob Stálin, que tenham moldado seus respectivos destinos, um "paradoxo", disse Sákharov, "extremo mesmo para aqueles tempos", mas que, de certa maneira, "sumarizavam toda aquela era".

Em Mozjinka, no ano de 1949, Serguei começou a escrever suas memórias particulares. Talvez soubesse que a vida estava no fim; sua prosa ficou desprecavida, negligenciava as pieguices stalinistas sobre a ciência ou o passado, cheio do espírito de Nikolai. Olhava para trás, para si mesmo, como uma criança solitária, um sonhador, um místico, um covarde. "Para mim o mundo era divino", lembra. "Acreditava firmemente em tudo que minha mãe ou a babá Aksínia me diziam sobre o paraíso e o inferno e sobre o Deus de cabelos brancos que vivia por entre as nuvens." Sonhava com os rostos dos ícones, com milagres, bruxaria, alquimia. Seu pai era um homem devoto, politicamente liberal e patriota, com uma vida interior complexa. Leu Dostoiévski e tentou escrever poesia. Serguei leu tudo o que havia nas estantes de seu pai, retornando a Púchkin todos os dias, acreditando em tudo. Religião e fantasia eram uma e única coisa. Certa vez, no começo de março, no dia de seu onomástico, após uma refeição de quaresma e uma sessão de preces por sua saúde, ganhou de presente um exemplar dos Contos de magia de Aleksandr Afanássiev, um forte com um cavaleiro movido a corda e um livro sobre Aladin e a lâmpada maravilhosa. Lembrava-se de intermináveis discussões sobre Darwin e Deus na escola, nas quais os jovens estudantes frequentemente engambelavam os sacerdotes. Nenhuma daquelas discussões, pensava, exercera qualquer impacto sobre o desenvolvimento religioso dos rapazes. Serguei teve poucos amigos além do irmão, que era o seu oposto em matéria de caráter: extrovertido, atrevido, lutador. Nikolai frequentemente observava que Serguei era quem tinha o melhor cérebro, mas foi Nikolai que seguiu o caminho do ateísmo, do materialismo e da Revolução.

Embora nos livros que apareceram com seu nome nos anos 1940 Serguei Vavílov tenha mostrado uma face adamantina contra os paradoxos da física quântica que ameaçavam minar o determinismo da dialética marxista-leninista, sua memória privada foi guiada pelo princípio da incerteza. Imagens da Revolução nas ruas chocam-se com imagens do mundo doméstico interior. Tudo é desconexo. Cada vez mais, diz, "eu não entendia", "era tudo obscuro", "não havia entendimento", "era tudo embaçado". Não havia nem sinal, no arranjo de fragmentos de sua memória, do stalinista que afirmara que todas as leis da História já tinham sido compreendidas. A narrativa termina no limiar de sua visão, e Nikolai, que fora apagado de seus trabalhos públicos, é evidenciado no primeiro plano. Vavílov lembra o choque da destruição da frota russa pelos japoneses em

Tsushima como um despertar da História. "O fantasma do inferno de Tsushima", como Akhmátova o chamou, era um prodígio para sua geração. Vavílov sentia grandes ondas da História rebentando sobre seu país, mas não entendia nada. Lembra de ter marchado em manifestações de rua, com os primos, após o manifesto de outubro de 1905 de Nicolau II, sem compreender a causa. Um homem com roupas de trabalhador estava na Praça do Teatro em frente ao Bolchoi, gritando, agitando uma faca. Cossacos passaram cavalgando pelo Manej, com chicotes nas mãos. Multidões se reuniam do lado de fora da casa do governador na Tverskáia. Em casa, tomando chá, a família discutia política. Seu pai, conselheiro da cidade e um empresário de têxteis que se fez milionário por conta própria, foi convencido pelas promessas de liberdades civis do manifesto; Serguei ficou do lado socialista, seguindo Nikolai. Houve discursos e panfletos: Marx, Engels e Bebel. Ele ouviu e não entendeu nada. Lembra-se com detalhes precisos da mobília dos cômodos, do aspecto interior da casa, suas sombras e sua luz. Da sala de estar escura, com divãs vermelhos e dourados, ouviu Nikolai e os amigos do grupo de discussão e sonhou em liderar um círculo intelectual próprio. Uma lâmpada de querosene vermelha iluminava reproduções coloridas do jornal popular *O Prado*, enquadradas em molduras douradas nas paredes. Na grande casa de madeira de Priésnia, para onde se mudaram quando saíram de seu apartamento da rua Nikólskaia, perto do Krêmlin, havia colunas internas e murais, mobília de mogno, uma edição de Voltaire em 75 volumes encadernada em couro e "várias outras tralhas". No dia do onomástico de Nikolai, em 1905, eles brincavam de charadas em casa enquanto, lá fora, barricadas eram erguidas, fábricas eram incendiadas e trabalhadores travavam batalhas de rua enfrentando guardas e cossacos. As aulas foram suspensas. Jovens estudantes juntaram-se às manifestações. Nikolai imprimia um jornal em um mimeógrafo, cheio de proclamações políticas; seus pais não intervieram. O ano de 1905 aterrorizou um Serguei de catorze anos. Ele se enterrou na Ciência, Filosofia e Arte. Imitava Nikolai, construindo barricadas, resgando retratos do tsar, mas tudo não passava de brincadeira de criança. Ao contrário de Nikolai, não conseguiu fazer a transição do pensamento à ação. Era um homem "sem espinha", dizia; não um homem de aço. Linhas políticas se borravam em sua mente. Era natural, na família, ser "de esquerda", "pelo povo", "democrata". No entanto, ele não sabia traduzir essas vagas sensibilidades para a dureza da política real, ou, acrescentou, para sua crueldade necessária.

Devido aos seus esforços para acompanhar Nikolai no dilúvio da Revolução, Serguei tinha gostos mais próximos aos dos estetas do movimento Mundo da Arte, de Serguei Diáguilev, do que aos dos bolcheviques. Enquanto Nikolai estudava as lesmas e os caracóis que atacavam os campos e as hortas da região de Moscou, Serguei dava uma volta pela Itália em busca da iluminação. Os *versos italianos*, de Aleksandr Blok, um ciclo de poemas sobre cidades italianas inspirados pela escrita de John Ruskin, aparecera em 1909. Pável Murátov publicara havia pouco uma tradução de *Retratos imaginários*, de Walter Pater, e um estudo em dois volumes, *Imagens da Itália*. Akhmátova e seu marido, o poeta Nikolai Gumilióv, passaram sua lua de mel na Itália em 1912. Serguei Vavílov não fazia parte desta elite criativa, mas tinha aspirações a ela. Em 1914 publicou um par de ensaios sobre Verona e Arezzo em um jornal para professores de artes gráficas. No entanto, seu diário de 1913 registra um afastamento deliberado e doloroso do esteticismo. "Diário de minhas últimas digressões estéticas", escreveu na página de título, "ou as tragicômicas memórias de um físico, sujeito ao jugo estético por desejo do destino". Após visitar a Santa Croce em Florença, convenceu-se de que a verdadeira grandeza da Itália nãos seria encontrada em Giotto, Dante ou Michelangelo, mas sim em Galileu. "Ciência, ciência é meu negócio", disse a si mesmo. "Largue tudo e concentre-se apenas na Física." Em sua visita do ano anterior, a beleza de Veneza fornecera-lhe as fundações lógicas do esteticismo puro; agora, mesmo quando se afastava, a "estranha e maravilhosa cidade-paradoxo" acenava novamente para ele: "a graça e a tranquilidade de Veneza estendem-se para mim. Mesmo sob chuva Veneza é um conto de fadas, um lugar encantado. Luxuriante, doce, bela Veneza...". O diário termina no trem: "E, assim, o lar em duas horas. Espero em Deus encontrar uma nova via – Finis".

A tragicomédia das digressões entre Arte e Ciência de Serguei Vavílov não cessaram. Nos anos 1920 desempenhou sua parte no grande projeto cultural, liderado por Emilian Iaroslávski, que se autointitulava "Iaroslávski, o sem Deus", de substituir a religião pela ciência em um povo que ainda venerava ícones e relíquias. Agora, o povo podia ler livros de Física em edições baratas publicadas pela "Nova Moscou" e pela "Solo Virgem Vermelho". Na Biblioteca Lênin, na tentativa de entender a vida do homem que fizera a colônia de datchas surgir na floresta, eu li os clássicos populares de Serguei Vavílov – *A ação da luz solar*, *A luz solar e a vida na Terra* e *O olho e o sol*. Impressos em papel rústico, os livros estavam se desintegrando, as páginas ocres corroídas nas bordas; mas suas palavras ainda eram lúcidas e belas ao serem lidas. Inundados de cultura, os escritos de Vavílov acenaram-me de volta para a luz mágica de Mozjinka. *O olho e o sol* tinha Amenófis IV, fundador do culto ao sol, na capa. A epígrafe era de Goethe: "se o olho não fosse adaptado ao sol, como poderíamos ver a luz?". O mundo, dizia Vavílov, é acima de tudo um objeto de contemplação, uma pintura. Iluminava suas explicações com trechos de poesias de Púchkin, Tiútchev, Fiet e Iessénin, do *Timeu* de Platão e de hinos dos antigos egípcios. O que significa o Sol para a Terra?, pergunta Vavílov, ilustrando Copérnico com versos de Liérmontov. Descreve os experimentos de Newton em seus aposentos no Trinity College, em Cambridge, sua roda das cores. Como a Terra caiu em tão perfeita posição em relação ao sol? Por que as plantas são verdes? Como é que a curva da visão diurna coincide quase que exatamente com a curva média da luz solar dispersa pelas plantas? Como se pareceria o mundo se as plantas fossem pretas? Por que os peixes das profundezas têm olhos? Por que o sol e a lua parecem maiores quando se aproximam do horizonte? Nós acreditamos naquilo que podemos ver, explica Vavílov, mas nossa visão tolera apenas a fraca luz distribuída pela matéria que nos rodeia.

A dualidade onda-partícula da luz não é um enigma, insistiu publicamente Serguei Vavílov no fim dos anos 1940, porque, como disse Stálin, "o materialismo filosófico marxista sustenta que o mundo e todas as suas leis são totalmente compreensíveis... não há nada no mundo que não seja compreensível". A "nova Física", temiam os ideólogos soviéticos, procura desmaterializar a matéria e ressuscitar o "idealismo" com base nos novos entendimentos sobre a radioatividade. Em *Lênin e os problemas filosóficos da física moderna*, Serguei Vavílov enalteceu Lênin por trazer luz às "vielas obscuras e sinuosas da nova Física nas quais o idealismo tenta se esconder". Há mais coisas, no entanto, que nunca serão conhecidas sobre a maneira como ele trabalhou nas sombras, no interior das instituições corrompidas da ciência soviética, aproveitando-se do interesse do Estado por armas nucleares para neutralizar as polêmicas sobre Física quântica que ameaçavam levar a outros expurgos.

O principal objeto da pesquisa na vida de Serguei Vavílov era a luminescência, a ciência das leis da transformação, pela matéria, de diferentes tipos de energia em luz. Isto também o levou de volta à Itália, à alquimia e aos contos de fada. O estudo da luminescência começou em 1602 quando um alquimista diletante, Vincenzo Casciarolo, encontrou um bloco de sulfito de bário no Monte Padermo, ao lado de Bolonha. O material brilhava no escuro e ele teve esperança de que fosse a Pedra Filosofal. Fortunius Licetus, professor de filosofia em Bolonha, chamava-a de Pedra Lucífera, que "absorve a luz dourada do sol, como um novo Prometeu roubando um tesouro celestial". Argumentava que o brilho da lua era devido ao mesmo tipo de fosforescência da Pedra Lucífera, mas Galileu acertadamente sustentava que a lua brilhava devido à luz solar refletida para a Terra. Vavílov, que havia sonhado com a alquimia na infância, ilustrava a luminescência com uma cena do conto mágico russo *Koniok Gorbunok*, "O cavalinho corcunda". Ivan, o Tolo, o irmão que nunca sabia o que estava acontecendo, obteve sucesso ao cumprir a tarefa impossível que o tsar lhe atribuiu, recuperar um anel perdido no fundo do mar. Em sua jornada, no fim da qual encontrou a fortuna, Ivan vê uma "luz miraculosa" na floresta, que não produzia fumaça nem calor. Pensou que a luz pudesse ser um espírito maligno, mas era uma pena do pássaro de fogo.

Por que teria Serguei Vavílov, o físico esteta para quem o mundo era cheio de beleza misteriosa, terminado a vida exaltando Stálin e escrevendo suas memórias na tranquilidade de Mozjinka? Por que teria o irmão mais velho, o materialista convicto que depositou toda a sua brilhante energia na nova sociedade revolucionária, morrido na prisão?

"Nossa vida move-se sobre rodas", dizia com frequência Nikolai Vavílov nos anos após a Revolução. Se o novo estado bolchevique se movia velozmente em direção a um futuro brilhante, Nikolai estava na vanguarda. Seu sobrinho Churá Ipátiev lembra-se dele como uma personalidade gigantesca, cheia de encanto e de energia radiante, alienado em relação a tudo exceto à ciência; tão diferente de Serguei, que Ipátiev recorda como um homem cauteloso, prudente. Nikolai era um dos poucos na nova sociedade a ter um carro próprio, que ele amava. Anunciou em 1920 sua "Lei das séries homólogas", um ordenamento dos vegetais análogo à tabela periódica dos elementos químicos de Dmítri Mendeléiev, uma revolução na ciência botânica que aprimorava a classificação das espécies vegetais do botânico sueco Carolus Linnaeus. Viajava entre Moscou e Leningrado nos anos 1920, estabelecendo institutos botânicos, dando palestras sobre Darwin, frutos híbridos e a especificidade geográfica dos genes do trigo. Tinha um protegido, o jovem cientista camponês Lisénko, sempre coberto de lama e com um boné torto na cabeça. Vavílov viajou para o Afeganistão em busca de grãos que poderiam ser cultivados na União Soviética.

Ipátiev lembra-se dele com um paletó de verão de cor creme, uma bolsa de campo pendurada no ombro, cumprimentando com seu "chapéu alô--adeus", quando ele se preparava para as viagens. Na Abissínia, foi recebido pelo regente de pés descalços Tafari-ras, que o reteve a noite toda falando sobre a vida no estado operário. Saudava as pessoas em línguas orientais: "Salaam aleikum", "Salamat bashid".* Amava as crianças e dava-lhes presentes exóticos: anéis com turquesas afegãs, um guarda-chuva de seda. Levou seu sobrinho para remar na lagoa do zoológico de Moscou e observar transplantes sexuais em galinhas. Por vezes permitia-lhe passear com ele até os portões do Krêmlin no Rolls-Royce de Lênin.

Para Nikolai Vavílov, assim como para muitos como ele, a prática da ciência era um tipo de compromisso mais amplo com a justiça social. Na nova sociedade, ele pretendia usar sua extraordinária mente teórica e sua capacidade sobrenatural para trabalhos científicos práticos difíceis para aprimorar a agricultura, melhorar a qualidade dos grãos, obter colheitas melhores, alimentar o povo soviético. Obteve ensinamentos do grande biólogo Kliment Timiriázev e conferenciou com os geneticistas britânicos de ponta em Londres e Cambridge. Acreditava em pesquisa global; queria compreender o mundo das plantas de todo o planeta, o cultivo e a migração das variedades de grãos – centeio, trigo, arroz e linhaça – com o movimento das civilizações pelo mundo, aprender com os arqueólogos sobre as sementes que os habitantes das estepes do Mar Negro tinham cultivado havia cinco mil anos.

A Biologia dos anos 1920 e a ciência do cultivo de plantas em particular, no estilo em que Nikolai Vavílov praticava, era uma ciência glamorosa, cheia de poesia e charme. "Uma planta... é a mensageira de uma tormenta viva em permanente fúria no universo... uma planta no mundo é um evento, um acontecimento, uma seta, e não um desenvolvimento enfadonho e penugento", escreveu Mandelstam em sua *Viagem à Armênia*. Era devotado aos cientistas, como seu amigo Kuzim. Declarou:

Não sei como é para outras pessoas, mas para mim o charme de uma mulher aumenta se... ela tiver passado cinco dias em uma viagem científica dormindo em um banco duro do trem de Tachkent, encontrar seu caminho no latim linneano, souber de que lado está na disputa

---

* "Que o senhor esteja contigo" e "Tenha saúde", respectivamente em árabe e indonésio.

entre os lamarckianos e os epigeneticistas e não for indiferente à soja, algodão ou chicória.

No entanto, nos anos 1930, essas mesmas disputas, nas quais Lisénko e Vavílov estavam em lados opostos, tornaram-se letais. Os lamarckianos, também conhecidos como "biólogos progressistas", sustentavam que era possível mudar características hereditárias alterando-se as condições externas nas quais viviam plantas ou animais. Com sua falsa teoria da "vernalização", que ele expunha sem terminologia científica nem referências a trabalhos de outros biólogos, Lisénko prometia que cultivos de milho poderiam crescer no extremo Norte e carvalhos nas estepes do Sul. Quando aplicadas nas fazendas coletivas, as ideias de Lisénko levaram diretamente à crise soviética na produção de alimentos.

Um dos informantes da NKVD que primeiramente começou a caluniar Vavílov (entre outros) foi o cultivador e professor da Academia Timiriázev de Agricultura, Ivan Iakúchkin, descendente do famoso dezembrista exilado. Como um dotado professor do Instituto Agrícola da cidade meridional de Voronej, durante a guerra civil, Iakúchkin tentou fugir para a Turquia junto com as forças brancas em retirada. Foi preso em 1930 e solto no ano seguinte. "Imediatamente após a minha soltura, fui recrutado pela OGPU como agente secreto", escreveu em uma nota recentemente encontrada no arquivo policial secreto de Vavílov. "Continuei neste trabalho até ser dispensado em novembro de 1952 ou 1953". Em 1931, Iakúchkin ainda reportava que o instituto de Vavílov era um centro de "atividades destrutivas" organizadas. Em um dia de 1935, Vavílov esbarrou em Stálin em um corredor e o tirano, por um momento, pareceu amedrontado. Vavílov sabia que a colisão era um presságio. No mesmo ano, Stálin gritou "bravo, camarada Lisénko, bravo!" em um congresso de "trabalhadores de choque" de fazendas coletivas. Em 1937, quando seu arquivo na polícia secreta já estava bem recheado, Nikolai Vavílov foi forçado a renunciar à presidência da instituição acadêmica que fundara. Mólotov, então chefe do Conselho dos Comissários do Povo, obedientemente imitou Stálin apoiando a "agrobiologia popular" de Lisénko, desprezando abertamente Vavílov. Mólotov recusou-se a permitir que um congresso internacional de geneticistas – no qual dois mil cientistas de ponta se inscreveram – fosse realizado em Moscou. Dois anos depois, Mólotov, que fora encarregado da agricultura pelo Comitê Central, recusou permissão a Vavílov para liderar a delegação soviética em uma conferência científica em Nova York. As descobertas de Vavílov sobre hibridização e genética das plantas poderiam ter incrementado as colheitas soviéticas. Em vez disso, a União Soviética terminou importando estoques de sementes dos Estados Unidos. O grande botânico foi zombado e silenciado. As instituições que fundara foram assumidas por seguidores de Lisénko ou dissolvidas.

Após sua detenção em 1940, Nikolai Vavílov foi interrogado em uma prisão da NKVD em Moscou e mantido de pé por doze horas seguidas até suas pernas incharem. Entre agosto de 1940 e julho de 1941 foi interrogado quatrocentas vezes. Quando as tropas de Hitler estavam próximas de Moscou, Vavílov foi enviado para uma prisão em Saratov. Mólotov lembrava-se de como David Riazánov, que tinha sido exilado em Saratov, tinha uma vez ironizado que o socialismo não poderia ser criado em um apartamento, muito menos em uma cidade. No fim de tudo, Nikolai Vavílov criou algo de bom na trajetória da sociedade, na "cela da morte" sem janelas em que morou, morrendo de fome, por um ano, sem se banhar ou se exercitar. A cela estreita e superlotada ficava em um porão, com uma lâmpada elétrica acesa dia e noite, e no verão era muito quente. "Vavílov trouxe uma dose de disciplina para as coisas", lembrou outro interno. "Tentava animar os companheiros... organizou uma série de palestras sobre história, biologia e a indústria madeireira. Cada um dava uma palestra em seu turno. Tinham que falar em voz muito baixa..." Antes de morrer, em 1943, Nikolai Vavílov tinha dado mais de uma centena de palestras aos companheiros de cela.

Décadas antes, com 33 anos, Nikolai Vavílov escrevera à mulher que amava: "levo o amor com demasiada seriedade. Realmente tenho uma profunda fé na ciência, na qual encontrei tanto propósito quanto vida. Estou pronto a dar minha vida pela menor coisa da ciência". Ele prossegue:

> Ontem foi meu aniversário... por alguma razão continuo lembrando os primeiros versos de Dante: "Nel mezzo del cammin di nostra vita" – "No meio do caminho de nossa vida... eu desviei para uma floresta escura... Agora tenho que sair desta floresta... É uma floresta difícil, mas existe alguma floresta que não tenha uma saída?"

Eu aprendia sobre a vida dos irmãos Vavílov enquanto relia Akhmátova e, como às vezes acontece, os livros começaram a ler-se uns aos outros.

O "Poema sem herói" de Akhmátova começa no ano de 1913, o ano da peregrinação de Serguei Vavílov à Itália, e termina na estrada "para o Leste". A poetisa, uma sobrevivente enlutada e silenciada, vê um "percurso de funeral" no "silêncio solene e cristalino da terra siberiana". A estrada "abre-se" para ela, uma estrada "pela qual tantos se foram". O trecho de T. S. Eliot, "Em meu início está meu fim", é uma das várias epígrafes do *Poema*. Consequentemente, ela via os "anos de Iejov e Biéria" prenunciados na decadência de 1913, que volta para ela na escuridão da era stalinista como uma arlequinada em um palácio encantado, uma "hoffmaniana da meia-noite". O ano de 1913, o ano em que Serguei Vavílov escolhera uma "nova estrada", Akhmátova chamava de "a apoteose de 1910 em toda sua magnificência e em toda sua imperfeição", "o ano final" antes do início do "verdadeiro século XX". No mundo secreto dos contos mágicos, a poetisa encontrou sua própria maneira criptográfica de escrever sobre "o destino de uma geração... sobre tudo que nos sucedeu"; uma maneira de não "desaparecer em um hino de Estado". "Poema sem herói" está repleto de escrita autorreflexiva, gavetas escondidas, frascos de veneno, demônios e maldições. No fim de sua vida, Akhmátova por vezes via o poema como "inteiramente transparente, emanando uma luz incompreensível (... quando tudo vindo do interior reluz)".

***

O mosteiro Sávvino-Storojiévski fica em um promontório sobre o rio, logo além de Zvenígorod. Visitei-o com minha família no fim de fevereiro, durante a Máslenitsa, a grande celebração que precede a quaresma, estacionando na beira da estrada para subir os degraus escorregadios de gelo que levavam à Catedral da Dormição, um edifício quadrangular e caiado com uma única cúpula, que ficava apartado do mosteiro murado. As laterais da estrada estavam cheias. Pessoas subindo e descendo da catedral, olhando para os pés; outros estacionavam os carros no fundo da colina para encher jarras de plástico com a água da nascente que saía de um cano que se projetava de um banco de neve na beira da estrada.

"A estrada está sempre subindo", escreveu Claire Clairmont, que veio a Sávvino-Storojiévski para ouvir o *Te Deum*; o mosteiro fica "a meio caminho da colina, saindo da estrada, escondido entre as árvores... rodeado por quatro muros brancos com uma torre em cada vértice." O mosteiro ainda é o mesmo, embora um sanatório para militares da era soviética também esteja escondido entre as árvores, anunciando suas instalações em grandes fotos coloridas de soldados reluzentes em uma sauna, dispostas no muro oposto aos portões do mosteiro. Talvez eles não estejam tão deslocados como parecem; Savva Storojiévski, o discípulo de São Sérgio de Rádonej que fundou o mosteiro do final do século XIV, tomou seu nome da palavra *storoj*, que significa "guarda" ou "vigia". Zvenígorod foi devastada em 1382 pelo khan mongol Tokhtamich, e o mosteiro, com sua vista para todo o campo em redor, era um posto de vigia da igreja.

Savva continuou a vigiar sua igreja diante dos exércitos invasores. Em 1812 o general Jean Beaugarnier, enteado de Napoleão, fazia um repouso noturno no mosteiro com seus homens quando a porta se abriu e um homem que trajava uma longa vestimenta preta entrou e disse: "Não deixe suas tropas saquearem o mosteiro ou tomarem algo da igreja. Se você atender ao meu pedido, Deus será misericordioso e vocês retornarão à sua terra natal incólumes". O general entrou na igreja na manhã seguinte e reconheceu o rosto do seu visitante noturno no ícone do venerável Savva. Ele resguardou as relíquias do santo em seu relicário de prata. Em muitas campanhas, Beaugarnier nunca foi ferido, e seus descendentes voltavam regularmente a Zvenígorod para venerar Savva.

A sobrevivência das relíquias de Savva no período soviético é uma história de violência e de acordos secretos. Os restos do santo foram exumados no final do século XVII na presença de Aleksei Mikháilovitch, o segundo tsar Románov, que construiu uma residência no mosteiro, rodeou-o de altos muros de alvenaria caiada e contribuiu grandemente para seu poder e prosperidade. O filho de Aleksei, que viveu no mosteiro, Fiódor III, encomendou um relicário de prata para as relíquias, que naquele tempo os crentes acreditavam ser imperecíveis. Em abril de 1918 os bolcheviques confiscaram ao mosteiro campos, cocheiras, estábulos, oficinas, laticínios, moinhos e colmeias, sua casa de hóspedes e seu grande albergue na Tverskáia em Moscou. O sacerdote, padre Vassíli, caiu de joelhos na Catedral da Natividade e implorou à congregação para proteger seus objetos sagrados. No mês seguinte, um grupo de bolcheviques locais liderados por um comissário de nome Makárov subiu a colina para requisitar pão e fez um inventário das posses do mosteiro. O padre Vassíli fez soar os sinos e camponeses vieram correndo das vilas próximas. Uma batalha irrompeu fora dos muros. Makárov e outros bolcheviques foram mortos e muitos outros foram feridos. Um tribunal revolucionário em Moscou condenou o padre Vassíli por organizar uma rebelião contra o poder soviético e sentenciou-o à prisão perpétua com trabalhos forçados. As propriedades remanescentes do mosteiro foram confiscadas e a maioria dos monges foi dispersa. Em fevereiro de 1919, o Comissariado do Povo para a Justiça emitiu uma resolução para abrir as relíquias, e o soviete de Zvenígorod decidiu expor os restos de Savva. Quando os poucos monges remanescentes celebravam a liturgia, mais de uma centena de homens entraram no mosteiro. Abriram o relicário e cortaram as bandagens de Savva, revelando um crânio e trinta e dois ossos. Savva tinha-se deteriorado. Os bolcheviques escarneceram e rearranjaram os ossos de forma a parecerem ridículos. "Era o Jardim de Getsêmani", diria mais tarde um dos monges. O povo local foi convocado para ver. Alguns zombaram, outros choraram e veneraram os ossos expostos. Dois meses depois, um grupo de homens armados do soviete local tirou-o do relicário, embrulhou-o em jornais e toalhas e levou-o embora. Um professor moscovita de lei eclesiástica, Nikolai Kuznetsov, registrou um apelo contra a remoção das relíquias no Conselho dos Comissários do Povo. Uma investigação foi realizada, supervisionada por Lênin. Os procedimentos, conduzidos no mosteiro, foram coordenados por um especialista em "ataques contra a religião" que concluiu que o tratamento dispensado às relíquias de Savva tinha sido "em conformidade com a disciplina revolucionária". Logo depois, o professor Kuznetsov foi preso em seu apartamento na rua Neglínnaia e sentenciado à morte por um tribunal revolucionário, sentença esta que foi posteriormente comutada para prisão em um campo de concentração até a vitória conclusiva do poder operário-camponês sobre o imperialismo mundial. (Kuznetsov foi novamente preso em 1924 e cumpriu sentença de exílio no Quirguistão. Foi preso uma terceira vez em 1931. Não há informações sobre a data e local de sua morte.) Os últimos monges foram retirados das celas e o mosteiro foi fechado.

Mesmo em estado deteriorado, Savva conservava seu poder espiritual. Em um ano da década de 1920, Mikhail Uspénski, curador do Museu Histórico do Estado e do Museu da Revolução, foi chamado à Lubianka. Um oficial da polícia secreta apontou para uma bandeja de prata sobre a mesa e disse: "Pegue isto coloque em um museu. Faça o que for necessário com o que ela contém... os ossos de Savva Storojiévski". O curador entendeu o que homem da Tcheká pretendia. Uspénski, que era de uma família da intelectualidade moscovita bem estabelecida, casara-se com uma jovem de Zvenígorod e construíra uma datcha em uma colina próxima ao mosteiro. O filho deles, nascido em 1920, tinha recebido o nome Savva em homenagem ao santo; foi criado para ser um cientista polar, e escreveu livros com os títulos *A terra natal do urso-polar* e *Os pássaros de Nóvaia Ziémlia*. Os Uspénski guardaram as relíquias em seu apartamento por um tempo, depois enterraram-nas em uma caixa lacrada no jardim da datcha. Depois que a datcha foi destruída por um incêndio, Uspénski mudou-se para Moscou dizendo que não poderia morrer sem acertar suas contas com Savva. Em 1983, os Uspénski levaram as relíquias para o mosteiro Danílov recentemente aberto em Moscou. Em 1998, as relíquias retornaram a Sávvino-Storojiévski.

No dia de nossa visita o mosteiro estava cheio. Nos passeios cobertos de neve, entre os edifícios do mosteiro, mulheres de salto alto, jeans apertados e casacos curtos passavam por monges de cabelos compridos em hábitos pretos. Em uma *lavka*,* uma freira vendia pão fresco, vinho tinto em garrafas de plástico, hidromel, *priániki* macios e bolos de mel recheados com geleia de ameixa. Do lado de fora da Catedral da Natividade um cartaz anunciava a escola do mosteiro. Uma mãe, vestindo uma saia preta longa e um lenço de cabeça no estilo ortodoxo, levava seus cinco filhos pequenos para a catedral à nossa frente. Alguns dos afrescos tinham sido repintados em tons brilhantes. Nos velhos e manchados afrescos em dourado-escuro e preto-acinzentado havia imagens de bispos: Arséni de Tvier, Dmítri de Rostov, São Panteleimon e o venerável Savva orando em frente a um ícone em uma rocha no deserto. As cores nas partes não restauradas da igreja eram mais belas: azul-claro, rosa, verde-escuro, pintadas entre rachaduras e fissuras. A tinta dourada, pintada sobre o gesso bruto, captava a luz de vários círios que faziam sua superfície parecer movimentar-se. Luminárias de prata retorcida giravam penduradas na cobertura com suas cinco cúpulas. Rostos de santos, suspensos em ouro no teto, olhavam para baixo, por entre gavinhas azuis de videiras; tantas faces, sem corpos, mas com as mãos abertas recebendo graça ou unidas em oração. O interior de uma igreja ortodoxa é concebido para dar a sensação do paraíso, e o paraíso estava abarrotado. Visitantes se cruzavam em frente a um ícone de Nicolau II e sua família. Um jovem beijava uma caixa com relicários diminutos de metal, um deles contendo um fragmento de pedra do Gólgota.

O mais precioso ícone de Sávvino-Storojiévski está hoje pendurado na Galeria Tretiakov em Moscou. Diz a história que os três painéis que

---

* Banca.

representam Cristo, o apóstolo Paulo e o Arcanjo Miguel, de autoria de um dos maiores iconógrafos da Rússia, o monge Andrei Rublióv, do início do século XV, foram encontrados algum dia entre 1918 e 1919 sob uma pilha de lenha em um galpão abandonado e levados às oficinas do Krêmlin para serem restaurados, sob supervisão de Ígor Grabar, curador do Tretiakov antes e depois da Revolução. Os detalhes da história são obscuros. Os meses de medo e angústia, quando cristãos locais devotos lutaram contra bolcheviques locais, foram um tempo de oportunidades ricas para um esteta sagaz como Grabar. Ele fora próximo do movimento Mundo da Arte nos anos 1900, mas preferiu ficar na Rússia depois de 1917 e empregou sua energia para o poder dos trabalhadores. Antigos associados do Mundo da Arte consideravam-no um renegado, "infectado por uma psicose generalizada", devido à sua participação na expropriação de Botticellis de princesas.

No verão de 1918, o Comissariado para a Educação do Povo constituiu uma comissão pela preservação da arte russa. Além de Grabar, a comissão incluía o crítico de arte Pável Murátov. O caos do "comunismo de guerra" contribuiu para favorecer os historiadores da arte, que há muito tempo reverenciavam os ícones de Rublióv, unicamente por razões estéticas. Uma das primeiras atitudes da comissão foi enviar um grupo de restauradores a Sávvino-Storojiévski, onde os afrescos estavam se desintegrando e cobertos de cera de velas e de espessas secreções brancas de cal. Um historiador local de Zvenígorod acreditava que a história da descoberta dos painéis de Rublióv em uma pilha de lenha poderia ser uma proteção para um dos mais instruídos jovens sacerdotes da catedral. Padre Dmítri Krilov conhecera em seus tempos de estudante um dos restauradores da Narkompros (o Comissariado para a Educação do Povo), o historiador da arte e bizantinista N. D. Protássov. Temendo pelos ícones, ele provavelmente os teria levado para os restauradores sem a permissão de seus superiores do mosteiro ou dos bolcheviques. Protasov e Grabar forjaram então a história da pilha de lenha para os relatórios oficiais.

Perto dos ícones de Rublióv "tudo perde seu brilho"; eles "não devem nada nem mesmo a Ticiano", escreveu Grabar. Considerava os painéis de Zvenígorod entre os mais finos trabalhos do século XV. Em seu estudo de 1926 sobre Rublióv, Grabar descreve a restauração como um trabalho de arqueólogo, penetrando através das camadas de pintura em busca de segredos de cor e iluminação, contemplando o santuário dos santuários do processo criativo, onde "descerramos os mistérios de seu ofício e compreendemos o significado precioso de sua arte". Os fragmentos de pintura dos painéis agora assemelham-se a um mosaico; o material foi raspado, onde se podem ver, revelados de perto pela forte luz da galeria Tretiakov, o tecido de linho sobre a madeira no qual camadas de cores do mais suave azul, púrpura e rosa foram aplicadas e o milagre artístico daqueles ícones, círculos de tinta preta que Rublióv transformou em um olhar humano, perspectivas dinâmicas que penetravam sala adentro. Como seria possível que a plenitude de um olhar humano, um olhar divino, uma inteligência, pudessem ainda estar presentes em um pequeno círculo de tinta preta naquela peça de madeira trincada e desgastada? Seria essa uma questão para a ciência? Rublióv requer uma "visita interior", disse Aleksandr Mien, "a matemática não pode comprovar sua beleza". Os traços dos rostos delicados foram finamente desenhados em incisões. Não há sombras naquelas faces, apenas um brilho dourado penetrante e, na vigorosa cabeça do apóstolo Paulo, nódoas ocasionais de branco sob os olhos, no lóbulo da orelha, na testa, na nuca, na barba crespa. A face do arcanjo é a mais dourada das três, uma vez que Miguel é feito de luz, o "capitão-mor do anfitrião", a quem Lúcifer não suportava olhar. Na tradição ortodoxa, anjos são "luzes secundárias" que disseminam a chama da divindade defendendo as criações terrestres das forças da destruição.

Como presidente da Academia de Ciências, Serguei Vavílov estava ativamente preocupado com a conservação dos monumentos culturais; Kunstkámera, de Pedro, o Grande, em São Petersburgo, assim como muitos dos "lugares de Púchkin" foram restaurados por sua iniciativa. No entanto, havia lugares (assim como pessoas) que Vavílov era impotente para preservar. No fim dos anos 1940, um amigo de Mozjinka visitou o mosteiro de Sávvino-Storojiévski. Naquela época, alguns de seus edifícios eram depósitos, outros tinham caído em ruínas. "Se você falar com o acadêmico Vavílov, talvez ele possa ajudar", disse um guarda em serviço. "Você acha que eu não sei o que se passa por lá?", respondeu Vavílov, em uma rara mostra de indignação.

No verão de 1919 o mosteiro foi utilizado como residência para crianças com deficiência mental. As crianças ali viviam como animais, remexendo no lixo em busca de comida. Posteriormente foi usado como campo de trabalho, depois sanatório. A única parte do mosteiro preservada intacta depois de 1918 foi o museu, que por muitos anos foi conservado por Aleksandr Maksímov, seu primeiro curador. Historiador local e pároco, Maksímov foi chamado a Moscou para os procedimentos sobre a "revolta" e sentenciado a trabalhos forçados por ultrajar o poder soviético. De alguma maneira evitou sua sentença e encontrou trabalho no Comissariado pela Educação do Povo.

No museu vimos fragmentos de cerâmica e de sílex de antigos humanos, encontrados em torno de Zvenígorod. "Que tipo de pessoas eles eram?" perguntou Serguei Vavílov nas primeiras frases de suas memórias, pensando em seus ancestrais, "aqui, perto de Moscou". "Ninguém sabe nada a seu respeito e, na verdade, eles não sabiam nada de si mesmos", acrescentou. "Que a paz esteja com seu pó e suas almas." Em outra vitrine, pedaços de porcelana partida, artefatos de vidro, maçanetas e telhas de cerâmica foram dispostos no feltro. Exposto na última sala estava um panfleto de Grabar, publicado em 1919, sobre "Por que é necessário guardar e manter relíquias da arte e da Antiguidade". Quando estávamos saindo, uma velha senhora que guardava a sala insistiu para que assistíssemos a um filme. Apagou as luzes. Em um preto e branco granulado vimos a cruz arrancada da Catedral da Natividade, uma fogueira, ícones em chamas. As crianças sorriam artificialmente para a câmera, velhas mulheres camponesas olhavam para a irrequieta lente com terror, riam medonhamente, chorando em seus xales. Era propaganda, mas todos os seus significados agora retornavam. Uma filmagem escura no interior da catedral mostrava a abertura do relicário de Savva, o cortar apressado de suas bandagens por uma mão com uma faca, ossos na poeira. Então uma carroça com órfãos sujos chegou aos portões do mosteiro, acenando. No fim do filme vieram as cenas do sanatório dos anos 1930. Jovens, com heroicos corpos comunistas, treinavam nas margens do rio em perfeita sincronia. Então uma horda de mulheres jovens correu para a praia de areia, despidas e pulando na água, rindo, espadanando. Vestindo roupões e calções brancos idênticos, jovens, homens e mulheres, correram juntos colina acima na direção do mosteiro; transfigurado, indestrutível, captado como luz entre o sol e as lentes da câmera.

Dirigi meu olhar para as milhas de terrenos brancos do lado de fora das muralhas do mosteiro. Os dias estavam se alongando, o sol estava tépido. Claire Clairmont admirava a maneira pela qual esta colina e seus arvoredos se inclinavam em uma suave descida para o rio, observava os "pequenos riachos de luz que os raios de sol criam por entre cada fileira de árvores". Em *O olho e o sol*, Serguei Vavílov relatou uma história contada por Górki que ilustra como os seres humanos inconscientemente materializam a luz: "Vi Tchékhov, sentado no jardim, tentando agarrar um raio de luz solar e pô-lo em sua cabeça".

6.
Nóvgorod

"Preservem minha fala para sempre pelo seu sabor
de infortúnio e fumaça, pela resina da paciência
mútua, pelo honesto breu da labuta. A água dos
poços de Nóvgorod deve ser negra e doce para que
nela, no Natal, a estrela de sete pontas se reflita."

Óssip Mandelstam, 1931 (dedicado a Anna
Akhmátova)

A noite de 3 de janeiro de 2001 deve ter sido muito agradável no vilarejo
de Khotiaj. Suficientemente agradável, no mínimo, para que Nádia e Kólia
acendessem uma pequena fogueira com galhos de bétula e sarrafos de telhado quebrados para iluminar seu encontro, no meio do inverno, nas ruínas do mosteiro de Klópski, próximo à antiga cidade de Nóvgorod. No topo
do monte de escombros que outrora formaram as cúpulas da Igreja de São
Nicolau, os amantes deixaram para trás uma lata de arenques vazia, pontas de cigarros espalhadas e um registro escrito de sua presença riscado no
gesso macio e fresco da parede da abside.

O terreno alto e arborizado acima do rio Veriájka em que fica o mosteiro
parece-se com uma ilha, especialmente no inverno, quando o ar gelado vi-
bra no zunido do espaço aberto. A área circundante não apresenta o padrão de pequenos rios sinuosos e terras agrícolas coletivas a menos de quinhentos quilômetros a Noroeste de Moscou, mas sim espaços ilimitados
de gelo. Somente o casco de um barco a remo, parcialmente afundado na
neve, assinalava a borda do rio quando cruzamos de Khotiaj a Klópski, a pé,
deixando nosso motorista em sua Mercedes maltratada. Ele queria condu-
zir-nos através do rio congelado, mas nós o abandonamos, frustrado, sentado ao volante com o motor em funcionamento, incongruentemente urbano entre as isbás verdes e amarelas, as coberturas de madeira dos poços,
as palmeiras putrefatas e os errantes cães alsacianos do vilarejo. "Como
pode alguém viver em um vilarejo como este?", exclamou o escritor Danil

Gránin quando passava pela região de Nóvgorod em um barco a motor, em um verão após o fim do período soviético; "que melancolia!" A palavra em russo empregada por Gránin para a atmosfera de vilarejos como Khotiaj foi *toská*, que além de melancolia contém nuances de saudade, de nostalgia, até mesmo de angústia. O historiador cultural Dmítri Likhatchov estava aquele dia no barco com Gránin. Não sobrou nenhuma floresta, observou. Os vilarejos tinham sido destruídos e tudo o que restava das igrejas eram ruínas dispersas. Em 1937, disse Likhatchov, a paisagem não tinha nada de *toská*.

Mikhail de Klópski, o santo do início do século XV a quem o mosteiro na colina foi dedicado, era um *iuródivii*, um dos "santos loucos por Cristo" da Rússia. Ao contrário dos outros loucos, espíritos anárquicos que desmascararam a falsidade do mundo ao quebrar regras e zombar dos poderosos, Mikhail conservou, à sua estranha maneira, a ordem na vida do mosteiro, e muitas de suas profecias tinham uma conotação política precisamente direcionada, ao anunciar e endossar a ascensão de Moscou. Likhatchov descreve-o como "um conhecido defensor de Moscou". Mikhail por vezes desaparecia, e raramente falava; quando o fazia, frequentemente repetia a fala dos outros, "Quem é você, um homem ou um demônio? Qual é o seu nome?", perguntou por três vezes o superior do mosteiro, Theodosius, quando ele apareceu nos portões vindo de algum lugar, e a cada vez Mikhail apenas ecoou a pergunta do abade.

Entre as várias vidas de santos descritas no final do século XV e no século XVI, as origens da vida de Mikhail estão envoltas em mistério. V. L. Iánin, o grande historiador da antiga Nóvgorod, lançou recentemente a hipótese de que ele teria nascido em uma das mais poderosas famílias principescas de Moscou. O príncipe Dmítri Chemiaka, que rivalizou com seu primo, o grande príncipe Vassíli II de Moscou, na busca pelo poder supremo, visitou o mosteiro em certa ocasião e Mikhail previu sua morte iminente, ao afagar a cabeça de Chemiaka e dizer três vezes "Príncipe, a terra clama!". Previu o fim da cidade independente de Nóvgorod e saudou o nascimento de Ivan III – o grande príncipe moscovita que finalmente subjugaria a então florescente república – com um badalar de sinos frenético e sinistro. No início dos anos 1990, arqueólogos que trabalhavam no mosteiro descobriram parte de seu túmulo de pedra em uma capela lateral da Igreja da Trindade e optaram por deixá-lo em paz nas ruínas. Nos dias de visita, sua sepultura era coberta por pilhas de ramos de pinheiro recém-cortados. Ainda hoje visíveis, seis metros acima, pintados no lugar onde a Igreja terrena deve ser representada de acordo com a tradição iconográfica ortodoxa, estão os contornos escuros e as cores suaves de uma cidade murada, com edifícios e cúpulas em forma de cebola: Nóvgorod.

Nas praias da margem norte do lago Ílmen, Nóvgorod servia de ligação entre a grande planície setentrional da Rússia e a Europa, Bizâncio e o Leste muçulmano por meio de uma rede de lagos profundos e largos rios. No centro desta cidade feudal comercial ficava a magnífica, branca e dourada catedral de Santa Sofia e, ao redor, vagamente ligada a ela, uma rede de igrejas e mosteiros mais simples, visíveis por todo o horizonte. Uma tradição única de arte religiosa desenvolveu-se aqui entre os séculos X e XV. E enquanto os cavaleiros mongóis incendiavam tudo, no século XIII, em seu trajeto através da Rússia, a natureza conspirava para a preservação de Nóvgorod; as florestas e pântanos no entorno provaram-se intransponíveis para os exércitos do khan, a paz foi negociada e as grandes bibliotecas e igrejas da cidade sobreviveram. Diferentemente das outras igrejas abandonadas da área, que agora estão sendo restauradas para uma luminosa perfeição e interesses eclesiásticos, a igreja da Trindade de Klópski ainda expressa o mistério de sua destituição, uma destituição cujas circunstâncias são mais estranhas do que qualquer uma das lutas pelo poder regional que seu patrono tenha previsto.

Há menos história e mais inverdades sobre o processo de decadência do entorno de Nóvgorod do que sobre sua construção e restauração. Sentei-me com minha companheira de viagem nos escombros das paredes da igreja, abrigadas do vento pelos galhos de um sicômoro alto, e li meu guia da região do lago Ílmen. Ela pegou sua prancheta de desenho (era uma pintora de paisagens). O guia era denso e de uso difícil, impresso em papel de má qualidade no último ano de governo do Partido Comunista. O fluxo maníaco de desinformação indiferenciada compunha uma espécie de crônica soviética tardia e resfolegava nas voltas do contorcido pensamento da Rússia comunista sobre cultura e valor. O guia movia-se erraticamente entre minúcias da história da arquitetura, aspectos sombrios da sórdida construção soviética, lendas orgulhosas de triunfos e derrotas militares e relatos aleatórios das conquistas dos trabalhadores locais: a carga anualmente transportada pelos homens da Fazenda Coletiva dos Pescadores Vermelhos ou as mãos heroicas de Maria Nikoláieva do Estandarte Vermelho, que em 1972 conseguiram extrair 4300 quilos de leite dos úberes de uma única vaca. Depois de diversas páginas sobre a construção de Klópski ao longo de três séculos, o guia relatava, em sua habitual voz passiva, que, em 1923, o mosteiro "foi transferido para a guarda do Museu de Nóvgorod, que não estava em posição de providenciar a sua manutenção e restauração", que "ele foi desmontado pouco a pouco para a retirada de seus tijolos" e que "o complexo sofreu grandemente durante os anos da Grande Guerra Patriótica".

Embora só recentemente tenha sido possível fazer um balanço preciso de certas categorias de fatos cognoscíveis da história russa – agora podemos nos informar, por exemplo, sobre quantos ícones medievais foram incendiados pelos bolcheviques na região em 1927, assim como a medida de leite que as vacas produziram em 1972 –, mais formas veladas de testemunho político e moral e de traição foram inscritas durante séculos no estudo e contemplação de Nóvgorod. A Nóvgorod medieval era governada por uma assembleia local, a *veche*, que elegia o Conselho de Senhores dirigente. Desde o fim do século XVIII e ao longo do XIX a cidade incorporou as aspirações de pensadores democráticos, o que indicava que a Rússia não estava destinada a uma autocracia inflexível, mas sim que um corajoso amor por formas ordenadas de liberdade jazia profundamente enraizado nas tradições do povo. "Nóvgorod tinha um governo popular", escreveu o pensador iluminista Aleksandr Radíshchev, que foi exilado na Sibéria por Catarina, a Grande; "o povo em assembleia na *veche* era o verdadeiro dirigente."

> *O sino da torre da* veche *serviu sozinho à liberdade,*
> *Cadenciando sua própria destruição.*
> *E quantas almas orgulhosas se perderam em sua queda!...*

escreveu o poeta romântico Mikhail Liérmontov. Em uma geração depois, os dezembristas elevaram Nóvgorod a um ideal político e usaram a *veche* como modelo para seu esboço de constituição. Muitos deles escreveram reverentemente de Nóvgorod, e Pável Piéstel, que foi enforcado após a fracassada revolta de 1825, fez um estudo da cidade. Posteriormente, no século XIX, o escritor antitsarista Vissarion Bielínski chamou a cidade de "ninho da ousadia russa". Antes de sua detenção em 2003, o prisioneiro político de Pútin, Mikhail Khodorkóvski, invocou a *veche* de Nóvgorod como um modelo de democracia parlamentar para a Rússia pós-soviética.

Assim como a "democrática" história de Nóvgorod foi importante para uma maneira de olhar para o passado da Rússia e para as possibilidades do futuro, a história de sua derrota para Moscou é importante para aqueles que valorizam, acima de tudo, a unidade do Estado, governado a partir de Moscou. Na biblioteca de Mólotov há um livro com uma ilustração na capa de uma das antigas crônicas russas que mostra a batalha dos moscovitas contra os Novgorodianos no rio Chelon. Publicado um ano antes da morte de Stálin, *A política externa do Estado centralizado: segunda metade do século XV* marca um tempo em que o nacionalismo russo apoiava-se ainda mais na ideologia oficial do que o socialismo.

Aleksandr Herzen, um dos companheiros em espírito dos revolucionários-democráticos, tinha uma visão contrária de Nóvgorod, que ele chamou de "desventurada cidadezinha com um grande nome histórico". Em uma de suas mais sutis punições políticas, a polícia secreta do tsar Nicolau I exilou o escritor antitsarista em Nóvgorod para trabalhar como conselheiro da cidade. Em *Passado e pensamentos*, Herzen observa quão engraçado era pensar em todos os secretários, assessores e oficiais provinciais que passionalmente peticionavam por um posto que, para um homem com sua cultura e sensibilidade, fora imposto como punição. Até ser excluído "doente" em 1842, seguiu ordens da demente "fábrica de assinaturas" dentro do Krêmlin de Nóvgorod, a partir do qual o distrito de Nóvgorod era governado. Ele ficava "temerosamente entediado". Com um desprezo silencioso e crescente pela apatia, estupidez e crueldade dos funcionários provinciais, ele revirou arquivos e descobriu um testemunho vívido da devassidão e da violência da nobreza local para com os servos domésticos e camponeses, e a brutalidade e degradação dos "assentamentos militares" perto de Nóvgorod, que levou a uma revolta popular assassina durante uma epidemia de cólera em 1831. Os "assentamentos militares", colônias agrícolas dirigidas como casernas, foram estabelecidos pelo tsar Alexandre I como uma experiência social projetada para trazer ordem ao caótico campo russo após a derrota de Napoleão. Para Herzen, esses eventos insurrecionais eram ameaçadores para a Rússia: "Nas salas e nos quartos das empregadas domésticas, nas aldeias e nas salas de tortura da polícia, estão enterrados martirológios inteiros de temíveis vilanias; suas memórias operam nas almas e amadurecem ao longo de gerações no sangue, na vingança implacável *que é fácil prevenir,* mas que, uma vez começada, dificilmente será possível fazer parar".

Dmítri Likhatchov reviveu no século XX o sonho da Nóvgorod medieval, como um emblema da justiça cívica. Em uma prosa simples explicou o "significado mundial" desta "cidade auditório" para a qual, dizia, alguém pode ir para "aprender a história russa e entender a arte russa". Também sentiu o contato humano com o passado no vento constante que sopra do lago Íl-men, cortante como um vento marinho; chamava-o de "vento da história russa", como se o vento carregasse em si o frêmito agudo das memórias das conexões da Nóvgorod do século XIV com o Mar Negro e o Cáspio, ao Sul, e com o Mar Branco e o Báltico ao Norte e a Oeste, conexões comerciais que se estendiam da Escandinávia a Bizâncio, de maior alcance do que as de Gênova ou Veneza. O alento do anseio de Likhatchov por liberdade e pela cultura mundial é perceptível em seu trabalho em Nóvgorod, a cidade sobre a qual começou a escrever na Leningrado sitiada. Nos trechos sobre o espaço e o alcance da Nóvgorod medieval, os próprios nomes de lugares estrangeiros proclamavam suas fronteiras abertas e seu livre-comércio: Di-namarca, Constantinopla, os portos hanseáticos, Flandres, França, Pérsia, Arábia... A matéria da cidade continuava a trabalhar como matéria de ima-ginação política dissidente e revelava mais e mais segredos ao longo do sé-culo XX. A arquitetura e a arte devocional acima da superfície e toda a pa-rafernália da vida medieval cotidiana da cidade, cujo solo argiloso manteve preservado por nove séculos – estradas de madeira, tubulações de água, mi-çangas de âmbar, moedas estrangeiras e documentos manuscritos em cas-cas de bétula que registravam transações mundanas e emoções domésticas –, testemunham um passado de democracia, cultura cosmopolita, alfabeti-zação largamente difundida, ordem cívica e fé digna.

No terrível ano de 1937, Likhatchov passou um verão tranquilo explo-rando Nóvgorod com a esposa, Ziná, pesada em sua gravidez de filhas gê-meas. Preservação e destruição aconteciam simultaneamente ao redor; algumas igrejas em torno da cidade estavam desertas, algumas tinham se tornado fábricas de pescados, outras estavam sob restaurações cuidado-sas e algumas poucas, que eles não podiam visitar, eram usadas como pri-sões da NKVD. Como não podia pagar por uma câmera para registro vi-sual, Likhatchov lançou mão de um bloco de mensagens da Academia de Ciências de Leningrado para desenhar. O *Álbum de Nóvgorod* – seus es-boços, nos dias de descanso, de mosteiros, margens de rios, barcos de pesca e pessoas queridas – foi publicado em 1999, poucos meses depois de sua morte. Os longos traços a lápis com os quais captava o perfil abau-lado do ventre de sua mulher revelam o quanto o intelectual aprendera ao estudar as linhas lacônicas dos ícones medievais de Nóvgorod. As mãos de Ziná repousam ousadamente em seus quadris, mas os arcanjos e ma-donas do pintor iconográfico Teófanes, o Grego, são identificáveis no alto de sua cabeça, no caimento de seu vestido e no halo turbilhonante de seu chapéu de sol.

Lembro-me bem da autoridade silenciosa emanada pela porta alta revestida de couro do gabinete de Likhatchov, no escassamente iluminado corredor da Casa Púchkin, o Instituto de Literatura de Leningrado, onde pesquisei os arquivos durante meus estudos de graduação em 1990. Desde então, nos documentários sobre a vida de Likhatchov, no antiquado canal de televisão Kultura, vislumbrei o interior daquele cômodo: a altaneira topografia de estantes embutidas, as mesas amontoadas de objetos, os ícones emoldurados e retratos de escritores russos. Em sua última década de vida, Likhatchov, que morreu em 1999 com noventa e dois anos, foi honorificado como a incorporação das melhores tradições da vida intelectual russa. Apesar de todos os crimes e barbáries que testemunhou durante a prisão no primeiro gúlag da ilha Solovki, ele veio a amar o lugar, da mesma forma com que amava o Norte russo, estudando suas cidades e monumentos antigos, fazendo campanhas para sua preservação. Contrariamente ao núcleo do pensamento soviético, que ensinava que tudo era em última análise cognoscível por meio do materialismo dialético, Likhatchov via o mundo como um enigma, um mistério. "O que há além do mundo e que não se pode enxergar, a parte do mundo que está escondida no espelho para além de suas bordas?", perguntava-se como uma criança.

Filho de um professor de química de Petersburgo, Likhatchov veio de um meio que levava o pensamento a sério. A maioria dos rapazes de sua classe na escola, durante os cataclísmicos anos de Revolução e da guerra civil, compartilhavam sua urgência em construir para si mesmos uma filosofia pessoal. Um deles se autointitulava nietzschiano; outro sonhava com um governo da aristocracia intelectual; um terceiro, cético, foi recrutado pela polícia secreta ao deixar a escola e, arriscando a própria liberdade, advertiu Likhatchov de sua prisão vindoura. Os dias de universidade nos anos 1920 foram tempos de satisfação intelectual para Likhatchov. Até 1927, Leningrado foi um carnaval de círculos filosóficos "humorísticos". Likhatchov ingressou na Academia Cósmica de Ciências, cujos membros saudavam-se uns aos outros com a palavra grega *khaire*, "alegre-se", apresentavam artigos acadêmicos espirituosos e outorgavam-se "cátedras": Likhatchov era catedrático em Filologia Melancólica. Um amigo profundamente religioso detinha a cadeira de Teologia Elegante, e dois "ateístas por princípio" detinham as cadeiras de Psicologia e Química Elegante. A

Academia proclamava o princípio da "ciência feliz" e insistia que "o mundo que a ciência estabelece pela pesquisa, em nosso entorno, deveria ser 'interessante' e mais complicado do que era antes de ser estudado". O marxismo, para Likhatchov, era uma "ciência infeliz" que diminuía o mundo, fazia-o maçante, cinza e monótono, "subordinando-o a estreitas leis materialistas que matavam a moralidade". Foi preso na frente de seus pais em 1928 por ter criticado publicamente a reforma ortográfica russa soviética e, depois de nove meses em celas de prisão, cumpriu o resto da sentença em campos de trabalho. Para Likhatchov, que vira colegas estimados serem executados e jogados em sepulturas coletivas, e conheceu a angústia da traição por pessoas nas quais confiava, o sentido da relatividade do tempo e a possibilidade de justiça transcendental fundamentaram uma filosofia pessoal que o pacificava e consolava, dando-lhe o que ele chamava de "aprumo espiritual". "Se o tempo é uma realidade absoluta", refletiu,

> então Raskólnikov estava certo. Tudo será esquecido... e tudo o que restará será a humanidade "tornada feliz" por crimes que passaram para a inexistência. O que é mais importante na escala do tempo: um futuro que está realmente se aproximando ou um passado que desaparece mais e mais, no qual, como na boca de um cadinho, o bem e o mal entram em igual medida? E que consolo pode existir para um homem que perdeu seus entes queridos?

Dmítri Likhatchov escreveu uma carta a Varlam Chalámov em 1979, quando ambos já eram idosos. Compartilhavam uma vivência passada no gúlag da qual ainda não podiam falar abertamente. "Houve um período em minha vida que considero ter sido o mais importante", disse criptograficamente a Chalámov. Quis preservar por meio de sua escrita as pessoas que conhecera e que, uma vez fenecidas suas memórias, desapareceriam sem deixar traços. Pagou tributo a Chalámov por ter dado expressão à sua própria experiência, por ter exumado o material que estava enterrado em sua memória.

No curto idílio entre o aprisionamento e a guerra, Likhatchov visitou Nóvgorod várias vezes, passeando de barco entre mosteiros com colegas acadêmicos de Leningrado, fazendo piqueniques nas margens dos rios, tomando notas. Naquele tempo, historiadores russos como ele, que sobreviveram à primeira onda de expurgos e aos cataclismos institucionais das décadas de 1920 e 1930, silenciosamente encontravam meios de se evadirem das amarras do materialismo dialético marxista-leninista que subordinavam as humanidades à condução da "cultura material" e, com efeito, transformaram-nas todas em ramos da Sociologia. O Instituto Estatal para a História da Cultura Material foi fundado em 1919 para substituir a Comissão Arqueológica Imperial. O desdém dos bolcheviques pelos traços remanescentes dos vários estágios da sociedade pré-comunista nunca conseguiu sufocar o instinto de preservação e restauração cultivado. Em publicações oficiais de 1932 ícones foram descritos como "lixo desnecessário e socialmente nocivo" e a palavra "arqueologia" foi condenada como "termo burguês senil". Ao mesmo tempo, uma comissão de acadêmicos e restauradores preparou-se para examinar o estado das reparações nas igrejas e suas decorações em Nóvgorod e Pskov, negligenciadas desde 1917. Em 1932, Artémi Artsikhóvski, o grande arqueólogo de Nóvgorod, organizou a primeira grande escavação na cidade sob os auspícios do Instituto Estatal para a História da Cultura Material. Nas horas livres levava seus estudantes pela região, em ônibus locais, para admirarem os afrescos.

O dia começou escuro na nossa chegada à estação de Nóvgorod. Terminou nos espaços selvagens abaixo de Klópski, o céu escurecendo enquanto enfiávamos sob as rodas dianteiras da Mercedes pedaços de madeira apodrecida dos andaimes que sustentavam as ruínas. Nosso motorista, agora uma ruína de transpiração, dispunha-se a desmantelar o que restava da igreja para liberar o carro que, preocupado conosco, ele tinha gentilmente conduzido sobre rio até um desvio coberto de neve profunda. Ao longo daquele dia de janeiro, Nóvgorod parecia ter-nos apresentado uma série de quadros enigmáticos sobre as tendências cruzadas de preservação e perda que percorreram sua história, coleando através de dramas humanos, públicos e privados. Enquanto caminhávamos sobre o cascalho pelos bulevares retilíneos que levavam ao centro da cidade, na dura luz e no frio urbano cheirando a diesel, o sol se elevava atrás das cinco cúpulas de ouro e prata de Santa Sofia.

Durante os nove séculos que se passaram desde que Santa Sofia foi fundada, nenhum edifício mais alto do que aquele paládio central foi erguido. Santa Sofia, dizia Likhatchov, era um ponto de referência cheio de significado para a identidade dos cidadãos de Nóvgorod; de pé dentro dela, ele se sentia no centro político da poderosa cidade-estado. Os cidadãos chamavam-na de "Grande Senhor Nóvgorod", enfatizando que a cidade, mais do que qualquer pessoa nela, era a chefe de Estado (uma observação mordaz histórica em um Estado que nomeava suas cidades a partir dos nomes de Lênin, Stálin, Mólotov). Procurando dentro do prédio, o cidadão poderia ver o semblante do *vsederz hitel*, o "detentor de tudo", segurando Nóvgorod na mão fechada. Na *História cultural de Nóvgorod do século XI ao século XVII*, escrita durante os três anos de sítio nazista de sua própria cidade, Leningrado, Likhatchov relata a lenda extraída das *Crônicas de Nóvgorod*, de 1045, sobre a pintura da imagem de Deus na cúpula. Os iconógrafos, cujo trabalho devocional era tornar sagrado o contingente material do mundo, pintaram a imagem do Todo-Poderoso com a mão aberta, em um gesto de benção. Na manhã seguinte, o arcebispo percebeu que a mão estava cerrada. Os pintores a repintaram, mas mais uma vez a mão fechou-se à noite. Na quarta manhã, os pintores ouviram uma voz saindo da imagem: "Pintores, pintores, pintem-me com minha mão fechada, porque nesta mão estou segurando Nóvgorod, e quando ela se abrir isto significará o fim da cidade".

Passamos a manhã dentro dos muros do *detínets*, o Krêmlin debruçado sobre o rio Vólkhov no centro do qual fica Santa Sofia. Dentro do *detínets* medieval ficam ruas cheias de artesãos: ceramistas, ferreiros, iconógrafos, apicultores. Neste museu-santuário, tudo agora está ordenado, rotulado, em seu lugar. A catedral é novamente um lugar de oração. Uma *lavka* ao lado da porta vende ícones diminutos, velas de cera de abelha e o jornal diocesano (publicado, conforme explicado na coluna, desde 1875, com um intervalo entre 1920 e 1995), contendo uma mensagem de Natal do arcebispo Liév de Nóvgorod e Stáraia Russa, na qual ele fala dos milhares de santos ortodoxos canonizados, dos mártires do século XX e de como a luz de Cristo penetra em um mundo acostumado à sua própria desfiguração. Em uma parede lateral havia desenhos escolares, feitos com canetas de ponta de feltro, da expulsão de Adão e Eva do Éden. Na Nóvgorod medieval, igrejas eram o centro da vida cívica, usadas para reuniões da cidade e para eleições, como pano de fundo para festas e como depósitos e abrigos para o povo local, sempre que havia risco de incêndio. O padrão estabelecido de seus interiores representava a Igreja terrena e celestial, a integridade da história humana em toda a sua revolta populosa e ordem definitiva, seu alcance mais elevado brilhando como ouro na glória de Deus. Likhatchov detectou nas decorações das igrejas de Nóvgorod uma ênfase nos pecados sociais. Nas cenas de um afresco sobre o "Terrível Julgamento", como é chamado em russo, encontrou numerosas representações de tormentos sofridos pelos ricos e poderosos por terem maltratado os pobres e dependentes. Admirador das formas livres e fluentes da arte religiosa de Nóvgorod, Likhatchov observou que as mais antigas em Santa Sofia eram muito distantes dos protótipos bizantinos. Elas tinham seu próprio e distinto estilo, representando as formas humanas em posições pacíficas, feições nitidamente definidas, faces coradas e olhos direcionados diretamente ao expectador. Alegrou-se com a preservação de um fragmento de afresco do século XI com o imperador Constantino e sua esposa Helena, que os trabalhadores do museu de Nóvgorod tinham ocultado com uma espessa camada de tijolos antes que os nazistas ocupassem a cidade.

Deixamos a catedral e perambulamos pela Mostra de Arte Decorativa e Aplicada de Nóvgorod, no Palácio das Facetas do século XV. Mais adiante, havia outro grande edifício de pedra. Em busca de um abrigo momentâneo do vento que vinha do rio, puxei a porta envernizada pesada que conduzia para um vestíbulo aquecido. Livros e papéis estavam arrumados em cima de uma mesa sobre cavaletes. Um homem com óculos de plástico grossos e uma pele de carneiro usada entrou depois de nós, acompanhado por uma rajada de vento proveniente da porta atrás dele que virou as páginas dos livros e soprou alguns papéis para o chão. Por coincidência, era o último dia da conferência anual do Centro de Pesquisas Arqueológicas de Nóvgorod. O homem com o casaco de pele de carneiro saiu pelas portas duplas que levavam ao auditório. Vá em frente, acompanhe-o, fique à vontade, disse minha companheira; ela ia ver os pássaros volteando em torno dos domos e tentar manter aceso seu cigarro no vento do lado de fora. Trinta pessoas ou mais estavam espalhadas em volta do salão imaculadamente pintado de amarelo, sob um vasto candelabro de cristal. O homem com a pele de carneiro sentou-se ao lado de um colega, tirou um fiapo de algodão da parte de trás do suéter e começou a sussurrar em seu ouvido. Eu estava ao mesmo tempo acalentada e estimulada pela atmosfera do salão. No tablado, um homem no púlpito concluía uma palestra sobre a descoberta, em frente a Santa Sofia, na última escavação do verão, de onze contas entre os milhares de pedaços de cristal e de algo, que eu não consegui acompanhar, sobre o sistema de esgotos da antiga Nóvgorod. Um homem mais velho assumiu o púlpito sob aplausos discretos. Olhei o programa da conferência. Ele era o acadêmico Iánin, arqueólogo sênior de Nóvgorod e cidadão honorário da cidade que vinha concluir os três dias de palestras. Iánin falou da importância vital da pesquisa arqueológica, do fluxo contínuo da autodescoberta cultural, do movimento em direção ao passado sobre o qual sempre há algo mais a dizer, repetindo e demorando-se na palavra *raskrítie*, que significa abertura, desdobramento, detecção, exposição, revelação. Quando era um menino em idade escolar, no fim dos anos 1930, Iánin enterrara-se no estudo da Numismática, enquanto seu avô morria no gúlag e seu pai escapava por um triz da execução. Graduou-se em arqueologia na Universidade de Moscou em 1951, o afamado ano no qual a expedição de Artsikhóvski descobriu pela primeira vez os escritos em cascas de bétula na argila de Nóvgorod. Iánin estava excitado pelos textos nas cascas, que forneciam pistas para os ricos mundos espirituais de indivíduos outrora vivos. Ali estavam as vozes de pessoas que foram grosseiramente estereotipadas, chavões da teoria da luta de classes: comerciantes, camponeses, senhores feudais. Os títulos de seus estudos sobre as cascas de bétula refletem o senso da intimidade sedutora daqueles arranhões: "Enviei-lhe uma casca de bétula", "Amor no século XI".

No entanto, a despeito de todo o entusiasmo pela ciência feliz de Iánin, a história da arqueologia de Nóvgorod não é um *continuum* ininterrupto de trabalho coletivo, recuperação e confiança acadêmica. Em anos recentes, o trabalho de *raskrítie* nos arquivos da polícia secreta russa e de museus na Alemanha revelaram colaboracionismo na Nóvgorod ocupada pelos nazistas, aquilo que os russos chamam de "pontos negros" da história, crimes que parecem ter passado à inexistência há muito tempo.

Likhatchov retornou a Nóvgorod em maio de 1944, um dos primeiros a chegar após sua liberação. Ele recorda o lamento coletivo que subiu do vagão quando o trem parou naquele lugar vazio que antes fora uma cidade: o que fizeram com você? Nas bordas enlameadas do rio derretido ele podia ver os corpos de soldados que tinham sido abatidos no gelo durante as últimas batalhas do inverno. Cúpulas e sinos de igrejas jaziam entre os juncos, despojados e perfurados, as alças destroçadas. Afrescos tinham sido atingidos por disparos ou desfigurados por fotos de mulheres nuas. Sepulturas nazistas recentes, com braçadeiras com a suástica penduradas, tinham sido cobertas com excrementos. Na grama crescida, Likhatchov pegou a esfera que suportava a cruz da cúpula de Santa Sofia. As paredes das igrejas da cidade ainda permaneciam de pé, mas as igrejas ao redor da cidade, que caíram no campo de batalha, tinham sido devastadas. A Igreja da Dormição, no campo de Vólotovo, que continha os mais finos exemplares da pintura de afrescos anteriores à Renascença russa e que foram cuidadosamente reforçados por restauradores de Moscou no início dos anos 1930, tinha sido completamente destruída com dinamite. (Em 1912, os afrescos foram fotografados a mando de Ígor Grabar para um livro sobre a arte russa, mas os negativos, armazenados na editora I. N. Knebel de Petersburgo, pertencente a judeus, foram destruídos em 1915 pelas Centúrias Negras durante um pogrom antissemita.)

Os trabalhadores do museu também estavam entre os primeiros que chegaram a Nóvgorod depois da retirada dos alemães. Era como se fossem médicos, disse Likhatchov, vindo para curar a cidade ferida. Ele sabia que alguns dos trabalhadores nunca tinham saído, mas não podiam falar disto. Em 1994, dois artigos apareceram no hebdomadário *Nóvgorod*, com as manchetes "O traidor ferido" e "O nome que devemos esquecer". Este nome era Vassíli Ponomariov, primeiro prefeito da Nóvgorod ocupada, posteriormente curador da Santa Sofia e avaliador de arte e antiguidades para os nazistas. Nativo de Nóvgorod, contemporâneo de Likhatchov, Ponomariov estudara em Leningrado e participara, em 1932, das escavações arqueológicas de Artsikhóvski em Nóvgorod, além de ter dirigido uma escavação na rua dos dezembristas que descobriu traços de uma antiga estrada pavimentada com madeira. Ponomariov foi preso mais tarde, no mesmo ano, em um expurgo conhecido como "o caso do museu" e serviu cinco anos no gúlag de Kómi ao Norte. Suas memórias, descobertas em 2004 em um arquivo em Marburgo depois de uma caçada de dez anos por pesquisadores russos, revelou um homem cuja devoção aos restos da antiga Nóvgorod sobrepujaram sua lealdade à terra natal soviética. Em seu breve mandato como prefeito, as únicas decisões administrativas de Ponomariov diziam respeito à preservação de antiguidades. Tudo de valor na cidade passava por suas mãos. Objetos de grande valor tornaram-se propriedade do Terceiro Reich. Peças de menor valor, incluindo muitos ícones e pinturas, foram carregadas por oficiais alemães como butim de guerra. Ponomariov deixou Nóvgorod levando as coleções do museu quando os ocupantes foram evacuados, e ficou com a carga preciosa até ela cair nas mãos dos Aliados. O esteta russo passou o resto de seus dias em Marburgo, lecionando e trabalhando em um catálogo das antiguidades que ele acreditava ter salvado durante o cínico e pragmático jogo duplo que desempenhou com os mestres nazistas de sua cidade. Em Roma, em 1955, Ponomariov encontrou-se novamente com Artsikhóvski em uma conferência internacional de historiadores e tentou apertar sua mão. Artsikhóvski judiciosamente recusou-se a cumprimentá-lo. Os trabalhos apresentados pela delegação soviética naquela conferência foram publicados pela Academia de Ciências em 1956 e seguiram caminho até a biblioteca de Mólotov. O trabalho de Artsikhóvski chamava-se "Novas descobertas em Nóvgorod". O volume também incluía um ensaio do genro de Mólotov, o historiador (e agente da polícia secreta) Aleksei Níkonov, sobre "As origens da Segunda Guerra Mundial e a crise europeia pré-guerra de 1939".

O Terceiro Reich tinha um interesse ideológico na arqueologia local. Durante a guerra, recursos imensos foram alocados para a Ahnenerbe, uma Sociedade para o Estudo de Heranças Ancestrais fundada em 1935, que Heinrich Himmler transformou em uma organização oficial ligada às SS. A Ahnenerbe, que veio para a Rússia atrás dos exércitos de Hitler, visava traçar as origens e migrações da raça ariana, escavando em busca de vestígios de pagãos germânicos com raízes de sangue no solo do Oriente. A organização também fez várias viagens ao Tibete em busca do Vril, a energia espiritual do centro da terra. No coração das pesquisas da Ahnenerbe estava a ideia do retorno dos germânicos à hinterlândia asiática da qual eles tinham vindo primordialmente, para restituir-lhes o merecido *lebensraum*.*

Muitos intelectuais, além de Ponomariov, optaram por ficar na cidade em 1941. Tatiana e Natália Guíppius (primas da poetisa simbolista Zinaída Guíppius) continuaram a trabalhar no museu, mas se recusaram a ajudar na embalagem das coleções enviadas à Alemanha. O poeta de São Petersburgo Andrei Egunov (também conhecido como Andrei Níkoliev), que tinha certa vez frequentado os mesmos círculos que Mandelstam, também fora preso e exilado na Sibéria nos anos 1930. A Wehrmacht encarregou-o da propaganda e da educação popular, com foco especial, de acordo com a colaboração nazista, na história do comércio entre a Nóvgorod medieval e as cidades hanseáticas. A história mais sombria da colaboração da intelectualidade diz respeito a um homem chamado Filistínski, que trabalhou para a Gestapo, escreveu para um jornal colaboracionista de nome *Terra Natal* e que tinha a reputação de ter matado com injeções letais centenas de pacientes psiquiátricos na região de Nóvgorod, ganhando a cidadania honorária do Reich. Filistínski era alternativamente conhecido como o poeta Boris Filippov e foi mais tarde na vida um distinto acadêmico literário de uma universidade americana prestigiosa, que editava obras escolhidas de Akhmátova, Mandelstam e Nikolai Gumilióv. Existe apenas uma pequena pista

---

* Habitat, em alemão.

para o passado em Nóvgorod em seu arquivo em Washington DC: um texto datilografado, sem data, de um artigo de Vassíli Ponomariov intitulado "Pagãos que rezam no solo de Nóvgorod".

***

Contemplamos o pescador no gelo, curvado sobre a linha, no espaço vazio onde as embocaduras de cinco rios encontram o lago Ílmen. Ele não se movera durante a hora que se passou desde que havíamos passado por ele em nosso caminho ao longo da linha de juncos que assinala a borda do lago congelado. Imaginei que deveria ser um monge que saíra para buscar alimento para seus irmãos na *skit*, a ermida; que a imobilidade neste frio cortante fosse um tipo de oração.

Os peixes sob aquele gelo espesso são famosos há muito tempo: salmão, esturjão e lúcio; um esturjão tão bom que no século XVI era servido na mesa do tsar. Arqueólogos várias vezes descobriram ninhos fósseis em aglomerados argilosos e camadas de escamas de peixe no solo. Nos tempos soviéticos, a *skit* do começo do século XIII, última igreja a ser construída em pedra antes de os mongóis invadirem a Rússia, foi usada como depósito pela coletividade pesqueira local. Depois da Segunda Guerra Mundial, a Expedição Arqueológica de Nóvgorod revirou a terra e encontrou traços daquilo que parece ter sido uma relíquia da divindade suprema dos antigos eslavos: Perun, o deus do trovão. Em 1991 a ermida em Pierin foi devolvida à igreja ortodoxa e reconsagrada. Depois de quatro anos, os monges tinham retornado à sua colina arborizada.

No segundo dia em Nóvgorod decidimos abandonar nosso motorista e usar o serviço de ônibus local para chegar a Iúriev, precursor do mosteiro de Pierin. Chegamos ao mosteiro através de vilarejos e campos, onde uma grama rala esmaecida crescia por entre a neve. Likhatchov descreveu a maneira pela qual os arquitetos do século XII usaram o rio como eixo de planejamento de sua cidade. As torres de observação de Iúriev, em uma direção, e as de Antóniev, em outra, criaram uma grande simetria na paisagem que as igrejas construídas no decurso dos quinhentos anos seguintes (algumas em um único dia, muitas no decurso de um só verão) não quebraram. Era como se toda a Nóvgorod fosse obra de um só arquiteto, maravilhou-se Likhatchov, a cidade parecia expressar uma intenção compartilhada, uma rara integridade rítmica no espaço. Um frade leigo saiu de um quiosque de lata pelo portão, um ancião de belos olhos azuis que nos deu, à guisa de boas-vindas, um pequeno ícone de São Serafim e levou-nos para ver os luminosos afrescos restaurados da igreja. O mosteiro parecia cheio, um lugar agradável naquela manhã, ressoando vozes da vida cotidiana. Um monge chamou-o da porta de entrada de uma construção baixa encostada nos muros do mosteiro, puxando um capuz para cima de seus longos cabelos, e perguntou por Nina e Tatiana. O frade leigo disse-lhe que Nina e Tatiana estavam na *bánia*.

Deixamos Iúriev a pé, seguindo a curva do rio na direção de Pierin. Mais uma vez, de repente, estávamos em uma paisagem que aparentava desolação. É a genialidade da geografia de Nóvgorod em acomodar a vida selvagem em um lugar bastante habitado. Durante algumas semanas na primavera, quando a neve derrete e alaga a estrada até a ermida, Pierin torna-se uma ilha. A despeito da curta distância até Iúriev e a cidade de Nóvgorod, três quilômetros subindo o Vólkhov a partir dali, o lugar tem uma atmosfera de calma intemporal. Mas ao redor de Pierin, descobrimos, a semiosfera zunia.

A semiosfera – um conceito no qual o teórico cultural do século XX Iuri Lótman trabalhou na última década de sua vida – é um destes amplos neologismos que caracterizam as humanidades russas. Denota o "vasto mecanismo intelectual" do qual somos "tanto parte quanto semelhança", que tudo contém e reúne, desde as ideias religiosas de culturas arcaicas até a publicidade de nossa era moderna. Para Lótman, o "universo da cultura" é análogo à biosfera planetária. "O pensamento está dentro de nós", escreveu, "mas nós estamos dentro do pensamento."

No ensaio "Espaços simbólicos", Lótman descreve o "sistema de pensamento medieval", no qual a localidade tem um significado religioso e moral "desconhecido da geografia moderna". Viajar era um meio de santificação; mover-se de uma cidade para um mosteiro ou *skit* era, tal como a peregrinação ou a morte, livrar-se do fardo do pecado, ir para um lugar sagrado. Na semiosfera anterior ao Iluminismo, diz Lótman, os próprios países eram classificados como pagãos, heréticos ou sagrados. Ideias sociais eram imaginadas como existentes no espaço geográfico. "O Paraíso está no Oriente... enquanto o Inferno está no Ocidente, depois dos mares que bramem, e muitas de minhas crianças de Nóvgorod irão vê-lo", escreveu o bispo medieval Vassíli. Em um conto medieval russo, *A utopia fica na Índia*, o peregrino que for para aquela terra alcançará a divindade como prêmio. As *Crônicas* da antiga Rus também falavam de Moislav, um marinheiro de

Nóvgorod que alcançou o Paraíso com seu barco, um lugar de "altas montanhas", onde ouviu "muito júbilo".

Pregado nos portões de madeira da *skit* de Pierin havia um aviso escrito, bem calcado com uma caneta esferográfica, envolto em plástico para protegê-lo do tempo. "Lembre-se que você está entrando em um lugar de prece e recolhimento", dizia. E depois: "não confraternize com o inimigo, mas reze incessantemente por ele!". Encostado em uma parede do primeiro edifício, ao fim do longo e ascendente caminho, havia um estrado que suportava um grande barril de "USA OIL". Um cão alsaciano latia e estirava sua corrente. Um monge saiu da pequena igreja caiada. Voltou-se para nós quando subíamos a colina e depois desapareceu dentro de uma das baixas celas vermelhas que a cercavam por três lados.

A partir de nossa aproximação pelo Nordeste, naquele dia de inverno monocromático, a pequena Igreja da Natividade da Virgem, com sua cúpula única e empenas com cornijas e trifólios, parecia-se exatamente com aquela que eu tinha admirado em uma fotografia em preto e branco tirada em 1910 pelo arqueólogo, pintor e guru Nikolai Riokh. A imagem está pendurada na primeira sala do Museu Riokh, um palácio (que já foi o Museu Marx-Engels) atrás do Museu Púchkin, em Moscou. Sua serena geometria monocromática apazigua o turbilhão exuberante das primeiras pinturas de Riokh de ídolos pagãos e dos solitários homens sagrados, isolados em paisagens selvagens. Mais adiante na parede, fotos granuladas das escavações da Sociedade Imperial de Arqueologia em montículos funerários ao redor de Nóvgorod, das quais Riokh tomou parte em 1903, quebravam o feitiço lançado pelos dioramas e seus conjuntos com ensaios para as cenas da "Adoração da Terra" do balé "da idade da pedra" de Stravínski, "Sagração da Primavera". Era o único canto da estranha exposição que não era um santuário para seu objeto e servia de refúgio a um visitante que, como eu, encontrava mais coisas a contemplar na confusão e na precisão de restos históricos do que em subsídios para a compreensão cósmica, como o imenso cristal iluminado de púrpura em um pedestal no topo da escada.

A arqueologia de Riokh, suas pinturas e suas viagens, todas tiveram origem em um único impulso: fazer da cultura um objeto sagrado, uma ciência espiritual. A maior sala do museu de Moscou estava repleta de pinturas místicas de ermidas e picos montanhosos em um cafona arco-íris de cores. Sua peça central era um mapa em relevo, dotado de luzes coloridas, de uma expedição à Ásia central nos anos 1920 quando, com a permissão do

Comissário do Povo Para Assuntos Estrangeiros, Riokh liderou uma caravana de Moscou até o Himalaia em busca de uma "fonte comum" das culturas eslava e indiana e da legendária cidade subterrânea de Chámbala. Comenta-se em Moscou – embora ninguém possa dizê-lo por escrito – que Pútin, que tem interesse em uma "sabedoria oriental" deste gênero, alocou recursos do orçamento nacional para ser despendido em outra busca pela porta de entrada de Chámbala, na região de Altai na Sibéria, um centro de energia cósmica onde ele gosta de posar para fotógrafos, sentado seminu em um cavalo, como um khan mongol dos últimos dias. Assim como a teosofista russa Madame Blavátski, que trouxe o símbolo da suástica para a cultura europeia, Riokh acreditava em uma hierarquia de mestres ocultos vivendo no Tibete, portadores da antiga sabedoria das tribos arianas.

Tomei conhecimento de algo assim quando vi a foto de Riokh em uma pequena igreja. No entanto eu não sabia, até chegar àquele lugar, quão perfeitamente a pequena ermida em Pierin poderia ser adaptada para incorporar sua ideia-guia: nomeadamente, que o eslavismo pagão e o cristianismo ortodoxo formam uma unidade espiritual e cultural, cuja origem primordial, em muitos livros contemporâneos de história popular e arqueologia, é livremente chamada de "ariana". Para Riokh a arqueologia não é uma ciência secular, mas um culto terreno extático. Na Índia, no final dos anos 1930, ouviu falar das escavações em Nóvgorod organizadas pelo Instituto de Cultura Material, e saudou os arqueólogos soviéticos como uma jovem tribo vibrante, como os indo-europeus que haviam emigrado para a Rússia trazendo com eles seus deuses e cultos. "Cada expedição, cada escavação, cada ato de atenção para com o épico nacional fala de novas possibilidades", disse. "Estão construindo uma cidade que não terá fim. Nóvgorod em suas origens e Nóvgorod em seu futuro foram esmiuçadas pela ciência e pelo trabalho criativo."

Quando experimentávamos a porta da igreja, o jovem monge reapareceu vestindo um casaco preto sujo de pele de carneiro e carregando uma chave pesada. Tinha uma barba longa e uma silhueta talhada a faca, exatamente como Dostoiévski no meio de sua vida devotada. Sem olhar para nós, acenou para que entrássemos na igreja onde, com um dedo levantado, relatou como no século X Pierin foi convertida de um santuário pagão para cristão e a efígie em madeira de Perun foi atirada no Vólkhov. As *Crônicas de Nóvgorod* falam de um transeunte que viu o ídolo, faminto por sacrifício, tentando alcançar a margem e gritou: "Você já comeu o suficiente, Perun, agora nade para longe". (Herzen tinha seu próprio chiste, amargo e liberal, sobre o lugar, ao dizer que sua casa no Vólkhov era "oposta ao carrinho de mão com que os voltairianos do século XII lançaram a maravilhosa estátua de Perun no rio".)

De acordo com os etnógrafos que mapearam a *dvoeverie* (dupla-fé) russa, Perun não nadou para longe. Em vez disto, mesclou-se na iconografia e na imaginação popular com o profeta Elias, fogoso em sua carruagem. Amuletos medievais foram encontrados em Nóvgorod com Pierun de um lado e um santo cristão de outro. Ainda hoje, quando passam por Perin, os moradores atiram moedas ao rio para se conciliarem com o deus pagão. Para o Movimento Riokh, ativo em toda a Rússia desde 1991, *dvoeverie* é um valioso sinal da "espiritualidade" eslava primordial. A espiritualidade sincrética russa é a essência da memória de raça, da harmonia com a natureza e com a "energia do cosmos", da libertação da nódoa da "civilização" urbana ocidental e da "dolarocracia".

O monge em Pierin estava apaziguando uma divindade mais ciumenta do que o deus do trovão. Quando lhe perguntei por que os ícones que faltavam na igreja tinham sido destruídos ou saqueados durante a guerra, ele tomou o bloco de notas de minhas mãos. Anotando datas e números enquanto prosseguia, expôs uma filosofia da história tão dostoievskiana quanto sua barba. Para muitos da igreja ortodoxa russa, Dostoiévski é um tipo de profeta que revelou a unidade subjacente entre o papismo e o socialismo e previu sua completa fusão no reino do Anticristo. No século XVIII, disse o monge, a Rússia Sagrada estava corrompida pelo Iluminismo europeu e apartada de Deus. O socialismo, outra importação do Ocidente, foi precisamente a liberdade metafísica de Deus que a Rússia pedira duzentos anos antes. Isto levou a uma sangrenta autopunição. Dos 150 mil ícones em Nóvgorod antes de 1917, anotou para mim, os bolcheviques desafiadores de Deus deixaram apenas algumas centenas para os alemães roubarem. A vocação monástica dele era oferecer a expiação de sua vida inteira pela apostasia da nação e ajudar a reconstruir a Rússia Sagrada.

Apesar do sentido comum de sua visão, de que o Ocidente tinha corrompido o espaço sagrado da Rússia e a levado para longe da salvação (ou de seu lugar no "vetor da evolução cósmica"), a igreja ortodoxa oficial e o Movimento Riokh passaram a primeira década de sua liberdade religiosa engajados em uma competição crepitante, disputada por meio de livros e panfletos, no ciberespaço e na imprensa nacional. Em 1994, a igreja lançou ao Movimento Riokh o anátema de "seita totalitária, anticristã". Um clérigo moscovita, A. Kuráiev, publicou dois anos depois uma denúncia de mil páginas sobre o movimento intitulada *Satanismo para a intelectualidade*, na qual acusa Riokh de ter sido um espião da NKVD, um criptonazista e mau pintor. A isto, a "conhecida culturóloga e politicóloga" Ksênia Mialo replicou com uma arenga aterrorizante, rica em presságios e pseudocultura, chamada *A estrela de Vólkhov ou Cristo no Himalaia*, na qual defende Riokh como um salvador dos monumentos culturais russos e, em uma vida de ensinamentos, portador da sabedoria do Antigo Oriente, mais russa e mais ortodoxa do que a própria igreja. Agora, ela disse, o povo russo core o risco de ser varrido, tornando-se uma raça excluída, até mesmo do território de sua terra-mãe. Entre os implacáveis inimigos da pura "alma russa" (da qual Madame Blavátski era outro grande e "muito caluniado" exemplo) Mialo nomeou Zbigniew Brzezínski, J. R. R. Tolkien, G. K. Chesterton, a mídia "judaica", a "intelectualidade da perestroika", o padre Aleksandr Mien, a igreja católica, o capital global, a "orgia da privatização", a Otan e a Internet. Todos temem o paganismo, declarou, e o grande espaço geográfico que os impolutos e "cosmocêntricos" camponeses russos, com sua primordial memória de raça, instintivamente sentem como seu elemento natural. Mialo observou de passagem que o sol se põe no Oeste e que as cenas do apocalipse sempre aparecem nas paredes ocidentais das igrejas russas.

O monge estava restaurando a igreja de Pierin com suas próprias mãos. A iconóstase vazia foi feita com madeira nova; as paredes de tijolos revestidas de estuque, até o ápice do prédio, eram brancas. Logo símbolos eloquentes da fé russa reapareceriam. Riokh, que amava Nóvgorod por seus "segredos enterrados", dizia que se você pressionar a terra de perto vai ouvi-la falar. As vozes em Pierin diziam que, nesta parte da semiosfera, era a "geografia moderna científica" de Lótman que ainda estava por ser descoberta.

7.
Stáraia Russa

> "Afinal, uma nação inteira consiste em apenas certos incidentes isolados, não é?"
>
> Dostoiévski, *Notas de inverno sobre impressões de verão*

De Nóvgorod pegamos a estrada vazia para Stáraia Russa, uma hora de viagem pela borda ocidental do lago Ílmen, o "lago das condições meteorológicas". Antigo e caprichoso, o Ílmen tem a forma de um coração. Deixado para trás quando a camada de gelo pré-histórica se moveu para o Norte, suas águas refluem e dilatam-se conforme as estações. Os invernos são menos rigorosos nesta parte da Rússia e o congelamento menos tenaz. Ainda assim, o frio esvaneceu as bordas do lago. A margem é delineável apenas a partir do padrão disperso dos juncos polvilhados de neve. Na bruma branco-acinzentada do dia, quando os milhares de veios d'água interligados que saem do lago estão congelados e invisíveis, apenas aglomerados ocasionais de casas baixas de madeira na planície insinuam-se no meandro a Sudoeste.

Cruzamos o salgado rio Chelon, que corre o ano todo a partir da borda oeste do lago, por uma ponte (designada como "ponte dos heróis" em homenagem a alguma batalha) ladeada por lanternas sujas grosseiramente pintadas de vermelho que sinalizavam reparos na estrada. Um cartaz desgastado anunciava lubrificantes da Kombinat: *maslo* e *smazka*, óleo e graxa. Em Korostin a estrada chega até borda do lago. A "pérola das terras principescas de Stáraia Russa" (sem grandes atrativos, quando passamos por ela) foi um presente de casamento de Pedro, o Grande, para sua esposa; tempos depois, um acordo sobre a criação de um Estado unificado russo foi assinado no vilarejo. Após Korostin rumamos para Sudeste e passamos por Ustreka. "*Tiens, un lac*", exclamou o janota francês Stiepan Vierkhoviénski ao despertar de seu delírio em uma choupana na aldeia de pescadores, "ah, meu Deus, eu ainda não o tinha visto...".

Depois de Dostoiévski ter pousado em Ustreka em sua primeira viagem de vapor através do Ílmen, ele reimaginou o lugar como "Ustevo", o destino acidental das peregrinações finais de Vierkhoviénski em *Os demônios*, o romance que ele veio terminar em Stáraia Russa na temporada de datchas de 1872. As cenas do leito de morte de Vierkhoviénski às margens do lago constituem um arremate tragicômico para as cenas de assassinato do romance de terror de Dostoiévski, sua visão do despotismo ilimitado. A mente volúvel do erudito e "escrofuloso liberal" (baseado em Timofiei Granóvski, com cujo nome a travessa Cheremiétiev foi renomeada pelos soviéticos), pai de um tirânico assassino político, finalmente se deslinda quando ele come panquecas camponesas amanteigadas, enquanto é atendido por um médico chamado Salzfisch. "Conhecimento histórico cura", disse Likhatchov, "mas rir é o melhor remédio." Likhatchov considerava Dostoiévski um humorista memorável e apreciava particularmente o lado cômico de *Os demônios*, sem o qual o romance seria "insuportável".

Stiepan Vierkhoviénski é a apoteose do "ocidentalista idealista", sem rumo, fraco de ideias, apegado à noção de que é perseguido por sua maneira de pensar. Dostoiévski escreveu a um amigo que liberais benignos como Granóvski não acreditariam se você lhes dissesse que eles eram os pais diretos dos "demônios" radicais que dilaceravam a Rússia. Dostoiévski queria explorar em seu romance político o desenvolvimento da linha de pensamento "de pai para filho". Em 1870, pediu a seu amigo Nikolai Strákhov a nova biografia de Granóvski escrita por Aleksandr Stankiévitch, irmão do poeta Nikolai Stankiévitch, dizendo que precisava do pequeno livro como precisava de ar, o mais rápido possível, pois constituía material indispensável para sua obra. Enquanto desenvolvia o personagem de Stiepan Vierkhoviénski, continuava a usar o nome Granóvski em suas anotações.

Assolado por preocupações com dinheiro, com a saúde abalada e com problemas na família, Dostoiévski chegou a Stáraia Russa em maio, ansiando por alguns meses de repouso e de calma doméstica. Ficara sabendo, por um professor de Petersburgo, da tranquilidade da pequena cidade de repouso onde, por pouquíssimo dinheiro, alguém poderia alugar uma casa mobiliada, "até com utensílios de cozinha". Isolou-se e escreveu enquanto seus dois filhos pequenos floresciam ao sol e submetiam-se a tratamentos com lama. A família viajou a Nóvgorod de trem, em uma via férrea de bitola estreita inaugurada no ano anterior, e depois tomaram um vapor através do Ílmen e pelo sinuoso Pólist, sob um pálido céu sem nuvens. Sua viagem, em ritmo lento, foi uma das mais adoráveis lembranças da vida de casada de Anna Grigórievna. As cúpulas de Santa Sofia refulgiam enquanto eles se afastavam de Nóvgorod. O lago ainda permanecia um espelho, a cena parecia suíça. Anna absorveu o humor delicado de seu marido; ele dizia que amava e entendia a natureza. Nas últimas duas horas, enquanto as rodas de pás espalhavam a água daquele rio de margens musgosas, as cúpulas de Stáraia Russa pareciam aproximar-se e depois novamente recuar.

Minha viagem, em um dia sem brilho e sem cor, fora incentivada por um amigo de Petersburgo, um eslavófilo convicto e estudioso de Dostoiévski que viera a Stáraia Russa durante um verão para um colóquio na casa do escritor, e que fora conduzido por um antigo morador local, de uma simplicidade tão pura e de tamanha gentileza no coração que ele o conservou na mente, desde então, como o espécime perfeito do russo *narod*, o povo. Para meu amigo, ter encontrado nesta cidade, entre todas as demais, um homem que incorporasse o puro e evasivo espírito do povo, não parecia acidental. Considerava Stáraia Russa um lugar santificado. De fato, Likhatchov (que sugerira a meu amigo o tema para sua tese de doutorado sobre Dostoiévski) disse uma vez que no entorno de Stáraia Russa pode-se ainda sentir a Rússia verdadeira, respirar a sagrada Mãe Terra.

De acordo com a tradição ortodoxa, o apóstolo André, "o primeiro a ser chamado", veio para estas paragens vindo de Jerusalém no século I, através da província de Kherson no Mar Negro. O pescador da Galileia é imaginado passando em sua jornada ao norte do Vólkhov e da ilha de Valaam, pregando o evangelho de Cristo aos pescadores pagãos do Ílmen. Stáraia Russa é o único lugar que preservou o nome de uma antiga tribo eslava, os Rus. A lenda da fundação da cidade, um conto sobre laços familiares, foi registrada no começo do século XIX pelo primeiro historiador da Rússia, Nikolai Karamzin. Dois cavaleiros eslavos, os irmãos Sloven e Rus, vagueavam para o Norte desde as margens do Mar Negro, na direção destas terras virgens, e deram ao lago o nome de sua irmã, Ílmen. Sloven fundou uma cidade no lado norte do lago, onde hoje está Nóvgorod, e Rus fundou outra no lado sul, dando aos dois rios que se encontram no centro os nomes de sua esposa e de sua filha, Pólist e Porúsia. Na Igreja da Ressurreição, no pontal onde o Pólist e o Porúsia se encontram, Pedro, o Grande, notou uma similaridade topográfica com Jerusalém, onde, a leste do templo, o sol se levanta sobre as fontes salgadas do Mar Morto.

Aprendi tudo isto em um livro assustador que li na Biblioteca Lênin, depois de minha visita. Nas páginas brilhantes de *A formação do caráter russo a partir do exemplo do destino histórico da região de Stáraia Russa*, publicado em 2003, descobri que mesmo agora a mística de Stáraia Russa é cultivada para servir à nova era de ortodoxia, autocracia e nacionalismo. Aquele lugar tranquilo tornou-se a terra natal simbólica em uma mitologia territorial e tribal que se infiltrou nos santuários da polícia secreta de Pútin a partir de obras de escritores russos do século XIX. O livro, que tinha múltiplos autores e propagandeava-se como uma "publicação científica popular para estudantes de academias militares", foi publicado sob os auspícios da FSB (como é chamada hoje a polícia secreta) e tinha uma série de órgãos presidenciais e de segurança listada em sua página de rosto, ao lado dos nomes de tenentes-generais e de acadêmicos. É ilustrada com imagens coloridas de soldados, eclesiásticos, tsares, mosteiros e vistas sombrias do Ílmen, e começa anunciando que, com as bênçãos do Patriarca de Moscou e de Todas as Rússias (supostamente um homem dos serviços de segurança), uma nova capela em homenagem ao miraculoso ícone da Santa Mãe de Deus de Stáraia Russa fora construída nos terrenos do Instituto de Guardas de Fronteira da FSB de Moscou. "Simbolicamente", a "epístola" do presidente Vladímir Vladímirovich Pútin para a nação, no ano "transformador" de 2003, foi publicada na véspera da festa do milagroso ícone. E assim prosseguia, página após página, tecendo o mito da supremacia primordial da Rússia, sua missão divina, sua alma superior, tudo comprovado pela presença de sal no solo de Stáraia Russa, a mais antiga pátria das tribos da Rússia, o "sal da terra", cujo destino sempre foi, como Dostoiévski pregou, unir e liderar a humanidade. Assim como outros tratados pseudoacadêmicos sobre supremacia racial, o livro apoiava-se em assertivas epistemológicas bizarras, até mesmo bioquímicas, embora a linguagem em si fosse uma espécie de guia criptografado para o destino nacional transcendente. *Rus*, aprendi, era uma raiz sânscrita levada ao Norte pelas tribos arianas que aqui se estabeleceram, nas planícies setentrionais, associadas à sagrada cor vermelha ("*ruch*"), "a alma do solo russo", a cor "talismânica" da história russa. O nome de Vladímir Vladímirovich Pútin aparecia periodicamente, cada um de seus discursos invocado em tons cada vez mais ritualisticamente encantatórios como uma profecia, seja para a ONU, seja para o Ministério da Cultura, sua quintessência russa em matéria de "modéstia" e "humildade" (atributos nos quais a mídia persuadiu o povo a acreditar antes da segunda eleição de Pútin à presidência) sendo o fulcro de seu patriotismo e de seu amor pela terra natal. Até o nome de Pútin, se atentarmos às suas raízes tribais, é "eufônico de uma *energetika* positiva": "a maioria dos sobrenomes russos com a raiz 'Puti' são formados a partir do antigo nome eslavo 'Pútislav'", o que naturalmente traz à mente a palavra "*put*", "o caminho", que, por sua vez, sugere mais uma dúzia de boas palavras, prenhes do portento nacional. Na igreja eslava, lembram os autores, a palavra put remete diretamente ao próprio Cristo... A *formação do caráter russo* termina com as "Teses de Stáraia Russa", uma lista de mandamentos sobre a memória nacional russa: "Lembrem-se de que quando Dostoiévski escreveu sobre a responsabilidade universal dos russos não se tratava de uma metáfora..."; "lembrem-se de que a epístola do presidente foi entregue na véspera da festividade... de que sua modéstia e humildade inatas auxiliam nosso presidente a dedicar-se completamente ao desinteressado serviço ao povo e à terra natal... Lembrem-se!".

***

O que significava Stáraia Russa para Dostoiévski? E o que Stáraia Russa lembra de Dostoiévski, um escritor que ainda avulta tão fortemente na imaginação nacional? "A Rússia de Dostoiévski", assim começa a "Primeira elegia" de Akhmátova. Subintitulado "Pré-história", o poema invoca as paisagens históricas da Rússia das décadas de 1870 e 1880, nas quais a geração de Akhmátova "resolveu nascer". Tabernas negociam, carruagens voam, edifícios de cinco andares erguem-se nas ruas de Petersburgo. Nos interiores, farfalhar de saias, poltronas estofadas com pelúcia, lâmpadas de querosene amareladas iluminam corredores estreitos com papel de parede, espelhos emoldurados em nogueira estão "maravilhados pela beleza de Kariênina":

> *Em Stáraia Russa magníficos canais,*
> *Nos jardins, decadentes casas de verão,*
> *E as vidraças são negras como fendas no gelo,*
> *Supõe-se que algo ocorreu,*
> *Que é melhor não espiar, vamo-nos embora.*
> *Impossível alcançar a compreensão de todo lugar,*
> *Para que desvele seu segredo...*

Assim que Dostoiévski chegou a Stáraia Russa para escrever o atrasado fascículo final de seu profético romance antirrevolucionário *Os demônios*, foi posto sob vigilância da polícia secreta por ordem da capital. A memória do estado tsarista era obstinada. Apesar de afirmar ter sido curado há mais de duas décadas do que ele chamou de "enfermidade física" do pensamento sedicioso, quando era um prisioneiro político na Sibéria, que havia encarado um pelotão de fuzilamento na praça Semiónov, Dostoiévski ainda era um homem a ser mantido sob vigilância. A polícia de Stáraia Russa, que o espiava pelas janelas, informou a guarda de Nóvgorod que o escritor vivia sobriamente na casa alugada às margens do Pererititsa, evitava a sociedade, preferia as ruas tranquilas para os passeios diários e permanecia sentado em sua escrivaninha noite adentro. "O país arrepiou-se, e o condenado de Omsk tudo compreendeu e sobre tudo pôs uma cruz", escreveu Akhmátova no último verso de "Pré-história":

> *Veja, ele agora a tudo embaralha,*
> *Eleva-se qual espírito*
> *Sobre o tumulto primordial.*
> *Pancadas da meia-noite.*
> *A caneta range e muitas páginas*
> *Exalam o odor da praça Semiónov.*

As diversas páginas da correspondência familiar que passaram sob os olhos da polícia local, durante o primeiro verão de Dostoiévski em Stáraia Russa, falavam de doenças, desentendimentos domésticos, dificuldade para escrever e do frio. Anna tinha um abcesso quase fatal na garganta; Dostoiévski pegou um resfriado e não conseguia dormir de preocupação; a pequena Liuba fraturara a mão; o bebê Fiédia tinha diarreia e picadas de mosquitos em seus braços e pernas. O médico recomendou banhos de lama, mas não ficou claro se eles fizeram o prurido de Fiédia melhorar ou piorar. Chovia interminavelmente, a janela deixava passar correntes de ar, o baú de roupas de cama e mesa estava desarrumado e a sujeira no quintal era inacreditável; tudo encharcado, apodrecido e estragado. O trabalho no romance progredia mal, sua "vida cigana" era um lúgubre tormento. "Não há nada mais insuportável", escreveu Dostoiévski, "do que vegetação e casas de madeira na chuva sob este céu horrível."

No entanto, Dostoiévski comprou para a família uma casa em Stáraia Russa e para lá retornava todos os anos, até a sua morte. O traçado das ruas e a atmosfera da cidade parecem adentrar no último capítulo de *Os demônios*, quando um incêndio noturno, ateado por incendiários, consome as casas de madeira dos bairros pobres na outra margem do rio, excitando nos expectadores os "instintos destrutivos que, infelizmente, jazem enterrados em toda e qualquer alma". Seu último romance, *Os irmãos Karamázov*, é explicitamente localizado na cidade, embora esta perca seu nome sonoro e torne-se Skotoprigónievsk, que significa Curral. "Apesar de nossa cidade ser pequena", diz o narrador anônimo, "ela é dispersa e as casas distantes." "Nossa cidadezinha", "nosso distrito", "o famoso mosteiro das vizinhanças", "o cemitério de nossa cidade", diz o narrador vezes sem conta enquanto relata seu conto de rebeldia metafísica, assassinato e doença mental, entrando e saindo livremente das mentes febris dos Karamázov e do silêncio sussurrante dos lugares mais recônditos da cidade. Embora os personagens de Dostoiévski tenham tanto a dizer que pouco tempo sobra para descrições autorais do lugar, a atmosfera provinciana da cidade é vívida: suas ruas sombrias e suas casas peculiares com jardins sombreados, *bánia*, caramanchões dilapidados, pátios, portões e cercas; suas esquálidas tavernas e igrejas com cimos dourados; seu mercado, mosteiro, delegacia de polícia, tribunal e prisão; seus patrões e empregados, lojistas, sacerdotes, proprietários de terras, médicos, beldades, viúvas, bufões, mulheres descaídas, avarentos, endividados, bisbilhoteiros, ciganos, aleijados, libertinos, cães e escolares; seus odores, sons e memórias compartilhadas; suas intrigas, crimes e intermináveis conversas.

Foi no verão de 1880 em Stáraia Russa, quando, como disse Dostoiévski, "literalmente todos os leitores da Rússia" aguardavam a conclusão de *Os irmãos Karamázov*, que ele redigiu seu discurso que marcou época na inauguração da estátua de Púchkin em Moscou, proferido por ele no edifício do Clube dos Nobres. As palavras de Dostoiévski sobre a missão universal do povo russo estavam saturadas dos mitos tribais e territoriais dos antigos Rus. Ele encontrou em Púchkin a expressão do chamado divino à nação para unificar "todos os povos e tribos da grande raça ariana". Em Púchkin, proclamou Dostoiévski, os russos podem alcançar a fé em sua "futura missão independente na família dos povos europeus". A Rússia estava empobrecida, mas "o próprio Cristo, em trajes servis, atravessou estas terras empobrecidas e deu-lhe sua benção". Púchkin morreu jovem, disse Dostoiévski ao público de Moscou, e "inquestionavelmente levou consigo, para o túmulo, algum grande segredo. Portanto, temos que solucionar seu segredo sem ele". "Você solucionou! Você solucionou!", gritaram vozes na multidão. "Profeta! Profeta!" No entanto, a "solução" de Dostoiévski dava margem a interpretações. Konstantin Pobedonóstsev, o chefe ideológico reacionário do tsar, agradeceu a Dostoiévski por ter "expressado a verdade russa". Mas o fisiologista Ivan Pávlov entendeu o discurso como politicamente radical. Ao contrário dos demais intelectuais academicistas russos, Dostoiévski realmente conhecia o povo, escreveu Pávlov à sua noiva, Serafima Kartchévskaia. Sua alma acomodava as almas dos demais. Na prisão ele viveu como um igual ao povo, e ainda permanecia com eles.

**

Entramos na cidade pela rua da Revolta, atrás da estação de trens, atravessamos a rua Klara Tsiétkin e a ponte sobre o Pólist. Virando na rua Mineral, cruzamos as ruas Karl Marx e Engels, ruas transversais que eram paralelas à cerca menor da cidade, e paramos na entrada do balneário. Estávamos enrijecidas pela jornada, e famintas. A desamparada imponência stalinista do portão principal era um desapontamento. Uma citação de Pávlov estava inscrita, em granito, sobre uma urna vazia em um dos lados do portão: "A humanidade é o produto mais elevado da natureza, mas não somente para que ela possa usufruir das riquezas da natureza. A humanidade deve ser saudável, forte e inteligente". Pávlov, que ganhou o prêmio Nobel em 1904 por seus trabalhos sobre a digestão e o "reflexo condicionado", tornou-se um relutante favorito do regime stalinista. Depois da morte do chefe do Partido Comunista de Leningrado, Serguei Kírov, em 1934, Pávlov protestou junto a Stálin contra a súbita onda de terror, e Mólotov escreveu duas vezes ao cientista, explicando que os ataques contra "elementos antissoviéticos maliciosos" eram necessários para conter a ameaça capitalista. Apesar dos protestos de Pávlov contra as prisões de intelectuais e a demolição de igrejas, Stálin tentou suborná-lo com presentes e favores. Em uma ocasião, disse a Mólotov, que estava organizando um Congresso Mundial de Fisiologistas em honra a Pávlov: "Você não deve pensar em Ivan Pávlov como apenas mais um dos 170 milhões de cidadãos, mas como alguém cujo lar é o mundo inteiro. Assegure-se de que tudo seja do melhor gosto".

Meu gosto pessoal não é stalinista. Prefiro olhar para o balneário como era nos dias de Dostoiévski, quando as águas estavam na moda. Pude ver como era em uma gravura colorida de um livro. Tinha portões delicadamente elaborados em ferro forjado e parecia-se com um *resort* europeu com um toque oriental de romântica estação de águas caucasiana. Passarelas com treliças levavam até a fonte Muraviov, um penacho emplumado localizado ao lado de árvores frutíferas ornamentais e de bancos sombreados, coroado por uma estrutura octogonal em treliça com o formato de uma gaiola gigante, coberta de cúspides mouriscas.

Podíamos enxergar através da obscuridade do parque, onde passarelas na neve conduziam por entre árvores esguias até os dormitórios de cinco andares, matizados de rosa-amarelado, a cor das cascas de bétulas cobertas de líquen. Perguntamos ao guarda a localização do restaurante e ele nos apontou uma construção ao lado do portão. Subimos a escada e nos encontramos na antessala do diretor do balneário. Perguntei a uma mulher que saía onde poderíamos encontrar o restaurante, e ela fez um gesto amigável mostrando um sofá ao lado da porta, dizendo-nos para esperar pela técnica em nutrição. Em três cantos havia mesas largas com pastas, caixas de bolo, telefones e xícaras de chá vazias espalhados. As paredes eram decoradas com fotografias esmaecidas das terapias do balneário: robustas mulheres em aventais brancos cobrindo de lama negra homens musculosos deitados em salas de azulejos azuis ou ajustando mostradores em cubas gigantescas com água marrom-avermelhada.

Eu já estava familiarizada com a maneira como o tempo funciona em salas como esta, suspenso entre o torpor e a eterna possibilidade de uma súbita e decisiva ação. A única coisa a fazer era esperar. Peguei um livro em uma mesa de canto: *O solo virgem de Stáraia Russa*. Publicado em 1982, foi o último suspiro da "estagnação" da União Soviética, quando o Partido tentou reviver uma sociedade fatigada e deprimida por meio de decretos sobre a alegria do trabalho comunista. Li a respeito do decreto de Brejnev sobre o serviço de saúde no XXVI Congresso do Partido, sobre a grandiosa luta sem precedentes pela saúde da população, pela consciência, iniciativa, direcionamento, competição socialista, cultura de massa, dever soviético, o décimo primeiro Plano Quinquenal... A fome e o zumbir rouco das luzes fluorescentes estavam fazendo minha cabeça doer. Mulheres de tórax largo e cabelos presos entravam e saíam da sala de espera, batendo os saltos no linóleo. As páginas do livro trouxeram um aroma de plástico doentio daquela época de declínio. Olhei para os retratos dos heroicos "trabalhadores de choque" do balneário: Elena Aleksándrova, "Médica de Primeira Linha", um "doce anjo, radiante da alegria de curar" e Nina Markvardt, a dentista com "mãos de ouro", "Cavaleira da Ordem do Signo da Honra". Nenhum paciente ficaria sem atenção ideológica, prometia o livro. Havia noites de canções patrióticas, visitas de heróis do trabalho, palestras sobre a moralidade comunista. Com o fim de moldá-los em cidadãos soviéticos que adoravam trabalhar, prontos para defender a terra natal, pacientes adolescentes seguiam um programa intensivo de educação política. Havia uma Sala Lênin e uma biblioteca com dezenas de milhares de títulos alusivos, tais como *Problemas urgentes das políticas interna e externa do Partido Comunista*, e *Interpretando as decisões do XXVI Congresso do Partido*.

Não havia nem sinal da técnica em nutrição. Fora-se a hora do almoço. Eu planejara mal o dia. Li em voz alta algo sobre "nutrição racionalizada": frutas e legumes para vitaminas tônicas e saladas provenientes de estufas do próprio balneário... laticínios de suas próprias vacas... a receita secreta do *master chef* Zakhar Kistkin para costeletas de carne recheadas com *kacha* de trigo-sarraceno... Por que teria eu proposto à minha amiga confiante que nós viéssemos aqui em primeiro lugar? As iguarias da era Brejnev evocadas no livro eram um tormentoso estímulo às "secreções corpóreas". Os nervos em nossos córtex cerebrais estavam enviando sinais frenéticos aos nossos órgãos digestivos, mas não havia nada para comer. Como os cães de laboratório de Pávlov, as "fábricas de suco gástrico", como ele os chamava, nós estávamos ficando desorientadas, ansiosas e tristes.

Stáraia Russa estava me levando rapidamente a uma visão de que havia muito mais em Dostoiévski sobre comida, sobre este poderoso demônio, a fome, e sobre as intrincadas relações entre o estômago humano e a alma do que sobre a identidade nacional russa. Pávlov era fascinado pelas questões de Dostoiévski sobre onde termina o corpo e começa a alma. A comida é central no drama teológico, político e psicológico de *Os irmãos Karamázov*. "Posso me afastar do pão deles, pois não tenho nenhuma necessidade disso", declarou o louco e asceta padre Ferapont. "Posso ir para a floresta e sobreviver de cogumelos e frutas selvagens..." Ele via os demais monges, que não podiam abandonar seus pães, como escravos do diabo. Feraponte não comeu quase nada durante anos. O monge anoréxico via o demônio em bolsos de casaco, atrás das portas, escondido nas entranhas de outro monge, "bem dentro de sua imunda barriga". Dostoiévski não diz se

Feraponte é um místico ou um lunático, mas quando Aliocha Karamázov visitou o velho monge em sua cela foi tomado pela admiração. "Não se vive apenas de chá, suponho", gracejou Ivan Karamázov logo depois, quando Aliocha, desajeitado em suas vestes de noviço, chegou à movimentada taverna Metrópole. É o primeiro encontro entre os jovens irmãos. Elogiando a malcheirosa sopa de peixe "de primeira linha" da taverna, Ivan reflete sobre sua própria e indecente "sede de viver dos Karamazov". A discussão sobre geleias e chá ampliou-se para a feroz contenda de Ivan contra um Deus que permite a tortura e o assassinato de crianças, e para a declamação a Aliocha de sua prosa poética "O Grande Inquisidor". O Inquisidor de Ivan, que "subjugara a liberdade para fazer os homens felizes", lembra o Cristo retornado de suas três tentações no deserto, nas quais "todas as contradições históricas ainda não resolvidas da natureza humana estavam reunidas". Na primeira, onde "jaz oculto o grande segredo do mundo", o tentador convida Cristo a transformar pedra em pão. "A única bandeira infalível que fará com que os homens se curvem é a bandeira do pão terreno", diz o tentador, "nada é mais certo do que isto. Gratos e obedientes, vão prostrar sua liberdade e dizer 'Faça-nos escravos, mas nos alimente'."

Quando os últimos fascículos de *Os irmãos Karamázov* apareceram, o jovem Pávlov trabalhava em sua tese de doutorado sobre os nós nervosos do coração em uma clínica médica de São Petersburgo. Pávlov, que sofria de depressão, encontrou afinidade emocional em Ivan Karamázov ao sentir a mente dominada por uma lógica que parecia imobilizar os impulsos de seu coração. Também temia a solidão, sofria de terrível ansiedade e queria encontrar seu caminho para alguma ciência de vida. Serafima Kartchévskaia, devotada estudante religiosa em um instituto de Pedagogia, conhecia Dostoiévski e voltou-se para o escritor com suas próprias questões espirituais. Conforme confidenciou-lhe Pávlov em uma carta, foi por meio da leitura de Dostoiévski que ele aprendeu a valorizar sua melancolia como uma forma de discernimento privilegiado: "uma pessoa tem dois lados opostos e é constituída de tal forma que enxerga apenas um de cada vez. Se foi bem constituída, enxerga apenas o lado luminoso, se mal – apenas o cinzento. Portanto, a verdade completa sobre si mesmo mostra-se somente no estado melancólico".

Compartilhamos o último tablete de goma de mascar. Quase uma hora se passou antes de a técnica em nutrição chegar. Uma mulher gentil com cabelos louro-claros disse-nos que antes de podermos comer tínhamos que ser examinadas por especialistas, para que a comida prescrita fosse nutricionalmente correta. Isto requereria amostras para análises e documentos assinados e carimbos de todo tipo. Sorriu ao dizer que o processo levaria dias.

Perambulamos pelo parque, iluminadas pela fonte no "oásis ionizado", para ler um folheto com uma lista de tratamentos que a técnica em nutrição nos tinha dado. A gaiola oriental e as passarelas de treliças tinham desaparecido, e a fonte mineral estava coberta por lajes de mármore com cor de ferrugem, rodeada por bancos avariados com a pintura descascada e assentos oscilantes e por guarda-sóis verdes de plástico corrugado que rangiam na brisa. O folheto anunciava curas para o excesso de trabalho, reabilitação endoecológica, absorventes impregnados com lama de Stáraia Russa e tratamentos para rins, sistema nervoso, psoríase, doenças venéreas, infecções nas gengivas, no trato digestivo, no intestino... Uma mulher com um casaco de peles surrado e chapéu caminhava lentamente em volta da fonte, fechando os olhos ocasionalmente e elevando a face para o céu.

Em outros tempos havia nestas terras um convento dedicado a São Pedro e São Paulo, próximo à indústria salineira que, nos séculos XIV e XV, construiu as grandes fortunas de Stáraia Russa. Mais tarde, a indústria salineira mudou-se para o outro extremo da cidade, e os cerejais e as hortas do convento abandonado tornaram-se selvagens. O povo local sempre soube das propriedades curativas das fontes salinizadas, e as usavam para curar escrófula, dores nas costas, asma e ossos quebrados. Em 1815, época romântica do balneário, palavras sobre "curas milagrosas" em Stáraia Russa chegaram a Fiódor Haas, um médico que havia publicado um tratado sobre as fontes caucasianas de Essentuki e Jeleznovodsk. Pesquisou sobre as águas e conversou com os moradores, mas os estabelecimentos médicos de Petersburgo, cansados de seus esquemas idealizados para melhorar a saúde de sua terra natal, receberam essas descobertas com ceticismo. Em meados dos anos 1820, o engenheiro de minas Iliá Tchaikóvski (pai do compositor) interessou-se pelas águas minerais, e um médico chamado Rauch veio tomar notas sobre os habitantes locais que se banhavam em piscinas de lama. A primeira construção do balneário foi erguida em 1834, e pelas próximas duas décadas soldados feridos nas fronteiras russas eram enviados a Stáraia Russa para convalescer, enquanto a alta sociedade viajava para a Europa ou para o Cáucaso para se tratar. Em 1858 um ministro de Estado, de nome Muraviov, ordenou a perfuração de um poço artesiano, e o primeiro barco a vapor navegou entre Nóvgorod e Stáraia Russa. O balneário era propriedade imperial, médicos com nomes alemães tais como

Eikhvald e Veltz publicaram artigos sobre a lama e milhares de visitantes, de grão-duques ao exausto escritor antitsarista Nikolai Dobroliúbov, vieram para se tratar. Nos tempos de Dostoiévski a cidade tinha sido organizada para o descanso e para o prazer: passeios de barco, bailes à fantasia em pavilhões, performances teatrais, passeios na floresta, excursões aos mosteiros próximos. Apesar de o balneário gozar da reputação de ter manutenção deficiente e administração corrupta, oficiais da guarda e beldades da alta sociedade vinham para a temporada de verão. Uma ilha no Pólist tornou-se um paraíso tão favorável para piqueniques românticos que era conhecida como a "ilha do amor".

Inicialmente o balneário não apresentou nenhum charme para Dostoiévski. Ele conhecia balneários na Alemanha e na Suíça, onde buscava remédio para sua epilepsia durante a última década. Achava a sociedade de Stáraia Russa vulgar e pretensiosa, que aspirava em vão pelo glamur do *beau monde* europeu. As mulheres pareciam rudes e desprezíveis em seus modelos extravagantes, não havia muitas confeitarias na cidade, o parque não causava grande impressão, todos falavam um mau francês e as águas eram lamentáveis. A única coisa que ele valorizava era a sua inscrição na biblioteca do balneário, onde durante as tardes era frequentemente visto lendo jornais e revistas.

Dostoiévski era cético em relação a médicos, e insistia que um alemão modesto era geralmente superior aos grandes médicos russos. *Os irmãos Karamázov* está cheio de chacotas, passagens burlescas e adivinhas sobre os médicos e os últimos enigmas da ciência fisiológica. O médico da cidade, que afirmava entender de epilepsia e medicara inutilmente o moribundo Iliúcha, chamava-se Herzenstube, "sala do coração". O dispendioso médico moscovita que cruelmente aconselhara o pai indigente de Iliúcha a enviá-lo a Siracusa para uma temporada climática, é um personagem amargamente satírico. Na prisão, Mítia Karamázov caricatura as ideias comportamentais do famoso fisiologista francês Claude Bernard, que morreu no ano em que Dostoiévski concebeu o romance. O médico preferido por Dostoiévski, Stiepan Ianóvski, descreve o escritor como um "insaciável analista da química moral", ao perceber o parentesco entre sua escrita e a exploração científica contemporânea das relações entre corpo e mente. A mulher de Ianóvski, a comediante Aleksandra Shubert, chamava o escritor de *serdtsieved*, um "estudioso do coração".

"Não sou médico... não sei nada de medicina", diz o narrador do romance quando Satanás apareceu, ou assim pareceu, a Ivan Karamázov. O narrador promete que vai esclarecer a "desordem cerebral" de Ivan. Em vez disso, permite ao leitor espreitar um diálogo entre Ivan e Satanás, que pode ou não ser um sintoma do colapso nervoso de Ivan. "Nem por um minuto tomei-o por real", grita Ivan ao cavalheiro combalido que aparece no sofá à sua frente. "Você é uma falácia, você é minha doença... Você é a encarnação de mim mesmo, mas apenas de um lado meu." Então Satanás diz coisas que nunca tinham passado pela cabeça de Ivan, ressaltando o enigma que são os sonhos, "por indigestão ou por qualquer motivo", nos quais os indivíduos mais ordinários enxergam visões artísticas "tecidas em tal enredo e com tais detalhes, desde os assuntos mais elevados até o último botão de um punho de camisa, que eu juro que nem Liev Tolstói poderia criar". O visitante é caracterizado por detalhes provocadores. Gosta de banhos de vapor com comerciantes e sacerdotes na *bánia* pública e queixa-se de que, por mais que goste de "ser medicado", não consegue curar seus resfriados. Satanás, a quem o narrador chama de "visitante" ou de "voz", não se parece em nada com Ivan, embora conheça as produções mais íntimas da mente de Ivan. Zomba dos escritos filosóficos de Ivan, mas não tem resposta própria para as questões metafísicas e políticas que eles formulam. Seja ele um ser sobrenatural ou um sintoma de desordem mental, o diabo não tem ideia se Deus existe ou o que significa a História. Também espera, diz a Ivan, pelo fim de todas as coisas, quando o "segredo será revelado".

***

Uma placa de orientação sob as árvores apontava para quatro direções diferentes: biblioteca e complexo de entretenimento, portão principal, galeria de bebidas e piscinas de hidroterapia. Um aviso maltratado na empenada porta de metal do edifício da piscina lembrava aos banhistas que apresentassem seus certificados dermatológicos, ginecológicos, venereológicos e fluorográficos ao atendente de plantão. Outro advertia os nadadores para fazerem "avaliações subjetivas" da saúde de seus corações. Uma lista de oito reações fisiológicas possíveis abrangia desde "uma boa e agradável sensação de cansaço" até fadiga, dor, vertigem, dor de cabeça e náusea.

Pávlov receitava brometo e sono prolongado para todas as variedades de estresse ou desordem psicológica. Em 1921, Lênin assinou um decreto instituindo um comitê de Estado que consignava condições criativas favoráveis para o trabalho de Pávlov. As explicações materialistas de Pávlov para o comportamento humano eram análogas às dos ideólogos do bolchevismo. (Mais tarde, Pávlov temerariamente denunciaria Lênin e Stálin, chamando o governo soviético de "merda" e dizendo na cara de Mólotov que a coletivização nunca funcionaria porque contradizia a psicologia do camponês russo.) No mesmo ano, Lênin encomendou um relatório detalhado sobre o estado e a utilidade do balneário de Stáraia Russa. Quatro anos depois, ele tornou-se o primeiro *resort* de saúde na Rússia a funcionar durante o inverno. No fim dos anos 1920, quando "recantos Lênin" apareciam por toda parte em edifícios públicos nacionalizados de Stáraia Russa, Dostoiévski foi considerado um escritor potencialmente perigoso. Assim como o brometo e o sono inibem o colapso da máquina humana, os escritos de Dostoiévski que, como ele dizia, almejavam "iluminar os recantos escuros da alma humana que a arte não gosta de abordar", ameaçavam instigar a desordem interna dos homens soviéticos. O crítico Viatcheslav Polónski envolveu-se em debates sobre o potencial antirrevolucionário de *Os demônios*, um romance que nunca foi publicado em um volume separado no período soviético. O Comissário do Povo para a Educação, Anatóli Lunatchárski, advogava que Dostoiévski era uma "substância poderosamente ativa que não podia ser simplesmente posta nas mãos de qualquer um, especialmente da nova geração". Dostoiévski fazia muitos questionamentos sobre o corpo e a alma, cujo relacionamento os intelectuais bolchevistas esperavam ver reduzido, em breve, a uma simples fórmula materialista. Entre os livros de Mólotov (ostentando o selo de um Clube de Trabalhadores do Partido Comunista e cuidadosamente recatalogado em sua biblioteca privada) havia *A arte como um aspecto do comportamento humano*, publicado pela Editora Médica do Estado em 1930. Assinaladas na margem estão as sentenças: "Camaradas, penso ser muito provável que em um futuro próximo vamos compreender a alma humana e descobrir o que ela é. Por que, de fato, será ela tão supreendentemente misteriosa?". Mólotov admirava Dostoiévski apesar dos mistérios, e perguntava-se por que Lênin odiara o romancista. "Aquele Dostoiévski era inquestionavelmente um homem de gênio", disse a Félix Tchuíev, acrescentando que, assim como Tolstói, Dostoiévski entendia as coisas equivocadamente em razão de ambos os escritores estarem paralisados em um ponto de vista burguês: "Elevamo-nos acima deles".

Começava a esfriar enquanto caminhávamos pela rua Mineral. As luzes se acendiam, atenuando as sombras de um poente precoce por entre árvores e edifícios. Decidimos percorrer um longo caminho até a vila de Dostoiévski às margens do Porúsia, fazendo um desvio até a esquina da rua Engels onde o nosso mapa indicava um grande hotel chamado Pólist, em uma direção, e o Café Sadkó na outra. Atalhamos pelo pequeno parque em volta do memorial da Guerra. Podíamos ver um conjunto de luzes brilhantes no fim do parque e imaginamos uma aconchegante sala de refeições de hotel.

No monumento à Glória dos Heróis da Grande Guerra Patriótica havia efígies de soldados, partisans e armas. Stáraia Russa deve ter sofrido mais tortura e destruição do que qualquer cidade na Rússia durante os três anos de ocupação alemã. "Tornamo-nos todos proprietários de terras", escreveu dali para casa um tenente alemão; "adquirimos escravos eslavos e fazíamos deles o que queríamos." Antes de as armas cessarem fogo, o herdeiro da fábrica de madeira compensada "Luther", que se havia tornado propriedade alemã, correu para Stáraia Russa para restabelecer o negócio da família. Expropriada em 1917, a fábrica na beira da cidade fora renomeada *Proletariado*.

Rapazes e moças adolescentes juntaram-se aos partisans na sua "república florestal", fortificando pantanais, vivendo em meio às raízes robustas de pinheiros pré-históricos. Camuflados de branco, explodiram pontes e incendiaram pilhas de lenha enfeixadas para serem enviadas à Alemanha. Infiltravam-se na cidade durante a noite para colar, nas paredes e nas portas, exemplares de seu jornal com relatos sobre comandos contra os nazistas, vangloriando-se de suas vitórias: a emboscada de um trem de suprimentos, a explosão de um carro alemão ou o fuzilamento de um "cão fascista" na rodovia. O fotógrafo da cidade colaborava com os nazistas, entregando negativos de partisans ativos. Moradores locais suspeitos de os ajudar foram enforcados na sacada da Casa do Camponês. Quando os nazistas se retiraram, restavam apenas 165 moradores locais e quatro edifícios em pé. O balneário fora transformado em um cemitério. Um soldado alemão mandou uma foto das ruínas, como se fosse um cartão-postal, capturando "uma cidade que nunca renascerá".

Ao contrário de algumas instituições públicas de Stáraia Russa, renascida com toda a pompa na era stalinista, o hotel Pólist era um combalido *khruschovka*, um edifício angular de alvenaria com cinco pavimentos da época de Khruschóv, que ostentava, fixada no telhado com suportes frágeis e balançando na brisa, uma tabuleta de metal em escrita cursiva, há muito enferrujada. Exposta sobre a entrada do hotel havia uma pintura incongruentemente bela, com três andares de altura, pintada em dourado-terra, carmim, cor-de-rosa e azul-claro, representando os eslavos e os rus, a veneração do sagrado ícone da Santa Mãe de Deus de Stáraia Russa e outras lendas da história antiga da cidade. Os degraus de concreto rachados estavam cobertos de neve. Entramos, deixando um rastro de barro sujo nas lajes novas. Uma velha senhora que dormia ao lado dos porta-casacos vazios apontou com raiva para nossas botas sujas e disse-nos que o restaurante estava fechado.

Continuamos descendo a Engels, cruzamos a rua Herzen até o Café Sadkó. Outra velha senhora de chinelos e gorro de lã estava guardando casacos no vestíbulo. Sim, o café está aberto, disse, mas há um banquete privado acontecendo. Sons de cantoria e balbúrdia vinham da sala de refeições. Abri a porta. Vários pares de olhos inexpressivos olharam em minha direção através da fumaça. Em ambos os lados de um homem de rosto afogueado, na ponta da mesa, estavam sentadas duas mulheres de meia-idade com vestidos de veludo de náilon roxo e dourado brilhante, cada uma com um braço em volta do pescoço dele. Um casal dançava pesadamente em um canto, a mulher com a cabeça encostada no ombro do homem, de olhos fechados. A mesa era uma confusão de *zakúski** parcialmente consumidos, cinzeiros e manchas de conhaque. Fechei a porta do bacanal lúgubre e saímos para a cidade cinzenta.

A moderna Stáraia Russa encontra um limite abrupto quando a rua Engels chega ao rio. Ao longo de cada margem do largo Porúsia havia cabanas baixas, algumas pintadas de um verde entediante ou de marrom, outras mostravam-se como se suas molduras de madeira ornamentadas tivessem apodrecido e afundassem na neve suja. A corrida de Mítia Karamázov na escuridão para a casa de seu pai, na noite do assassinato do velho, ainda pode ser traçada no mapa da cidade. Da casa de Grúchenka, cujas "curvas infernais" enlouqueceram tanto pai quanto filho e lançou-os em uma lasciva rivalidade, Mítia cruzou a ponte da Catedral, seguiu pela margem até a rua Dmítrievski e depois correu sobre a pequena ponte que cruza um riacho sujo chamado Malachka, até uma viela deserta atrás da casa de Fiódor Pávlovich. A sexualidade, segundo o pensamento do bibliotecário Fiódorov, é "a força que compele os filhos a esquecerem seus pais e é responsável pelos conflitos civis e políticos do mundo".

* Entradas, antepastos, petiscos.

A Dmítrievski é hoje chamada de rua dos Comandantes Vermelhos. Quase nenhuma rua de Stáraia Russa manteve seu nome pré-revolucionário. Elas se referenciam mutuamente como um subsolo revivido de assassinos explosivos, comunistas internacionalistas, proletários vitoriosos, tchekistas e comissários, como se tivessem sido renomeadas com os nomes dos conspiradores revolucionários em *Os demônios*. Uma das ruas tomou o nome de Vladímir Dubróvin.

Oficial de um regimento local que mantinha vínculos com os revolucionários da capital, Dubróvin organizou, em 1878, um círculo radical de soldados, comerciantes e camponeses em Stáraia Russa. Depois de ter sido envolvido no assassinato de um chefe de polícia, Dubróvin foi preso na fortaleza de Pedro e Paulo em São Petersburgo. Enquanto era arrastado algemado pelas ruas de Stáraia Russa até a estação de trens, gritava que a Rússia deveria fazer como a França e livrar-se da autocracia. A investigação policial concluiu que Dubróvin planejava instalar-se na cidade "com o objetivo de incitar membros do campesinato que pensavam como ele à insubordinação contra o poder vigente". Ele se recusou a fornecer provas em sua corte marcial e foi executado na primavera de 1879, ainda orando inaudivelmente em meio ao rufar dos tambores marciais. Até ministros do governo ficaram bastante impressionados com sua firmeza.

Quando Dostoiévski chegou a Stáraia Russa, mais tarde naquele mesmo mês, na cidade só se falava do caso Dubróvin e do "abcesso moral" na sociedade russa. O chefe da guarda local observou em seu "levantamento policial" que o espírito do povo de Stáraia Russa era "rebelde" e poderia servir como "matéria cabal para finalidades antigovernamentais". Em maio, Dostoiévski escreveu a Pobedonóstsev dizendo que fanáticos como Dubróvin estavam completamente convencidos de sua justeza, tinham "sua própria lógica, seu próprio entendimento, seu próprio código". Poucos dias antes tinha enviado o manuscrito do quinto volume de *Os irmãos Karamázov* a seu editor, descrevendo-o como um "retrato da extrema blasfêmia e da semente da ideia de destruição da Rússia em nosso tempo, entre os jovens afastados da realidade". As convicções expostas por Ivan Karamázov a Aliócha na taverna eram a "síntese do anarquismo russo contemporâneo". Ivan não nega a Deus, ele nega o significado da criação por Deus. "Todo socialismo começa com a negação do significado da realidade histórica", disse Dostoiévski a seu editor, "e leva a um programa de destruição". *Os irmãos Karamázov* refletem as ideias de Nikolai Fiódorov, em quem Dostoiévski ficou interessado enquanto concebia o romance. O grande tema de Fiódorov era a "fraternidade dos filhos com a ressurreição de seus finados pais"; o romance de Dostoiévski descreve uma fraternidade de filhos para o assassinato do pai.

No lado distante da cidade, uma rua recebeu o nome de Stiepan Khaltúrin, membro do movimento revolucionário Vontade do Povo, que não tinha conexões em Stáraia Russa e foi responsável pela explosão bem-sucedida, em fevereiro de 1880, de uma bomba sob a sala de jantar do tsar no palácio de inverno que matou guardas e serviçais, trouxe pânico à sociedade e levou à declaração de uma lei marcial. Os terroristas podiam estar em qualquer parte. A destruição terrorista que lacerou a Rússia nos últimos dias de vida de Dostoiévski convenceu-o de que a visão apocalíptica de *Os demônios* era justificável; nenhum de seus personagens era, no mínimo, "fantástico". Revolucionários agora estavam abertamente comprometidos com o assassinato. Dostoiévski achava as motivações e as vacilações morais deles fascinantes, observando o testemunho de Vera Zassúlitch (tradutora do *Manifesto Comunista* de Marx e Engels) em seu julgamento pela tentativa de assassinato do governador de São Petersburgo: "É terrível levantar a mão contra um ser humano, mas eu decidi que era isto que eu tinha que fazer". Ele continuava tendo amigos próximos entre os materialistas e os progressistas, até mesmo entre velhos amigos de Karl Marx, como a "fina e inteligente mulher" Anna Jaclard, que passou uma temporada de verão em Stáraia Russa.

Pegadas nos atraíram para o rio congelado. Descemos os degraus em meio a tílias despidas e caminhamos no gelo em direção à casa de Dostoiévski, um céu aquoso acima de nós, nosso humor iluminado pela fome em um estado quase onírico. No pontal onde o Porúsia encontra o Pólist, o penetrante pináculo da catedral mostrava sua silhueta contra o céu obscurecente. Além da catedral, o cais leva o nome de Dostoiévski. Mantivemo-nos ao lado do rio. Um grupo de crianças fazia uma corrida de trenó, onde o barranco era mais íngreme. Moviam-se entre as árvores, chamando-se, rindo. A Leste, através de uma cerca tombada e por cima de garagens metálicas baixas e de galpões de madeira que se inclinavam em ângulos inusitados, podíamos distinguir a Igreja de São Jorge, onde Dostoiévski orava e a Mãe de Deus de Stáraia Russa, agora amada pela FSB, ficou pendurada até o seu desaparecimento em junho de 1941. Sua única cúpula azul agora parecia negra na branca torre circular. Subimos o aclive de volta e caminhamos ao longo da estrada passando por Jigulis enferrujados.

Na noite sem vento do assassinato de seu pai, Mítia Karamázov aproximou-se da casa pela viela de trás. Sentiu um calafrio ao passar pela *bánia* até os arbustos velhos e embranquecidos sob a janela do quarto de Fiódor Pávlovitch. O velho debruçou-se na janela, acenando lascivamente para o seu "anjo" Grúchenka, olhando para a esquerda e para a direita: o "perfil que Mítia tanto abominava, o pomo de Adão proeminente, o nariz adunco, os lábios que sorriam em voluptuosa expectativa, tudo estava bem iluminado pela luz oblíqua que vinha do aposento".

Em seus dois últimos anos de vida, enquanto o enfisema o sufocava, Dostoiévski reimaginou sua casa em Stáraia Russa como cenário para o escândalo e o assassinato no interior da "inusitada" família Karamázov. Eventos locais serviram de material. Perto da fábrica de sal, um homem chamado Piotr Nazárov assassinou seu próprio pai. Em uma rua próxima ficava a casa do pervertido major Von Sohn, membro de uma linhagem de diretores corruptos do balneário, que fora brutalmente assassinado por uma quadrilha criminosa não muito antes da primeira visita de Dostoiévski, e que vivia na memória local como um protótipo de Fiódor Pávlovitch. Likhatchov adorava a autenticidade dos romances de Dostoiévski, sua verossimilhança com o tempo e o lugar. O escritor não pretendia "estruturar uma realidade", observou, "mas sim estruturar seus romances na realidade". Ele "tomava um fato, um lugar, um encontro casual ou uma reportagem de jornal e lhes dava uma continuação. Ele povoava as ruas, abria as portas dos apartamentos, descia aos porões, construía biografias para pessoas com as quais cruzava nas ruas".

A casa de Dostoiévski era feita de ripas verde-escuras estreitas, dispostas em zigue-zague entre o primeiro e o segundo andar. Uma tabuleta dizendo "Rua do Escritor" estava fixada em uma parede. Durante a "distensão" de Khruschóv, a rua em talude foi rebatizada de Dostoiévski e decidiu-se restaurar a casa e reconstruir a *bánia* e o caramanchão. Este foi o refúgio de Dostoiévski em seus últimos anos, um tempo de "trabalho duro" que ele achou mais exaustivo do que sua prisão em Omsk. "Que homem fantástico e tortuoso!", observou sua amiga Elena Chtakenchneider. "Dostoiévski é, em si, um conto mágico, com seus milagres, surpresas inesperadas, transformações, com enormes terrores e bagatelas."

Tenho uma imagem da vida no interior da casa advinda das memórias da filha de Dostoiévski, Liuba. A casa era pequena, "com o sabor alemão das províncias do báltico", lembrou, "cheia de surpresas inesperadas, armários de parede secretos, portas de correr dando para escuras e empoeiradas escadas em caracol". Em seus quartos estreitos, decorados no estilo do império, espelhos com pátina esverdeada propiciavam reflexos assustadores. Nas paredes havia figuras de "mulheres chinesas monstruosas com unhas com cinquenta centímetros de comprimento e pés minúsculos". Liuba se lembra de longos dias chuvosos jogando bilhar chinês em uma varanda fechada no lado da casa. Seu pai levantava-se tarde, fazia ginástica, cantava quando estava de bom humor, lavava-se minuciosamente e vestia-se de fino linho claro com colarinho engomado. Depois das orações bebia duas xícaras de chá forte e uma terceira no escritório, onde tudo em sua mesa estava disposto em uma ordem pretensiosa. Enrolava cigarros e fumava muito ao longo do dia. Depois do almoço ditava para sua mulher, que fazia uma cópia fiel de tudo o que ele havia escrito durante a noite, e cuidava das crianças com guloseimas que tinha na gaveta da mesa: figos, tâmaras e nozes da Plótnikov, uma lojinha da cidade que aparece com seu próprio nome em *Os irmãos Karamázov*. Depois lia, frequentemente sobre a vida de homens santos, antes de sua caminhada vespertina. À noite, jantava cedo com as crianças, contava-lhes contos de fadas ou lia em voz alta Liérmontov, Gógol e Schiller, e rezava sua oração predileta: "Toda minha esperança em vós repouso, ó Mãe de Deus, protegei-me sob seu manto". Tarde da noite, enquanto o filho e a filha dormiam tossindo, ele escrevia, ouvindo lá fora o vendaval quebrar árvores centenárias, experimentando até onde podia ir na descrição literária do abuso infantil. Que Deus é este que permite que crianças sejam sadicamente mortas, desafiava Ivan Karamázov ao devoto Aliócha.

Abrimos o portão do jardim de trás. Pequenas pilhas de tábuas finas e novas, levemente cobertas pela neve que caía, estavam espalhadas entre as bétulas e suas cascas alvas. Eu tinha em mãos um pedaço de papel manuscrito que me fora dado pelo meu amigo eslavófilo em São Petersburgo com os nomes dos três curadores da casa-museu: Vera Ivánovna, Natália Dmítrievna, Natália Anatólievna. Ele me garantira que a menção de seu nome nos proporcionaria calorosas boas-vindas e uma visita informativa. A porta forrada de couro estava trancada. Um aviso dizia que museu estava aberto. Tocamos a campainha, esperamos, tocamos novamente. As últimas luzes do dia se esvaíam. O jardim transmitia desolação. Deveríamos ir até o caramanchão e nos sentar onde Aliócha esperou pelo irmão Mítia, mas encontrou o sinistro e provável meio-irmão, o cozinheiro epilético da família, Smerdiákov? "Posso ser apenas um fazedor de sopas", Aliócha escutou

Smerdiákov dizer, "mas com um pouco de sorte posso abrir um café na rua Petrovka, em Moscou, porque minha cozinha tem algo de especial e não há ninguém em Moscou, exceto estrangeiros, cuja cozinha tenha algo de especial". Tocamos novamente e percebemos finalmente algum movimento na casa, o som de uma porta se fechando, passos. Uma mulher pequena com olhos nervosos olhou para fora. Eu disse o nome de meu amigo. Muito prazer, muito prazer, acenou ela com a cabeça pela porta forrada de couro. Sim, ela era Natália Anatólievna, não, não podíamos entrar, o museu estava sofrendo *remont*, não há nada para se ver, todas as salas então trancadas, tudo foi levado embora.

Sentamo-nos no jardim silencioso onde Dostoiévski imaginou Smerdiákov cantarolando ao dedilhar seu violão. As janelas estavam escuras como fendas no gelo. Nem todo lugar revelará seu segredo. Uma luz incidia em um quarto do andar de cima. Apoiada contra a vidraça havia uma pilha de livros velhos instável. Equilibrada em cima dos livros, havia uma terrina de porcelana branca.

8.
Rostov sobre o Don

"Nós dois contemplávamos o mundo como se fosse
uma pradaria em maio, uma pradaria pela qual
mulheres e cavalos passavam."

Isaac Bábel, "A história de um cavalo"

Nas vielas desmanteladas que conduziam ao rio Don, a noite começava a se desenrolar. Aqui, 1200 quilômetros ao sul de Moscou, a primavera ainda levaria semanas para chegar. Música pop e comentários futebolísticos brotavam de rádios e televisores dentro das pequenas casas de tijolos, todas construídas nos anos 1870 segundo os letreiros de metal em suas portas. As portas de entrada permaneciam abertas, revelando passagens sombreadas, frescas e nuas, com caixas de correio azul-metálicas fixadas nas paredes. Em varandas de ferro forjado sobre a calçada, roupas e peixes eviscerados pendiam de varais, sobre uma profusão de gaiolas e móveis quebrados. Um homem com pernas tatuadas, sentado em uma poltrona encardida, observava-nos passar. "Guarde seu dinheiro em uma caderneta de poupança", aconselhava um cartaz recente de plástico na fachada suja de uma loja. Depois da rua Stanislávski, os edifícios eram menores, alguns não mais do que barracões de lata. A rua se desmanchava em destroços e sujeira. Dentro de um edifício fabril do século XIX, com ar abandonado, homens vociferavam sobre os guinchos e rangidos de uma máquina. Lírios cresciam nas moitas de um terreno baldio, ainda retorcidos entre as estreitas hastes verdes, labiados com pétalas de premente púrpura. Um cão farejava o lixo, descendo a colina em direção à margem, onde as cerejeiras ainda floriam.

Uma jovem mulher vestindo um casaco cinturado de vinil preto saiu de uma casa na esquina. Usava uma gargantilha folgada e sapatos de salto alto com tiras de couro envolvendo os tornozelos. Um velho passou, inclinado sobre um carrinho de bebê rangente cheio de sacolas plásticas abarrotadas. Apanhando os longos cabelos em uma mão, a jovem atirou-os sobre os ombros, guardou um celular enfeitado com bijuterias na bolsa, olhou para os meninos chapinhando na poeira da sarjeta e se afastou do Don em direção ao centro da cidade, com um passo rápido e gracioso apesar de seus saltos e do cascalho no asfalto.

Tal como Vassíliev, o estudante de direito moscovita na história "Os nervos" de Tchékhov, pouco sei sobre mulheres decaídas, exceto por meio de falatórios e livros, porém, quando reconheço uma por suas maneiras ou jeito de vestir, lembro-me de histórias que ouvi com a imaginação perturbada por questões para as quais as respostas eram jocosas e cínicas ou deprimentemente trágicas. "Elas estão vivas! Meu Deus, estas mulheres ainda vivem!", estremece Vassíliev depois de sua primeira visita a um bordel de Moscou. "Doutor, diga-me apenas uma coisa", perguntou quando os colegas, que o haviam apresentado ao bordel, levaram-no para tratamento médico de sua subsequente agonia espiritual. "A prostituição é um mal ou não? E, se realmente for, e daí?".

Caminhei com minha companheira ao longo do cais. Casais sentados em bancos de madeira azulada bebiam cerveja Báltika, fitando através do Don a terra selvagem do outro lado. As águas que ali fluíam tinham percorrido milhares de quilômetros, movendo-se para sudeste desde Tula, onde nasciam, e depois para sudoeste na direção do mar de Azov. Um pequeno caminho ao longo da margem era ladeado por uma fileira de casas novas de alvenaria, brilhantes com suas balaustradas pintadas, câmeras de segurança e antenas de satélite nos beirais. Cartazes nos portões de ferro advertiam sobre "cães ferozes". Com um murmúrio eletrônico, uma garagem subterrânea abriu-se para permitir a entrada de um jipe prateado que viera silenciosamente pela rua atrás de nós. O comércio, para o qual Rostov sobre o Don tinha sido fundada no final do século XVIII, retornara à cidade, e seu amálgama de ricos e pobres fora rapidamente restaurado.

Rhoda Power, uma inglesa que em 1917 viera a Rostov como governanta da próspera família Sabarov, achava que a cidade tinha uma aparência curiosa. Em *Sob os cossacos e os bolcheviques*, memórias que publicou logo após escapar da Revolução e da Guerra Civil por Múrmansk, descreve a desordenada aparência de Rostov onde, "ao lado de uma mansão grande e enfeitada, com estátuas na porta e portões de ferro trabalhado, havia uma choupana de madeira minúscula, coberta de palha e construída parcialmente sob o solo", onde galinhas, cachorros e crianças se arrastavam juntos pelo chão. Naquele tempo o rio era poluído por rejeitos industriais e cheirava mal, mas as ruas principais eram pavimentadas e bondes elétricos trafegavam ao longo do Anel de

Jardins, passando por bancos, lojas elegantes, clubes, companhias de seguros, cinemas e residências privadas no estilo da *belle-époque*, tais como a dos Sabarov. A srta. Power observou que havia mais gregos, armênios e judeus na cidade nova rica do que russos e cossacos. Ficara chocada com os cartazes disseminando abertamente o ódio antissemita no meio da burguesia e do campesinato locais, que cuspiam ao ser mencionado um nome judeu. Em breve, no entanto, Beloboródov, futuro anfitrião de Trótski no nº 3 da Granóvski, governaria a cidade sob o Terror Vermelho, e pessoas como os Sabarov seriam obrigadas a fugir.

Uma barcaça passou com um carregamento de areia. Caminhões roncavam pela larga ponte que conduzia através do Don a partir da avenida Vorochílov. Depois de uma solitária estátua de Górki, a margem se tornava um passeio, adornado com luzes encantadoras, um pontão esguio e barcos de lazer esperando pela estação, amarrados em postes de ferro instalados no último ano do século XIX. As portas de um clube noturno de nome Titanic permaneciam abertas no cais, expondo a pelúcia taciturna de seu interior vazio à suave brisa da noite de primavera. Uma moça vestindo uma jaqueta de cetim e botas de cano alto corria para a margem, vinda da cidade.

"Posso conceber a rua como uma multidão", escreveu Tsvetáieva a Pasternak em 1926, "mas a rua personificada em uma única pessoa, a multidão presumindo oferecer-se singularmente com *dois* braços e *duas* pernas... ah, não!" Sozinho em Moscou no calor do verão, Pasternak tinha insinuado a Tsvetáieva suas tentações, as "verdades terríveis reveladas pelo fervilhar disparatado do sangue represado". "Não há ruas masculinas, somente femininas", ela respondeu-lhe arrebatadamente, "é o homem que, em sua concupiscência, as cria. Assim é também no campo. Nem uma única mulher correria atrás de um escavador de valas (as exceções apenas comprovam a regra), mas todos os homens – todos os *poetas* – correm atrás de raparigas de rua."

A longa amizade entre os dois poetas, expressa em cartas, poesias e sonhos mais do que em encontros de fato, começou com uma troca de versos sobre o Don. Eles buscavam na história das estepes do Sul os arquétipos místicos do companheirismo entre homens e mulheres que pareciam dar resposta à livre e heroica extensão da alma. Formas de relacionamento mais poderosas e essenciais do que a intimidade entre maridos e esposas. "Para a incomparável poeta Marina Tsvetáieva, que é 'do Don, impetuosa e infernal', de um admirador de seu dom", anotou Pasternak em um livro seu de poemas em janeiro de 1923, citando um poema que havia escrito no último ano da guerra civil:

Somos poucos. Quem sabe três,
Egressos do Don, impetuosos e infernais
Sob a corredia crosta cinza
Feita de chuva, nuvens e sovietes de soldados
De poemas e discussões
Sobre arrebatamento e arte.

Ávida, em Moscou, Tsvetáieva compôs versos sobre as tradições guerreiras do Don durante a Guerra Civil, na qual seu marido lutara pelos Brancos. Respondeu à dedicatória de Pasternak com os "Versos citas", um ciclo de três poemas que o levaram a aceitar sua imagem como a de uma companheira de batalhas. O "citianismo" era uma forma de autoestilização dos poetas russos daquela época. "Selvagem é nosso selvagem país", escreveu o mentor poético de Tsvetáieva, Max Volóshin, "do fundo de nossas estepes citas". O poema de Blok, "Os citas", escrito nos primeiros meses após a Revolução, louvava a "bárbara lira" russa:

Sim, somos citas! Sim, somos asiáticos,
De oblíquos e cobiçosos olhos!
Para vocês, séculos, para nós, uma única hora.
Tal como obedientes subalternos
Sustentamos o escudo entre as duas raças inimigas
dos mongóis e da Europa.

Tsvetáieva lança-se agora como uma amazona lutando na antiga estepe, com flechas no lugar da pena. A Cítia é a escuridão definitiva: épica, magnífica, silente. Homens e mulheres vivem sob regras de conduta diferenciadas, mais elementais. Tsvetáieva invoca Ishtar, a deusa babilônica da fertilidade, do sexo e da guerra, instando a divina meretriz a manter-se a salvo da pilhagem do khan, de sua "tenda de irmãos e irmãs", de seu caldeirão, fogueira e aljava.

Conhecido pelos antigos gregos como Tanais, o Don assinala, do sétimo ao terceiro século a.C., a divisa setentrional da Cítia. De acordo com Heródoto, os citas chegaram à costa setentrional do Mar Negro vindos de algum lugar inespecífico da Ásia e tinham similitudes linguísticas e culturais com as tribos nômades iranianas. De fato, o nome Don vem da palavra cita *danu*, rio. Os citas reais, os "mais bélicos e numerosos", chegaram até o rio Tanais, além do qual havia uma raça não cita denominada os capas pretas, e ao norte deles uma região desconhecida de lagos e campos abertos. Povo sem cidades, os citas viviam em carroças e criavam gado para se alimentar, todos acostumados a lutar com arco e flecha sobre o dorso de cavalos. Heródoto descreve como a paisagem e a planície úmidas favoreceram o estilo de vida cita. O Tanais, o rio que rodeava as terras citas, tinha sua nascente, segundo Heródoto, "em um longínquo e grande lago e desaguava em um lago ainda maior, o lago Maeotis", que é o antigo nome do mar de Azov. Heródoto não admirava os citas, salvo pelo fato de eles administrarem "o aspecto mais importante das preocupações humanas, e melhor do que qualquer um na face da terra: sua própria subsistência".

As amazonas, diz Heródoto, banharam-se no lago Maeotis depois de terem assassinado os gregos que as tinham feito prisioneiras. As mulheres guerreiras invadiram o território dos citas livres e roubaram seus cavalos. Quando os citas descobriram que os guerreiros eram mulheres, quiseram ter filhos com elas, cada homem "tomando como esposa a mulher de cujos favores tivesse gozado em primeiro lugar". As mulheres absorveram a língua dos homens, mas nunca poderiam estabelecer-se como esposas, acostumadas como estavam a uma vida de caça e montaria. As amazonas queriam aventurar-se para além do Tanais, relata Heródoto, os citas concordaram e assim elas atravessaram o grande rio e viajaram para o Leste por três dias e depois para o Norte por mais três, a partir do lago Maeotis. Desde então, as mulheres preservaram seu modo de vida, acrescenta, caçando montadas nos cavalos, por vezes solitárias, tomando parte em guerras, usando as mesmas roupas que os homens.

***

Embora tenha sido enviado em março de 1930 à região do Don para supervisionar a semeadura de primavera nas fazendas coletivas do Sul da Rússia, Mólotov nunca chegou a separar as páginas do livro de viagens de Boris Kuchner, *Luzes do Sul* (*Quentes ventos secos*). Kuchner dedicara sua cópia "ao caro camarada Mólotov" durante o verão de 1930. As primeiras páginas do primeiro capítulo – "Moscou-Don" – que eu consegui ler sem lançar mão de uma espátula para o volume delicado (que eu senti que não deveria fazer) fez-me ter vontade de acompanhar sua jornada para a luminosidade do Sul, desde a capital até Rostov sobre o Don. Kuchner, cuja vida terminou assim como tantas outras nos expurgos de 1937, era membro do Partido e escritor futurista, ativamente envolvido, junto com Vladímir Maiakóvski e Óssip Brik, na revista *Lef*, cuja proposta era formalizar uma aliança entre artistas de vanguarda e o Estado soviético. Os escritores da *Lef*, que queriam ver seu trabalho a serviço da Revolução, elevaram a reportagem – especialmente anotações de viagem e esboços – ao mais alto status entre as formas literárias, dado que esta modalidade servia ao *fato* e não o desfigurava. O espírito dominante nos relatos de viagem de Kuchner era sua paixão pela tecnologia, pela fábrica e pela máquina, que finalmente recuperariam o atraso da Rússia. "Camaradas comissários do comércio...! Estudem a organização da companhia privada americana Singer, que dominou o mercado mundial e penetrou nos mais obscuros lugares – uma choupana camponesa russa, uma aldeia abissínia, o lar de um trabalhador agrícola chinês", observava Kuchner enquanto seu trem passava pelos edifícios de alvenaria da velha fábrica de máquinas de costura da Singer em Podolsk, logo ao Sul de Moscou. ("Os Estados Unidos são uma grande nação!", disse um camponês a Louise Bryant em um trem, em 1917. "As máquinas de costura vêm dos Estados Unidos!") Enquanto o trem para Rostov se move por pomares de maçãs brancas Antonovka nas estepes ensolaradas e douradas de trigo, seu companheiro de viagem conta lendas maravilhosas sobre as colheitas americanas e uma "gigantesca máquina complexa", um "milagre" conhecido como "colheitadeira". Kuchner escrevia com entusiasmo sobre aqueles "oceanos de trigo" no ano de 1930, no auge do Primeiro Plano Quinquenal, quando a maioria no Sul da Rússia morria de fome enquanto o Estado confiscava grãos para exportar e financiar seu frenético programa de industrialização. Poucos meses depois de Kuchner dedicar seu livro, Stálin disse a Mólotov "force a exportação de grãos ao máximo. Este é o âmago de tudo". Em um discurso lamentando a história do atraso russo, Stálin citou o poeta épico folclórico Nikolai Nekrássov, "Quem pode ser feliz e livre na Rússia": "miserável, abundante, poderosa e impotente Mãe Rússia".

Afastamo-nos da mansidão do Don e andamos na direção da cidade pela rua tortuosa pela qual tinha vindo a jovem de botas, até alcançarmos a avenida Budiónni, uma via principal antigamente conhecida como rua Taganrog, que segue uma linha reta paralela à avenida Vorochílov, através do centro de

Rostov. Assim como as placas de granito dedicadas a Budiónni e Vorochílov na fachada do nº 3, estas largas vias de comunicação testemunham o brilho de suas vitórias durante a guerra civil em Rostov e no Sudoeste russo, assim como sua distinção incomum em gerenciar a própria preservação (e a extinção de seus inimigos) durante e depois da tirania de Stálin.

A vida de Semion Budiónni começou em 1883, em uma fazenda no Don. Terminou noventa anos depois no conforto do nº 3, em um apartamento apainelado com vista para o pátio, entre pinturas a óleo pesadamente emolduradas dele mesmo, a cavalo, condecorado por medalhas tanto tsaristas quanto soviéticas. Em uma das salas do enorme apartamento, lembrou um visitante, havia uma única mesa onde ficavam cinco telefones, um deles vermelho, como se o marechal "estivesse esperando uma chamada do Krêmlin para selar seu cavalo e assolar o mundo imperialista". ("Um benfeitor e um absolutamente devotado defensor dos cavalos", rotulou-o Valiéri Mejlauk em uma de suas caricaturas, que o mostrava a cavalo.) Budiónni e sua terceira esposa, devotada, mudaram-se do apartamento original no nº 3 para um lugar diferente do edifício para se verem livres de todas as desagradáveis memórias do primeiro e do segundo casamento do marechal. "A História pertence à posteridade", escreveu mais tarde Budiónni no jornal *Don* (em um artigo que Mólotov particularmente admirava e gostava de citar), "que não seja ela um espelho distorcido". O maior receio de Budiónni quando contemplava o espelho da História era que este lhe desse uma imagem distorcida de Stálin, a quem serviu com absoluta lealdade desde 1918. "Os veteranos da Revolução realizaram um grande empreendimento", refletiu, "sobreviveram a muitos desastres e encararam a morte mais de uma vez. Mas não sofremos maior adversidade do que ao ver dúvidas serem levantadas sobre a paixão revolucionária e os atos revolucionários do líder de nosso Partido, o verdadeiro camarada em armas de Lênin, I. V. Stálin." O espelho da História foi gentil com Budiónni. Assim como uma rua principal de Rostov, o general de cavalaria de bigodes fartos tinha uma cidade no Sul, um modelo de quepe de soldado, uma raça de cavalos e um jogo de crianças com seu nome.

Em 1918, Budiónni tinha quatro cruzes de São Jorge e a mais alta distinção militar tsarista, a fita dos Cavaleiros de São Jorge. Lutara com distinção em um regimento de dragões durante a guerra russo-japonesa de 1903, estudou na Escola de Cavalaria de São Petersburgo e serviu como sargento de pelotão na Divisão de Cavalaria do Cáucaso durante a Primeira Guerra Mundial. Gostava de contar a seus filhos que uma vez o tsar Nicolau II estendera-lhe a mão em São Petersburgo. Budiónni era o exemplo de um certo tipo de lealdade militar ao poder político, ao mesmo tempo cega e perspicaz. Depois de 1918, ele calculou que seria melhor ser um "marechal do Exército Vermelho do que um oficial do Branco" e voltou para o Don, que rapidamente tornou-se a principal arena da guerra civil, para juntar--se aos partisans que combatiam os Brancos. Os combatentes tornaram--se o Primeiro Regimento Socialista, sob o comando de Boris Dumienko. Budiónni serviu como ajudante de ordens de Dumienko. Quando o Regimento Socialista se tornou a Divisão de Cavalaria Especial, Budiónni foi designado para comandar uma brigada.

A próspera cidade de Rostov, a mais intensamente industrializada do Sul da Rússia, ponto de intersecção de linhas férreas com ligações fluviais para o Norte e para o Sul e um grande porto comercial, era estrategicamente vital e mudou de mãos seis vezes entre 1917 e 1920. "Tome Rostov a todo custo, caso contrário estaremos sob a ameaça de um desastre", declarou Lênin na primavera de 1919, quando a cidade foi tomada dos bolcheviques por forças Brancas apoiadas pelos alemães e reforçadas por cossacos. "Proletários, a cavalo!", comandou Trótski, quando contemplou o sucesso no Sul do Exército Branco de Voluntários. Através das estepes, múltiplos exércitos se chocaram, agrupados ou fragmentados, revezando-se em aterrorizar a população local, promovendo uma guerra de classes sádica, saciando todo tipo de ódio e sede de sangue. Os cossacos do Don lutaram em ambos os lados. Como observou Trótski, o compromisso dos cossacos era, acima de tudo, com sua terra, que eles mantinham com "unhas e dentes". Em 1919, Lênin deu instruções escritas para a deportação dos cossacos – trezentos mil foram enviados a campos de concentração ou de trabalhos forçados.

No final de 1919, Budiónni era o comandante do Primeiro Exército de Cavalaria, e tinha decisivamente retomado Rostov do general Anton Deníkin do Exército Branco de Voluntários, que tinha transformado a cidade em um centro organizacional. Para comemorar a vitória, Budiónni mandou uma fotografia de si mesmo autografada a Lênin em Moscou. Em um primeiro momento, suas forças contiveram apenas uma pequena porcentagem dos cossacos do Don mas, quando os Exércitos Brancos se retiraram da Rússia para Constantinopla, por mar a partir de Novorossíisk, a maioria dos cossacos que ainda não se tinha retirado ou sido deportada serviu para mostrar a fidelidade política flexível de Budiónni. Quando seu exército de cavalarianos entrou na Polônia em 1920, como parte da tentativa bolchevique de empurrar a revolução para o Oeste, a força de combate era dominada pelos cossacos.

Budiónni não era um cossaco, mas crescera em suas terras, apreciava suas maneiras e almejava sua proficiência na sela e no sabre. Em 1903, no início da carreira militar, casou-se com Nadiéjda, uma bela mulher de uma fazenda em uma *stanítsa* local, um assentamento cossaco. Mais tarde, ela dirigiu uma unidade médica na Cavalaria do Exército. Como um legítimo líder cossaco, Budiónni era conhecido por seus homens como "Batka Semion", "Pai Semion". Para deles se aproximar, ele tinha que olhar com carinho para seus hábitos de pilhagem e brutalidade despreocupada, ou até mesmo deles compartilhar. "O Primeiro Exército de Cavalaria... destruía a população judia enquanto passava", lia-se em um relatório para Lênin, que ele encaminhou "para arquivar". Enquanto Stálin empoderava-se contra Trótski, consolidando uma facção militar leal a si no rescaldo da guerra civil, relatórios sobre saques e pogroms conduzidos pela cavalaria de Budiónni na Polônia em 1920 foram cuidadosamente suprimidos. Assim como a de Vorochílov, a lealdade de Budiónni a Stálin era absoluta. Isso parece ter criado um laço durável com Molotov, a quem Budiónni sempre enviava cartões de felicitações nos feriados nacionais, saudando seu camarada desgraçado com uma mão cada vez mais trêmula, do outro lado do pátio do nº 3.

Quando nos mudamos para o nº 3, uma das histórias que meu anfitrião me contava com mais gosto era de como a primeira esposa cossaca de Budiónni morrera na casa com um tiro na cabeça, e de como a segunda esposa, uma bela e libertina cantora de ópera chamada Olga (que Budiónni conheceu quando se submetia a um tratamento com água mineral em Essentuki, logo após a morte de sua primeira mulher), fora presa em 1937 e enviada para o gúlag. Antes disto, eu tinha me familiarizado mais com o nome do marechal por meio da *O exército de cavalaria*, de Isaac Bábel, do que por meio de livros de história. Assim como Kutúzov ou Napoleão, preservados vivos para sempre em *Guerra e Paz*, de Tolstói, a imagem de Budiónni – sorriso claro, calças bordadas com prata brilhante, égua castanha – está preservada na ficção.

Judeu nascido em Odessa, Bábel mudou-se do Sul para Moscou com a família não muito depois de "Batka Semion" e sua noiva cossaca terem-se mudado para o nº 3. No verão de 1920, sob o nome de Kiril Liutov, o escritor acompanhou o exército montado de Budiónni até a Polônia e assistiu à matança, inalando asmaticamente a poeira da batalha, dormindo em *shtetls* e em solares poloneses e escrevendo em seu caderno de notas, fiel à nova estética do evento. Em 1923, as histórias lacônicas e saborosas de *O exército da cavalaria* foram publicadas, para aclamação imediata, na *Lef* e na *Solo Virgem Vermelho*. Conta-se que Budiónni reagiu com ódio, ameaçando cortar o autor em pedaços com a *chachka*, sua longa espada. *O exército de cavalaria* era um libelo contra os cossacos, e o General Vermelho vociferou em um artigo de protesto publicado em um jornal, cujo título – "As feminices (*'Babizm'*) de Bábel na *Solo Virgem Vermelho*" – faziam trocadilho com o nome de Bábel. *Babizm* era o pior insulto que Budiónni poderia listar para o escritor de Odessa, que ficara subitamente famoso na Moscou literária ao retratar a ele e a seus homens como bandidos, como saqueadores citas.

A prosa de Bábel é ao mesmo tempo opulenta e vaga, íntima e desprendida. Vê a guerra pelos olhos de um esteta. A atrocidade é colocada em meio à beleza da paisagem, descrita em uma imagética de extrema violência. O sol alaranjado percorre o céu "como uma face severa"; o frescor da noite goteja com "o cheiro do sangue e dos cavalos ontem destroçados". Bábel escreve sobre a vida instintiva dos guerreiros a partir da perspectiva fascinante do observador erudito isento, incapaz de pilhar ou matar. "Nunca fui um verdadeiro homem de Budiónni", anotou em seu diário depois de ver os cossacos saquearem uma cidade. "Não peguei nada, embora pudesse..." No fim de *O exército de cavalaria*, em "Argamak", seu "sonho fora realizado". Aprendera como sentar-se em uma sela: "Os cossacos pararam de seguir com os olhos a mim e a meu cavalo".

O crítico Viatcheslav Polónski sugeriu que Bábel não apenas cavalgava com a Cavalaria Vermelha de Budiónni, mas também servia à Tcheká. No início dos anos 1930 ele fazia parte da elite moscovita e vivia em um apartamento de favor com sua concubina Antonina Pirojkova, engenheira do metrô. Convivia com os chefes da polícia secreta, Iejov e Iágoda. Nadiéjda Mandelstam achava que Bábel visitava os tchekistas em suas próprias casas porque queria descobrir como cheiravam, como parecia o cheiro da morte. (Ele foi preso em 1939 e levado para a Lubianka. Foi fuzilado em janeiro de 1940, um dia após seu "julgamento" por atividades trotskistas e espionagem.) Polónski considerava que o interesse quase sádico por sangue, morte e assassinato era uma limitação para a escrita dele. Desde o princípio, Bábel coletava material sobre violência e assistia a execuções.

Em seu diário de 1920, que não pôde ser publicado até o fim da era soviética, Bábel fez observações sobre certas "verdades terríveis" que envolviam o relacionamento entre homens e mulheres às margens da batalha. "Todos os nossos combatentes – capas de veludo, estupro, topetes, batalhas, revolução e sífilis", observou, "todos os nossos soldados têm sífilis... a escória da soldadesca, a escória da Rússia." Ele expressava admiração genuína pelas enfermeiras do exército: "A história das enfermeiras é totalmente épica... nossos únicos heróis são heroínas". Na cidade de Jitomir, uma noite no bulevar, ele refletiu sobre a composição fixa da caça sexual urbana: "Quatro avenidas, quatro etapas: travar conhecimento, conversar, despertar o desejo, satisfazer o desejo... Estou cansado e subitamente sozinho, a vida passa por mim, qual o significado disto?".

Entre as muitas vozes nas histórias de *O exército de cavalaria* – sacerdotes, rabinos, bolcheviques, anarquistas, assaltantes, vira-casacas, uma mulher judia grávida, enfermeiras cossacas sorridentes e Sachka, uma amazona cavalgadora de garanhões – está uma fala do próprio Budiónni:

> Budiónni, vestindo calças vermelhas com listras prateadas, estava de pé ao lado de uma árvore... "A escória vai nos esmagar", disse o comandante com sua risada fascinante, "vencemos ou morremos. Não há outra saída. Entendeu?"
>
> "Entendi", respondeu Koliésnikov, arregalando os olhos. "E se você fugir, eu atiro em você", disse o comandante, sorrindo...

Na larga rua de Rostov que leva seu nome, imaginei Budiónni recém-instalado no nº 3 com sua mulher cossaca, quando a contenda contra Bábel começou. Os escritórios da editora de Bábel ficavam logo depois da esquina, na Vozdvíjenka. O cavaleiro das estepes estabelecera-se em um ninho de intelectuais com códigos alienígenas, de *babizm*. Foi em sua vida nova como bolchevique proeminente de Moscou que o desgaste de seu casamento sem filhos começou a se manifestar. Muitas das outras esposas do Partido eram intelectuais sofisticadas; muitas eram judias. Talvez o edifício de apartamentos na cidade tenha parecido ainda mais estranho e inóspito a Budiónni e à esposa endurecida pela guerra que compartilhara suas campanhas militares do que o campo de batalha parecera a Bábel. Histórias sobre a morte dela contêm variantes. Uma diz que o general pegara sua pistola carregada na noite anterior, quando vira um grupo suspeito de homens no pátio. Outra, que Budiónni empunhara sua Walther e destravara o gatilho quando uma gangue se aproximara dele enquanto caminhava sozinho pela Níjni Kislóvski, de volta para casa, após uma reunião. Conta a história da família que, enquanto ele desamarrava seus sapatos na antessala, Nadiéjda pegou a arma sobre a cômoda, encostou-a na têmpora, disse "Veja, Siema" e puxou o gatilho.

***

Em nosso segundo dia saímos de Rostov sob o sol da manhã na direção da *stanítsa* Starotcherkásskaia, o povoamento que uma vez fora a capital dos cossacos do Don, que chamavam a si mesmos de Anfitriões do Don Livre. Nos limites orientais da cidade, entre salgueiros e bétulas, salpicadas de verde sob o sol forte pelas primeiras folhas da primavera acelerada, situavam-se casas elegantes do século XIX, agora casas residenciais malconservadas, pintadas em tons esmaecidos de laranja e mostarda, amarelo-claro, verde e azul. Da mesma forma que as casas da cidade minguavam à medida que as ruas corriam na direção da margem do rio, na periferia os grandes edifícios davam lugar a casas cada vez menores, até passarmos pelas menores moradias que eu já vi, pintadas com cores que ecoavam a estepe empoeirada e o céu brilhante. Esta harmonia de tonalidades que se espalha por toda a grande extensão da Rússia é um efeito colateral agradável de décadas de planejamento central: caminhões, cercas, persianas, lojas, grades de cemitérios, de Arkhánguelsk a Kiákhta, todos coloridos com a mesma paleta de cores, em diversos estágios de corrosão e desgaste.

A estrada de cascalho cheia de buracos que se estreitava rapidamente enquanto deixávamos a cidade levou-nos para o Sul, estepe adentro, e depois virou para o Norte para encontrar o Don. As forsítias começavam a florescer e o capim estava matizado de verde brilhante. Chegamos a um embarcadouro, que avançava sobre o rio em um arco estreito. Enquanto uma balsa se afastava do cais na margem oposta, ficamos na margem movimentada e aguardamos. O céu ficava cada vez mais nublado e um vento soprava pelo rio, agitando sua superfície metálica e deixando um calafrio no ar. No inverno, o frio dos rios do Norte flui profundamente pelas correntes submersas do Don, congelando-o, e congelando o mar de Azov. A balsa aproximou-se lentamente, transportando um Moskvitch (modelo vintage de carro soviético) azul-brilhante e um triciclo enferrujado com um guidão na frente e um reboque atrás. Um bando de cães vira-latas parou para ver a aproximação da embarcação, com as caudas empinadas, farejando a brisa.

Nas canções cossacas sobre o Don o rio está sempre "tranquilo" e domina a paisagem pela qual flui em seu glorioso silêncio. O rio é "grisalho", um *batyushka* ("paizinho") ou Don Ivánovitch, um provedor orgulhoso e generoso que alimenta os campos suaves da "Mãe Donlândia". Chegou a nossa vez de atravessar o rio, em companhia de um homem já de certa idade e de sua esposa robusta, que transportavam uma pilha de rastelos numa motocicleta e *sidecar*. Fiquei de pé na plataforma, debruçada sobre as águas enquanto o vento soprava meu cabelo para trás. No ponto equidistante das margens, o vento diminuiu e o ronronar suave do motor da balsa parecia suspenso em um silêncio profundo, evocado pela planura interminável da paisagem. Tive vontade de ficar ali, na embarcação aberta no meio do rio, para navegar rio acima na direção do Volga ou rio abaixo seguindo a forte correnteza até a foz no Azov. Enquanto nos dirigíamos para a margem oposta, podíamos ver as baças cúpulas verdes de uma igreja por entre as árvores. Um grupo de rapazes, vestindo calças camufladas, tênis e altos chapéus cossacos feitos de astracã preta, olhava da estrada para o nosso movimento lento, mãos no bolso, enquanto nos aproximávamos.

Tcherkassk, como a *stanítsa* de Starotcherkásskaia fora antes conhecida, foi a capital dos cossacos do Don por 150 anos, desde meados do século XVII. Nos tempos da autonomia cossaca era a sede do *krug*, ou círculo militar, que era democraticamente escolhido, mas que governava com disciplina feroz e autoritária. Com o passar do tempo, quando o estilo de vida cossaco tornou-se mais assentado e mais integrado às estruturas institucionais do estado russo, a abundância do rio nas cheias, que outrora ajudara na defesa da fortaleza de Tcherkassk, tornou o lugar impróprio para uma capital. Na primavera, o Don transbordava e inundava as igrejas de pedra e as moradias de madeira do povoado. Assim, em 1805, o atamã Matviei Pátov, nativo de Tcherkassk e herói militar nacional, transferiu a capital para um terreno mais elevado a trinta quilômetros de distância e nomeou o novo centro administrativo e comercial de Novotcherkassk. Hoje Starotcherkássskaia (a velha Tcherkassk) está preservada como um tranquilo memorial à cultura dos cossacos dos séculos XVII e XVIII que foram, alternadamente, guerreiros leais pela Rússia imperial e rebeldes incontroláveis contra a autocracia do tsar.

Os cossacos, uma casta militar descrita como uma "subetnia" pelo filho de Akhmátova, o orientalista Liev Gumilióv, constituíram-se em um povo distinto por meio de sua relação voluntariosa com a autoridade do

Estado. Os primeiros cossacos apareceram no baixo Don no século XV. A palavra *kazak* (cossaco) é de origem turca e significa "homem livre". Camponeses fugitivos e diversos outros tipos de fugitivos da injustiça oficial, de tributos e de conscrições, fugiram para o Sul e adotaram uma vida nômade na estepe ingovernada. No começo do século XVII, os cossacos, com sua inigualável equitação e intrepidez ao lutar, tornaram-se uma força poderosa nas terras selvagens dos limites do império, defendendo o território russo das incursões de bandoleiros de estados estrangeiros e liderando o impulso das fronteiras do império para o Sul e para o Leste. A autonomia cossaca gradualmente diminuiu, e em meados do século XVIII ministros de Estado em São Petersburgo eram responsáveis pela designação de atamãs e comandantes militares.

Até fins do século XVII o modo de vida cossaco era estritamente masculino. As primeiras esposas cossacas eram cativas tomadas como butim de guerra. A autoridade masculina era inconteste. Uma esposa desamada podia ser vendida para outro cossaco por dinheiro ou bens. Uma mulher podia ser surrada, até mesmo morta, impunemente. Posteriormente, os cossacos, que logo se tornaram em sua maior parte ortodoxos (muitos deles cismáticos, velhos crentes que tinham rompido com a Igreja devido à reforma litúrgica do século XVII), assumiram os ritos matrimoniais dos russos. Canções de amor dos cossacos do Don eram endereçadas não a mulheres, mas sim a águias e falcões, cavalos, esporas, rifles, *cháchki* (as longas espadas que deviam permanecer silenciosas enquanto os cossacos cavalgavam nas batalhas), vodca, liberdade, à estepe verdejante e às escarpadas margens, às entrelaçadas areias amarelas do Don e à alegria de matar.

A vida vale um copeque. Vamos para a fronteira, para vencer os inimigos da pátria. Metade deles retalharemos até a morte, o resto faremos prisioneiros... Galopamos avante, gritamos, retalhamos. Renda-se, ou você tombará como capim no campo, nós o racharemos como lenha.

Tolstói, que passou uns tempos como soldado com os cossacos no Cáucaso, de quando a Rússia combatia rebeldes tchetchenos em 1850, era particularmente intrigado pelas relações entre homens e mulheres nas suas comunidades pequenas e rudes, que para ele eram a realização da inocência primitiva: instintiva, autêntica, próxima à natureza. "Um cossaco, que considera impróprio falar afetuosamente com sua mulher na frente de estranhos, involuntariamente sente a superioridade dela quando estão a sós, face a face", observou. Tolstói admirava grandemente a força física e a beleza das mulheres cossacas. "Em geral", escreveu em *Os cossacos*, "elas são mais fortes, mais inteligentes, mais educadas e mais belas do que os homens cossacos." Seu herói, Oliénin, um ocioso abastado, "que na sociedade moscovita é chamado de 'un jeune homme'", abandona a cidade pelo Cáucaso e apaixona-se por uma moça cossaca, Marianka, que é de uma constituição robusta, digna e bela em seus olhos negros sombreados. Ela caminha com passos impetuosos e pueris, trabalha duro e não fala nada sobre sua vida íntima. A principal ocupação de Oliénin no povoado é contemplá-la. "*La fil com ce tre bel*," pensa o criado de Oliénin, Vaniúcha, quando vê Marianka pela primeira vez em seu simples vestido cossaco, tirando vinho de um barril: "De volta à ala dos empregados, lá em casa, eles ririam se tivessem visto uma menina como esta".

Saindo da balsa, caminhamos pelo curto trajeto dentro de Starotcherkásskaia e passamos por um cemitério em cujos portões um homem idoso vendia minhocas em um balde de plástico, para servirem como iscas. Viramos na estrada empoeirada em direção à Catedral Militar da Ressurreição, do início do século XVIII, que ficava isolada nos limites da cidade sobressaindo dos campos nus recém-lavrados. Antes da capital cossaca ser transferida, a catedral servia a toda a região do Don. Construída no estilo bizantino por mestres moscovitas enviados por Pedro, o Grande, a caiada catedral de alvenaria, instalada na nua paisagem estépica, era simples e sólida. Sobre um bloco inferior possante, ela erguia-se em um aglomerado de torres simplesmente decoradas com janelas longas e estreitas e cúpulas abobadadas, encimadas por cruzes de metal patinado de verde com filigranas rosa-douradas que captavam a luz solar. Presente do tsar, a catedral expressava a fidelidade cossaca ao estado russo centralizado; dentro dela, em meio a paredes caiadas, ouro barroco e ardósia polida, havia uma corrente maciça que, dizia-se, agrilhoara o rebelde cossaco Stienka Rázin antes que fosse esquartejado vivo na Praça Vermelha. A vida de incursões piratas e rebeliões de Stienka Rázin levou-o até a Pérsia e o fez governar uma república rebelde cossaca centralizada em Astracã, a partir de onde pretendia dominar o Volga e avançar até Moscou. Na praça onde hoje fica a catedral, Rázin, mestre de Tcherkassk em 1670, convocou os cossacos do Don a segui-lo rumo ao Norte para destronar os boiardos moscovitas e sujeitar toda a Rus aos seus princípios de governo igualitários e violentos.

Rázin foi uma figura de prolongado fascínio popular e artístico. Púchkin (que mais tarde escreveu a história do levante do cossaco Emilian Pugatchov contra Catarina, a Grande) disse que Stienka Rázin foi seu primeiro herói e que sonhara com o rebelde quando tinha apenas oito anos. Em 1º de maio de 1919, Lênin inaugurou um monumento a Stienka Rázin no Lobnoie Miesto, o "local de execuções" na Praça Vermelha, proclamando a "verdadeira liberdade" que o estado dos trabalhadores traria e dizendo aos jovens na multidão que eles iriam "viver para ver o total desabrochar do comunismo". A balada folclórica "Volga, Volga, Mãe Volga" canta o casamento de Rázin com uma bela princesa persa. "Ele nos trocou por uma *baba*!", queixam-se os homens de Rázin na canção. "Passou apenas uma noite com ela, e de manhã tornara-se um *baba* também..." O cossaco escolhe seus homens, e a princesa é jogada ao rio como um "presente dos cossacos do Don, de forma a não haver mais discórdia entre os homens livres".

Quando a autoridade do Estado tsarista ruiu em 1917, Tsvetáieva escreveu um poema sobre Stienka Rázin. Em "Passagem livre", uma vinheta em prosa que conta sua visita a uma estação de requisição rural em 1918, ela conhece um belo soldado camponês de cabelos revoltos – "Duas cruzes de São Jorge. Uma face redonda, astuta, com sardas..." – e o nomeia Stienka Rázin: "Ele é Rázin – *antes* da barba, mas já com milhares de raparigas persas!". Tsvetáieva troca histórias e poesias com o jovem soldado, e eles falam sobre Moscou, Marx, igrejas e mosteiros: "'Eu gostaria de dizer algo mais, camarada, sobre os monges. Freiras, por exemplo. Por que todas as freiras lançam olhares para mim?' Penso comigo mesma: querido, como alguém poderia evitar...". Quando eles partem, Tsvetáieva dá ao soldado de olhos azuis um anel de sinete, uma moeda tsarista de dez copeques em uma moldura prateada, e um livrinho chamado *Cronistas, viajantes, escritores e poetas de Moscou*, uma "casa de tesouros". Ele bole nas imagens de uma "Rus pré-temporal": "Eu te alcanço! Stiepan cabeça de palha, escuta-me, estepes: havia carroças cobertas e acampamentos nômades, havia fogueiras e estrelas. Queres uma tenda nômade – onde através do orifício vês a estrela maior?".

Após visitar a catedral, subimos no campanário octogonal em forma de tenda, espantando os pombos. Havia outrora uma prisão no alto da torre. De pé, embaixo dos sinos, entre penas, excrementos de pombo e pedaços de madeira podre, olhamos para fora de seus arcos, com os olhos ao nível das cúpulas. No solo abaixo de nós jazia o travessão de uma balança comercial e as folhas da porta da fortaleza turca de Azov, troféus cossacos de guerras territoriais de um passado distante. Do outro lado da torre podíamos ver o conjunto de Starotcherkásskaia: a igreja de Don, o palácio do atamã, a fortaleza caiada dos Jutchenkov, uma família de comerciantes cossacos do século XVIII, e a casa em dois pavimentos de Kondráti Bulávin, líder de outro levante camponês. Entre a catedral e os velhos edifícios de pedra, empalidecida por cercas derribadas, havia uma desordenada fileira de casas de madeira minúsculas com venezianas e beirais artesanais, alguns recém-pintados de verde brilhante. Visto de cima, tudo parecia pender pra lá e pra cá, e parecia que hortas haviam sido aradas, banheiras e bacias enchidas de terra para a plantação da primavera, entulhos de jardinagem empilhados. Uma mulher idosa cavava com uma enxada, pequenas fogueiras esfumaçavam, a superfície da terra escura acinzentava-se ao sol. Vimos ao longe dois monges em longas túnicas pretas caminhando no campo, lado a lado, em direção à aldeia.

Vagueamos preguiçosamente pelo Museu da Vida Cossaca. Os objetos em exposição – baús de roupa branca do século XVIII, pesos de chumbo e relatórios contábeis, ordens e medalhas, livros sobre a geografia do Don, rótulos de vinho, botões e rendas, delicados potes de *theater puder* e *blancheur de la peau* – não falavam de nomadismo, selvageria e guerra fratricida, mas sim de domesticidade, propósito estabelecido, ordem e medida, uma noção precisa e austera do valor da beleza. Nas paredes havia fotografias de mais de cem anos de famílias cossacas, com faces rígidas, olhando por baixo de seus chapéus, posando contra as mesmas cercas descaídas, a mesma grama irregular.

A ficção pode fazer de coisas inocentes coisas sinistras, e os retratos amarelados de família me fizeram pensar no conto de Bábel, "A carta", no qual Kurdiukov, um camponês soldado do exército de Budiónni, escreve para a mãe. Em tom filial, ele diz a ela como, durante o avanço Vermelho em Rostov, seu pai, um secreto Branco condecorado, matou o próprio filho, Fiódor, chamando-o de "mercenário" e "cão vermelho", para depois ser morto, por sua vez, por seu outro filho, Semion. Kurdiukov mostra a Bábel uma fotografia de sua família antes da guerra civil: "Papacha", com o olhar distante em seus olhos vazios descoloridos; "Mama", acanhada e tísica numa cadeira de bambu; e, atrás deles, dois rapazes, "monstruosamente enormes, abestalhados, rostos largos, olhos arregalados, congelados como se estivessem em um exercício militar, os dois irmãos de Kurdiukov – Fiódor e Semion".

Na igreja de Don, do outro lado do museu, cantava-se uma liturgia. Um cartaz advertia as mulheres para cobrirem a cabeça e não usarem batom. A iconóstase tinha sido recentemente pintada com medalhões brilhantes que mostravam Adão, Noé, Caim, Abel, Abraão e Samuel. Fora, um veterano de guerra que perdera ambas as pernas na Tchetchênia sentava-se ao sol em sua cadeira de rodas, coletando moedas em uma garrafa de Pepsi cortada. Próximo a ele, uma bicicleta verde-clara estava apoiada na parede da igreja. Tulipas brotavam pela terra batida. Cachorros latiam e um galo cantava. O som se propagava até longe na planície. Uma voz chamou o sineiro, "Komandir! Komandir!", "Comandante! Comandante!".

Em uma mesa sobre cavaletes sob um salgueiro, um homem com bigodes fartos e um chapéu cossaco vendia livros. Comecei a examiná-los e ele me disse, com uma leve reverência, que ele era Mikhail Astápenko, historiador cossaco. Cada livro estava estampado com o brasão dos cossacos do Don, um desenho simples representando um guerreiro feliz sentado em um barril com rifle, espada, chifre de pólvora e taça. Havia um livro escolar de Astápenko sobre a história dos cossacos do Don; um livro de receitas cossacas (peixe com torta de repolho branco, cordeiro de Rostov, maçãs Antonovka com creme azedo); um álbum de canções cossacas; *Atamãs dos cossacos do Don de 1550 a 1920*, editado por Astapenko com contribuições de cossacos de Rostov sobre o Don, Paris, Yosemite e Buenos Aires; e uma antologia de Astápenko sobre os cossacos, desde os tempos antigos até o ano de 1920. Comprei a antologia e o vendedor autografou minha cópia "do autor" com um vivo floreio. Continha excertos de poesia, novelas, contos, narrativas históricas e canções folclóricas: Karamzin, Púchkin, Liérmontov, Tolstói, Guiliaróvski, Roman Gul, Mikhail Chólokhov, mas não Bábel... Mas ali, para minha alegria, em uma seção intitulada "Irmão no Irmão", estava o poema "O Don", de Tsvetáieva. Uma "rebelde, vísceras e fronte", chamava-se a si mesma. Como "esposa de um oficial Branco", Tsvetáieva, ao fim da guerra civil, declamou seu poema "Don monarquista" para uma audiência de comunistas e soldados do Exército Vermelho no Museu Politécnico de Moscou. "As paixões do palco", disse, "são militares." Ela descreveu sua récita daquela noite como "o desencargo de uma *dívida de honra*":

E nossos descendentes, ao relembrar o passado:
"Onde estavam?" – rugirá a pergunta como um trovão.
A resposta rugirá como um trovão: – No Don!

"O que fizeram?" – Acolhemos tormentos,
e então cansados nos deitamos para dormir...

Son, a palavra russa tanto para sono como para sonho, rima com o nome do plácido rio que corre pela selvagem região da estepe cita.

***

Não muito depois das sete chegamos de volta a Rostov, encantados e descansados pela luz sulina após o longo inverno de Moscou, desejando flanar novamente pelas ruas da cidade no ar seco da noite e evitar, tanto quanto possível, os insossos arredores do Hotel Intourist. Os bondes do Anel de Jardins passavam por colmeias de quiosques que vendiam comida e flores, roupas espalhafatosas, bijuteria, roupas íntimas e sapatos plásticos, importados da Síria, da Turquia e da China. Atrás deles, no piso térreo de mansões construídas nos anos orgulhosos da prosperidade cosmopolita de Rostov, havia lojas sepulcrais que vendiam roupas e bolsas de grifes francesas e italianas, e boutiques de lingerie de nome A Pérola e Orquídea Selvagem, com manequins brancos sem cabeça nas vitrines usando cintas-ligas e *negligées* de renda. Mólotov casou-se com uma mulher do Sul que tinha uma certa elegância: filha de um alfaiate, que, antes de a Revolução mudar a vida de todos, trabalhara como assistente em uma loja. Em sua biblioteca encontrei um velho livro intitulado *Nossas damas*, o mais velho dos livros escondidos no fundo da estante, publicado em 1891, quando Mólotov era apenas um qualquer e o nº 3 ainda não fora construído. *Nossas damas* era um ensaio sarcástico com comentários sociais (que fazia lembrar a série de imagens satíricas de Sands, *As alegres mulheres de Paris*, impiedosa com as motivações consumistas das mulheres) sobre a arte, os gastos (peles e joias, iguarias sem fim) e as desventuras amorosas da *haute bourgeoisie*. Embora estivesse deslocado em meio a todos os livros sobre planejamento e diplomacia, o livro estava marcado com várias palavras sublinhadas com a familiar tinta roxa. As passagens destacadas refletiam sobre a arte da sedução e a maneira pela qual as mulheres escravizavam e drenavam os homens. Seu interminável desejo por luxúria e diversões amorosas, sua infidelidade. "Uma mulher de educação contemporânea não venderá barato sua vida", assim advertiu o autor (cujo nome era A. Diákov), e assim anotou o leitor.

Fomos ao teatro de ópera da cidade, um palácio da cultura socialista dos anos 1960, vasto e branco. *Madame Butterfly* de Puccini estava sendo encenada, mas estávamos quase uma hora atrasados para o início. Uma camareira de azul-marinho, que conversava com o encarregado do vestiário no vestíbulo de mármore, disse-nos para esperar pelo intervalo e então entrar para procurar assentos. No andar de cima, um homem magro com um colete manchado preparava bandejas de champanhe Sovietskoe e sanduíches de caviar vermelho em uma mesa ao lado de um piano branco. As portas do auditório se escancararam e o público saiu ruidosamente para o salão, fazendo fila para passear. Os vestidos de noite das mulheres, tão trabalhados e sedosos quanto as cortinas na escadaria de mármore, refulgiam refletidos nas longas paredes espelhadas. Quando o terceiro sinal tocou nós pegamos dois assentos perto do corredor. O veludo vermelho sintético cintilava quando as mulheres passavam roçando, ofegando, suspirando e rindo. Quando a cortina subiu para um novo ato, a audiência aplaudiu, assobiando ruidosamente para a memorável abertura. "Oh, a amarga fragrância destas flores", cantou Pinkerton, esforçando-se arduamente nas notas altas. Quando Cho Cho San pôs fim à vida com a lâmina do seu pai Samurai, um celular tocou a *Dança da fada açucarada* dentro de alguma bolsa. "Morrer com honra, quando não se pode mais viver com honra", cantou a gueixa segurando a espada do pai.

Pedimos uma ceia de lúcios do rio e batatas cozidas no bar do Intourist. Estava difícil suportar a música. Duas mulheres vieram ao bar e fumaram, debruçando-se sobre uma única bebida. Uma delas era loira e muito jovem, usava minissaia e saltos plataforma brancos; a outra era mais velha, com feições asiáticas empalidecidas pela maquiagem e cabelos com mechas cor de laranja. O responsável por elas, um pesado senhor de cabelos penteados que vestia um paletó amarelo-canário e uma gravata preta fina, estava sentado sozinho em uma poltrona, de costas para a parede espelhada, observando o ambiente. Um viajante de negócios veio pedir uma garrafa de vinho. Enquanto ele esperava pelo troco teve a atenção atraída pela loira, que saiu vagarosamente do bar à sua frente, balançando o longo cabelo.

A jornalista investigativa Anna Politkóvskaia lamentava o papel que a prostituição desempenhava na percepção que os estrangeiros tinham de seu país. Penso nela, agora, quando penso no Sul. No último livro que ela escreveu, antes de ser assassinada a tiros no elevador de seu prédio em Moscou, em 2006, ela listou as coisas que o Ocidente pensa serem "totalmente do seu agrado" na Rússia de Pútin: "a vodca, o caviar, o gás, o petróleo, os ursos dançantes, as praticantes de uma certa profissão". Quando ela voou dois anos antes para o Sul, para Rostov sobre o Don, a caminho da escola em Beslan na qual terroristas da Tchetchênia mantinham centenas de crianças como reféns, foi-lhe servido chá envenenado pela polícia secreta (ela tinha certeza). Assim como Marina Tsvetáieva, sobre a qual escreveu seu trabalho de graduação, Politkóvskaia era uma das "poucas ardentes" que se levantavam contra um poder emergente. Ela escrevia sobre as guerras sujas no Sul que as pessoas prefeririam esquecer. "Onde Anna passava, tudo pegava fogo", disse-me um de seus colegas do jornal *Nóvaia Gazieta* antes do assassinato dela.

Esperei pela chave de nosso quarto na recepção do Intourist. Uma jovem no balcão estava copiando lentamente os detalhes do passaporte de um homem de terno. "Fala inglês?", ele perguntou. Ela balançou a cabeça, sorriu um sorriso felino e debruçou-se sobre sua escrita novamente, repousando os longos cílios na bochecha avermelhada. "Francês?" Ela assentiu. "Tu est *tré* jolie", disse o viajante, "tu as *tré* beaucoup de charme".

9.
Taganrog

"Não sou um historiador. Sou um
homem que vive na história."

Padre Aleksandr Mien

A estepe clareia a visão e enfoca a memória. No caminho que percorre a velha estrada postal que vai de Rostov sobre o Don até Taganrog, a placa para a antiga cidade de Tanais delineou-se em primeiro plano. Como se nós pudéssemos nos desconectar para nos encontrar em meio a comerciantes de peixes e escravos nesta distante colônia do mundo helênico; as letras pretas e manchadas pela ferrugem TAHAC apontavam para a esquerda, através da savana pedregosa. "Nos textos está escrito que há um grande tesouro aqui", disse o velho pastor em "Fortuna", de Tchékhov. "Só que há um feitiço sobre ele, e você não vai conseguir alcançá-lo."

Um trem de carga passou chacoalhando, sacudindo-me do encantamento momentâneo lançado pelo nome sobre o sinal viário. A via férrea assinala o caminho do rio Doniéts, um afluente que corre para fora do Don logo depois de Rostov e baila em seu próprio caminho pela região para desaguar na ponta nordeste do mar de Azov, confundindo-se com os alagados do delta. Os moradores gostam de imaginar que estas alvas linhas costeiras poderiam ser Lukomore, a terra encantada de *Ruslan e Liudmila*, de Púchkin, que "cheira a Rus", onde há um carvalho verde na areia vazia, um lugar "onde existem coisas maravilhosas".

Fiz esta viagem para o Sul com uma amiga que estava escrevendo um livro sobre a vida de Tchékhov. Um ano após ter retornado de Moscou a Taganrog, sua cidade natal, Tchékhov escreveu uma obra ambientada nesta estrada. "Beldades" são as lembranças de viagem de um estudante ginasial com seu avô em um ressequido dia de agosto. Para se abrigarem do vento quente e seco, eles param em uma aldeia armênia, Bakhchi-Sala, onde o avô do rapaz conhece um rico armênio cujo rosto parece uma caricatura. A filha do homem, ao contrário, era a pessoa mais bela que o estudante já vira. Era uma "beleza autêntica" em estilo clássico. Todas as feições eram corretamente alinhadas. A natureza não cometera o mínimo erro na composição de sua face. A admiração do rapaz pela moça armênia era absolutamente desprovida de desejo, prazer ou alegria. Ao contrário, sua beleza trouxera-lhe uma tristeza intensa e incômoda. Na segunda parte da história, em uma estação ferroviária, ele se depara com uma beleza totalmente diferente. Esta tinha feições perfeitamente russas, cativantes em sua desordem. Ele imagina o melancólico chefe de estação apaixonado pela menina que ria despreocupadamente, ele que vivia seus dias pelo horário do trem, fiel a uma esposa singela, curvado pela tristeza e pela a perda que lhe foram impostas pelo casual encontro com o belo. Desperdiçada no ar do deserto, a beleza parece um tanto mais gratuita por parte da natureza; seu único propósito é assinalar a crueldade do tempo.

Passada a placa para Tanais, havia algumas árvores curvadas e despidas pelo vento, isoladas na planície. Um pequeno rebanho de vacas pastava entre artemísias, cardos e capim perto da estrada. A manhã estava desprovida de nuvens, o céu azul-escuro. Como observou Tchékhov, a distância na estepe tem a cor lilás. Os alcances mais distantes estão sempre vazios, linhas de visão que se estendem até a distância de um aceno, além do ponto em que o olho pode distinguir qualquer forma. Esta paisagem é um lugar privilegiado para os que enxergam mais longe, como Vássia, um dos personagens vislumbrados rapidamente em "A estepe", de Tchékhov, que, além do mundo visto pelos outros, enxergava um outro mundo próprio onde raposas, lebres e aves de rapina guardavam uma distância cautelosa dos homens.

Nas décadas antes de Tchékhov escrever suas histórias da estepe, períodos históricos que pairavam distantes no tempo foram reunidos e vieram à tona quando os arqueólogos, trabalhando em antigos textos gregos, tais como *Histórias*, de Heródoto, e *Geographica*, de Strabo, começaram a pesquisar as centenas de morros funerários citas, meotas e sármatas que por muito tempo se multiplicaram nas paisagens das estepes meridionais, e a perguntar aos pastores locais sobre lendas de relíquias enterradas.

Mesmo agora, esta paisagem, com suas fazendas coletivas em pousio, apascentadas por pequenos rebanhos camponeses, não cheira tanto à Rus como aos citas reais e aos marinheiros gregos. A história da região é a história do encontro entre a estepe e o mar. As maravilhas escondidas sob as costas arenosas da Azóvia foram deixadas por reis da Grécia e do Bósforo: marinheiros, comerciantes e colonizadores que disseminaram sua civilização para o Norte e para o Leste. Depois deles vieram "bárbaros" ginetes destruir sua civilização, seguidos por tribos turcas. Durante séculos, polovetsianos e pechenegues viveram em tendas, comeram e dormiram ao lado de fogueiras, travaram batalhas e negociaram tratados com os príncipes dos primeiros rus cristãos. A paz foi novamente rompida pelos exércitos mongóis do khan Bati, que estabeleceu o poderoso estado da Horda de Ouro no século XIV. Os soberanos mongóis, de olho nos lucros, permitiram a comerciantes genoveses construir no delta uma *factoria** de nome Tana, onde hoje está a cidade de Azov. Depois dos mongóis, a região foi governada pelos khans da Crimeia, vassalos do império otomano, contra os quais a Rússia lutou por quatrocentos anos pelo controle da terra fértil da estepe e das suas preciosas rotas de saída para os mares do Sul.

As ruínas de Tanais situam-se um pouco mais para o interior, em uma antiga fazenda cossaca, perto do assentamento de Nedvígovka. Antes de desaparecer da face da terra, Tanais fora uma cidade com setecentos anos. Foi um entreposto helenista bem na foz do grande rio Tana, de costas para as terras nômades da estepe e de frente para o mar na direção dos entrepostos gregos espalhados ao longo da costa meridional do lago Maeotis, como era antigamente conhecido o mar de Azov, e para os estreitos que conduziam ao Mar Negro. Era uma cidade fronteiriça; o maior bazar para os bárbaros desde Panticapaeum, disse o geógrafo Strabo, que (tal como Nóvgorod sob Ivan, o Terrível) foi devastada e incendiada no fim do primeiro século a.C. por seu governante, o rei Polemon, como um insubordinado posto avançado. Centenas de anos depois, saqueadores voltaram a estas terras; desta vez não em embarcações, mas no dorso de cavalos: godos e hunos, armados de arcos e flechas. Casas foram incendiadas, torres de pedra derrubadas, e depois que o fogo se extinguiu o capim selvagem cresceu novamente nas pedras talhadas de Tanais. Terra, rio e litoral mudaram de lugar.

Tchékhov cresceu em uma paisagem que recentemente rendeu antiguidades preciosas aos museus imperiais das grandes cidades do Norte, de uma maneira quase aleatória. Ele ainda era um jovem estudante no ginásio clássico de Taganrog (distante, em todos os sentidos, de São Petersburgo e Moscou), quando Friedrich Nietzsche caracterizou a "era da cultura histórica" em seu ensaio "Sobre o uso e as desvantagens da História para a vida". A cultura do século XIX, a era dos arqueólogos e dos filólogos

---

* "Feitoria", "entreposto comercial", em latim.

eruditos, definitivamente não era uma cultura, dizia Nietzsche, "mas apenas uma espécie de conhecimento sobre cultura", uma era de ocupações senis, asfixiada pelo conhecimento estéril do passado.

Entretanto, aqui na estepe, as descobertas arqueológicas adquiriram algo da liberdade e da selvageria do lugar. Os primeiros arqueólogos do Sul da Rússia eram militares como o coronel Ivan Stempkovski, governador de Kerch, que aproveitou os intervalos entre as lutas contra os franceses e os otomanos para descobrir a "fortuna" que jazia sob o solo das contestadas fronteiras do império. Embora a arqueologia tenha sido ensinada como um aspecto da História da arte na Universidade de Moscou desde 1809, a matéria não era ainda uma "ciência" distinta. Stempkovski exemplificava a nova consciência do passado como um tesouro a ser desenterrado, colecionado, estudado e domesticado. Arqueólogo amador, Stempkovski dirigiu, em 1823, o financiamento de museus em Kerch (que foi construída sobre a cidade grega de Panticapaeum) e Odessa, que expunham achados locais que não eram considerados suficientemente bons para as crescentes coleções de antiguidades do Hermitage de São Petersburgo. Apesar de ele e de seus semelhantes terem sido desprezados como diletantes pelos acadêmicos das capitais, Stempkovski elaborou um programa de escavações arqueológicas no Sul, propondo associações de estudos e trabalho de campo e uma rede de museus arqueológicos especializados. Em seu caminho para um posto militar no Volga, ele esquadrinhou a estrada entre Taganrog e Rostov em busca de Tanais, a ordeira pólis que ele sabia ter existido nesses espaços vazios ou assentados ao caso. Ao ler as enigmáticas tiradas de Strabo em francês, ele imaginou que Tanais seria encontrada perto da foz do Don. Perto de Nedvígovka, ele escavou fortificações antigas, discerniu a forma de uma cidade e encontrou fragmentos de uma ânfora e moedas com estampas dos reinos de Saurómates e Cótis, reis do Bósforo. Ao mesmo tempo, enquanto os cossacos lavravam a paisagem de morros funerários e de ruínas que o tsar incentivava a colonizar nesta fronteira imperial politicamente intensa, a eles também sucedia encontrar tesouros arqueológicos dos quais podiam dispor a seu bel-prazer.

Enterrados na estepe, contas de vidro e ágata, braceletes e brincos de prata e ouro lavrados, espelhos de bronze forjado em discos, pontas de flechas de ferro e osso... tudo falava de culturas comerciais, permutando estilos, os limites entre elas jamais evidentes. Não muito depois da morte de Stempkovski, Pável Leóntiev, um jovem professor de clássicos da

Universidade de Moscou veio ao Sul para confirmar as conjecturas de Stempkovski. Ele encontrou os restos de uma antiga cidade, construída mais rudemente do que qualquer assentamento grego, com fragmentos de cerâmica grosseiramente elaborada, sem refinamento nem ornamentos, e moedas não mais antigas do que o primeiro século. Desencantado, ele concluiu que o lugar, no fim das contas, não era Tanais. Em 1867, a Comissão Arqueológica Imperial, ainda procurando por tesouros arqueológicos para exibir nos salões do Hermitage, renovou as escavações em Nedvígovka sob a direção do numismata barão Vladímir von Tiesenhausen. Enquanto isto, trabalhadores que quebravam pedras para estender os trilhos da via férrea que margeia a costa atravessaram a cidade enterrada. O jornal *Notícias de Don*, e até mesmo jornais da distante São Petersburgo, falaram de uma passagem gigantesca, um canal aquático do Don até Tanais. Houve rumores sedutores de grandes depósitos arqueológicos enterrados, e o conde Stroganov, chefe da comissão arqueológica na capital russa, veio ao Sul para discutir o assunto com o atamã dos cossacos do Don. Nenhum grande tesouro arqueológico foi encontrado e logo cessaram as escavações em Nedvígovka, deixando que os camponeses locais pegassem o que quisessem da cidade arruinada. Mais rumores sobre tesouros arqueológicos levaram a uma rápida escavação no começo do século XX, conduzidas pelo arqueólogo Nikolai Vesselóvski, mas pouco resultaram. Foi somente após a Segunda Guerra Mundial, quando a arqueologia soviética reviveu sob homens como Artsikhóvski e Iánin, que as escavações sistemáticas começaram e os limites de Tanais foram confirmados. As escavações desenterraram resquícios de pesca e agricultura, de fabricação de vidro, forjas e grandes ânforas que outrora contiveram óleo ou corpos de crianças mortas na infância. Arqueólogos identificaram uma necrópole e objetos ritualísticos que sugeriam a adoração de uma divindade suprema.

✳✳✳

"Há um tesouro aqui, mas de que serve se está enterrado?", pergunta o velho pastor de Tchékhov em "Fortuna"; "vai ser simplesmente perdido, sem qualquer uso, como palha ou excrementos de carneiro... nenhuma alma pode vê-los." O pastor considera que os tesouros arqueológicos pertencem aos camponeses ("são nossos tesouros"), não aos proprietários ou às autoridades. Tchékhov, cheio das novas impressões da estepe do Don que ele amava e onde se "sentia em casa e conhecia cada borboleta", escreveu

"Fortuna" (cujo título, "*Stchástie*", também significa "felicidade") assim que retornou do Sul em junho de 1887. A história tornou-se sua favorita. Ele a considerava a melhor coisa que tinha escrito, "*quasi* uma sinfonia", dedicada a seu amigo, o poeta Iákov Polónski, "com especial amor". "Fortuna" é repleta de referências insinuantes aos grandes eventos históricos que tocaram a paisagem da estepe do Don e as praias ao Norte do Azov: a construção da grande armada de Pedro, o Grande; as fortalezas de Taganrog; a volta dos cossacos com o ouro e a prata roubados aos franceses após a derrota de Napoleão; a súbita morte do tsar Alexandre I em um palácio de Taganrog; a libertação dos servos em 1861. No entanto, o diálogo ocioso dos homens simples que se postavam como colunas na planície e a evocação de Tchékhov da paisagem (que levou seu amigo Levitan a louvá-lo como um "paisagista") abandonaram estes eventos na grande extensão do tempo, o tempo arqueológico. A história registrada reduz-se a algumas manchas, claramente delineadas no vasto horizonte. Tanto quanto em tesouros encantados, o pastor acredita em lúcios que riem, melancias que assobiam, pedras que cantam e lebres que param no caminho e falam com voz humana: "Olá, mujique!". A estepe em si respira, pensa, canta; o pensamento humano se move através da terra marrom, entre plantas, rochas e animais, desfalece entre outros elementos, inaudito. As últimas palavras da história são: "as ovelhas também estavam pensando...".

Se cidades de pedra transformam o tempo em espaço rígido no qual podemos tentar nos orientar dentro da história, a estepe ilimitada libera novamente o tempo, reduzindo a particularidade histórica a um sussurro na grama. Na primavera de 1887, Tchékhov absorveu novamente o padrão-tempo único da estepe. Sua percepção aguda da maneira pela qual o vasto espaço aberto deforma o tempo humano reformulou sua escrita ao transformar a si mesmo, no desenrolar daquele ano, de "A. Tchekhonté", roteirista de esboços cômicos para jornais, em Anton Tchékhov, escritor de reconhecida prosa "artística" para literários "jornais de peso". Existe tanto espaço na Rússia que um "pequeno ser humano não tem a força necessária para se orientar", observou Tchékhov em uma carta para o escritor mais velho Dmítri Grigoróvich, dois dias depois de terminar sua longa história sem enredo, "A estepe". Para Tchékhov, a paisagem russa propicia um empenho humano específico, cujo ardor é mais espiritual do que físico; o empenho é essencialmente trágico. Todas as energias do artista devem ser voltadas para duas forças distintas, homem e natureza, disse Tchékhov a

Grigoróvich. Somente na Rússia estas duas forças estão empenhadas em uma luta aterrorizante. Enquanto na Europa ocidental o povo perece porque o espaço é exíguo e asfixiante, na Rússia o povo perece devido a um espaço excessivo.

Nas semanas daquilo que ele chamava de "vida calmuca" de jornadas nômades pela estepe (que ele cruzava de trem, olhando para a cena dinâmica com um olho mais gentil do que o do escritor da revista *Lef*, Kuchner, amante das máquinas), Tchékhov reuniu uma grande quantidade de material, enchendo-se "até o pescoço" da poesia da paisagem. O trem tinha sua própria poesia, a poesia da aparição efêmera, e nas cartas de Tchékhov havia listas de cenas que lampejavam pela janela do trem. "Penachos, bois, pipas, choupanas brancas, rios do sul, ramais da estrada de Doniétsk com fios de telégrafo... cachorros cor de ferrugem, vegetação... tudo lampeja como num sonho", escreveu Tchékhov. Tinha encontrado um lugar, disse, tão rico em jazidas de beleza quanto de carvão; um lugar que mostrava ao artista russo que "ainda não estava abarrotado". Estava animado pela estepe e, por sua vez, a animava tão vividamente que os críticos se referiam à sua prosa como "panteísta". Deu à natureza o poder do ânimo, intenção e atuação. Um álamo sente-se solitário, plantas desenraizadas têm medo de uma nuvem carregada, a grama canta e se entristece, uma tempestade se enfurece ao lado de uma estalagem cossaca ao tentar entrar no edifício com o ríspido ódio dos que outrora foram poderosos, pássaros riem e soluçam histericamente, a estepe suspira e sorri e as ovelhas ficam aturdidas e deprimidas até o entorpecimento por seus próprios pensamentos lentos e prolongados.

As reflexões de Tchékhov sobre o espaço geográfico estão imbricadas com o irascível autoquestionamento sobre quanto espaço e quanto tempo deveriam ocupar sua própria escrita. Escreveu a Polónski sobre a dificuldade com formatos mais longos e a Grigoróvich sobre sua inexperiência em escrever longamente, seu "constante e inveterado medo de escrever demais" (desculpando-se devidamente no fim da carta por sua escrita cansativa). Escrever em formatos mais longos era algo que ele dizia simplesmente *"não saber fazer"*. Seus motivos, ele sabia, eram claros e áridos; páginas que se tornavam "lacônicas a ponto de parecerem positivamente comprimidas, impressões empilhando-se umas às outras em um grande amontoado". Tinha pensamentos contraditórios. "De modo geral, é melhor escrever pequenas do que grandes coisas, são menos pretensiosas e o público gosta delas", escreveu em uma carta; três dias depois falou novamente de seu desprezo por "peças triviais" e do desejo de trabalhar em "grande escala, ou desistir de vez". No ano anterior à volta de Tchékhov ao Sul, Grigoróvich recomendara-lhe dedicar-se mais à escrita, encontrar um novo decoro, pois ele tinha um "*verdadeiro* talento" e não deveria escrever sobre pés sujos, unhas do pé tortas, o umbigo do diácono, como ele tinha em seus esboços de casa de banhos. Mas para o médico Tchékhov nada era nebuloso, e ele continuou escrevendo sobre os efeitos das viagens em suas vísceras e nas condições sempre mutáveis das varizes em sua perna.

Em Taganrog, ele continuou a escrever pequenas peças com o pseudônimo Tchekhonté e as enviava à *Gazeta de Petersburgo* em troca de dinheiro, que estava curto. "O cossaco", uma fábula moral ambientada na estepe em que um ato de impiedade determinava o curso de uma vida inteira, ele considerava "tolstoica" demais para seu gosto. "Os habitantes" evoca a indolência absoluta de uma cidade provinciana do Sul, e em "Volódia" abordou a recente onda de suicídios entre os estudantes do ginásio de Taganrog, uma epidemia estranha que foi interpretada como sinal de "tempos doentios" devido ao mal-estar político que Dostoiévski diagnosticara ter atingido o Sul da Rússia.

A mudança na escrita de Tchékhov surgiu quando ele voltou a Moscou e começou a meditar a distância sobre a paisagem. "A estepe", que narra a jornada em uma carroça de um menino de nove anos ao longo da estrada que interligava uma província a outra, foi a estreia de Tchékhov como um escritor sério. O jornalista Burénin admirava a história sem enredo e disse a Tchékhov que sua descrição de uma tempestade que se formou, mas não desabou, era o "auge da perfeição", acrescentando que, apesar de Tchékhov não saber como escrever longas histórias, "A estepe" era apenas o prenúncio das grandes obras que se seguiriam. Em toda a sua ansiedade sobre a extensão de obras literárias, pode-se perceber a sombra de Tolstói e Dostoiévski sobre Tchékhov, que era um estudante provinciano nos anos de maior fama e poder criativo dos dois romancistas. Tchékhov disse ao seu editor, Suvórin, que comprara um Dostoiévski em uma livraria e achara-o "bom, mas muito longo e presunçoso", muito "pretensioso".

O excesso de espaço ilimitado conjurou Tchékhov à modéstia. Ele sentia que ser lacônico era eticamente correto, que a brevidade na arte temporal da escrita tinha seu lugar no mundo, porque somos pequenas criaturas que não devem tentar ser maiores do que são nem se cansarem mutuamente, porque tempo e espaço já são suficientemente fatigantes. No entanto, sua escrita era plena de tempo e de espaço. Sua arte é a arte de erguer coisas em formas claras acima do espaço plano. Como disse um crítico de sua obra "No caminho" (que foi saudada na capital com "furor" entusiasmado), os personagens adquirem "relevo"; seu envolvimento surge e termina no decurso de meia página. Na sua estepe natal, uma viagem, ainda que longa e monótona, desenha apenas uma fração do mapa negligenciável; o som de um balde quebrando em uma mina de carvão ressoa por quilômetros no espaço vazio; a rota da malha ferroviária em sua viagem por Rostov, para um casamento cossaco em Novotcherkassk (uma rota circular que Tchékhov desenhou humoristicamente em uma carta), envolveu esperas de nove horas por conexões, e cada apática cidade ou estação parecia-se com todas as outras. Em seu formato curto, no entanto, Tchékhov criava magicamente uma sensação de longa duração. (Escrever é "apenas um truque de mágica", disse a seu irmão, a essência do absurdo, prestidigitação passando-se por magia; "você pode escrever sobre borra de café e surpreender o leitor por encantamento", disse.)

Em "No caminho", Tchékhov cria um imenso personagem em poucas páginas. Líkhariov é uma "rocha gigantesca", um Dom Quixote russo que passou a vida perseguindo ideias. (A história, cuja epígrafe de Liérmontov é "uma nuvenzinha (*túchka*) de tempestade passou a noite / no seio de uma gigantesca rocha", inspirou a fantasia sinfônica de Rakhmáninov, "O rochedo".) Sua voz é a de um baixo profundo, mas Líkhariov fala como um tenor, com medo de sua sonoridade. A fé é uma capacidade do espírito, diz, inata como o talento; é uma capacidade que os russos possuem "no mais alto grau", vivendo suas vidas em uma sequência interminável de crenças e paixões. Líkhariov foi primeiramente um escravo da ciência, então voltou-se para o niilismo, o populismo, uma paixão eslavófila pela antiga Rus, nacionalismo ucraniano, arqueologia, artesanato folclórico e finalmente aderiu à renúncia à propriedade privada e à não resistência ao mal de Tolstói. Seu espírito é maior do que suas paixões intelectuais; seus olhos buscam constantemente algo nas nuvens nevadas. Agora está a caminho de escavar uma mina de carvão na estepe nua.

Nos romances de Dostoiévski (nos quais, anotou Chalámov, não há paisagens) as ideias preenchem a cena, pessoas falam interminavelmente, enredadas, debatendo-se dentro do pensamento. Nas histórias da estepe de Tchékhov, as pessoas falam de ideias, mas a natureza lhes captura as palavras e as encobre ou as difunde na paisagem, da qual são uma parte incidental. Em "A estepe", até a polêmica chauvinista que enche as páginas do *Diário de um escritor*, de Dostoiévski, durante a guerra de fé entre a Rússia e a Turquia nos Bálcãs (que incitava um patriotismo ardente na cidade natal de Tchékhov durante seus últimos anos de estudante) é apartada, reduzida. "Nossa Mãe Rússia é a cabeça do mundo todo!", canta o viajante Kiruha, e o eco capta suas palavras e carrega-as adiante, "e era como se a própria estupidez estivesse sendo levada embora, sobre rodas pesadas, ao longo da estepe".

***

Depois de Tanais chegamos a Taganrog. As ruas com três faixas de rolamento estavam vazias, o sol tardio da manhã aquecia o pavimento empoeirado entre sombras bem definidas e tudo estava parado. Mesmo assim, o tempo, que se tinha desatado na estepe, pareceu de pronto retorcer-se novamente em um emaranhado: tenso, barroco, autoconsciente. Apesar do nome Taganrog (tomado do promontório onde se encontra) ser antigo e de ninguém saber ao certo seu significado, a cidade foi erguida em um tempo em que a História era levada a sério. Ela logo se tornou um mostruário de seu próprio orgulho cosmopolita. O museu memorial do tsar Alexandre I (que morreu aqui em 1825, com o espírito dolorido e desgastado) foi o primeiro de seu gênero na Rússia. Desde então, Taganrog tem sido sempre uma cidade onde a história local é cuidada com atenção particular. Um museu memorial de Tchékhov foi inaugurado pouco mais de um século depois. No tempo em que a polícia secreta de Stálin vasculhava as coleções de caricaturas pré-revolucionárias de personalidades locais no museu da cidade, no palácio Alferaki, caçando os inimigos de classe, uma vez que elas forneciam listas de aristocratas e de burgueses locais, Tchékhov ainda era fácil de amar, acomodando com suavidade a nova disposição histórica russa. Era o escritor russo favorito de Mólotov. Mólotov disse a Tchúiev que Tchékhov era "pelo socialismo", o qual, "conforme expressou por meio de um de seus personagens, pensava que aconteceria no prazo de duzentos anos". No entanto, acrescentou Mólotov, havia horas em que não conseguia ler Tchékhov, devido a toda a "precisão" de sua escrita, "não havia otimismo nele".

Fundada cinco anos antes de São Petersburgo por Pedro, o Grande, como uma base para sua frota, Taganrog fica em um promontório em arco onde a estepe encontra o mar. Foi uma das primeiras cidades russas a obedecer a uma planificação de ruas. Com suas tropas cossacas, Pedro tomara finalmente o forte turco de Azov pela água. O primeiro prefeito de Taganrog foi Cornelius Cruys, um marinheiro e geógrafo holando-norueguês que Pedro havia recrutado em sua visita de autoaperfeiçoamento aos Países Baixos. Cruys fez o mapa do rio Don e da costa e, em colaboração com o tsar, produziu o primeiro atlas russo, publicado em Amsterdã. Uma fortaleza, chamada Sagrada Trindade, foi construída em Taganrog com seu próprio porto murado em pedra. Em sua geometria pentagonal, a planta da fortaleza assemelha-se a uma medalha militar encravada no suave fluir do litoral.

A Rússia manteve o promontório por apenas doze anos, antes de uma nova derrota para os turcos, o que obrigou Pedro a retornar ao forte de Azov e a demolir a nova cidade. Taganrog permaneceu desolada por quase seis décadas, até a Rússia voltar a ser vitoriosa e mapear mais uma vez o lugar, desenhando limites administrativos, dividindo e distribuindo a estepe entre proprietários de terra. Tratava-se de um território fronteiriço selvagem, terra virgem que nunca fora submetida ao arado, nem atraíra rufiões, foras da lei ou rebeldes. Nenhuma tentativa fora jamais feita para perseguir fugitivos que escapavam para o Sul, e eles se estabeleceram na fértil pradaria, lavrando e semeando para seus novos proprietários. Entrementes, a fronteira militar do império deslocou-se para o Sul. Com a conquista da Crimeia, Taganrog perdeu seu significado estratégico e tornou-se lugar de comércio pacífico. Catarina, a Grande, que cuidava do talento e empreendedorismo de todas as nações, convidou gregos e italianos a colonizar a cidade. A beneficência, a sociabilidade de alto padrão e a corrupção fácil dos mercadores mediterrâneos deu a Taganrog seu estilo de bonomia ostentatória, que nem o comunismo pôde apagar.

Encontramos um café na rua Frunze, escondido nas sombras de uma acácia, e enquanto tomávamos café observávamos grupos de jovens mulheres irem e virem de um instituto nas vizinhanças, todas com botas pretas de salto alto e jaquetas com zíper. Um chefe de cozinha em uma túnica branca e amplos braços trêmulos saía da cozinha a cada poucos minutos e por fim dispôs no balcão uma bandeja de metal com bolos recém-assados. Em mesas com pilhas de livros didáticos em inglês, as jovens degustaram bolos e sorveram chá quente em colheradas, e reaplicaram delineadores labiais escuros e pó facial de estojos espelhados antes de saírem novamente para o silêncio das ruas. Muitas delas tinhas feições mediterrâneas magras, cabelos castanho-escuros e grandes olhos pretos.

Minha acompanhante estudou o mapa da cidade. Ela assumiu o mapa e a câmera, com o claro propósito de caçar raridades biográficas. Fiquei contente em segui-la passivamente ao longo do dia quente, sentindo a presença genial do escritor em cada lugar que visitávamos, exatamente o que se espera que alguém faça em Taganrog. Há uma reciprocidade no fato de que esta cidade se tenha tornado um museu de Tchékhov, pois ele difundiu sua personalidade em toda a Taganrog, ajudando a direcioná-la para o tipo de autoconhecimento cívico que é expresso em museus de história local, em bibliotecas e na conservação da arquitetura. Como um escritor estabelecido de Moscou, ele enviou muitos livros à nova biblioteca de Taganrog. Sonhou fundar um museu de personalidades locais para repercutir sua contribuição ao desenvolvimento do Sul da Rússia. Quando um museu foi de fato inaugurado em 1898, Tchékhov, então famoso em Moscou, percebeu que as paredes do palácio Alferaki, no qual fora sediado, agora detinham uma força poderosa: a vida de épocas passadas e aqueles nativos que se destacavam em relevo diante do pano de fundo dos séculos.

Diferentemente de Oliénin nos *Cossacos* de Tolstói, que se libertou de seu passado enquanto viajava de Moscou para o Sul em sua jornada desconfortável por trem via Tula e Khárkov, Tchékhov dirigia-se para "tudo que é conhecido e rememorado". Na chegada, considerou Taganrog tão sonolenta e de aparência tão antiquada que o fez pensar em Pompeia. Após oito anos em Moscou, ele olhou para seu novo entorno com um irônico esnobismo mesclado a uma singela afeição; um citadino sofisticado de volta à sua cidade natal provinciana. Por vezes ele respondia a cartas de amigos em Moscou com a voz de um turista, descrevendo o soberbo clima de Taganrog, a comida, os encanamentos, a inadequação das camas e do serviço local e a aparência e as maneiras das mulheres, que, dizia, eram grosseiras, amorosas e nervosas, com belos perfis e um gosto por roupas verde-oliva. "Cheira a Ásia", escreveu, e "Ásia" era um código fácil para "história externa". Queixava-se de que os moradores da cidade apenas comiam, bebiam e se reproduziam; tudo são ovos, *kulitch* e bagels, vinho de Santorini, bebês mamando, é impossível encontrar algum livro ou revista. Os lavatórios são terríveis, tudo é sujo e insípido e o carteiro senta-se para tomar chá a cada carta que entrega. Em cartas espirituosas a amigos universitários argutos, Tchékhov é jocoso e condescendente com a pobre e vistosa Taganrog. "Se eu fosse um arquiteto talentoso como você, eu a poria abaixo", escreveu a seu amigo, o arquiteto Fiódor Chékhtel (que, tal como Levitan, serviu de modelo para um dos estudantes prostituídos de "Os nervos").

Já em outra carta, Tchékhov diz que Taganrog "tem o cheiro da Europa". Escreve com afeto sobre pessoas que conhece de longa data; registra quem engordou, quem emagreceu, a emocionante eletricidade do sorriso de seu tio e os ainda mais impressionantes programas cívicos e ostentações de Akhilles Alferaki, prefeito de Taganrog, rebento de uma das mais prósperas famílias de magnatas de Taganrog e benfeitor cívico. Alferaki compartilhava o suave espírito satírico de Tchékhov e sua atenção aguda para com as particularidades dos moradores locais. Em sua casa, a elite de Taganrog do final do século XIX, tal como era, reunia-se para dançar, tocar, jogar cartas e brincar de charadas, de enigmas e de mímica e para escrever versos cômicos. Foi o próprio Alferaki quem desenhou as notáveis caricaturas pelas quais a NKVD tanto se interessou durante o terror stalinista. (Atrás de muitas das caricaturas as palavras "recolhidas durante a busca 19/XI/-36" foram escritas pela mão de Andréiev-Túrkin, curador do museu.) São caricaturas de membros da Duma, agentes alfandegários, um professor, o chefe de polícia, cônsules estrangeiros (dos quais havia dezesseis em Taganrog), moças desajeitadas, jovens tímidos, financistas como Negroponte, que dirigiu o Banco Comercial do Don-Azov, e Mussuri, chefe da companhia de barcos a vapor. O Álbum Alferaki é uma necrópole onde as curiosas faces dos mortos da cidade estão conservadas.

Tchékhov é agora a face pública da cidade com que foi tão jocoso e condescendente quando voltou de Moscou. Visitamos primeiramente a casa onde nasceu e percorremos os poucos cômodos de pé-direito baixo junto com uma excursão de crianças deficientes auditivas, cuja professora contava-lhes na linguagem de sinais tudo sobre a vida pregressa do grande escritor. Havia narcisos em flor ao pé de uma grande árvore. Nas sombras emaranhadas de seus longos galhos, a casinha branca parecia minúscula. Fomos até a loja de esquina de seu pai, em uma rua empoeirada que parecia o cenário de um filme. No balcão do interior reconstruído havia velhas latinhas de chá, de caviar e balanças; em um canto, ao alto, estava pendurado um conjunto de ícones, a mobília de sala de uma vida de piedade diligente e comércio malsucedido, por trás da qual o comerciante Pável Tchékhov, nascido servo, batia em seus doloridos filhos. Visitamos o teatro local, todo em veludo vermelho e gesso dourado, construído com dinheiro italiano para apresentações de ópera, e a biblioteca, projetada por Chékhtel, a quem Tchékhov se dirigiu como "Caro maestro" na jocosa carta em que propôs a demolição e reconstrução de toda a cidade. Chegamos no meio da tarde à escola de Tchékhov, o ginásio clássico de Taganrog, de longe o mais imponente dos lugares relacionados a Tchékhov que visitamos, com suas grandes janelas olhando das austeras salas de aula de teto alto para fora, através da praça da cidade, para o mar.

Como em muitos museus regionais russos, os mostruários do museu de Taganrog, no palácio barroco Alferaki da rua Frunze, percorriam tempos desde o profundo passado até os mais recentes. Relíquias da idade do bronze, os gregos jônicos e os citas logo davam lugar a moedas medievais e balanças, a armaduras e machados polovetsianos e aos gorros dos calmucos frisados e emplumados. Em Starotcherkásskaia aprendi a apreciar o equilíbrio entre a opulência e a simplicidade das roupas cossacas, feitas de brocado laranja, púrpura e amarelo, e os adornos elaborados com turmalina e madrepérola. Havia mapas e mosquetes, finamente trabalhados e cuidadosamente preservados, expostos ao lado de livros sobre boas maneiras, manuais de saúde e antologias de leituras espirituais da era petrina.

Não consigo encontrar uma palavra equivalente em inglês para a palavra russa *kraeviédienie*, que meu dicionário traduz para "estudo do conhecimento, história e economia locais". *Kraeviédienie*, que floresceu nos anos 1920, é um ramo acadêmico voltado ao estudo de uma localidade em todas as suas especificidades. Os museus locais que podem ser encontrados em todas as cidades de todos os tipos nesta vasta Terra são caracterizados pela carinhosa atenção dos *Kraeviédi*, profissionais devotados ao conhecimento local. Na introdução ao livro de 1927 sobre o campo russo, na biblioteca de Mólotov, Oldenburg elogiou os milhares de *kraeviédi* dos anos 1920 como pessoas destinadas a reunir a cidade e o campo, a unificar a cultura através da compreensão. Górki saudou a nova ciência como "um trabalho cujo significado não pode ser exagerado", entendendo que a *kraeviédienie* incentivou o "desenvolvimento de nosso senso de dignidade". Como observou o *kraeviéd* Sigurd Schmidt em um ensaio recente (no qual lamenta o expurgo assassino sistemático da *kraeviédienie* soviética nos anos 1930), é uma forma de amor local, de trabalho espiritual. (Sigurd Schmidt, filho do explorador polar Otto Schmidt, foi criado no nº 3. Editou a Enciclopédia de Moscou (1998) na qual aprendi a maioria das coisas que sei sobre a cidade.) Aqui em Taganrog, a *kraeviédienie* revela-se distintivamente tchekhoviana em espírito, ao mesmo tempo modesta e profunda, ampla na visão e atenta à minúcia, alerta para as peculiaridades da história e da personalidade humana, visionária, misericordiosa. Tchékhov observava as pessoas de perto, mas também sabia como afastar o olhar até a distância longínqua a partir da qual os defeitos humanos parecem menores.

Foram as mãos suaves dos historiadores locais que salvaram os artefatos destes museus, ao escondê-los nos primeiros anos do poder soviético, quando raridades arqueológicas tinham um significado diferente e coisas belas e valiosas foram reavaliadas e postas em perigo. Muitas das porcelanas, tecidos e móveis do Museu Memorial de Alexandre I perderam-se no frenesi contra o tsarismo e a Igreja, e ícones foram publicamente queimados. (As coleções também eram valorizadas por seu efeito em melhorar o gosto dos magnatas locais com relação ao mobiliário, que tendia a ser vulgar.) No fim dos anos 1920, no entanto, foram feitos trabalhos de conservação na necrópole de Beglitskaia Kossá, que estava ameaçada pela erosão do litoral.

Uma das coleções mais raras do museu regional de Taganrog é o arquivo de Pável Filióvski, historiador local e professor de História e Geografia que estudara no ginásio na mesma época de Tchékhov. Filióvski escreveu um livro rememorando todos os professores que os dois compartilharam: o professor de Russo e o professor de Latim, os mestres de Teologia e Literatura e o "patologicamente irritável" Edmund Dzerjínski, que ensinava Matemática (cujo filho, Félix, tornou-se o primeiro chefe da Tcheká e trabalhou até a morte para o Estado soviético, e sua estátua permaneceu do lado de fora da Lubianka até ser derrubada na frente de uma multidão desvairada em agosto de 1991). Filióvski era ardentemente ortodoxo e simpatizava com as antissemitas Centúrias Negras. De uma família fidalga de Khárkov, ele amava Taganrog, escreveu poesias em louvor da cidade e um artigo erudito sobre a brevíssima visita de Púchkin. Durante a vida de Tchékhov, Filióvski publicou uma novela histórica chamada *A queda de Bizâncio* e, quando irrompeu a Primeira Guerra Mundial, lançou uma cronologia universal e sinopses da história da humanidade, seus feitos, pensamentos e trabalho criativo entre 5508 a.C. até 1919 d.C. Planejava escrever uma história completa da região, começando com um volume sobre os citas, abordando todos os aspectos de seu desenvolvimento – histórico, biológico, geográfico e econômico – exatamente o tipo de obra magistral de acumulação positivista de fatos históricos que Nietzsche considerava exaurida na cultura europeia e a tinha tornado senil. Um retrato de Filióvski em idade avançada mostra-o com a imagem exata do intelectual exangue, quase asceta, no estilo El Greco. Sobrevivera à Revolução dando aulas em fábricas e colégios técnicos no início dos anos 1920. Em 1927 tornou-se membro da Sociedade Regional de Arqueologia, História e Etnografia do Cáucaso do Norte, e três anos depois foi curador e arquivista da velha Taganrog. Por meio da história local conseguiu urdir seu próprio trabalho dentro do novo sistema. Há em seu arquivo cartas de amigos e colegas que se saíram pior, trabalhadores de museus, bibliotecários e professores escolares enviados ao exílio no Cazaquistão e na Sibéria por crimes imaginários contra o Estado de Stálin. "Não me vejo como culpado, mas o inexorável artigo 58 paralisou-me como varíola", escreveu o professor local Vinnikov, com seu senso de ironia ininterrupto, de "um lugar não tão distante, como nós russos costumamos dizer". Uma carta de outro professor, trêmulo no limite do desespero, dizia que "por vezes as coisas são tão difíceis, pesar e luto são tão profundos que somente uma fé profunda sustenta nossa força débil e nos impede de dar um passo tresloucado." O bibliotecário Edward Yurgens enviou sua carta sem lacrar, ciente, como disse, de que sua correspondência era "do interesse de outros indivíduos". No exílio na Ásia Central, a única coisa que aliviava sua dor era saber que tinha amado "tudo o que há de belo na humanidade, na arte e na natureza, e mantido a certeza da fonte de toda a beleza".

Em 1925 Félix Dzerjínski estava à beira de um colapso nervoso após ter lançado com sucesso as fundações do estado policial soviético. Naquele ano, capturara o camaleão político Boris Sávinkov, ex-terrorista e colaborador de Sidney Reilly, e passou muitas horas "conversando" com ele em uma cela tornada confortável na Lubianka. Em maio de 1925, Sávinkov, que na prisão escrevera cartas a amigos enaltecendo as glórias do novo Estado soviético, morreu após uma queda misteriosa de uma janela. Reilly era visto como a chave para as redes de espionagem britânicas que ainda perturbavam Dzerjínski, e ele concebeu um "anzol" elaborado, conhecido como "Operação Confiança", para atrair o próprio "ás dos espiões" de volta para a Rússia. Reilly foi preso em um apartamento de Moscou em setembro de 1925 e levado à Lubianka para ser interrogado, identificado como prisioneiro nº 73. Em 5 de novembro, foi executado com um tiro na nuca, supostamente por ordens diretas de Stálin.

O Partido insistiu para que Dzerjínski descansasse, então ele veio com uma pequena escolta a Taganrog, onde seu pai vivera em uma casinha em frente ao ginásio. Dzerjínski requisitou uma suíte para si no palácio em que o tsar Alexandre I quis repousar seu espírito cansado. Insone, Dzerjínski vagueava pelos quartos e corredores à noite. Rumores sobre algum propósito secreto para sua visita espalharam-se por Taganrog e pais mantinham os filhos em casa, faziam o sinal da cruz quando ele passava em seu carro blindado com as janelas abertas e recusavam abrir as portas a visitantes. Viver na cidade de seu pai pouco fez para aliviar a depressão de Dzerjínski e ele logo partiu para Moscou em um trem especial. Morreu exausto em julho seguinte, em meio a um discurso errático a seus camaradas, "pontuado por ataques histéricos". Mólotov carregou o caixão dele.

Na igreja principal da cidade, os ícones foram adereçados com tarjas pretas: um costume grego que eu nunca tinha visto em nenhum outro lugar de adoração na Rússia. Tchékhov visitou o cemitério quando voltou a Taganrog, observando que ele era belo mas parecia ter sido saqueado, um de seus mausoléus fora barbaramente arranhado. Caminhou por entre os jazigos com uma amiga de nome Mónia Khodakóvskaia, uma livre-pensadora que se ria dos mortos e de seus epitáfios, assim como dos sacerdotes e diáconos vivos da igreja. Tchékhov era sensível à vulnerabilidade dos mortos diante de nossas injúrias e abusos. Ele assistiu a um funeral em Taganrog e escreveu que "não é agradável ver um caixão aberto, no qual balança a cabeça de um homem morto".

Perambulamos pelo cemitério. Demakos, Verazzi, Kleopatro... sobrenomes russos eram raros nas sepulturas. Havia muitas Marias. As flores falsas usuais, em empoeiradas cores berrantes, decoravam as exageradas tumbas metálicas, algumas das quais tinham se quebrado e se descerravam levemente como ataúdes abertos. A grande maioria tinha cruzes improvisadas com andaimes, colocados no período soviético, quando os túmulos foram adornados com estrelas vermelhas, sinal de lealdade à Revolução mesmo na morte. Fiquei imaginando como os arqueólogos interpretariam essas cruzes-andaimes daqui a milhares de anos, quando os 75 anos de comunismo soviético forem apenas uma nódoa no grande panorama do tempo humano. Irão se perguntar e teorizar sobre elas, assim como os arqueólogos de hoje perguntam-se sobre os sinais de rituais e de crenças nas catacumbas de pedra dos montes funerários na estepe? Por que, perguntam-se os arqueólogos, estão os ossos longos das pernas esquerdas dos cavalos sempre alinhados de Nordeste para Sudoeste nas câmaras internas das tumbas citas, seladas com escudos e tapetes feitos de seixos, onde os mortos estão sempre dispostos com as cabeças viradas para a entrada?

***

Descemos as Escadarias Depaldo para nos sentar na praia e sentir o vento do mar encontrar o vento da estepe. Ao longe, a água estava cinzenta, escura e velada. Perto da costa, a rebentação estava baixa e clara e gaivotas rodopiavam e grasniam. Joguei minha mochila na areia com prazer; ela agora estava pesada de livros e periódicos que eu pegara nos museus da cidade. Aonde quer que eu vá, compro tantas publicações locais quantas cabem em minhas bolsas. A natureza aleatória deste tipo de coleta diletante é a essência de seu prazer. Desta vez, encontrei vários livros sobre Tchékhov e dois números do "almanaque histórico-literário" *Marcos de Taganrog*: junho e dezembro de 2001.

O primeiro almanaque era uma edição especial sobre a história e a cultura armênia que se estabeleceu em Taganrog e no Don a convite de Catarina, a Grande. Continha um artigo encantador, chamado "As beldades de Tchékhov", que identificava as jovens armênias da estepe. A mulher de verdade, que Tchékhov conheceu quando era estudante, viveu até os 56 anos de uma vida ocupada com crianças e trabalho doméstico. Seus descendentes ainda vivem em Rostov, Novotcherkassk e na aldeia de Bolchie Sali (o nome russo para Bakhchi-Sala); até hoje celebram Tchékhov, o escritor de Taganrog que louvou a extraordinária beleza de sua *bábuchka*.

No segundo almanaque, ao lado de ensaios sobre a história da biblioteca local, de listas bibliográficas que detalhavam o grande e generoso interesse de Tchékhov em suas aquisições, estava um conjunto de documentos recentemente liberados sobre eventos em Taganrog e no Don durante a Guerra Civil. Aqueles mortos, cujos nomes e palavras, outrora perdidos como palha ou excrementos de carneiro, tinham sido apenas recentemente desenterrados dos arquivos, não eram indiferentes ao que Budiónni chamava de "espelho da História". Valores foram novamente reavaliados, fatos históricos reunidos e relembrados, seus "usos e desvantagens para a vida" subitamente transformados. Cheia de sangue, vingança e reinvindicações concorrentes de honra, a seção de arquivos incluía as memórias do anarquista Néstor Makhnó, do general Branco Anton Deníkin e do atamã dos cossacos do Don sobre sua malsucedida tentativa de criar um estado livre cossaco no Sul da Rússia, com ajuda dos britânicos, em 1918. Havia documentos sobre o terror Vermelho – massacres da aristocracia e da burguesia locais – e sobre atrocidades dos Brancos, com fotografias granuladas em preto e branco de corpos de operários Vermelhos desmembrados, retorcidos, mutilados, mortos anônimos com a boca aberta, amontoados como bonecos partidos, olhos arregalados.

O vento soprou a areia branca e virou as páginas do meu almanaque. Teria perdido algo se deixasse assim. Segurei os cantos e comecei a ler quando me deparei com o nome de Budiónni em uma carta aberta de um historiador chamado Polikárpov. (Sempre fui curiosa a respeito dos vizinhos do nº 3.) A carta de Polikárpov, que revisava a história da Guerra Civil no Sul, fora publicada bem no fim do período soviético, em reposta a uma carta aberta de Budiónni. Polikárpov questionava o relato de Budiónni sobre o julgamento e execução do comandante da Cavalaria Vermelha Boris Dumienko, que fora superior militar de Budiónni e acusado de organizar um motim antissoviético em Rostov em um momento crítico da guerra durante a primavera de 1920. O argumento histórico de Polikárpov trazia implicações profundas à reputação de Budiónni; o espelho começava a refletir uma imagem diferente do marechal.

A morte de Dumienko era um sinal ominoso do que estava por vir, da natureza e do ímpeto do expurgo partidário que logo abateria a tantos. ("Não temos nada a ver com o fuzilamento de Dumienko", disse mais tarde Mólotov, quando ouviu que alguém no Comitê Central alegou que ele e Stálin agiram não por meio do poder da persuasão, mas com um revólver, com métodos "trotskistas".) Tal como Budiónni, Boris Dumienko era um cavaleiro da Cruz de São Jorge que aderira aos Vermelhos na Revolução. Em uma vitória brilhante, tomou Novotcherkássk para os bolcheviques em janeiro de 1920. Poucos meses depois, no entanto, foi por sua vez fuzilado. Polikárpov alegava, essencialmente, que Dumienko fora sentenciado sem nenhuma prova de traição contra os bolcheviques. Seu julgamento girou em torno da interpretação de Budiónni da palavra "nuvens tempestuosas" (*tuchi*), que Dumienko usara em um *tête-à-tête* no apartamento de Budiónni. "De fato tive uma conversa sobre nuvens tempestuosas", admitiu Dumienko, explicando que tudo o que queria dizer era que havia nuvens tempestuosas juntando-se sobre os bolcheviques, que deveriam ser esmagadas. Após a prisão de Dumienko, Budiónni decidiu que seu camarada o estava convidando, por meio de metáforas dissimuladas, a mudar de lado e juntar-se a ele em alguma aventura antissoviética traiçoeira. O julgamento foi um puro exemplo de justiça revolucionária, um modelo para os julgamentos espetaculosos dos anos 1930. Quando questionado sobre a falta de qualquer prova real contra Dumienko, o promotor Beloboródov retrucou:

> Se começarmos a esquadrinhar fatos separados, talvez seja possível refutá-los... a defesa invoca consciência. Eu gostaria, camaradas juízes, de chamar vossa atenção para o fato de que agora, sob a ditadura do proletariado, em uma época em que todos os valores estão sendo destronados, o apelo à consciência é inútil.

Este era Beloboródov, o homem que emitiu a ordem de assassinar o tsar destronado, sua mulher e seus filhos, que atuaria como anfitrião de Trótski no nº 3 e que, como lembrou Mólotov, seria ouvido não muito depois nos corredores da Lubianka apelando para a consciência de seus camaradas do Krêmlin: "Eu sou Beloboródov. Informem ao Comitê Central que estou sendo torturado".

Na época em que escrevia *O jardim das cerejeiras*, Tchékhov não usava mais tiros para mudar o curso da ação de seus enredos, quebrando em vez disso a cena com o som "morrendo, triste" de um balde partido em uma mina de carvão distante, a lembrança longínqua de uma nota na estepe. Ele dominava a arte de finalizar. Aprendeu sobre o horizonte de tempo olhando para a distância lilás na estepe. Quando o olhar é generoso, o fim revela-se apenas outro começo. O tempo futuro é sempre uma pergunta, não uma resposta. Penso nos fins de suas histórias: o vento do lado de fora da porta; o chefe de estação de uma cidadezinha acendendo velas; ovelhas pensando, chuva batendo nas janelas; a pergunta "com o que se parece a vida?"; os olhos de Líkhariov procurando por algo nas nuvens, a neve cobrindo-o como se ele fosse uma rocha.

E então há o fim perfeito, situado em um quarto de hotel de Moscou: a réplica de Tchékhov da trágica imagem de adultério em *Anna Kariênina*, de Tolstói. "O fim ainda estava muito distante", afirma a última frase de "A dama do cachorrinho", "e a parte mais complexa e difícil estava apenas começando."

10.
Vólogda

"A melhor defesa para uma pessoa, exatamente como para um inseto, é a habilidade de assumir as cores do entorno."

Frase marcada a lápis no exemplar de Mólotov dos contos de Rabindranath Tagore, dedicada anonimamente "Para Mólotov, 1925".

Houve uma Revolução – agora nunca mais precisaremos de outra. As palavras de Iéltsin fizeram adormecer o único outro cliente do bar que funcionava a noite inteira, um dos homens com sapatos de ponta fina que mobiliavam tradicionalmente os lobbies revestidos de mármore dos hotéis provincianos da era soviética, como o Spásskaia. Sua cabeça raspada caiu sobre o encosto do sofá, a mandíbula tombou aberta e a cintura relaxou com o sono, esticando o couro da jaqueta. Ainda faltavam vinte minutos para o restaurante abrir para o café da manhã, e minha acompanhante, a pintora, estava fora fumando o segundo cigarro do dia. O *Adeus a Iéltsin* na televisão estatal prosseguia em seu eterno retorno. Pessoas de luto faziam fila do lado de fora da Catedral do Cristo Salvador para passar pelo esquife aberto do homem que pusera um fim ao governo do Partido Comunista. Os apresentadores do Canal Um exibiam gravatas pretas e expressões graves. Convidados nos estúdios falavam das qualidades humanas de Iéltsin. Ele era próximo do povo, andava de ônibus, era um verdadeiro mujique. "Nunca mais precisaremos de outra Revolução", eram as únicas palavras que deixavam o morto dizer, em um fragmento de filmagem de arquivo de dezesseis anos antes, repassado sem parar. Iéltsin nos deu a liberdade, todos repetiam. E agora éramos livres.

Depois de ter tirado meu café na máquina automática em cima do balcão e lavado o copo de cerveja vazio do homem adormecido, a balconista sentou-se em um tamborete, enfiou o salto fino do sapato branco no anel cromado da base, virou-se de costas para a televisão e olhou para a parede. Entre as garrafas de bebida nas prateleiras espelhadas do bar, seu cabelo oxigenado e o verde brilhante de suas roupas refletiam-se, resplandecentes, até o infinito.

Aqui em Vólogda, nesta manhã tranquila e fresca, Moscou parece muito distante. No entanto, a sensação de distância nesta cidade é uma ilusão, dizia Chalámov. Vólogda fica a uma noite de trem ao Norte de Moscou. É "parte laço e parte exílio"; mas não é a Sibéria.

Chalámov, o filho de um padre dissidente filossemita, tinha orgulho da história de empoderamento da oposição em sua cidade natal. Como ele descreve em suas memórias, *A quarta Vólogda*, nos tempos de sua educação ele absorveu do ar a longa história do "movimento de libertação". Todas as pessoas que alguma vez se opuseram ao poder do Estado parecem ter passado por Vólogda. Entre meados do século XIX e 1917, aproximadamente dez mil exílios foram registrados pela polícia local. Sonhos utópicos e disputas sobre o significado da vida tornaram-se parte do clima espiritual de Vólogda, disse ele, voltando-a para o Oeste e para o Mundo, "com iniciais maiúsculas". Apesar de afamada por suas igrejas de pedra do século XVI e por suas casas de madeira requintadamente cinzeladas, Vólogda não era apenas uma crônica arquitetônica de Ivan, o Terrível, ao fortalecer o estado russo no "Grande Norte". A presença constante de exilados políticos predispôs a cidade inteira a olhar para o futuro, para além da escuridão do presente, na direção de um alvorecer radiante de esperança. O futuro da Rússia já estava presente nas discussões, disputas e discursos de rebeldes contra o Estado e nos livros que eles doavam, seguindo a tradição do exílio, à biblioteca local quando partiam.

Os exilados em Vólogda vão desde Avvákum, sacerdote cismático do século XVII, até Boris Sávinkov (que transmutou-se de assassino socialista antes da revolução em um aventureiro monarquista e companheiro de armas de Sidney Reilly na conspiração de 1918); das filhas do marechal de campo Cheremiétiev ao filósofo Berdiáiev (deportado mais tarde da Rússia por Lênin, em um vapor, em 1922) e à irmã de Lênin, a dedicada mas um tanto ineficaz revolucionária Maria Ulianova, que a polícia secreta tsarista considerava ridiculamente fácil de seguir. Vólogda era um ponto de transição em vidas tensas. Na verdade, como explica Chalámov, era um meio-termo tsarista para punições políticas. As estatísticas acalmavam o regime e agradavam aos liberais. Já que, depois que a ferrovia foi construída nos anos 1860, o alvorecer da esperança mais imediata de um exilado vinha por meio de uma tabela de horários. Vólogda estava a apenas uma noite de viagem das duas capitais. Do ponto de vista dos exilados, Vólogda *era* São Petersburgo e Moscou, dizia Chalámov, "apenas se certifique de que as autoridades não o ouçam dizer isto".

Despertada pela condutora antes do amanhecer, afastei as cortinas de náilon turquesa para ver o sol nascer sobre a planície, enquanto o trem nº 42 lentamente desacelerava na direção dos loteamentos e do abandono semiurbano da periferia de Vólogda. As bétulas que marcam o ritmo de todas as viagens de trem na Rússia cresceram mais esparsamente aqui, e os postes telegráficos brilhavam prateados pelo tempo. Árvores mortas e postes tombados jazem espalhados e ressequidos, suas formas esguias se entrecruzam na terra cinzenta. (As árvores no Norte morrem deitando-se, diz Chalámov em "Ração seca", exatamente como as pessoas no fim de suas "alquebradas vidas nortenhas".) Os outros poucos passageiros no *luxe* – um par de ruivas risonhas com minissaias de couro que bebiam cerveja no corredor, no meio da noite, em companhia de um homem de negócios com uma pasta italiana elegante – continuam no trem para prosseguir viagem até Vorkutá. A condutora trocou o avental curto de náilon e as sapatilhas e, após limpar o banheiro com um desinfetante pungente, manteve-se a postos na porta do vagão, o busto apertado pelos botões de latão do uniforme, seu peso reequilibrado nos calcanhares, de modo que ela parecia uma mulher totalmente diferente.

Trótski desprezava a palavra *luxe* mas, embora eu tenha algumas vezes viajado como uma proletária, eu hoje saboreio sem constrangimento o privilégio de viajar *en bourgeois* nos trens russos. "A burguesia deve ser preservada em seu aspecto inocente", escreveu Mandelstam em "A quarta prosa", "deve ser entretida por teatros amadores, embalada nas molas de carros Pullman, inserida em envelopes de sono ferroviário branca de neve." Escrevendo a respeito de conforto e do fim da NEP, quando todos se sentiam desabrigados, ele se perguntava sobre a origem da "assim chamada fastidiosa decência" da burguesia. "Sua decência é que faz a burguesia ser gentil com os animais", refletiu; "muitos membros do Partido sentem-se à vontade na companhia de burgueses, pela mesma razão que adultos precisam sociabilizar com crianças de bochechas coradas." O verdadeiro burguês é mais inocente que o proletário, disse Mandelstam, "mais próximo do mundo uterino, do bebê, do gatinho, do anjo, do querubim". Mas, na Rússia, acrescentou, existem muito poucos destes burgueses inocentes, e isto tem um efeito nocivo na digestão dos revolucionários".

A precisão da imagem de Mandelstam é válida. Inocentemente inserida no *luxe*, em um envelope de linho branca de neve, levada em meu caminho sem poder decidir se paro ou prossigo, considero a natureza do sono ferroviário impossível de prever. Por vezes, as molas do vagão me embalam rapidamente até a escuridão inconsciente; outras vezes me mantêm parcialmente acordada a noite toda, excitada no calor pelas luzes e vozes que gritam nas plataformas pelas quais passamos, de tal forma que quando entramos em uma nova cidade, ao amanhecer, sinto como se não tivesse dormido nada.

O sistema ferroviário russo mantém intacto o poder de proporcionar uma excitação geográfica primitiva no viajante. Desde que as primeiras linhas férreas foram implantadas, paixão e imaginação pulsaram sem cessar ao longo deste sistema circulatório. A literatura russa está repleta de trens, porque (como as prostitutas, que também povoam a literatura) eles reúnem lugares, mundos sociais e histórias de vida que de outra maneira nunca se tocariam. Trens são veículos de trama e destino, aventura e tragédia, pensamentos surpreendentes e conversas, que unificam o esquálido e o sublime, ferro e pelúcia, tornam a intimidade possível em meio ao grande alcance do espaço. A arquitetura das estações ferroviárias de Moscou aumenta gloriosamente esta excitação. Na noite anterior à nossa ida para Vólogda, estávamos no salão da estação Iaroslavl, um pastiche fantasioso feito de motivos inspirados no estilo da Velha Rus do Norte e de sua tradição de contos de fadas, projetada pelo amigo de Tchékhov, Chékhtel, a partir da qual trens partem de Moscou para o Norte e para o Leste. Sob painéis na parede que invocavam a vastidão e o espaço primordiais – lobos, ursos, morsas, caçadores saámi e seus trenós –, a "maré urbana" (como Chalámov a chamou) mantinha seu troar eterno. Trabalhadores precipitavam-se para as plataformas passando por quiosques e mendigos, carregando grandes sacos em tecido xadrez laminado nos quais os pequenos comerciantes do mercado carregam seus produtos por toda a Rússia e além dela. Os painéis de partida anunciavam trens para Kómi, Ulan Bator e Pequim. Descemos para a plataforma, passamos pelas condutoras paradas na porta de cada vagão em uniforme completo, com ares de expectativa importante pela jornada noturna que se seguiria. Elas sorriram com afetação zombeteira quando mostramos nossos bilhetes *luxe*. Na plataforma vizinha havia um trem para Pionguiangue. Um conjunto de facas pendurado na janela da cozinha de bordo, próximo ao vagão-restaurante, mostrava sua silhueta através das cortinas.

Já mergulhados no torpor da viagem longa e enclausurada que teriam pela frente, trabalhadores em conexão para a Coreia do Norte trocavam-se, vestindo roupas esportivas e tirando os sapatos; dormindo em vagões longos sem nenhuma divisória, em beliches de quatro lugares, com as pernas comprimidas contra as janelas encardidas, em meio a cobertores embrulhados, eles olhavam para fora com o olhar vazio.

"Estação Iaroslavl. Os ruídos... da cidade que me era a mais cara em todo o mundo", escreveu Chalámov na frase final de seu conto "O trem". "Um bilhete para Moscou... Um bilhete para Moscou..."; parecia uma coisa impossível. Em Irkutsk, enquanto esperava pelo trem, ele viu livros à venda pela primeira vez em anos: "Eu não compraria livros até chegar a Moscou. Mas segurar os livros, ficar de pé ao lado do balcão de uma livraria era como um prato de caldo de carne; um copo de água da vida". "Vagão prisão, vagão prisão", ele repete para si mesmo enquanto se espreme no estreito espaço entre os leitos do meio e superiores do trem. No fim da longa viagem do escritor desde a Sibéria, compartilhada com uma triste prostituta com lábios reluzentemente pintados, uma criança suja de dois anos que compartilhava felicidade amorosa com seu terno pai e um tenente bêbado que vomitava, o vagão tornara-se a "interminável felicidade da liberdade". Ele vê, finalmente, na plataforma da estação Iaroslavl, o rosto querido de sua esposa, que veio encontrá-lo como tantas vezes antes fizera. "Aquela viagem, no entanto, fora uma longa viagem, quase dezessete anos", escreveu ele na última frase; "o mais importante era que eu não retornava de uma viagem de negócios. Voltava do inferno."

Pouquíssimos passageiros deixaram o trem na estação de Vólogda. Atravessamos toda a sua extensão sob a rede de fios pendurados entre altas torres de metal, apartados do céu perolado da manhã sobre a planície do Norte, em direção à cidade. Trabalhadores inspecionavam as rodas pesadas e enferrujadas do trem com martelos, o som profundo repercutia como sinos em surdina. Quando estava aqui no exílio, em 1910, Mólotov frequentemente vinha até os ramais de serviço e às oficinas de reparo da estação de Vólogda para passar o tempo com os ferroviários locais que, como proletários mal pagos e em péssimas condições de trabalho, sem garantias e sem representação, eram particularmente receptivos à sua mensagem revolucionária marxista. Ferroviários radicalizados desempenhariam importante papel no drama de 1917.

Após a Revolução, em 1918, a plataforma cinco da estação ferroviária de Vólogda foi por breve período a "capital diplomática da Rússia". A embaixada dos Estados Unidos (seguida por outras nações da Entente) retirara-se da capital para Vólogda após romper relações diplomáticas com a Rússia. Escolheram Vólogda porque conectava a linha Moscou-Arkhánguelsk com a Transiberiana. Era um ponto crucial no mapa da intervenção militar antibolchevique. Até o prefeito obsequioso encontrar uma residência para os americanos na cidade, a embaixada era um vagão de trem. "O restaurante da estação ferroviária era... o local favorito", lembrou o secretário da embaixada; "havia um farto sortimento de comida para oferecer: grandes potes de conservas com endro, pão preto, kvass e ovos cozidos."

Em frente à estação havia um parque mal-ajambrado, de um lado uma garagem de ônibus e de outro um alto edifício adornado com as palavras GLÓRIA AO PARTIDO COMUNISTA DA UNIÃO SOVIÉTICA em um mosaico desbotado, agora coberto de poeira. Não havia nem sinal de restaurante. Oito anos antes dos diplomatas estrangeiros escaparem da Revolução que ele e seus camaradas fizeram, Mólotov, vestido como um menestrel, tocava violino no restaurante da estação por um rublo a noite. O local era reputado como popular entre os viajantes, assim como entre os comerciantes locais bons de copo e entre suas beldades. A canção mais popular do repertório era "Ah, por que aquela noite foi tão boa?". Durante a sentença de dois anos de exílio que cumpriu na região de Vólogda, Mólotov conheceu uma trupe de músicos em um dos bulevares da cidade e empregou-se por todo o verão. Após ter-se apresentado, seu amigo Nikolai Máltsev o encontrava no restaurante e os dois revolucionários davam uma volta pelas ruas vazia de Vólogda, pichando *slogans* nas paredes dos edifícios e compartilhando sonhos de um futuro radiante para a humanidade. (Mais tarde, Stálin gostava de humilhar Mólotov por seu trabalho informal no exílio. "Você tocava para os comerciantes bêbados, e eles besuntavam sua caneca com mostarda", zombava diante do Politburo.)

Deixamos nossas mochilas em uma gaiola em um porão de concreto (o depósito de bagagens da estação) sob o alto edifício guardado por um senhor de idade com olhos satíricos e, ansiosas pelo café da manhã, encaminhamo-nos pela calçada rachada da avenida da Paz, viramos à esquerda na rua Tchékhov até a rua Máltsev, depois novamente à esquerda na rua Outubro em direção ao Hotel Spásskaia. Viagens de trem durante a noite toda deixam as pessoas famintas e, no grande restaurante do hotel, entre cozinheiros corpulentos em aventais brancos e uma multidão de hóspedes silenciosos, encontramos um café da manhã que ultrapassou nossa expectativa: chá forte, pão preto com caracóis de manteiga clara, quefir, ovos quentes e fatias de presunto e queijo. Vólogda, dizia-nos Chalámov, é renomada por três coisas: os rendados, os guardas de prisão ("o guarda de prisão de Vólogda não gosta de brincar", diz o ditado) e os laticínios. A primeira das quatro Vólogdas que ele identificou é a cidade do leite integral e dos camponeses piedosos e gananciosos, com sua pronúncia peculiar, que servem a qualquer regime com a mesma lealdade e que não vão diluir seu leite nem que o mundo seja destruído à volta.

O Mólotov idoso tinha memórias agradáveis de seu tempo em Vólogda: vívidos anos de juventude e esperança, amizade, música e livros. Apesar de admitir que nunca experimentou realmente a fome em toda sua longa vida, lembrava de períodos no exílio em que teve que ficar faminto: "Meu amigo Aróssev, escritor, que estava lá comigo, me dizia, 'Bem, não sobrou nada mais. Vamos comer açúcar! É o que nos resta...'". Mólotov tinha orgulho de sua falta de filistinismo burguês, de seu desprezo pelo luxo. ("Sou contra a vida tranquila! Se eu almejasse uma vida tranquila, significaria que eu teria sido 'filistinizado'.") No entanto, há uma meticulosidade distintivamente burguesa na descrição das circunstâncias domésticas de seu exílio em uma carta a Máltsev. Ela conta ao amigo o quão prazeroso havia sido tomar chá na viagem, o quanto suas acomodações alugadas eram "confortáveis e iluminadas, com uma grande quantidade de coisas bonitas e de quadros", um ícone, uma luminária e um quarto de hóspedes separado com uma "mesa agradável". Um jarro de leite era entregue a cada dia por seis copeques, e sua senhoria lhes preparava jantares de sopa de repolho com carne e às vezes *kacha*. As camas estavam cheias de pulgas, observou, e não havia colchões, portanto ele dormia em seu casaco, mas visitava a *bánia* local sempre que podia e aproveitava as instalações gratuitas da biblioteca local, onde podia ler todos os periódicos atuais e a imprensa local e nacional. Mólotov escrevia calorosamente sobre o contentamento e a satisfação do exílio, como lhe deixava tempo para ler e quantos livros esperava ler. O governo dava-lhe um estipêndio de onze rublos de ouro por mês, e apenas três coisas eram proibidas: deixar o local de exílio, servir em um cargo oficial e lecionar (esta última regra foi desobedecida). Tudo o que realmente sentia falta era de ouvir música séria: Beethoven, executado em uma verdadeira sala de música palaciana.

Assim como para muitos revolucionários na Rússia imperial, prisão e exílio eram uma oportunidade educacional. Dizia-se que Stolípin, o ministro tsarista das Relações Exteriores, declarara que se os jovens problemáticos fossem trabalhadores, ele os teria deixado ir para o exterior, "pois não há esperança na tentativa de reformar trabalhadores", mas estes estudantes, "membros da intelectualidade", eles os tinha enviado ao exílio na esperança de que o ar puro do "tranquilo Norte" os curaria e eles ainda poderiam ser úteis ao Estado. Em Vólogda, além de cantar e cultivar os sentimentos revolucionários dos ferroviários, Mólotov devotava-se aos estudos. Inscreveu-se para exames de Latim no ginásio local. Assim com Stálin, que leu dúzias de livros durante o exílio em Vólogda, Mólotov fez bom uso da biblioteca local. Como sabemos, Mólotov era um leitor ativo, apaixonado e eclético, um verdadeiro bibliófilo. Disse a Máltsev que estava sempre em busca de boas edições, que os livros preenchiam seus dias e noites. Leu Darwin e o "Darwin russo", Kliment Timiriázev. Leu *Sindicatos*, de Sidney Webb e sentou-se diligentemente diante do *Capital* de Marx (não querendo se apressar, disse, a respeito da teoria da mais-valia") e de todas as mais recentes e melhores publicações de Literatura, Ciências sociais e Filosofia, compondo cartas para amigos com referências a Púchkin, Tolstói, Dostoiévski (terminou em Vólogda *Humilhados e ofendidos,* de Dostoiévski), bem como a numerosos críticos literários menos conhecidos, contistas e filósofos simbolistas tais como Dmítri Merejkóvski e o futuro Comissário para a Educação, Lunatchárski. "Todos eles são místicos. Não entendo como Lunatchárski compara seus quatro passos da arte com o socialismo e que tipo de 'construção divina' ele quer", queixou-se Mólotov em uma carta.

Foi Tchékhov (a quem tinha lido "do começo ao fim") quem tocou mais profundamente a sensibilidade moral de Mólotov naquele tempo, tornando-se seu escritor favorito. Escreveu a Máltsev sobre o encanto de seus argumentos literários para sua paradoxal companheira de quarto, que acusava Tchékhov de ser pequeno-burguês (um *meshchanin*) e que apenas burocratas e pequeno-burgueses deveriam lê-lo. Para Mólotov, ao contrário, as histórias de Tchékhov repicaram o chamado da Revolução. Ele se sensibilizava com a preocupação do escritor pelos "homens pequenos", suas reflexões sobre a falta de sentido de vidas esmagadas pela pobreza e pela arbitrariedade burocrática. Tchékhov fazia Mólotov "arder de indignação contra a ordem vigente", escreveu o comentarista político Viatcheslav Níkonov, neto de Mólotov, em uma biografia recente do avô quando jovem.

"Milhões leram Tchékhov e ficaram indignados com o estado das coisas", comentou Níkonov com orgulho filial, "mas poucos estavam preparados a passar pela punição em nome de um futuro brilhante."

Foi em Vólogda que Mólotov ouviu falar de Stálin pela primeira vez. Quando ele foi embora, Stálin veio substituí-lo. "Ele era famoso já naquela época, em 1910, como Stálin", lembrou Mólotov, "que era como ele chamava a si mesmo. E eu chamava a mim mesmo Mólotov... Você adota um apelido, você muda de apelido. Stálin é uma marca registrada, aparentemente escolhida pelas mesmas razões que as minhas – razões bolcheviques." Eram nomes para homens duros: Stálin significa "aço"; Mólotov, "homem martelo". Seu primeiro encontro com Stálin – o primeiro líder bolchevique clandestino que ele conheceu – foi em 1912. Trabalharam juntos no *Pravda*. Naquela época, Mólotov era estudante no Instituto Politécnico de Petersburgo. Ele e Stálin eram ligados pelo fato de que ambos passaram tempos em prisões russas e no exílio, diferentemente de outros revolucionários "mais brandos" no exterior, em lugares como a Suíça. Sempre usavam o tratamento familiar "*ty*" ("tu") e chamavam um ao outro Koba e Viatcheslav. Stálin roubara-lhe a namorada, Marússia, dizia, observando sem ressentimento que Stálin era muito atraente para as mulheres. O que distinguia Mólotov em um partido que no início era marcadamente não russo (cheio de letões, judeus, armênios, e georgianos) era o fato de ser um puro russo do Norte. Um dos apelidos de Stálin para ele, que usava frequentemente, era Molotochvili, uma "georginização" do nome. Em uma carta saudou-o como Molotshtein, uma variante judia debochada. Em sua velhice, Mólotov disse a Tchúiev "eu sou um nortista". Caminhava todos os dias, mesmo no frio mais severo. Churchill comentou sobre o "frio alento" de seu sorriso.

***

Após o café da manhã, fomos em direção ao rio Vólogda, caminhando por largas ruas ainda vazias, na luz de uma primavera que se intensificava, para a casa do poeta louco Konstantin Bátiuchkov. De acordo com a crença predominante nos anos 1920, Chalámov acreditava que uma doença venérea havia destruído a mente de Bátiuchkov. "Um grande poeta russo, um louco sifilítico", chamava-o. Mais provavelmente, Bátiuchkov sofria de esquizofrenia congênita. Aqui em Vólogda (onde nasceu em 1787), sua família criou um asilo elegante para o poeta, no qual permaneceu por três décadas, suspenso do tempo histórico, presa de uma implacável psicose.

Durante a infância de Chalámov, nos anos 1910, a bem proporcionada casa amarela que contornava a esquina oposta ao Krêmlin de Vólogda era um ginásio para moças, o Marinski (onde a mãe e as irmãs de Chalámov foram educadas). Desde então havia ali uma placa comemorativa para Bátiuchkov que Chalámov podia ler dez vezes por dia, pois seu lar de infância ficava a apenas algumas centenas de metros dali. "Meu pai nunca me falou a respeito de Bátiuchkov", lembra-se; "daí concluo que meu pai não gostava de poesia e temia seu poder sombrio, muito distante do senso comum." Foi somente como adulto que Chalámov aprendeu a repetir com seus "dentes e laringe" o verso "oh, memória do coração, você é mais forte do que a triste memória da razão" (um verso que em russo está repleto de padrões de compactação sonora), e a compreender o que ele chamava de poder de Bátiuchkov sobre a palavra, que era "mais livre e mais desenfreado que o de Púchkin... e preservava as mais inesperadas descobertas".

Hoje, a casa de Bátiuchkov é uma escola de formação de professores, na qual duas salas foram adaptadas para um museu em memória ao poeta. A senhora da chapelaria levantou as sobrancelhas quando passamos, como se nossa visita fosse um evento cômico, totalmente inesperado. As aulas já tinham começado. Olhamos para um salão onde fileiras de jovens mulheres e alguns homens estavam sentados, ouvindo uma palestra. Na parede do corredor havia um painel de madeira laqueada, brilhantemente colorido, que ilustrava, acompanhado de citações de grandes escritores e pintores russos, o valor pedagógico dos contos de fadas russos. "Que encanto existe nestas histórias!", exclamou Púchkin; "Por meio dos contos de fadas a história milenar do povo é revelada", escreveu Tolstói; "Nelas, pode-se ver... a perspicaz mente russa, tão inclinada à ironia, tão sincera em sua perspicácia", comentou Bielínski. Em uma pintura, um corvo vestindo um avental mexia uma tigela de sopa e um camundongo se aproximava com uma concha de madeira. Em outra, uma raposa usando *kokóchnik* e *sarafan* – uma coroa folclórica e um vestido – estava sentada em um tronco de bétula e ria maldosamente.

O asilo ensolarado de Bátiuchkov parecia o quarto de uma casa de bonecas. A era de ouro da Rússia, a Parnaso do início do século XIX, quando a poesia ainda era uma busca aristocrática de salão, era imaginada aqui, como que para crianças, como um idílio de refinamento perdido. Na escuridão soviética esta era constituía um passado radiante, saneado por reverência – uma profusão de guirlandas, urnas, liras e madeira de bétula careliana encurvada; as linhas esbeltas de penas de escrever e de ninfas de cintura alta –, tudo tão frágil quanto a porcelana dourada, e totalmente encantador.

"Ele sobreviveu a três guerras e sentia-se bem em um bivaque", escreveu Bátiuchkov em um esboço sobre si mesmo, "mas em tempos de paz sentia-se morrer." Para que ele serviria? "Como posso ocupar meu vazio espiritual? Diga-me como posso ser útil à sociedade, a mim mesmo, a meus amigos!", escreveu ao poeta Vassíli Jukóvski.

O mundo de Bátiuchkov já fora, outrora, grande. Serviu nas campanhas contra os suecos e entrou na França com as tropas russas após a derrota de Napoleão. Viajou para Londres, Dresden, Bessarábia, Viena, Veneza, Roma e Nápoles. Convalesceu em Teplitz depois de uma crise de depressão e em Simferopol queimou todos os seus livros e atentou por três vezes contra a própria vida. Amava Moscou com carinho especial. A visão da cidade em ruínas, depois da partida do Grande Exército de Napoleão ("um oceano de maldade", disse), precipitou uma nova crise de depressão. "Bárbaros! Vândalos! E esta nação de demônios ainda tem a audácia de falar em liberdade, filosofia e amor pela humanidade!" (Bátiuchkov compreendia o poder e o significado das grandes cidades. Antes das guerras napoleônicas, preocupara-se até a obsessão com *Jerusalém libertada,* do poeta Tasso, escrita no século XVI quando a Vólogda de Ivan, o Terrível, estava sendo construída.) Trabalhou como bibliotecário na Biblioteca Pública de São Petersburgo, um lugar no qual, até hoje, não importa o que esteja acontecendo nas ruas do exterior, o mundo parece grande e leve e o tempo é apenas uma benção. Posteriormente serviu como diplomata na Itália, que ele chamava de "uma biblioteca, um museu de antiguidades", e chamava Roma de "cidade mágica", um livro que não podia ser lido até o fim. Os poetas na "casa de veraneio das musas" de Bátiuchkov eram Homero, Hesíodo, Tibulo, Petrarca, Dante, Tasso (que também sofria de doenças mentais), Ariosto e Byron. Entre seus amigos contava-se Púchkin, Viázemski e Jukóvski, e os dezembristas Nikita Muraviov e Serguei Muraviov-Apóstol (que foi enforcado); todos amavam seus dotes poéticos e lamentaram quando perdeu a razão. "Que milagre é este Bátiuchkov!", rabiscou Púchkin na margem de um de seus livros. Ao longo da vida, Bátiuchkov sempre retrabalhou um mesmo poema, "Sonho", que começava com "Sonhar é a alma dos poetas e dos versos". Sua última obra lírica, escrita em Vólogda no ano de sua morte, começava: "Acordo apenas para cair no sono, e durmo apenas para eternamente acordar".

O nome de Bátiuchkov é um dos integrantes do cânone da literatura russa pelos quais passei nas páginas de livros sem me deter para prestar atenção. Na primeira coletânea de Mandelstam, *Pedra*, há esta desafiadora passagenzinha lírica:

Não, não a lua, mas um brilhante mostrador de relógio
Brilha para mim, e de que seria eu culpado
Se entendesse as tênues estrelas
Como leitosas?
E acho repulsiva a arrogância de Bátiuchkov:
"Que horas são?", perguntaram,
E ele, curiosamente, respondeu:
"Eternidade."

Pedra, lançada em 1912 em um mundo literário acostumado às abstrações místicas dos simbolistas, está cheia de rebelião contra todos os tipos de arrogância poética. Mandelstam amava o tempo e a matéria. "Foi-me dado um corpo, o que devo fazer dele?" Queria versificar para livrar-se do peso de palavras como "eternidade".

Havia vários mostradores de relógio brilhando no quarto semicircular de Bátiuchkov: um relógio de avô inglês com um mostrador reluzente; um relógio dourado, no estilo imperial, em uma estante de livros com portas de vidro, seu mostrador sustentado pelas asas de um cupido; e, sob um retrato de Bátiuchkov quando jovem, um relógio guarnecido de urnas, colunas e bebês de asas douradas. Estudei um retrato do poeta, pintado dois anos antes de sua morte. Bátiuchkov era então uma relíquia de seu glorioso passado. Estava sentado em uma cadeira de veludo vermelho, de braços cruzados, com a postura de uma criança amuada, de olhos ressentidos e confusos. Em sua lapela havia uma florzinha amarela murcha que, disse-nos a guia do museu (como se tivesse estado presente na difícil sessão), ele insistira em usar. Em outra pintura, exposta naquela sala, o poeta olha através da janela para o Krêmlin de Vólogda, de costas para o pintor.

A voz da guia vacilou quando falou da demência de Bátiuchkov. Mostrou-nos uma fotografia feita por ela de seu filho e de sua filha fantasiados com roupas da era napoleônica: boina, leque, cachos, botões de metal e dragonas. Estava grata por nossa visita e disse-nos que uma vez, há vários anos, recebera alguns visitantes da Itália. Adorava o quarto de Bátiuchkov; sua parede em curva e as grandes janelas davam-lhe uma boa *energetika*. Quando lhe perguntei sobre a vida em Vólogda, suspirou: "Sim, tudo está mudando, para melhor, eu suponho, agora ensinam Bátiuchkov na escola. Mas é uma cidade provinciana", acrescentou, olhando pela janela, "nada realmente acontece aqui".

***

Atravessamos um parque ao lado do Krêmlin de Vólogda sobre um calçamento de asfalto fendido, seguindo a linha de visada da pintura dos fundos da casa de Bátiuchkov, em direção à casa de Chalámov. Agora que a última neve se fora, Vólogda preparava-se para o verão: homens descarregavam madeira de um caminhão, senhoras varriam as calçadas com vassouras feitas de galhos. Trabalhos de restauração eram feitos no Krêmlin, um barco de lazer anunciava por um autofalante cruzeiros dançantes pelo rio, atrações de feiras eram montadas no parque. Em frente a um estande de tiro empoeirado e pintado com cores de camuflagem, balões reluzentes nas cores primárias com carinhas sorridentes decoravam um carrossel imóvel. Empilhados contra a parede de alvenaria e cal desbotada do Krêmlin havia um trenzinho azul e vermelho e um conjunto de pedalinhos, deitados de lado em uma plataforma enferrujada.

Sobre os muros podíamos ver as cúpulas de Santa Sofia, algumas recapeadas de ouro, algumas ainda em cinza-chumbo insosso, pássaros circulando acima no ar. O suave azul-prateado dos canos de drenagem de alumínio estava mesclado e manchado como uma folha. O escritor inglês Arthur Ransome, correspondente do *Manchester Guardian* em 1918, ficou encantado com o jogo de cores no céu de Vólogda: "igrejas brancas contra o céu azul invernal, encimadas por torres de desenho intrincado, exibem grandes sinos de bronze pendurados em seus campanários de ouro e verde, de cinza-chumbo e violento azul profundo, densamente semeados de estrelas douradas". Na biblioteca de Mólotov, com todas as páginas refiladas, havia um exemplar do livro de Ransome *Seis semanas na Rússia soviética*, com tradução de Karl Radek. A edição russa foi publicada em 1924 e dizia na introdução que, quando o livro fora lançado em 1919, "desempenhou um grande papel contra a Intervenção, quando a Rússia foi apartada do resto do mundo por um muro de mentiras e calúnias".

A família de Varlam Chalámov chamava Santa Sofia de "a igreja fria". Era sombria, ele dizia, sem calor espiritual. Tentamos entrar, mas suas portas douradas pesadas estavam fechadas, e uma mulher nos disse rispidamente para irmos embora, a igreja estava em *remont*. Diz a lenda que um pedaço de pedra dos pés de um anjo caiu do teto nos pés de Ivan, o Terrível, durante a cerimônia de sua consagração. Um sinal, decidiu o tsar, de que ele não deveria mudar a capital de Moscou para Vólogda. Perambulamos, como alternativa, pelo museu regional, instalado em um edifício lateral alaranjado, dentro do Krêmlin. Como sempre, as exposições nos conduziram através da história local, desde fósseis encontrados em uma camada devoniana do terreno local até uma montagem, que citava Górki, sobre a grande tarefa dos soviéticos em libertar o povo do passado e uma declaração pública de Mólotov, de 1931, sobre os benefícios sociais do "canto da multidão".

A casa do Museu Chalámov era, diferentemente, um museu de estilo mais contemporâneo, com passagens de texto expostas sobre as paredes nuas de alvenaria. Em 1918, disse Chalámov, tudo o que tinha mobiliado a sua infância desaparecera. Ele deixou Vólogda em 1924, para se jogar na nova civilização que adquiria forma na "Moscou fervilhante", e jamais retornou. Para evocar o passado distante do escritor em Vólogda, é melhor ler *A quarta Vólogda* (o título é em homenagem a *A quarta Prosa*, de Mandelstam), que Chalámov compôs em meados de seus sessenta anos, nos anos de escritor em Moscou após o retorno de quase duas décadas nos campos de trabalho de Kolimá. Em *A quarta Vólogda*, que evoca com vívida proximidade as texturas de sua infância, o gúlag é uma sombra que cai sobre o passado. Chalámov queria reunir três tempos na memória – passado, presente e futuro – em nome de um quarto, a arte.

Ele revisita as colinas geladas nas bordas do rio, construídas por seu irmão, um bravio ginasiano evadido dos estudos, famoso por sua habilidade como caçador. Ele se lembra de toda a família sair para o rio em expedições de pescaria, no verão, em um par de barcos; do samovar e da lamparina de querosene em sua casa; dos jornais do pai e de um estimado relógio de pulso americano (que sobreviveu ao gúlag em poder de Chalámov); da culinária pobre da mãe, de seu corpo inchado e da estranha crença na ressurreição dos mortos por meio do avanço da química, que ela estava convencida de que logo acharia a maneira de refinar pessoas em puro espírito.

Assim como Bátiuchkov e os exilados políticos, o pai de Chalámov trouxe para casa o ar de lugares distantes. Estivera em Nova York, Hamburgo e Berlim, e antes do nascimento de Chalámov servira como missionário no Alasca. Na sala de entrada mantinha um armário preto ecleticamente preenchido por exposições apreciadas. O museu privado do padre Tíkhon Chalámov não continha cópias de esculturas clássicas como aquelas do museu do pai de Marina Tsvetáieva em Moscou, observou Chalámov, mas tinha um barco dentro de uma garrafa, uma coleção de flechas de nativos americanos, objetos de culto de inuítes, máscaras xamânicas, uma presa de morsa e uma pintura do barco no qual navegara para os Estados Unidos quando era um jovem sacerdote. Para fúria das Centúrias Negras locais, seu pai orava em frente à reprodução de uma pintura de Rubens em madeira compensada, em vez de venerar os ícones pintados no estilo local de Andrei Rublióv ou de Teófanes, o Grego. Seu pai pertencia a uma longa linhagem de santos do Norte, dizia Chalámov; xamãs que se tornaram padres quando o cristianismo chegou à Rússia, mas que mantiveram seu estofo pagão. O nome *"chalam"*, ele diz, é uma palavra primitiva cujo som carrega em si tanto a palavra *"chamn"* quanto a palavra *"chalost"*, que significa "malícia". Os sermões de seu pai contra os pogroms das Centúrias Negras levaram a uma ruptura com a hierarquia da igreja local, e ele empregou-se a serviço de uma milionária anarquista chamada baronesa Desfonteines. A baronesa radical foi exilada para Vólogda e comprou vastas florestas e fábricas de papel por todo o Norte da Rússia, construiu escolas industriais e uma igreja de madeira que parecia de brinquedo, na qual o pai de Chalámov celebrava a liturgia e atraía empregados estrangeiros para a indústria papeleira, ingleses e americanos que vinham para o culto no inverno arrastando-se na floresta em trilhas escavadas que pareciam túneis na neve profunda.

Chalámov e o pai divergiam a respeito de livros. Diferentemente de seu irmão indisciplinado (que causava em Tíkhon Chalámov outro tipo de angústia paternal), Varlam era um leitor prodigioso. A velocidade de sua leitura irritava o pai, que guardava as chaves da estante da família, uma peça de mobília com frente de vidro e uma profunda parte inferior na qual nada podia ser visto. Chalámov lembra-se, com a precisão de uma criança bibliófila, da sequência de livros nas prateleiras: os evangelhos; a poesia de Heinrich Heine sem encadernação; a novela *Petersburgo* de Andrei Biéli; trabalhos de filosofia religiosa russa contemporânea (alguns dos mesmos autores que Mólotov lia em Vólogda) e os periódicos *Família e Escola* e *Natureza e*

Pessoas. Marx ficava nas prateleiras ao lado de Tolstói. Não havia nada, no entanto, que Chalámov considerasse realmente uma preciosidade: nem Shakespeare, nem Dostoiévski. Seu pai queria que ele lesse filosofia alemã à luz de uma lamparina de querosene, mas Chalámov preferia ficção de aventuras: Alexandre Dumas, Júlio Verne, Rudyard Kipling, James Fenimore Cooper, Jack London e Sir Arthur Conan Doyle.

Foi apenas na casa de um amigo de escola, da ilustre família Viesselóvski (na qual, observou Chalámov, havia um gene crítico-literário distintivo), que ele encontrou uma biblioteca de verdade: "estantes intermináveis, caixas, pacotes de livros, um reino livresco que eu podia tocar". Durante toda sua infância, o pai gritava retumbantemente: "Pare de ler!", "Largue este livro!", "Apague a luz!". Após décadas de absoluta fome por livros no gúlag, ele percebeu que a fome por livros fora a condição de sua infância, a condição de sua vida inteira. Sua fome primal era tanta que nenhuma quantidade de livros jamais a saciaria. Não há nada mais doce, dizia, do que a visão de um livro ainda não lido.

Chalámov foi expulso em 1928 da Universidade de Moscou por "dissimular sua origem social". Para a profissão de seu pai clérigo e cego ele preencheu "inválido". Foi preso pela primeira vez em 1929 e condenado a cinco anos em Solovki por envolvimento, junto com um grupo de colegas mulheres da universidade, em uma imprensa clandestina trotskista que produzia cópias ilegais do "Testamento" de Lênin (no qual o dirigente enfermo tecia comentários críticos a respeito de Stálin). Chalámov foi preso novamente pelo mesmo crime (uma prática stalinista comum) em 1937 e condenado pelo artigo 58 a cinco anos em Kolimá no distante Norte, sentença que foi estendida por mais dez anos depois que delatores do campo relataram várias passagens de suas conversas nos barracões. No jubileu de Dostoiévski, Chalámov riu-se, zombando de como toda a obra do romancista ainda não tinha sido publicada na União Soviética. Ele denegrira o escritor soviético Konstantin Símonov (vencedor de cinco prêmios Stálin) como um mercenário desprovido de talento e expressara admiração por Marina Tsvetáieva (a polícia secreta não conseguiu achar um bom lugar para ela nos protocolos deste caso, e registrou-se que ela era apenas mais uma destas poetas cujo assunto é o quarto de dormir e a igreja, e que se enforcara "por razões pessoais").

Depois da casa de Chalámov, encontramos um banco ao sol, sob uma estranha estátua nova de Bátiuchkov com um cavalo, e olhamos sobre o rio

Vólogda para o cais do Sexto Exército. (Ao contrário de Moscou, e muito antes de São Petersburgo, esta cidade foi originalmente construída em ambas as margens do rio.) Mólotov hospedou-se uma vez no cais, na casa de um comerciante chamado Velikánov. Meu mapa indicava que o grande edifício clássico no lado oposto era um centro psicoterapêutico. Mais à frente, no cais com suas três faixas de rodagem, havia barracas e uma igreja barroca do século XVIII com um intrincado arabesco no campanário e pequenas cúpulas em escama de peixe sem douramento. Encostado em seu muro de gesso branco havia um ônibus avariado. Uma lancha passou espirrando água, dirigida por um homem com três garotas adolescentes na parte de trás, bocas abertas, cabelos longos esvoaçando, vozes que se perdiam ao vento. Um drama privado desenrolava-se abaixo de nós: um casal embriagado discutia em cima do capô de um Lada estacionado em meio a detritos na margem gramada, a mulher chorou com raiva, afastou--se e voltou para continuar.

Pensar em Chalámov fez-me pensar em Mandelstam novamente. Ele também está aqui, em Vólogda: seu estilo e espírito saturaram a escrita de Chalámov. O senso de redenção em Chalámov é a imagem que ele tem Mandelstam. Vólogda fez-me entender o que Mandelstam queria dizer quando falava de como Dante auscultou "as harmônicas do tempo". Dante "alterou a estrutura do tempo", escreveu Mandelstam, "ou talvez tenha sido o contrário, tenha sido forçado a uma glossolalia de fatos, a um sincronismo de eventos, nomes e tradições separados por séculos". Em *A Divina Comédia* vozes de diferentes tempos históricos falam entre si sincronicamente, na mais pura simultaneidade. Extraídos do tempo e do lugar, ainda se preocupam com o que precisamente ocorreu com o tempo e o lugar.

"Cherry Brandy", de Chalámov, cujo título alude ao poema de Mandelstam sobre o Museu Zoológico, imagina a morte do poeta por fome no gúlag. Mandelstam, que uma vez classificou a vida como "um dom precioso, inalienável", está deitado em uma barraca fria, seu dedos – brancos, exangues e inchados de fome – pousados no peito; "às vezes vinha, dolorosa e quase que palpavelmente se arrastando para fora de seu cérebro, um simples e poderoso pensamento – que alguém roubava o pão que tinha colocado sob sua cabeça". Este terrível pensamento, que o deixava preparado para disputar, jurar, lutar, procurar (se tivesse forças para isto), levava-o a outros pensamentos: um barco vindo para levá-lo embora, uma marca de nascença em um rosto bem proporcionado, a sensação de que sua vida tinha sido um livro, um conto de fadas, a ciência de que apenas o momento presente é real. "Cherry Brandy" é uma meditação sobre o poder sombrio da poesia, a força vital por meio da qual vivia Mandelstam. Tudo – o trabalho, as batidas de patas de cavalos, lar, pássaros, rochas, amor, o mundo inteiro – pode ser expresso em versos. Tudo na vida fica à vontade em palavras e cada palavra é um pedaço vivo do mundo. Quando o poeta come seu último pedaço de pão ("um milagre – um dos muitos milagres locais"), empurrando-o com os dedos azuis para trás das gengivas que sangram, o tempo paira e volteia. Alguns prisioneiros lhe dizem para guardar alguns pedaços de pão para mais tarde. As últimas palavras do poeta são "Mais tarde, quando?".

Em 1965 a viúva de Mandelstam escreveu a Chalámov dizendo que considerava sua prosa, com sua "música interior", a melhor da Rússia por muitos, muitos anos; poderia ser a mais sofisticada do século XX. Chalámov, que reverenciava o acmeísmo de Mandelstam (para ele não só um movimento poético a mais, mas o penhor de toda uma vida, o âmago da coragem, um significado da existência), agradeceu a Nadiéjda Mandelstam pelo cumprimento, dizendo que, para ele, ela era a "suprema corte".

Em maio do mesmo ano Chalámov assistiu a uma "noite em memória" de Mandelstam em Moscou. Pela primeira vez, o nome do poeta pôde ser mencionado em público. Quando foi a vez de Chalámov falar, ele estava pálido, com os olhos em brasa (como Avvákum, o sacerdote herético do século XVII). Os movimentos de suas mãos eram desajeitados e descoordenados, mas ele falou bonito. Disse que leria o texto "Cherry Brandy", que escrevera doze anos antes em Kolimá, com uma pressa desesperada em registrar a vida de Mandelstam. Foi somente quando retornou a Moscou que ele compreendeu que Mandelstam não fora esquecido; ele nunca tinha morrido. Chalámov começou a ler o texto. "O poeta está morrendo. Suas mãos, grandes, inchadas de fome, com exangues dedos brancos e longas unhas sujas, repousam sobre seu peito..." Rapidamente um bilhete foi passado para ele pelo organizador do evento pedindo que ele parasse, mas Chalámov guardou-o no bolso e prosseguiu até o fim: "O poeta compreendeu. Abriu bem os olhos, sem permitir que o pão ensanguentado escorregasse de seus sujos dedos azuis...".

Em Vólogda, ouvi de novo uma glossolalia de fatos sobre a fome.

Foi Mólotov quem embarcou homens como Chalámov e Mandelstam em trens com destino ao inferno. Mólotov, que considerava "toda conversa sobre moralismo e humanismo falsa dos pés à cabeça" e sempre foi fascinado por não ser "burguês" ou "filisteu", foi perguntado por Félix Tchúiev, no fim de sua vida, o que pensava do fato de que ninguém conseguia achar carne à venda em nenhum lugar da Rússia. "Para o inferno com a carne!", respondeu. "Espere só até o imperialismo cair morto!"

"Em minha juventude, sempre que experimentei o fracasso eu repetia a frase 'bem, pelo menos não morri de fome'", escreveu Chalámov em seu texto "Ração seca". "Nunca me passou pela cabeça duvidar desta sentença. Quando tinha trinta anos encontrei-me literalmente morrendo de fome e lutando por um pedaço de pão." As histórias do gúlag de Chalámov, que estão cheias de sua fome pelas ruas de Moscou e pela sensação de livros nas mãos, fazem um relato, raro na literatura, de fome real. Ele registra como a mente humana dissolve-se na carne, como as coisas se passam quando a inanição suga o corpo até a secura e todas as emoções humanas desaparecem – "amor, amizade, inveja, companheirismo, compaixão, anseio por fama, honestidade" –, como a "fome do campo de concentração" faz as pessoas sonharem sonhos idênticos – "pães de centeio voando como meteoros ou como anjos" –, como pode levar as pessoas a um nível de indiferença ao mundo que é tão próxima da transcendência quanto é aterrorizante, e as leva a mutilar seus próprios corpos.

***

Bebemos chá em um café com paredes forradas de um vinil vermelho reluzente na beira do rio. Um grande grupo de homens e mulheres de meia-idade, em uma mesa coberta de garrafas de vodca, cantava embriagadamente, com sonoras e exultantes vozes de peito, canções dos Jovens Pioneiros de sua juventude. Voltamos na direção da estação sob um céu leitoso. As ruas em Vólogda são tão largas que as belas casas de madeira parecem afastar-se umas das outras em direção do espaço vazio. Muitas estão acinzentadas pela idade; sua origem como árvores torna-se mais notável após tantos anos sob a luz do sol e a neve. Parecem retornar gradualmente ao seu elemento; rachaduras e descamações correm ao longo de suas linhas de crescimento, a ferrugem escura penetra no veio da madeira à medida que as guarnições de ferro oxidam e não são substituídas.

Paramos no museu memorial da irmã de Lênin, a revolucionária Maria Ulianova, para descobrir que seu nome havia mudado para Museu Samárin da Vida Cotidiana. (Mólotov morou com Ulianova em Moscou quando transferiu suas atividades de Petrogrado em 1915.) Perguntei a uma atendente grisalha sobre Ulianova, da qual não há vestígios no museu. Com um olhar de lamento para minha pergunta sobre a revolucionária em seus orgulhosos olhos azuis, ela me disse que Ulianova apenas alugara um quarto na casa e que não tivera nenhuma relação com seus proprietários ou com sua história verdadeira. O museu era agora dedicado a mostrar as decências inocentes da vida burguesa na Vólogda pré-revolucionária: uma mesa de jantar de família com finas terrinas chinesas e um samovar reluzente, ícones e livros de orações, vestidos de musselina branca, fotografias em tons sépia de festas em datchas e fileiras de crianças escolares com babadores e fitas.

O Museu do Corpo Diplomático na rua Herzen, que eu queria especialmente visitar, estava disposto de maneira parecida, rearranjando os fatos do passado de acordo com o novo conjunto de valores políticos e culturais. Suas duas salas ficavam no andar térreo da grande casa que a embaixada americana ocupou por cinco meses depois de mudar-se do vagão de trem na plataforma cinco. O diplomata e historiador George F. Kennan, que acreditava ter sido um erro a intervenção aliada de 1918, pintou um retrato idílico da vida na tranquila cidade nortenha. À noite, diplomatas de várias nações antibolcheviques reuniam-se em torno de um fogo crepitante no grande fogão de alvenaria, contando piadas e jogando cartas, ao soar dos sinos e do rangido de trenós que vinham pelo calmo ar de fora.

No verão, o governo bolchevique de Moscou decidiu retirar as missões estrangeiras de Vólogda, e Karl Radek (que então trabalhava no Comissariado para Assuntos Estrangeiros) ordenou que guardas fossem dispostos ao redor dos edifícios ocupados pelos diplomatas das nações da Entente e que fossem cortados seus meios de comunicação. No final de julho os embaixadores retiraram-se para Arkhánguelsk. Quem ficou como responsável em Vólogda foi o "secretário de missão" inglês, um personagem misterioso chamado John Gillespie, fluente em russo, que ajudou os antibolcheviques clandestinos locais em um levante que rapidamente fracassou. A Tcheká estava, aparentemente, convencida de que Gillespie era apenas mais um pseudônimo de Sidney Reilly.

"Nesta cidade de revoltas, por que não havia revoltas contra o novo poder?" perguntou-se Chalámov em *A quarta Vólogda*. A única razão que pôde encontrar foi a determinação de um homem duro, o comissário e tchekista Mikhail Kiédrov, que veio a Vólogda em 1918 para dispersar as autoridades locais e decretar a lei marcial e o racionamento de pão. As prisões seguiram-se dia e noite, lembra Chalámov; foi sob o terror de Kiédrov que sua família perdeu todas as posses. Kiédrov era "carne da mesma carne e sangue do mesmo sangue que a intelectualidade moscovita", disse Chalámov; um advogado e pianista sofisticado que impressionou Lênin com uma apresentação da peça de piano favorita do líder bolchevique, a *Appassionata* de Beethoven.

"Em que tempo verbal você gostaria de viver?", perguntou Mandelstam em *Viagem à Armênia*. "Quero viver no futuro do imperativo, no 'tem que ser'." Isto requer uma certa disposição, uma certeza férrea, ao longo de uma vida de sangue e perdas, do que tem que ser. "Se não há um objetivo primário, então pelo que devemos lutar?" disse Mólotov no fim da vida. "Para onde estamos indo?"

O excêntrico arquejante que nos mostrou o Museu do Corpo Diplomático vivia em um tempo verbal mais complexo: no que "deveria ter sido". Como logo descobrimos, o museu estranho, com seu pequeno mostruário de documentos e fotografias, era de sua criação, a realização fragmentária de uma fantasia histórica de toda uma vida. Seguido por duas jovens esguias (suas alunas de graduação, ele nos disse), o homem robusto de faces coradas explicou-nos em intrincado detalhe, com ajuda de muitas perguntas retóricas floreadas, a situação diplomática delicada de 1918, as intrigas da espionagem e os casos de amor internacionais – Reilly, Lockhart, Sávinkov, a mulher fatal internacional Moura Budberg – que podem, ou não, ter desempenhado um papel no destino da Revolução. Ele escrevera uma tese de doutorado sobre a história das missões em Vólogda e tentou, sem sucesso, viajar para Londres para atualizar a história nos arquivos de Estado liberados. Viveu em Vólogda durante os anos soviéticos, quando a Rússia estava fechada para o mundo exterior, encontrou um esconderijo secreto na história e afinou seus ouvidos para os fatos, fatos supostos, possibilidades perdidas. Com o fim do comunismo, ele passou anos peticionando às autoridades locais (que ele desprezava por serem antigos comunistas) sobre o uso do edifício. Todos queriam esquecer que os aliados estiveram ali, disse. Agora seu museu rememorava um momento em que Vólogda foi uma etapa para o que ele acreditava que deveria ter acontecido; se o povo se tivesse levantado contra os bolcheviques com a ajuda dos exércitos aliados que desembarcaram em Arkhánguelsk, se aqueles exércitos tivessem sido mais fortes e avançado sobre Moscou, se o tsar não tivesse sido assassinado, se o apartamento conspiratório da rua "Cheremeteff" nº 3 não tivesse sido invadido, se Lênin e Trótski tivessem sido exibidos pelas ruas em mangas de camisa no verão de 1918.

A antessala do museu era uma loja que vendia todo tipo de quinquilharia, ícones e folhetos polêmicos de produção barata, vários escritos pelo próprio curador. Um deles, de autoria do padre dissidente Gleb Iakunin, denunciava a igreja ortodoxa por suas negociações estreitas com Lênin, Stálin e a polícia secreta. A capa mostrava uma fotografia manchada do Patriarca de Moscou e de Todas as Rússias, Aleixo II (também conhecido como Drozdov, General da KGB), em um atril sob uma estátua de Lênin. O curador ofereceu vender-nos um adorável ícone de três santos do Norte; quando explicamos que não nos seria permitido sair do país com ele, suspirou: "É só a Rússia que não percebe que o mundo gira". O edifício estava degradado; ele precisava de dinheiro para os reparos. Os comunistas, bufou, deixaram tudo cair em ruínas, exceto seus próprios palácios. Era como se uma vida inteira de obstinada aversão ao poder dominante desse homem afável tivesse aumentado a pressão de seu sangue, fazendo o corpo forçar com raiva as costuras de suas roupas. Na tradição de grande oposição patriótica de Vólogda que Chalámov descreve, sua mente voltara-se para o Mundo e para o Ocidente (com iniciais maiúsculas).

Eu disse ao curador que viéramos de Moscou por nossa conta, a caminho de Arkhánguelsk. Ele nos advertiu sobre o vento gélido que sopra do Mar Branco. Depois riu. "Moscou, é?" (Ele fez isto parecer muito distante.) "Outro deles morreu por lá ontem. Agora jaz na grande catedral... é só mais um comunista!" Levei algum tempo para perceber que ele falava de Boris Iéltsin.

II.
Arkhánguelsk

> "Para uma pessoa que teve a experiência de viver
> na Rússia, que experimentou a montanha-russa
> metafísica russa, qualquer paisagem, inclusive de
> outro mundo, parece comum."
>
> Ióssif Bródski, "Nota de rodapé para um poema",
> *Menos que um*

Na beira-mar, onde passeamos até tarde, o clube flutuante URSS tentava criar sua própria aura noturna. Mesmo no início da primavera, no Norte, era difícil calcular a hora a partir da luminosidade do céu, que mudava mais de acordo com sinais misteriosos do que com a hora do relógio. Em cima de seu pedestal, Otto Schmidt, o "comissário do gelo", deveria olhar da proa da cidade para a garganta do Mar Branco, através da dispersão de ilhas que fluem e mudam de forma com a violência da neve derretendo. Em vez disso, seu olhar pousava em uma torre de autofalantes estereofônicos encostados em uma porta de ferro enferrujada, na parte de trás do clube. A estrutura de madeira vermelha e azul pulsava tão freneticamente em seu desvario solitário que parecia a ponto de livrar-se das amarras e ser capturada pela enxurrada de gelo fundente que se precipitava pela volta de Arkhánguelsk na direção de Mólotovsk, na foz do rio, girando e desmanchando-se na correnteza do Duína em direção ao mar.

Monumentos são muito vulneráveis. A história flutua à deriva e os deixa encalhados. A estátua de Pedro, o Grande, foi descerrada no ano patriótico de 1914. Quando os bolcheviques finalmente romperam o domínio dos Brancos em Arkhánguelsk, o tsar foi derrubado e deixado nos degraus de sua própria casa. Em seu lugar, o Partido ergueu um monumento às vítimas da intervenção aliada de 1918 (cujo "grande inspirador", como sublinhou Mólotov em um de seus livros de história, foi Churchill). Sempre que o poder do Estado centralizado e as fronteiras nacionais estão em jogo, a imagem de Pedro I ressurge, como em 1941, em um livro da biblioteca de Mólotov, do acadêmico M. M. Bogoslóvski, intitulado *Pedro I: Material para uma biografia*. Após a "Grande Guerra Patriótica", no auge do reino de Stálin como "tsar", Pedro, a personificação do poder marítmo russo, que sonhou, no fim de sua vida, com uma rota marítima de Arkhánguelsk para o Leste, foi restaurado em um novo lugar na margem do rio.

Durante décadas, em todo o império soviético, estátuas gigantescas de Marx e Lênin declaravam, na pedra e na desolação das praças urbanas desobstruídas para lhes dar espaço, que haviam determinado o curso da História e apontado o caminho. O Lênin da praça principal de Arkhánguelsk foi o último a ser erguido na União Soviética, no lugar de uma fonte que o chefe local do Partido estava cansado de ver da janela de seu escritório. Seu escultor, Liev Kiérbel, favorito do Politburo, disse que sua concepção era a de um "Ilitch" do qual o povo local gostaria de se aproximar para contemplação solitária, ou quem sabe para pedir conselhos. O busto de Schmidt – herói da "era de descobrimentos" stalinista – fora esculpido da mesma maneira. Ele era a "morsa honorária" do estado soviético (como Valiéri Mejlauk o caricaturou em um dos singulares desenhos dos arquivos do Partido). Na grama suja do Museu Marítimo – há muito fechado para *remont*, repleto de teias de aranha cobrindo as janelas – a protuberância rígida de sua barba sugeria rabugice e contrariedade.

Na primeira visão que tive de Schmidt, por meio do diário do dramaturgo soviético Aleksandr Afinoguiénov, ele tinha sido igualmente diminuído pelas realidades da vida cotidiana que nele se aglomeravam. Afinoguiénov visitou-o em seu lar em Moscou, no nº 3, em 1937, o ano em que Schmidt plantaria uma bandeira com o retrato do Grande Líder no Polo Norte, para declará-lo território soviético. "Duas outras famílias viviam em seu apartamento", lembrou Afinoguiénov, notando os grandes olhos tristes de sua esposa, Vera, e sua aura doentia. "Ele tinha três quartos, a entulhada sala da frente recendia ao jantar na cozinha, o gabinete estava amontoado de móveis e livros." "Por que moramos aqui?", disse Vera. "Otto está acostumado. É perto do armazém e do hospital, próximo do Krêmlin e do trabalho."

Afinoguiénov rejeitava o título "Pessoas à deriva" para o ensaio que estava escrevendo sobre a estação de pesquisas polares de Schmidt: a palavra era muito sombria. Schmidt disse-lhe que tinha tombado sobre o Ártico por acaso, graças à Matemática, Filosofia e História, e pelo seu fascínio pela Física dos mares e pelas "manchas brancas" no mapa. Agora, Schmidt era o "mestre do Ártico", na mesma medida em que um escritor podia ser mestre em seu ofício. Schmidt incorporava as virtudes soviéticas que Afinoguiénov batalhava por cultivar em sua escrita: autocrítica, companheirismo, dedicação ao coletivo, energia, alegria.

Afinoguiénov acompanhava a decolagem, de uma pista de Moscou, do voo de Schmidt para Arkhánguelsk e seu coração pulsou forte quando os motores da aeronave pesada falharam. Os feitos de Schmidt traziam lágrimas stalinistas aos olhos de Afinoguiénov, dando-lhe a sensação de que o completo florescer da felicidade na terra estava logo ali na esquina. Ele tinha muito a ver com a conquista do Ártico e com o milagre do contato via rádio através do crescente alcance do espaço soviético, que fazia o polo parecer tão próximo quanto a colônia do escritor em Perediélkino, bem ao lado de Moscou. "Quando o comunismo tiver triunfado no mundo inteiro... nosso planeta vai se transformar em um paraíso florido", rezou Schmidt no polo, "rios correrão na direção indicada pelos homens, os oceanos empregarão a força de suas ondas a serviço da humanidade." Afinoguiénov imaginava as bandeiras soviéticas sendo içadas no polo todos os anos, e o gelo marinho, sempre em movimento, carregando-as por todo o globo sobre montanhas de gelo flutuantes, indo ao encontro dos grandes navios de linha com seu espetáculo de poder comunista. Lera *Os irmãos Karamázov* durante todo o verão, "vivendo" o romance. No entanto, os feitos de Schmidt aliviaram sua alma. Sua vida interior se adequava. Afastou-se da visão distópica de Dostoiévski com suas doenças, dúvidas e sombras, regozijando-se no outono brilhante de 1937, o grandioso vigésimo ano da Revolução, quando era bom estar vivo e as ruas de Moscou estavam cheias de bandeiras, de rostos sorridentes e de amor juvenil.

Nossa condutora do trem de Vólogda, na noite anterior, era nativa do Norte comunista. Seus olhos faiscavam e ela mantinha a mesma dignidade inquieta, estivesse esfregando o banheiro com um trapo e um balde de água fria, ou levando xícaras de chá para os passageiros no *luxe*. Um homem corpulento, que recebera adeuses de uma *bábuchka* chorosa, tropeçava em nosso vagão de um lado para o outro durante a primeira hora da viagem, pedindo por uma bebida. Sem se impressionar com sua corpulência e embriaguez, a condutora empurrou-o de volta para o compartimento. "Quanto você é paga por isto?", ele balbuciou, atravessando nossa porta aberta. "Não o suficiente para valer a pena aguentar você!", ela respondeu com outro empurrão. Em Khárovsk, ela apelou para medidas mais drásticas e chamou dois milicianos, que marcharam pelo corredor com o alcoólatra (agora mais flexível, por conveniência) para fora do trem. "Arkhánguelsk!?!? O que vocês vão fazer lá?", perguntou-nos a condutora quando o deixamos sentado com a cabeça entre as mãos no fim da plataforma. "Não é como no exterior, vocês sabem." Ela fingiu cuspir sobre o ombro. "Arkhánguelsk, argh! Pobreza! Imundície! Lama! *Praga*!" Perguntei-lhe do que mais gostava. "Egito", respondeu, sem perder o ritmo: "*Eguípet*". Ela já tinha ido "repousar" – por duas vezes – em Hurghada, no Mar Vermelho. "Próxima vez, Túnis!", anunciou voltando pelo corredor, busto empinado. "Favorito de Sophia Loren!"

Até depois da meia-noite, li sobre o legendário reino de Biármia, no Norte, em um *Guia para o Norte russo* que encontrara na seção de antiguidades da "Casa dos Livros" na Arbat. Publicado em 1899 pela companhia de barcos a vapor Arkhánguelsk-Múrmansk, "a pedido do ministro das Finanças", o pequeno livro em marroquim vermelho ainda transmitia o estilo e a exuberância empreendedora da indústria de viagens do fim do século XIX, a percepção do que as viagens poderiam fazer para civilizar e expandir o alcance do estado russo. Naquele ano, a ferrovia Moscou-Arkhánguelsk, financiada pelo grande patrono das artes Savva Mámontov, tinha acabado de ser terminada e um albergue tinha sido construído para acomodar o grande número de peregrinos a caminho da visita ao mosteiro na ilha de Solovki. Ferrovias e vapores descortinavam regiões insólitas para "o acadêmico, o naturalista, o etnógrafo, o artista, o viajante profissional, o caçador, o peregrino, o empreendedor e o simples turista", e o guia convidava a todos a descobrir "nosso misterioso Norte", a vasta região de Arkhánguelsk onde 350 mil pessoas, a maioria delas camponeses, habitavam uma região de tundras virgens e de pântanos, de rios e de lagos, uma vez e meia o tamanho da França. O dono original do guia (cujo nome era Konstantin Beliatchevski) tinha rabiscado "NB" ao lado do preço de um bilhete de segunda classe de Arkhánguelsk a Suma, onde os "suômis" (finlandeses) ainda vivem, e um ponto de exclamação ao lado de uma passagem sobre as deliciosas ilhas e aldeias do delta do Duína, onde igrejas indígenas em forma de "tendas" de madeira erguiam-se na paisagem como criações da natureza. Invejei Beliatchevski por sua viagem e pelo entusiasmo em ver a novíssima iluminação elétrica nas estações ao longo da via.

Quando a condutora veio nos acordar em seu uniforme de botões de latão e batom recém-pintado, eu não lhe disse que foram as palavras "Arkhánguelsk 1944", escritas com tinta azul esmaecida na coleção de Púchkin, que eu peguei de Sands, que propiciaram à sua cidade uma atração gravitacional sobre mim. Eu queria uma imagem clara do jovem oficial na indigente cidade bombardeada, onde o povo que não morrera de fome vivia de alimentos selvagens colhidos nas matas, antes de os navios chegarem vindos da Escócia e da Islândia trazendo latas gordurosas de apresuntado, frascos de salsicha e açúcar Quaker em sacos rotulados "Pensilvânia" e "Buffalo". Teria Sands encontrado seu Púchkin em uma barraca improvisada na estrada, onde as pessoas sofridas de Arkhánguelsk vendiam louças quebradas, brinquedos infantis e livros preciosos enquanto os autofalantes da rua executavam hinos marciais e discursos que os incitavam a lutar até a morte? Teria ele feito aqui suas sábias anotações no texto de *Evguieni Oniéguin*, perguntei-me, na Missão Britânica da rua do Sindicato quando as noites eram insones, ou anos depois, embaixo de um lustre em seu quarto de Cambridge após ter jantado na Grande Mesa?

"Ainda não é hora de contabilizar as vidas salvas pelo trigo que veio de além-mar", escreveu Chalámov em seu texto de Kolimá, "Lend-Lease". Então, chegou a hora. Trouxe comigo para Arkhánguelsk outro livro de Sands: *Os comboios do Norte*, publicado em 1991 em comemoração à chegada em Arkhánguelsk, cinquenta anos antes, do primeiro comboio de ajuda, codinome Dervish, que o editor chamou de "primeiro aperto de mãos amigável entre a Grã-Bretanha e a Rússia Soviética, desde 1918". Dobrada, dentro, havia uma carta datilografada. "Respeitável dr. Sands", começava, "os historiadores de Arkhánguelsk, juntamente com seus colegas da Noruega, Inglaterra e Estados Unidos, propõem a publicação de uma série de memórias sob o título *Guerra no Norte*." Seu objetivo era sanear algumas das parcialidades da historiografia soviética, que reduzira o significado da ajuda aliada. Os historiadores do Instituto Pedagógico Lomonóssov, da avenida Lomonóssov, pediam ao então moribundo Sands (que nunca escreveu para publicação) uma memória de sua guerra: de dez a quinze páginas datilografadas, "fotografias (em papel brilhante) seriam especialmente apreciadas". Durante as longas décadas da Guerra Fria a história heroica dos comboios permaneceu inalcançável, mas os historiadores da Avenida Lomonóssov tinham guardado seus registros, esperando o dia em que poderiam pedir memórias e imagens de além-mar.

Um tenente naval britânico (que, como Sands, tornou-se professor de russo em uma faculdade de Oxbridge) lembrou o tato das autoridades locais da Arkhánguelsk em guerra que, antes de os britânicos desembarcarem, encaixotaram em madeira o tanque britânico capturado que servira, desde 1918, como monumento ao fracasso da Intervenção. Ele compartilhava suas impressões do que Churchill chamou de "sinistro e taciturno estado bolchevique", descrevendo uma "noite Lênin" em Arkhánguelsk. "O espírito de Lênin está por toda parte", entoara um locutor, convencendo o tenente de que o culto a Lênin era religioso, uma descoberta que direcionou o curso de suas pesquisas em Oxford após a guerra.

✳✳✳

Em nossos dias em Arkhánguelsk gravitamos no entorno da beira-mar – como todos os demais, aparentemente, na pálida e tranquila cidade – para ver o gelo girar. Espaço e distância, aqui, eram ainda mais enigmáticos do que o tempo. Era quase impossível se orientar. Qual é a física do rio na primavera? Às vezes, a água corria com pedaços de gelo durante toda a manhã, depois corria desobstruída em um fluxo potente de água marrom, livre de gelo. No começo da noite, o gelo voltava. Em um momento, as paisagens industriais do outro lado da água pareciam próximas, em outro, longínquas. De manhã, lavadas por uma luz mais profunda, elas tinham se mudado para outro lugar, como se o gelo as tivesse desviado do caminho. O que parecia a centenas de quilômetros de distância de repente vinha para perto e eu pude identificar os monumentos da industrialização soviética do Norte: chaminés, guindastes e torres no quadro marrom-acinzentado de Kiarostrov e gruas nos cais da ilha de construção naval de Solombala. Todo este metal raspando a suavidade do céu marcava de uma só vez a imundície do ar e a diminuição do humano, e a transformação da matéria geológica escura e fria, o carvão, em calor e luz.

Lênin e Stálin não viam nada no Norte exceto selvageria e espaços vazios, nos quais "Estados cultos" poderiam se estabelecer com tranquilidade. A região Norte, uma vasta área que se estendia de Nóvgorod ao Mar Branco, foi a primeira responsabilidade burocrática de Mólotov depois que o novo Estado soviético mudou a sede do governo de Petrogrado para Moscou, em 1918. Foi no posto de responsável pela produção, pelas fábricas e pela nacionalização que ele foi capaz de ver o quanto a realidade da "expropriação dos expropriadores" era diferente da ideia de Marx no papel. Durante o Primeiro Plano Quinquenal, um obelisco foi erigido para o aniversário da Revolução em uma praça atrás da beira-mar de Arkhánguelsk, que declarava no granito que a vontade, poder e vigor do proletariado transformariam esta região escura e atrasada em um novo Norte industrializado.

O poder que industrializou o Norte combinou a energia do genuíno amor patriótico e ideológico com o poder do Estado sobre seus escravos. O obelisco tomou o lugar de outra visão de luz na escuridão: uma estátua de Mikhailo Lomonóssov, o luminar intelectual do Norte que transformou a cultura da Rússia no século XVIII. A estátua de Lomonóssov é famosa em Arkhánguelsk por não ter um lugar fixo. Inspirada em sua própria ode, "Pensamentos noturnos sobre a grandeza de Deus no evento das grandes luzes do Norte", a estátua de bronze do luminar tem uma expressão admirativa em seu rosto voltado para o alto. Com uma lira nas mãos, vestido com uma toga e sandálias romanas, está de pé na metade superior de um globo; nele há a palavra "Kholmogóri'", o humilde lugar onde nasceu Lomonóssov, filho de um pescador do Norte, uma aldeia que a cada primavera era praticamente levada pelas águas. Se Arkhánguelsk pudesse ser comparada a uma pessoa, esta seria Lomonóssov, disse Dmítri Likhatchov: um menino pobre que cresceu no solo rico de sua cultura nativa, educado primeiramente na igreja e depois na Alemanha em centros de formação europeus. Lomonóssov, certo de que o futuro da Rússia residia na exploração da Sibéria e do Ártico, educou-se para resistir ao frio, não ao usar uma toga no inverno, mas dormindo com as janelas abertas ao longo das noites mais frias.

Um grupo de corredores em trajes esportivos leves e gorros de lã saía todas as noites e passava pelas arcadas do Palácio da Cultura, onde ficava a Catedral da Trindade antes de ser desmontada durante o Primeiro Plano Quinquenal e ter seu material reciclado pela Severoles, a companhia florestal do Norte. Um alto-falante ainda está fixado no alto do Palácio da Cultura para irradiar para a rua. Os *subótniki* da primavera, dias em que voluntários acorrem para limpar a cidade, acontecem simultaneamente ao degelo. Em poucas horas, cada lixeira de concreto ao longo do cais é repintada de lilás e os guarda-sóis em preto e amarelo na areia escura da praia recuperam seu brilho de abelhas. Mães passeavam com seus bebês, movendo-se vagarosamente e parando com frequência para observar o gelo. Das janelas abertas de uma velha mansão de madeira, a Escola de Música e Artes Performáticas nº 42, vinha o som de três pianos e de um violoncelo e a voz de um professor que marcava o ritmo. Gaivotas chamavam. Abaixo do cais, nos cascos rachados de barcos a remo abandonados, ainda havia um límpido gelo branco e madeiras flutuando tão retorcidas pelo mar que mais pareciam lençóis sujos. Nas poças congeladas, a parte derretida estava encardida, substâncias oleosas mesclavam-se ao gelo e produziam manchas iridescentes.

Cada cor, seja qual fosse sua origem ou substância, era preciosa na palidez do lugar. Pedaços do passeio tinham escorregado, sem manutenção, para dentro do Duína, formando pequenas piscinas represadas pelos fragmentos de concreto, onde pontas de cigarro, latas de peixe e garrafas de cerveja balançavam na espuma rendada. Do lado de fora do Hotel Pur-Navolok, as flâmulas da companhia de óleo Rosneft e da companhia mineradora de diamantes Alrosa drapejavam ao vento ao lado da bandeira tricolor russa.

Dos grandes e melancólicos edifícios neoclássicos em frente ao Duína, meu favorito era o desamparado Ginásio para Moças, fundado em 1811 para o centenário de Lomonóssov. Que símbolo de esclarecimento devia ter sido este magnífico edifício neoclássico, abraçando a esquina com aquela simetria orgulhosa, no qual moças eram educadas segundo o modelo clássico alemão! Suas janelas hoje estão escuras, muitas delas com os painéis quebrados. Grafitadas em inglês em uma das paredes estavam as palavras "Conheçam seus direitos!". Se eu fosse o prefeito desta cidade, pensei, neste momento precário de oportunidades, quando banqueiros de Moscou dizem que a Rússia está "nadando em um oceano de liquidez", eu teria pedido à Alrosa e à Rosneft que financiassem a restauração da escola. Mas o prefeito popular de Arkhánguelsk estava na prisão, fora detido sob a acusação de corrupção logo após o anúncio do plano de concorrer à presidência contra o indicado de Pútin.

A beira-mar, com seu cais que já foi outrora de madeira, foi construída para recepcionar navios estrangeiros, para exibir as partidas e chegadas como o orgulho da cidade, a água mostrando-se para a cidade, a cidade mostrando-se para a água, à maneira de uma gravura do século XVII da Antuérpia, Dresden ou Londres. As Arcadas, construídas como a peça arquitetônica central da cidade, quando Arkhánguelsk era o único porto da Rússia, agora ficam solitárias no promontório. Embora a maior parte da vasta estrutura original das Arcadas tenha sido demolida ou desmoronado em ruínas, uma pequena seção interior foi minuciosamente restaurada para abrigar parte do museu regional. Dentro dele há uma "sala Lomonóssov" que exibe os livros escolares do filho dileto de Arkhánguelsk e uma engenhosa lâmpada sob a qual ele estudava à noite. Na segunda metade do século XVII, antes de Arkhánguelsk ceder o lugar a São Petersburgo como uma cosmopolita "janela para a Europa", as Arcadas de alvenaria mostravam o poder e a solidez do Estado russo e seu amor pelo comércio aos mercadores estrangeiros que vinham negociar tecidos e peles.

Foi aqui, em 1553, que Hugh Willoughby e Richard Chancellor, da Companhia do Mistério e Confraria dos Mercadores Aventureiros pela Descoberta de Terras Desconhecidas, "descobriram a Rússia quando viajavam no navio *Edward Bonaventure* em busca da passagem nordeste para a Índia e para o Catai. Com o auge da paixão das nações por registros, Willoughby e Chancellor documentaram cada dia e cada noite de sua viagem, tomando notas sobre terras, elementos e marés, o curso da lua, a disposição das estrelas e a altura do sol. Seu livro de bordo foi o primeiro do gênero. Os navegantes ingleses lançaram âncora em frente ao mosteiro do século XV de São Nicolau (onde hoje ficam os estaleiros de submarinos nucleares de Severodvinsk, antes Mólotovsk) e chamavam o Mar Branco de "Baía de São Nicolau" em seus mapas. Chancellor foi para o Sul, para Moscou, e conheceu Ivan, o Terrível, que logo se tornou anglófilo e cedeu privilégios comerciais exclusivos à companhia de Chancellor, a Companhia Moscóvia. Willoughby continuou viagem, alcançando a longa e estreita ilha de Nóvaia Ziémlia, logo acima do continente russo, e morreu junto com sua tripulação enquanto invernavam na Lapônia.

O efeito de Arkhánguelsk na imaginação é quase clínico. É um lugar para clandestinos e aventureiros, dizem os moradores, para pessoas que anseiam por novidades, para se ver como o mar clareia a rocha e a madeira, para se imaginar fazendo viagens por conta própria para o topo do planeta. Nesta latitude, o Polo Norte exerce uma forte atração gravitacional. Quando Mámontov construiu a ferrovia, seus protegidos, os pintores Valentin Serov e Konstantin Koróvin, vieram ao Norte para pintar a paisagem e o povo. Por outro lado, o sonho do pintor Aleksandr Boríssov, seu contemporâneo, era de aventurar-se mais ao norte, "subir" mais a partir de Arkhánguelsk. Éramos as únicas visitantes no pequeno e carinhosamente preservado Museu Boríssov, uma velha casa de madeira onde redes de pesca e gaivotas de plástico haviam sido penduradas no teto e uma fita magnética reproduzia os cantos de aves do Ártico. Filho de um camponês de Duína do Norte, Boríssov um dia pegou uma cadeira de balanço, uma pele de urso e um baú com pincéis, telas e tintas e foi viver em uma choupana em Nóvaia Ziémlia. (Minha companheira pintora ficou embevecida por sua história de aventuras em nome da arte.) Seu barco, o *Metchtá* ("Sonho") era uma réplica do *Fram*, o barco que o explorador norueguês Fridtjof Nansen construíra para sua jornada ao Polo, que tinha um casco oval levitando evasivamente por entre o gelo móvel de maneira a não ser esmagado. O jornalista moscovita Vladímir Guiliaróvski surpreendeu-se, admirando por mais de uma hora a vasta paisagem polar de Boríssov, *Reino da morte*. Guiliaróvski, grande conhecedor do caráter humano, ficou impressionado com a obstinação temerária de Boríssov em nome da arte, e com sua capacidade de manter um pincel nas mãos a quarenta graus abaixo de zero. Uma vez, depois de ver seus cães morrerem no mar congelado, Boríssov passou nove dias e nove noites em um iceberg partido, distribuindo o peso de seu corpo de maneira a manter o gelo intacto. Em 1907, em Paris, em Viena e em Berlim, expôs suas imagens de gelo e neve sublimes em todos os matizes infinitos, de barcos em escombros, dos céus lúgubres do Ártico e das choupanas dos samoiedos de Nóvaia Ziémlia. Antes da Revolução, Boríssov envolveu-se em um plano para construir uma ferrovia que ligasse a Europa à Sibéria, cujas estações seriam projetadas por artistas conhecidos.

Depois do Museu Boríssov, comemos em um restaurante que ficava em uma cabana de troncos no albergue restaurado do mosteiro Soloviétski: salmão e bacalhau assados em potes de barro com batatas e creme azedo, blinis amanteigados com mel e queijo coalho. Depois fomos à velha igreja luterana que hoje sedia a filarmônica local e passamos a noite vendo velhas senhoras em sarafans e *kokólchniki** cantando canções folclóricas do Norte e dançando com um senhor de idade vigoroso com botas de couro de camurça até os joelhos. Antes de cada canção, uma apresentadora escultural, em um vestido de noite preto e prateado e luvas até os cotovelos, fazia uma rápida leitura de suas singularidades regionais, exaltando a cultura oral do povoado que mantivera as canções vivas. No intervalo, compramos *kazúli* caseiros, biscoitos condimentados com a forma de renas e ursos.

Teriam sido estas as canções que Likhatchov ouvira, ao visitar o Norte pela primeira vez, em uma viagem de estudos de um mês de duração, no verão de 1921, e decidiu que este deveria ser o lugar mais belo do planeta? As pessoas deveriam viajar para o Norte da Rússia, escreveu, para experimentar esta força moral curativa da mesma maneira que viajavam para a Itália para experimentar a força moral curativa do Sul da Europa. No modo como a água, a terra e o céu se combinavam com a terrível força das pedras, das tempestades e do frio, ele percebia um encontro, cujo drama o deixava estarrecido, entre o passado e o presente, homem e natureza, contemporaneidade

---

* Chapéu feminino tradicional russo.

e história. E, de todas as histórias, Likhatchov acreditava ser a da Rússia a mais significativa, a mais trágica, a mais filosófica.

Os estudantes do grupo de Likhatchov viajaram de trem de Petrogrado até a recém-construída Múrmansk, depois contornaram em um vapor a península de Kola, no mar de Barents, até o Mar Branco, desceram a Língua do Duína passando por Severodvinsk até Arkhánguelsk, e de lá pegaram um vapor fluvial até Kotlas, antes de retornar a Petrogrado por trem. O crepúsculo transformava-se instantaneamente em alvorecer, as cores da água e do céu mudavam a cada minuto, havia florestas virgens, tundras e águas que corriam com peixes enormes. Este cenário foi sacralizado por igrejas, ermidas e santuários, cheios de sinais da religiosidade dos ascetas que fizeram da paisagem em si a sua catedral. Likhatchov amava os resquícios do toque humano na natureza selvagem, a percepção que lhe davam do que a sua nação torturada poderia criar.

As crianças da cidade visitavam os pomóri nas cabanas e ouviam suas canções e contos de fadas. Os caçadores e os pescadores eram belos, lembrou Likhatchov; seu modo de vida parecia ser único e autêntico: comedido e leve, com um ritmo para trabalhar e para as simples satisfações do trabalho, o conforto de casas feitas de madeira e as colchas de pena de pato em seu devido lugar. Mais tarde, Likhatchov veio a enxergar o Norte distante como a parte mais russa da Rússia. Os eslavos tinham chegado do Oeste e do Sul no fim do século X, assentando-se ao longo das margens dos rios, misturando-se com povos mais antigos: nenets e sami. Sob o domínio mongol, mais russos deslocaram-se para o Norte a partir de Nóvgorod. Havia menos servidão do que mais ao Sul, e a paisagem de contos de fadas da floresta escura e interminável convidava à possibilidade de desaparição e fuga. O Norte preservara a tradição de liberdade da Rússia, acreditava Likhatchov, e salvara a nação em seus momentos mais difíceis: durante a intervenção sueco-polonesa do início do século XVIII e durante as duas guerras mundiais do século XX. A região também salvou do esquecimento a cultura de Nóvgorod, cujas colônias estendiam-se para dentro da região de Arkhánguelsk, ao preservar a cultura oral das epopeias folclóricas (*bílini*), dos contos de fada e das canções, bem como a arquitetura em madeira, o artesanato e a habilidade para construir barcos, pescar e explorar os polos.

Likhatchov percebia a paisagem do Norte como sobrenatural, a um passo apenas do paraíso ou do inferno. Quando, em 1929, retornou ao Norte como prisioneiro político, no primeiro gúlag soviético do arquipélago de Solovki no Mar Branco, foi encontrado sentado em uma pedra, ao sol, sentindo Deus presente, embora incognoscível. Naquele momento, um guarda do campo, que poderia no decurso normal dos acontecimentos ter atirado no desgarrado prisioneiro, abaixou sua arma.

Chalámov passou muito mais tempo do que Likhatchov no inferno que os soviéticos criaram no Norte da Rússia, na paisagem infinitamente cruel de Kolimá, a quase cinco mil quilômetros a Leste. (Na riqueza mineral de Kolimá, comentou Mólotov a Tchúiev, "encontramos exatamente o país para o socialismo. Tudo está aqui, só é preciso procurar! E você pode achar tudo o que quiser.") "Perdi vinte anos de minha vida no Norte", disse Chalámov a Pasternak em 1956; "durante quatro anos nunca segurei um livro em minhas mãos, nem toquei em uma folha de papel ou em um lápis." Ele afastou-se do Deus que Likhatchov compartilhava com os ascetas medievais, sentia a própria paisagem cheia de espírito e de intenção. "Mesmo uma pedra não me parece morta, nem a grama, nem as árvores, nem o rio", escreveu. "O rio é não somente a encarnação da vida, não só um símbolo de vida, mas a vida em si. Possui eterno movimento, uma calma, uma linguagem própria secreta e silenciosa..." Ele transformou a paisagem que o torturava em algo que podia amar: um livro. O permafrost e a pedra, escreveu, nunca esquecem. Chalámov reduziu a compreensão de si mesmo até que não restasse nada nele além da ideia de escrever, o indício. Até a etiqueta no pé de um prisioneiro com seu nome, em uma vala comum, era um tipo de literatura. No Norte, ele encontrou substâncias que duravam mais do que a tinta com a qual sentenças de morte foram assinadas por homens como Mólotov, cujas iniciais "V. M." eram as mesmas para pena de morte: *víschaia miera*, suprema medida. Grafite, o único instrumento de escrita permitido aos *zieki* (condenados), é "a eternidade, quando o mais alto padrão de dureza torna-se o mais alto padrão de suavidade", escreveu Chalámov; o grafite é um milagre maior do que o diamante, de idêntica constituição química.

Memórias de quatrocentos anos de acolhimento a navios estrangeiros, antigas memórias nortenhas de liberdade, e a sensibilidade de estudiosos serenos como Likhatchov constituíram a delicadeza especial desta pobre cidade em relação ao passado e a lugares estrangeiros. Foi esta delicadeza que fez com que as autoridades da cidade encaixotassem o tanque britânico capturado em 1941, para não ofender homens como Sands. Foi a delicadeza que fez com que os historiadores da cidade o consultassem sobre suas memórias cinquenta anos depois. A delicadeza histórica em ação nas salas de exposição do museu regional era de um tipo bem mais custoso. Com uma franqueza e inventividade que eu não havia encontrado em nenhuma outra cidade russa, o museu explicava a história do reassentamento forçado dos *kulaki** (46 261 famílias deportadas para o Norte, para os infernais "assentamentos especiais" ao longo da ferrovia) e dos campos do gúlag, onde escravos cortaram florestas até morrerem de fome, de doenças e de exaustão. "Nunca negamos o fato de que prisioneiros saudáveis, capazes de trabalhar normalmente, foram usados para a construção de estradas e outros trabalhos públicos", disse Mólotov ao Congresso dos Sovietes em 1931; "isto é muito bom para a sociedade. Também é algo bom para os próprios prisioneiros..." Naquele ano, quase dois milhões de camponeses foram deportados para "assentamentos especiais". Forrando as paredes da escadaria principal do museu, à altura dos olhos, havia fotografias das vítimas locais da "repressão": Anton Mináiev, do Departamento de Finanças da Região Norte, reprimido em 1937, morto em Magadan em 1940; Vassíli Gorókhov, primeiro reitor da Universidade Técnica, fuzilado em 22 de abril de 1938; Dmítri Níkitin, médico pessoal de Tolstói, e o professor Boris Rosing, "inventor da televisão", deportado para a região de Arkhánguelsk, morto em 1933. "No fim de 1937 e começo de 1938", dizia uma pequena nota, "houve um expurgo quase completo das lideranças da região de Arkhánguelsk: muitos trabalhadores honestos foram condenados; milhares de pessoas que não eram culpadas de nada foram reprimidas."

Enquanto olhava para seus rostos manchados em preto e branco, pensei no "Lend-Lease" de Chalámov, no qual aparece um buldôzer americano (trazendo uma nova palavra para a língua russa) junto com tratores e latas de conserva "provenientes de além-mar...", próximo de alguma mina ártica nas dobras de alguma montanha, na paisagem que muito pode ocultar, tanto quanto pode revelar. Aviões, tanques e máquinas eram de importância infinitamente maior do que as pessoas, escreveu Chalámov. Enquanto as autoridades do campo de concentração lutavam pela comida, os condenados estavam com tanta fome que comiam a graxa do buldôzer, convencendo-se de que era manteiga americana: "alegria estrangeira que tinha o gosto de pedra jovem". (Gosto de pedra jovem? Existe consolo para os sentidos ao

---

* Termo pejorativo usado no linguajar político soviético para se referir a camponeses relativamente ricos do Império russo.

se pensar no tempo geológico?) E este particular "símbolo de vitória, amizade e algo mais" tinha uma lâmina que era como que um espelho, eficientemente operado e conduzido por um criminoso comum ("um parricida, para ser mais preciso") chamado Grinia Liébedev, que tinha orgulho em cumprir o dever para com o Estado, arrastar os corpos dos prisioneiros de uma vala comum do gúlag: um "poço de pedra cheio de corpos conservados desde 1938... deslizando pela colina, revelando os segredos de Kolimá", milhares de corpos que o permafrost, aquele que nunca esquece, conservou "com todo o seu poder", corpos congelados e preservados, "artelhos putrefatos, dedos retorcidos voltados para o cotovelo pelo congelamento, olhos que ainda queimavam com o brilho da fome".

***

Em nosso último dia, dirigimos para fora de Arkhánguelsk, passando por casas de toras deterioradas em ruas enlameadas com calçadas de madeira, até Málie Koriéli, um museu ao ar livre cujo tema era arquitetura em madeira, e caminhamos à luz do sol por entre igrejas com tetos em escama de peixe e casas de troncos de madeira entalhada, trazidas de todo o Norte russo para serem preservadas. Um casal de noivos em uma charrete puxada por cavalos foi conduzido diversas vezes por uma estrada circular no meio da floresta, enquanto sinos repicavam em uma das antigas torres de igreja. O véu da noiva balançava ao vento, ela ria, seu parceiro batia palmas e segurava taças de champanhe de plástico e os carrilhões pareciam ensandecidos pela alegria nupcial.

Nosso trem deveria partir por volta da meia-noite, então fomos comer peixe assado e blinís no Albergue Soloviétski e caminhar de novo pela beira-mar. Um pequeno grupo de jovens *clubbers* aguardava o URSS abrir, rapazes no meio da adolescência com risos obstinados, fumavam e bebiam cerveja Báltika apoiando-se nos bustos de Otto Schmidt e do navegante pré-revolucionário Geórgui Sedov. Em 1936, as palavras de Schmidt alcançaram Trótski no exílio. "'A melhor faceta da nossa juventude', disse recentemente o conhecido explorador polar Schmidt, 'é a ansiedade por trabalhar onde esperam dificuldades'", escreveu Trótski em *A Revolução traída*, em 1936. "Isto é, sem dúvida, verdade", continuou, "mas, em todas as esferas, a geração pós-revolucionária ainda está sob tutela. É-lhes dito, de cima, o que fazer e como fazê-lo."

Os bustos de Schmidt e Sedov formam um conjunto pungente. O navio no qual Schmidt navegou para a Terra de Francisco José em sua primeira grande navegação, para declarar a ilha um posto avançado da União Soviética, tinha por nome *Gueórgui Sedov*. Em uma de suas jornadas árticas, Schmidt esperava trazer os restos de Sedov de volta para Arkhánguelsk. Filho de um pescador de Azov, educado na escola naval de Rostov sobre o Don, Sedov tentara chegar ao Polo Norte por terra, em três trenós puxados por cães. Tendo calculado mal a distância por um fator de dez, morreu no gelo marítimo. Seu livro *Viagens a Kolimá e Nóvaia Ziémlia* foi publicado depois de sua morte, no ano da Revolução. Na era soviética, a tragédia de Sedov foi utilizada para ilustrar a crueldade e o caos do capitalismo. Quando ele tentou financiar uma viagem em busca de uma rota marítima para Leste pelo Norte, os comerciantes de Arkhánguelsk traíram-no (ao lhe venderem um navio comprometido por fraude no seguro) e o tesouro estatal negou-lhe fundos. "Tudo que o povo russo tem que dar é um pouco de dinheiro", ele alegou, "e eu darei minha vida." A sociedade coletivista não teria traído tais sonhos de descoberta e conquista. Schmidt não conseguiu achar o corpo de Sedov; o local do sepultamento evanescera.

O antigo sistema pode ter falhado com Sedov, mas o que significou para um explorador polar e cientista como Schmidt viver tão "próximo do Krêmlin", tão próximo de Mólotov? Mólotov, já mais velho, no tempo em que gostava de desenhar plantas das datchas de Stálin, lembrou-se dos mapas que forravam as paredes do corredor de sua datcha em Kúntsevo. "Ele gostava de mapas de parede", disse Mólotov. "Aqui é a Ásia. Aqui é a Europa. Passávamos muito tempo ali... ele estava interessado em como fazer uso do oceano Ártico, dos rios siberianos, dos tesouros da Sibéria..."

Eu tinha dado uma olhada em Schmidt na Biblioteca Lênin, antes de vir para o Norte, e as descrições de suas navegações, ao mesmo tempo em que propiciavam visões eletrizantes de um espaço em branco, pareciam mostrar um túnel escuro. Um de seus livros era um discurso de 1937 sobre os planos soviéticos para o Ártico, a necessidade de uma indústria pesada no extremo Norte, a premência em ter acesso às desembocaduras dos rios nortenhos, novos centros industriais em Kolimá e Norilsk, estaleiros em Múrmansk e o êxito de minas em Barentsburg e Spitsbergen. No entanto, disse, não haveria necessidade de reassentar milhões no Norte. É muito cruel. Apenas o suficiente para que o trabalho seja executado. E eles terão de ser apropriadamente alimentados, o povo do Norte, com o alimento mais fresco ou não serão capazes de trabalhar. Vegetais, ele dizia, têm um enorme significado psicológico. Qualquer um que tenha trabalhado no Norte sabe da alegria que cada folha proporciona. Precisamos ter fazendas coletivas e estufas perto de Norilsk. O que ele realmente dizia? Em outro de seus livros do final dos anos 1930, eu reconheci um *ex libris* que já tinha visto em um dos trabalhos de Vichínski sobre jurisprudência soviética. Da biblioteca do "bibliopsicólogo" Nikolai Rúbakin (que deve ter legado seus livros à Biblioteca Lênin), o selo mostrava um arco gótico no fim de uma sala ladeada por livros, um livro em um atril e uma figura humana com os braços estendidos para o sol, e dizia "Longa vida aos livros, a mais poderosa arma na luta pela verdade e pela justiça!". A luta pela verdade e pela justiça... 1937... o extremo Norte... O que sabia o brilhante e corajoso Schmidt sobre o modo pelo qual o Ártico indomável se tornaria fonte de matéria-prima para a União Soviética?

Li a transcrição de um programa de rádio para crianças de 1938, com fundo de Beethoven e Tchaikóvski, sobre as explorações heroicas de Schmidt, e folheei um livro em dois volumes publicado no mesmo ano sobre a amaldiçoada viagem do *Tcheliúskin*, quatro anos antes, na qual Schmidt partiu de Múrmansk para navegar, em um único verão, pela rota do mar do Norte. Os dados se acumulavam, página após página: o número de calças de pele e roupas de baixo que cada membro da tripulação levou a bordo, as coordenadas de cada instante da deriva de sete meses no gelo do mar, cada nuvem que passava, cada mudança na temperatura e o movimento interminável do gelo no mar de Kara que terminou por esmagar o navio e afundá-lo, no espaço de duas horas, em fevereiro de 1934. O Ártico foi uma arena para os políticos. A história do *Tcheliúskin* significava o grande humanismo do coletivismo. Toda cabeça foi levada em conta, até os cães foram salvos – eram cães "soviéticos" –, e apenas um homem morreu enquanto os 101 sobreviventes desembarcavam do navio. O campo de gelo de Schmidt, no qual permaneceram os sobreviventes até seu salvamento heroico por pilotos soviéticos, era um modelo da sociedade soviética: cooperativa, otimista, construída sobre o trabalho comum, organizada à perfeição sob um líder benigno que até estenografava um jornal diário e dava aulas aos náufragos sobre a poesia de Heinrich Heine e o materialismo dialético.

Schmidt designava o marxismo revolucionário como um "fogo vivo" que queimava em seu interior. Ele queria preencher as "lacunas" da ciência para eliminar os mistérios. Devotou os últimos anos de vida à cosmogonia e desenvolveu sua própria teoria sobre as origens do universo a partir da poeira solar. Tentou conciliar o marxismo com os desafios teóricos da Física quântica: a Teoria da Relatividade e a descoberta da "liberdade interna" do elétron. A matéria não podia mais ser vista agindo contra o pano de fundo do espaço e do tempo, explicou, pois a "nova física" revela que o tempo e o espaço são interdependentes, que o tempo é alterado pelo meio por onde flui, e o tempo pode alterar as características do espaço. Como poderia um marxista contrapor-se aos "idealistas puros" que diziam que o tempo e o espaço existem apenas em nossa observação, e que existem tantos mundos quantos são os observadores? Não haveria experiência que pudesse provar a verdade do materialismo dialético marxista, concluiu, a não ser o êxito do paraíso dos trabalhadores que o Partido Comunista estava tentando criar na Terra.

***

Quando a mania das nações por registros desmoronou em escombros e dúvidas, outra busca começou: a busca pelos lugares onde corpos jazem enterrados, para registrar seus nomes. Após a queda da União Soviética, durante os anos inebriantes da presidência de Iéltsin, questões sobre a viagem do *Tcheliúskin* vieram à tona e teorias conspiratórias surgiram nos jornais nacionais e nos programas de televisão. Qual teria sido a real intenção da mal equipada expedição, preparada tão precipitadamente? Por que havia mulheres e crianças a bordo? Por que Stálin teria recusado toda oferta de ajuda do exterior? Por que nunca foi dito que o *Tcheliúskin* fora construído em Copenhague? Por que as duas tentativas de localizar e resgatar os destroços não encontraram nem vestígios do navio? Teria um segundo navio navegado em comboio com o *Tcheliúskin*? Em 2004, após uma nova tentativa de encontrar o *Tcheliúskin*, o chefe do Museu Submarino Russo, Aleksei Mikháilov, concluiu que os dados registrados sobre o paradeiro do navio eram falsos. As teorias conspiratórias sugeriam que o *Tcheliúskin* tinha ancorado em Chukotka para prospectar minério, acompanhado por um navio escolta, o *Pijma*, carregado de prisioneiros do gúlag: culaques, antigos homens da NEP, "sabotadores", "impostores instruídos", padres e radioamadores judeus (por definição, espiões estrangeiros), sob a guarda de membros da NKVD que seguiam ordens da Lubianka. Em 2006, mergulhadores de uma expedição liderada por Mikháilov e parcialmente patrocinada por Roman Abramóvitch, bilionário governador de Chukotka, finalmente descobriu os escombros do *Tcheliúskin* a cinquenta metros de profundidade e trouxe para a superfície uns poucos fragmentos do navio e da memória dos "mais felizes anos" da União Soviética.

***

Voltei de Arkhánguelsk para Moscou e para os cartazes que na Vozdvíjenka comemoravam a estação de pesquisa polar flutuante de Schmidt: "1937-2007 – o Polo Norte!". Não muito antes, o governo russo anunciara, para um mundo estupefato, que tinha fincado uma bandeira no fundo do mar, sob o polo, e o tinha declarado território russo, por conta de uma cadeia no fundo do mar – a Cadeia Lomonóssov – que diziam conectar o território continental ao polo. Se o gelo do mar polar recuar, as colossais jazidas inexploradas de óleo, gás e minério do fundo representam uma perspectiva de riquezas inimagináveis para o Krêmlin. Houve rumores incidentais sobre uma geopolítica mais dissimulada, circulando entre jornalistas em jantares de Moscou, afirmando que o presidente Pútin pedira que trouxessem um pedaço do fundo do mar polar para ele, uma vez que se acredita que uma das entradas para o reino subterrâneo de Chámbala, no oco da terra, fica sob o polo.

12.
Múrmansk e Barentsburg

Estende-se o manto do oceano
Sobre a face congelada.
Ele jaz, olhos arrancados por cintilantes peixes,
Fitando através do gelado e vítreo verde marinho
Sob as Luzes do Norte.

Charles Causley, "Comboio"

Houve um tempo, na história do Hotel Árktika, em que um russo embriagado podia ser expulso e fuzilado por ofender a honra dos britânicos. Naquela época, em 1942, pouco antes de o hotel ser reduzido a escombros pela Luftwaffe, a sala de jantar ficava repleta de oficiais navais soviéticos e militares aliados, exaustos pela viagem, que desembarcavam de navios de comboio. A execução sumária do marinheiro russo que escarneceu do brinde ao rei Jorge VI, em uma noite, deve ter parecido aos subordinados do generalíssimo Stálin apenas uma manifestação adequada de respeito, com o único propósito de agradar a seus novos camaradas de armas. Mas, para minha companheira e para mim, quase sessenta anos depois, o único recurso que restava era uma retirada rápida da sala de jantar quase vazia do Árktika, depois que o maior dos dois homens na mesa ao lado inclinou-se, ao perceber que a proposta por ele balbuciada dera de encontro a um inexpugnável muro de gelo, e com a deliberação lenta dos profundamente embriagados regurgitou um pedaço de peixe mastigado na toalha de linho branco, abaixou a cabeça e caiu no sono.

Suponho que um dia e duas noites em claro lendo as memórias dos comboios no trem de Moscou (também chamado Árktika), levaram-me a pensar e a sonhar com a guerra e a encontrar, mesmo em um encontro sórdido em um hotel decrépito, reminiscências ocultas dos anos em que a cidade mostrou ao mundo exterior sua face mais sinistra e heroica. Afinal de contas, eu tinha sido atraída para a Península de Kola pela imagem da guerra em preto e branco, imagem de austera galanteria, que achei naquela tarde quente nos quartos de Sands na faculdade no fundo de uma caixa antiga com as laterais de papelão fragilizadas e estufadas por décadas de processos governamentais e boletins universitários, rotulada "Múrmansk 1942" em uma plaquinha de cobre, palavras carregadas de excitação pela longa distância.

Na tundra de Kola esconde-se a maior concentração do mundo de forças navais e militares, e em suas águas ocultam-se navios de combate e submarinos nucleares balísticos capazes de enviar mísseis por cima do Polo Norte para aniquilar grandes áreas dos Estados Unidos. Múrmansk é uma cidade construída e reconstruída no espírito da batalha, uma cidade cuja memória e imaginação foram formadas quando inimigos eram reais e presentes: do lado de lá da fronteira norueguesa – a apenas alguns minutos de voo de um Heinkel III – ou deslizando invisíveis no fundo do mar de Barents, carregados de torpedos. Corpos esculpidos de jovens mortos em uniforme, imagens de soldados russos crucificados e ressuscitados são os ícones desta cidade. Descendo um quarteirão pela avenida Lênin, a partir do Árktika, há uma estátua de bronze de Anatóli Briédov, segundos antes de sua morte sacrificial ao puxar o pino de uma granada que o levaria pelos ares junto com as tropas alemãs que o cercavam. Em uma colina acima na cidade fica a estátua maciça de "Aliócha", soldado desconhecido moldado em concreto. Aparecendo e desaparecendo na bruma do mar, ele fica de guarda, olhando panoramicamente para os portos de pesca e de carga enferrujados, para os quebra-gelos nucleares brancos e vermelhos em suas docas e para as balsas de passageiros que vêm e vão da cidade mais próxima, Abram-Mys, no outro lado da enseada.

Os lugares se dispersam em imagens que vêm para formar sua identidade. Eu tinha visto "Aliócha" pela primeira vez de um outro ângulo, em uma fotografia em preto e branco tirada de uma colina acima de Múrmansk pelo grande fotógrafo de guerra da agência Tass, Evguiêni Khaldei. Visitei a exposição retrospectiva de seu trabalho na Casa da Fotografia no bulevar Nikítski, em Moscou, logo depois de nos mudarmos para a Románov. O gênio de Khaldei consistia em encontrar composições em meio a cenas de medo e destruição. Ele captou a tensão nos rostos de um grupo de pessoas nas ruas de Moscou ao escutarem Mólotov anunciar a invasão nazista por meio de um alto-falante – "uma perfídia sem paralelo na história das nações civilizadas" – da mesma maneira que captou o medo no movimento de cabeça de uma rena. Sua imagem mais famosa é a de um soldado do Exército Vermelho fixando a bandeira soviética no Reichstag e sua própria imagem de empenho entre as estátuas de pedra que ainda restavam no telhado enegrecido pelo fogo, enquanto os escombros de Berlim fumegavam ao fundo. (Conta-se que Khaldei teve que retocar a imagem antes de ser publicada, pois o soldado soviético estava com vários relógios nos pulsos.) Em seu conjunto, as imagens de Khaldei registravam e eram parte do processo pelo qual a consciência soviética foi formada a partir da destruição épica e da vitória espantosa da nação. Khaldei iniciou seu registro fotográfico da guerra em Múrmansk, em junho, semanas depois da invasão nazista, e experimentou seu primeiro bombardeio aéreo na viagem de trem a Moscou. Comprei, na exposição, um álbum intitulado *De Múrmansk a Berlim*, e na volta para casa parei na Intertour Luxe, a agência de viagens no térreo de nosso edifício, para perguntar pelos horários de trem para Múrmansk, a cidade que tão poderosamente tinha me sensibilizado em Cambridge.

As fotografias de Khaldei de Múrmansk eram imagens de terrível beleza. Suas lentes absorveram a estranha luminosidade mineral de Kola nos reflexos cintilantes de sete soldados com seus capacetes e quepes, marchando ao lado de uma poça d'água estagnada em uma praia rochosa. A luz também captou a pele escura do submarinista poeta judeu Israel Firsanóvitch, sua testa e as maçãs do rosto, em um perfil tão polido quanto as medalhas em seu peito, e o detalhe em ouro ao redor do cachimbo, um retrato ao ar livre no iridescente ar do Círculo Ártico. Uma fotografia em close, tirada de uma plataforma de tiro, congelou um jorro de água explodindo enquanto a estrela soviética, em uma bandeira em primeiro plano, resistia à força da explosão; no fundo, as colinas de Kola cobertas de neve, sob uma camada de nuvens baixas tão negras quanto o mar, nas quais os bombardeiros se escondiam. As colinas de Kola, formadas dois ou três bilhões de anos atrás, são algumas das mais antigas do planeta, mas as cicatrizes da guerra tornaram-se parte de sua composição. A guerra decompõe a natureza ao mesmo tempo em que destrói as cidades. Na Península dos Pescadores, o afloramento granítico que emerge do mar de Barents logo acima da fronteira norueguesa, Khaldei captou o momento em que uma rena, com os chifres em uma silhueta perfeita ao lado dos últimos galhos de uma árvore calcinada, volta a cabeça na direção de cinco aviões alemães, ao fundo no céu, alerta e paralisada pela balbúrdia, em frente a um cenário de pedras despedaçadas, decidindo em que direção correr. Não havia lugar na Península dos Pescadores onde os soldados pudessem cavar, lembrou Khaldei. Ele fotografou um grupo de soldados escalando uma rocha coberta de musgo, completamente expostos à luminosidade ameaçadora do céu. Assim escreveu o seu companheiro e repórter de guerra, o poeta stalinista Konstantin Símonov, em uma de suas líricas de guerra patrióticas de Múrmansk: "os guerreiros, cerrados contra o gelo e o seio rochoso, / passaram a noite nos despenhadeiros de Musta-Tunturi".

Ali, na seleção de Khaldei, estava a Múrmansk de 1942, onde Sands desembarcara de seu navio trazendo produtos *Lend-Lease*, exatamente quando os nazistas decidiram arrasar a cidade com bombas incendiárias de alto poder explosivo. Construídas em madeira, metade das casas de Múrmansk queimaram imediatamente até virar cinzas, restando apenas suas delgadas chaminés de tijolos que compunham uma paisagem fumegante de estruturas verticais solenes. Uma mulher de idade, que carregava uma valise de madeira nas costas, estabeleceu com os olhos um contato feroz com as lentes quando cruzou a cena em ruínas. Ela depôs a valise de madeira, lembrou Khaldei, e disse, "Por que você está fotografando o meu sofrimento e a minha desventura, meu filho?".

***

Mesmo nos anos entre 1916, quando Románov do Murman foi fundada a pedido dos britânicos como um porto de suprimentos militares, e 1941, quando a cidade, já há muito tempo renomeada Múrmansk, tornou-se uma das frentes de guerra mais cruciais, a península de Kola teve pouca sensação de paz. "Sempre senti que estávamos na frente de batalha, nesta cidade de dias e noites intermináveis, estranhas tempestades de neve e cores surpreendentes", relembrou o poeta Liev Ochánin, que viajou de Moscou para o Norte durante o Primeiro Plano Quinquenal para juntar-se à construção de uma indústria química em Apatíti, nas montanhas Khibíni. Seu hino stalinista, "Camarada Apatita", refere-se àquela "pedra da fertilidade", um mineral utilizado na produção de fertilizantes fosforosos. A apatita deriva seu nome do grego *apate*, que significa "engano"; é o ouro dos tolos. O poema de Ochánin fantasia a criação de um novo mundo, construído e estabelecido "do nosso jeito" na "terra nua" do Norte russo, consolidando a energia do homem socialista contra a inércia da natureza. No lugar das tendas em estado bruto das tribos caçadoras-coletoras, os saami e os pomóri, os Jovens Pioneiros construiriam "palácios" de pedra.

Exultantes com o poder das explosões amoníacas que "rasgam a rocha" e "destroem a terrível paz das montanhas Khibíni", eles se apossariam do solo virgem de Kola pela tormenta,

arando o seio da terra,
carregando o nome de Kírov
como sangue em nossos corações...

Tal como a vingativa poesia de guerra antinazista que Símonov e Iliá Ehrenburg compuseram uma década mais tarde, o verso de Ochánin é puro instinto temperado por *slogans* de propaganda estatal e pelo sangue quente de violações em massa.

As paisagens raramente expressam as experiências morais que as moldaram de maneira tão clara quanto as montanhas esculpidas e a tundra envenenada de Kola. De vez em quando passávamos por uma anciã trabalhando em uma horta ou por um grupo de crianças loiras com roupas sujas, apoiadas em uma cerca para ver o trem passar. Paramos em Apatíti, e mulheres na plataforma nos ofereceram peixes secos pendurados em cabides de arame. Vagões de carga estavam estacionados ao lado, carregados de minério. Gaivotas andavam sobre os fios telegráficos. Sentamo-nos a noite toda no vagão restaurante. O trem era, no momento, uma sociedade relaxada, sobreaquecida e cheirando a comida enlatada, graxa e meias. Depois de comermos, minha companheira empurrou o vaso de plástico com crisântemos para a extremidade da mesa e pegou seu bloco de desenho, buscando formas na paisagem liquefeita de céu, água e árvores, enquanto eu fitava pela janela os fios telegráficos afastando-se pelo pântano. Por volta da meia-noite chegamos à foz do Bielomorsk no Mar Branco, e o sol transitava lentamente através do horizonte de Oeste para Leste.

A ferrovia de Múrmansk "foi construída na fumaça e no fogo da guerra mundial", escreveu a repórter Zinaída Richter em seu caderno de viagens na época da NEP, *Além do Círculo Ártico*. Os primeiros passageiros foram soldados e suas bagagens, suas pesadas armas e explosivos. Foi construída a toque de caixa por trabalhadores imigrantes chineses de Vladivostok, por trabalhadores de Arkhánguelsk e prisioneiros de guerra. Já em 1925 dizia-se que na linha de Múrmansk (como também se dizia de São Petersburgo e do canal de Stálin no Mar Branco) havia corpos de prisioneiros e trabalhadores em suas fundações, e que a construção era também um jazigo. Richter achava que ela parecia menos bem-acabada em comparação com outras ferrovias, bem diferentes dela. Os edifícios da ferrovia pareciam tão frágeis quanto datchas e não havia luz elétrica nas plataformas. A estações da tundra eram iluminadas por lamparinas de querosene, o que lhes dava um ar de mistério. Depois da estação de Leningrado, todos os passageiros eram homens de negócios, homens da NEP. Industriais, comerciantes, cooperativados, inspetores, mercadores, donos de fábricas. Ela se perguntava o que os trabalhadores da ferrovia pensavam do vagão restaurante quando ele passava, com suas toalhas de linho, flores, garrafas e pilhas de tortas, surgindo reluzente da tundra nevada para novamente desaparecer, o trem como um arauto, um portador da civilização distante na natureza selvagem. Ela tentou comparar as cores do céu ártico com o alvorecer no Krêmlin, mas rapidamente se afastou com desprezo de toda a "íris, madrepérola e condições literárias do gênero". A maior povoação ao longo da via férrea era uma cidade com o nome do recém-falecido "camarada Dzerjínski", anotou orgulhosamente. Agora, a linha férrea abraça a rota do canal do Mar Branco, outro triunfo da vontade de Stálin, celebrado por escritores soviéticos liderados por Górki, em uma propaganda hiperbólica, construída por escravos do gúlag de maneira a permitir que um submarino construído em Leningrado possa, sem deixar a Rússia, viajar por água para se juntar à frota do Norte.

A obra de Richter sobre viagens, que a levou em todas as direções do território soviético, é semelhante ao relatório de Kuchner sobre sua jornada no Sul: é parte do trabalho de fazer o espaço soviético se aglutinar, de dizer ao povo de Moscou como o povo de alcance tão distante vive e pensa. Richter fala com orgulho da colonização da região, ainda naqueles primeiros dias, que transformava a tundra, ainda lar de lopares e samoiedos com seus médicos feiticeiros e xamãs, em um Klondike. Múrmansk é uma cidade jovem, ela diz, "foi erguida há apenas dez anos por causa da guerra". Ela descreve suas pequenas casas de lata, conhecidas como "caixas de comida", remanescentes dos anos de ocupação, e as novas instalações da Corporação de Pesca. O principal passatempo em Múrmansk era beber em casa, diz Richter, mas agora que restaurantes foram abertos sob a NEP as pessoas bebem em público. (No Norte, as pessoas sempre beberam para esquecer, ela observa.) Todas as pessoas com quem conversou em Múrmansk têm a esperança de que a ferrovia signifique que as pessoas de fora não mais as verão através de um telescópio. Os moradores não usam peles porque a corrente do golfo ameniza os invernos. A "meia pele Románov" que ela comprou para visitar Múrmansk bem poderia ter ficado na Corporação do Couro da rua Tverskáia. Ela encontrou-se com o professor Kluge, um "herói do trabalho", que dirigia a Estação Biológica de Múrmansk, que circulava o ano todo com uma capa de chuva sobre um colete de couro. (O professor Herman Kluge, especialista em briozoários, dirigia a Estação Biológica e fez dela um centro de pesquisas de prestígio, até ser preso em 1933, quando a estação foi eliminada pela polícia secreta. Na época em que o fisiologista Ivan Pávlov estava peticionando a Mólotov pela libertação de intelectuais presos na sequência do assassinato de Kírov, o professor Kluge foi repentinamente libertado e exilado de Leningrado. Ele fez seu caminho até a ilha de Nóvaia Ziémlia, onde morou por dezoito meses, perto dos briozoários, longe dos expurgos.)

Dois meses depois da minha viagem de trem até Múrmansk, os pais de sete dos submarinistas já mortos dentro do *Kursk* seguiriam esta mesma rota, em companhia de um grupo de profissionais de imprensa, para ficarem perto de seus filhos. As fotos nas notícias sobre aqueles homens e mulheres e os fragmentos de suas falas relatados nos jornais agora se confundem com minhas memórias fortuitas. O *Kursk*, um submarino nuclear balístico com o comprimento de dois Boeings 747, projetado para evitar a detecção no complexo teatro acústico dos mares árticos, afundou descontroladamente até o fundo do mar durante exercícios de guerra em agosto de 2000, depois de duas fortes explosões internas. A tripulação com 118 homens pereceu. Por muitos dias acreditou-se que alguns poderiam estar vivos na popa do submarino. Foi na península de Kola que o presidente Pútin enraiveceu-se pela primeira vez com uma imprensa crítica que buscava as razões para o desastre e a verdade por trás da hesitação oficial, do encobrimento dos fatos e da possivelmente fatal demora em aceitar ofertas de ajuda estrangeira. Estas mortes particularmente desnecessárias, largamente vistas como a nêmesis de uma superpotência, parecem também constituir uma tragédia exemplar para esta cidade remota, um lugar ao mesmo tempo digno e frutífero, cujas expressões públicas são um cabo de guerra entre uma paranoia xenófoba orgulhosa de um passado violento, as manias numéricas de um patriotismo de propaganda de um lado, e a tolerância, a humildade ecológica e a genuína esperança cívica de outro.

Os museus regionais de cidades provincianas russas não estão preparados para eventuais visitantes estrangeiros tanto quanto para os adolescentes pálidos que estão sempre misturados em grupos desmotivados uma sala à sua frente. Estes representam os 120 mil visitantes que, conforme o guia relata, vêm anualmente observar seus 140 mil objetos em exposição. A versão Múrmansk deste modelo segue a teleologia padrão, desde os moluscos até o homem marxista. Na obscuridade da primeira sala, ramos de coral mole e vermes marinhos ciliados resplandecem em frascos de formaldeído, em volta de um modelo em gesso do leito do mar de Barents cercado por um cordão. As outras salas no andar térreo exibem espécimes dos seiscentos gêneros de cogumelos e das 540 variedades de musgo que crescem entre as rochas de granito de Kola, de dois bilhões e setecentos milhões de anos de existência.

Depois de passar por antigas raposas do Ártico com olhos de vidro e por gaivotas e painhos empoleirados em penhascos de gesso, os visitantes são conduzidos para o andar de cima, onde atravessam salas decoradas com réplicas de palhoças sami, mantos de pele de urso e berços de salgueiro entrelaçado, até o inesperado drama da Sala da Revolução, com suas bandeiras vermelhas, armas e cenas de proletários insurgentes. Um corredor largo conduz, depois, para a Grande Guerra Patriótica, evocada por armas antiaéreas, cartas de amor emolduradas, imagens congeladas de filmes em preto e branco e pelos papéis da desmobilização, assinados por Stálin e pelo marechal Júkov, de um Ivan Ivánovitch Chumílov, um dos milhões de "Ivans" que lutaram na longa jornada de Múrmansk até o Reichstag. O único nó nesta linha narrativa de seleção natural, progresso humano e sacrifício patriótico acontece no espaço entre estas duas últimas salas: uma minúscula lista datilografada em papel amarelo, semelhante a uma antiga tabela horária de trem, com a localização dos vinte e três gúlagui de Kola: Kandalaksha, Khibin, Apatíti, Kírovsk...

O Museu Naval da Frota no Norte é menos genérico, mais arrojado e elegíaco do que o Museu Regional, e tem mais coisas para comprar: artigos como uma antologia dos "artistas marinhos" locais – quartetos sobre flotilhas de quebra-gelos "cortando o duro seio do mar tal como brontossauros da idade da pedra". Por cinco dólares, pegamos no balcão a foto de um enorme cilindro de metal chamado *Kursk*, ancorado em frente a um cenário de montanhas cinzentas cobertas de neve, e o agora famoso instantâneo de um Pútin austero com o gorro de astracã da Frota. Pela mesma quantidade de rublos, comprei um número especial de uma revista local "científica e prática" chamada *Aprendizado e negócios no Múrman*, cheia de biografias de submarinistas mortos em ação na Segunda Guerra Mundial e de capitães heroicos como o daguestanês Magomet Gadjiev, ou como Israel Firsanóvitch, o submarinista poeta judeu com seu cachimbo e um belo perfil que, antes que seu submarino fosse atingido por fogo amigo inglês em 1944, escrevera que

Não há alegria maior do que combater inimigos,
Nem guerreiros mais corajosos do que os submarinistas,
Nem sob nossos pés solo mais firme
Do que de um submarino o convés.

Parece que agora o único inimigo ao alcance da visão do Museu da Frota do Norte espreita cinco mil quilômetros ao Sul, em uma república montanhesa isolada do mar. A última vitrine do museu mostrava um fragmento de papel rasgado com uma escrita irreconhecível que, segundo informou o curador, era a lista de um terrorista, confiscada na Tchetchênia, com os soldados russos mutilados e mortos em cativeiro; uma antecipação, imagino, de um dos muitos boatos russos sobre o papel de "inimigos" no naufrágio do *Kursk*, de que foram os dois daguestaneses a bordo que sabotaram o submarino. Entretanto, aliados do passado e do presente também tinham um lugar aqui. Não há indícios nas imagens dos soldados britânicos, sentados e fumando com suas contrapartes soviéticas nas colinas de granito de Kola, de quão esquálida e estranha eles consideraram Múrmansk quando finalmente chegaram com seu carregamento de materiais. E agora, novamente, enquanto o plâncton fermentava nos corpos de seus filhos, Múrmansk esperou pela tecnologia estrangeira que os elevaria no ar e os levaria para casa.

Não havia noite em Múrmansk, assim, depois de termos comido em um restaurante suspeito no porto de balsas com vista para um barco de passageiros chamado *Anna Akhmátova*, voltamos caminhando pela cidade, sob nuvens brancas, seguindo a linha da beira-mar. Depois de passarmos pela Corporação de Pesca, perambulamos pelas docas sem sermos percebidas pelo guarda na guarita de metal. Outrora parte do comissariado da esposa de Mólotov, Polina Jemtchújina, os edifícios de pesca em Múrmansk estavam agora completamente dilapidados, a maior parte do revestimento de gesso caíra das paredes e fora remendado com metal corrugado, a grama crescia em fendas no concreto, as janelas estavam quebradas.

Olhei para além das traineiras enferrujadas de pesca, para as proas afiadas negras dos quebra-gelos nucleares, e imaginei-me viajando pelo mar de Barents.

***

Minha filha desceu do navio na minha frente, correndo pelos degraus de madeira, chamando, temerosa de que antes da hora combinada o navio levantasse âncora e nos deixasse abandonadas, a 78° de latitude norte, naquele improvável povoamento no Grønfjorden.

Passamos por uma plataforma de desembarque onde quatro homens estavam encostados nas grades, fumando e olhando para o mar. Perdi-a de vista quando parei a meio caminho do cais; o homem dos cartões-postais pareceu pesaroso em nos ver passar. Suas sete vistas do que os russos chamam de Spitsbergen, impressas em Moscou em 1976 em cores amareladas, custavam uma coroa cada. Uma delas mostrava mineiros "relaxando no novo Palácio da Cultura": levantando pesos, executando danças cossacas. Em outra, "Barentsburg continua em construção", um hotel em alvenaria era erguido, alto contra a branca colina. Uma fotografia em close mostrava cebolinhas nascendo sob o gelo: "verduras frescas durante todo o ano para a *stolovaia* dos mineiros".

Havia também um pôr do sol sobre o mar de Barents: "através dele fica o caminho para Spitsbergen", e a cena de um navio sendo carregado na azul luz polar. Procurei em meu bolso, achei uma única coroa e escolhi a imagem de uma rena pastando musgo e saxífragas aos pés de uma montanha desolada. O mineiro pegou minha moeda e perguntou de onde vínhamos. Quando eu disse de Moscou, na verdade da Inglaterra, ele riu tristemente, juntou todos os seus cartões-postais e estendeu-os para mim como um presente. Bem, talvez dinheiro vivo tenha pouco significado, disse a mim mesma constrangida, neste estranho mundo de Barentsburg.

No mundo exterior, comerciantes de moedas raras dão muito dinheiro pelos copeques extraoficiais da corporação mineradora estatal, a Arktikugol. Existem até falsificações da moeda corporativa emitida em 1946, que assinalavam o retorno da União Soviética aos veios de carvão depois que os ocupantes alemães foram embora. (Em novembro de 1944, assim que o Exército Vermelho expulsou os nazistas daquela pequena parte da Noruega, Mólotov reivindicou a totalidade de Spitsbergen e, teimoso, recusou-se a cedê-la até bem depois do fim da guerra.) Recentemente, quando a Noruega, cujas leis governam a *terra nullius* de Svalbard desde 1920, requisitou a retirada de circulação das moedas extraoficiais corporativas, o mercado de colecionadores foi inundado pelo dinheiro da Arktikugol. Os selos postais de 1995 da corporação exibiam desenhos à tinta de morsas se espreguiçando e de ursos polares vagueando pelo gelo compacto – cenas que eu trouxera minha filha de dez anos para que as visse neste distante Norte. No entanto, não são os russos, mas sim os noruegueses que descrevem a natureza selvagem e suas criaturas como o verdadeiro valor deste arquipélago. Toque em pouco, não pegue nada, não deixe rastros, diz o governador aos visitantes. Em Barentsburg, o assentamento mineiro comprado pela União Soviética em 1932 de uma companhia mineradora holandesa, o deserto ártico ainda é valorizado na moeda retórica do Plano Quinquenal. "Os homens travam uma batalha contra a natureza", disse Stálin, "e exploram a natureza para a produção de valores materiais."

"O trabalho dos mineradores dá poder aos foguetes espaciais", declara um cartaz violentamente colorido na fachada do Museu Pomor, "Mineradores! Com suas mãos habilidosas vocês dão calor e luz para todos!" Um mineiro está de pé em primeiro plano, uma luz branca explode de uma mão erguida. Com a outra, aponta para um cenário de tubulações, estações de energia e torres. Segundo Marina, que nos mostrou Barentsburg e nos contou suas histórias com viva emoção, o cartaz no centro da cidade com os trabalhadores-heróis é uma tradição soviética, recentemente ressuscitada, para motivar os debilitados mineiros. Mas eles não levam mais o título stalinista de *udarniki* (trabalhadores de choque, do verbo *udarit*, golpear ou atacar). As faces naquela tela são mansas e cansadas; seus olhos estão apagados.

Em *Após o futuro*, o crítico cultural Mikhail Epstein explora o "erotismo frenético do trabalho" que conduziu a civilização soviética desde o início até seu fim desolador. "Penetraremos na terra aos milhares", prometeu o poeta proletário Aleksei Gástev em *Poesia da insurreição dos trabalhadores*, de 1918:

> não voltaremos atrás... Vamos morrer e nos enterrar no insaciável ímpeto e na insurreição do trabalho... A Terra será transformada... Quando ela não puder mais suportar e rasgar sua armadura de aço, em um êxtase de explosão do trabalho, ela criará novos seres cujo nome não mais será Homem.

(Gástev foi preso por "atividade terrorista contrarrevolucionária" em 1938 e fuzilado em 1939.)

Para Epstein, a "lascívia trabalhista" soviética é promíscua, busca o esquecimento, é "indiferente ao seu objeto enquanto você puder nele entrar, trabalhar e se perder". Quando o mineiro na novela de Boris Gorbátov, *Donbass*, ajoelhou-se diante de uma parede de carvão e ligou a britadeira, "sentiu em suas mãos uma familiar vibração de alegria... O veio de carvão submetia-se a ele ao passo que ele estava livre para prosseguir... A sólida parede da floresta negra intocada aproximou-se, excitante, atraente...". Epstein enxerga a paisagem russa como vítima de um violento estupro: "seus traços permanecem na face de nossas cidades e aldeias... nas ravinas e gretas do corpo de nossa terra exaurida".

Marina voltou em 2000. Após uma queda de produção devida à evasão das mulheres que foram embora depois da catástrofe de 1996, a Arktikugol convidou-a a retornar. Ela não queria morar no lugar da queda de avião que matou dez por cento da população de Barentsburg, a maioria esposas e filhos de mineiros. Isto enchia seus olhos d'água. Ou no lugar da explosão de gás metano em um poço, no ano seguinte, a trezentos metros de profundidade, que queimou por quatro meses. Ela queria nos mostrar os pequenos milagres de fertilidade e nutrição: as fúcsias e salsinhas no calor úmido da estufa; o touro Iacha e a bezerra Aurora no estábulo. O primeiro bebê de Barentsburg, o "nosso bebê", nascido algumas semanas antes em um parto prematuro conduzido pelo dentista, antes que a mãe pudesse chegar ao obstetra mais próximo em Múrmansk, cuja direção está indicada por placas, mas que fica muito mais distante daqui do que o Polo Norte. Quando nos aproximamos da capela de madeira, recentemente construída para as solenidades das mortes recentes de Barentsburg, quatro mineiros caminharam lentamente em nossa direção, de olho na vivacidade de Marina. "Depois de dezesseis horas debaixo da terra, eles querem atrair nossa atenção", ela deu de ombros; "é a vida, o que se há de fazer?"

Mineiros da região de Donbass, na Ucrânia, competem para vir a Barentsburg, devido aos salários e às condições: $300 por mês (quando a Arktikugol paga) e três refeições por dia na *stolóvaia*. Eles contam o tempo em invernos, que dura no mínimo oito meses. A Rússia mantém estes homens trabalhando nas jazidas inaproveitáveis de Svalbard por razões territoriais. Um tratado assinado em Paris depois da Primeira Guerra Mundial concedeu a soberania desta terra de ninguém à Noruega, e acesso igualitário aos recursos econômicos e científicos aos 39 signatários, muitos dos quais tinham se precipitado sobre seus recursos minerais nos anos 1900. O tratado proíbe qualquer atividade militar. Mas a Rússia, cujas preocupações dos líderes bolcheviques passavam longe desta árida *terra nullius* em 1920, desde muito tempo antes já a considerava sua primordial reinvindicação.

Histórias rivais de descobertas competem pela nomeação do lugar. O nome Svalbard, "terra gelada", relembra os vikings, cujos registros sugerem ter navegado por este Norte distante no século X, embora os estudiosos, em sua narrativa de primazia russa, pensem que a terra que os noruegueses viram teria sido a ilha de Jan Mayen, a meio caminho da Islândia. A costa ocidental da ilha maior, Spitsbergen (Montanhas Agudas) foi nomeada e mapeada em primeiro lugar, em 1596, pelo navegador holandês Willem Barents, em uma expedição financiada por mercadores de Amsterdã que buscavam uma rota para a China pelo Norte. Ao longo do século XVII, nações comerciantes marítimas enviaram aventureiros para o Norte, para mapear as baías, nomear as geleiras e os *nunataks*,* lutar contra os blocos de gelo em suas "chalupas", caçar em Svalbard morsas e ursos polares nos "ótimos depósitos de baleias". Marinheiros da Companhia Moscovita Inglesa ateavam fogo sob grandes dornas de cobre nas praias e banqueteavam-se com os ovos e a carne de gansos enquanto sua pilhagem de gordura fervia, e depois preparavam os navios com destino a Londres, carregados de óleo e de ossos.

Arqueólogos russos, mencionando restos de cruzes gravadas e de tabuleiros de xadrez encontrados em Svalbard, afirmam que antes de existir um estado centralizado ou uma frota russa, antes das corporações de comércio e das sociedades cartográficas, os caçadores pomóri, habitantes dos mares do Norte (*po mórie*, pelo mar), navegavam com seus barcos – *lódki* e *kótchi* – até uma terra chamada Grumant, em busca de couro de rena e pele de raposa, e invernavam em isbás de madeira flutuante calafetadas com musgo em praias cercadas pelo gelo. Lendas de suas batalhas contra o escorbuto na escuridão do Ártico tornaram-se leitura da moda na Europa no século XVIII e início do século XIX. À luz de lamparinas de óleo de peixe, os caçadores russos trançavam e destrançavam cordas para manter o sangue em circulação e resistiam às "irmãs feiticeiras" que vagueavam pelas ilhas em busca de presas. "O

---

* Picos que afloram em áreas cobertas pelo gelo eterno.

velho caçador relata", diz uma lenda, "que o escorbuto se abatera sobre ele... sob forma humana", como uma velha com onze irmãs de beleza estonteante que cantavam uma "canção aterrorizante" que atraía os caçadores para sua destruição. "Aqui não há hinos cristãos, não há repicar de sinos. Aqui tudo é nosso." O último homem a morrer orou à terra: "Mãe, úmida Terra... Receba meu corpo pecaminoso sob sua guarda".

Houve um camponês pomor que, embora tivesse navegado em *lodki* quando era rapaz, optou por vir ao Sul, por terra, até Moscou, onde, em 1731, alistou-se na Academia Eslavo-Greco-Latina, afirmando ser filho de um sacerdote. Erudito em ciências e humanidades, Mikhailo Lomonóssov foi enviado a Marburg pela Academia Imperial de Ciências para estudar mineração e química. Em 1738, leu *As viagens de Gulliver*, de Swift, em alemão, e incluiu o livro em um relatório para a Academia sobre seus estudos no exterior. Mesmo quando se tornou um dos intelectuais luminares da Rússia do século XVIII, Lomonóssov orgulhava-se de suas origens. Primeiro geógrafo dos mares do Norte, classificou icebergs e estudou como os mares congelam e derretem. Fascinado pelo papel do comércio marítimo na construção de grandes nações, imaginou os litorais do Norte da Rússia cheios de portos atarefados e uma rota para o Leste que cumpriria o sonho de poder marítimo de Pedro, o Grande. Em 1765, ano de sua morte, uma expedição científica para o Norte inspirada por Lomonóssov chegou até Spitsbergen. Naquela época, a ficção de viagem inglesa – *Robinson Crusoé, Gulliver* e a imitação de Swift feita pelo capitão Brunt, *Viagem a Cacklogallinia* – finalmente aparecia em traduções russas. Porém, mais notáveis do que estes contos fabulosos, disse o chefe da companhia baleeira de Arkhánguelsk que ouviu a história pela primeira vez, são as populares *Aventuras de quatro marinheiros russos jogados por uma tempestade na ilha de Spitsbergen*, de Pierre Louis le Roy, publicada em múltiplas edições em francês, alemão e inglês nas décadas de 1760 e 1770. Ao contrário do inglês Crusoé, escreveu ele quando a primeira versão russa apareceu, os "Robinsons russos" eram de verdade, e sua ilha deserta era fria e estéril. Durante seis invernos nos anos 1740, enquanto Lomonóssov escrevia odes em Moscou sobre como a firmeza russa suplantaria o Ártico, os náufragos pomóri sobreviviam com sangue de rena, cocleárias e orações.

Navegamos vagarosamente pelo lado oeste de Svalbard durante quatro dias, entrando e saindo de fiordes, até chegarmos à camada de gelo. Quando não estávamos penduradas na amurada olhando o gelo turvar-se e esfacelar-se à medida que o navio o fendia, nós nos divertíamos lendo romances científicos sobre as aventuras de paleontólogos malucos, como a *Viagem ao centro da Terra*, de Júlio Verne. Depois que toda a superfície da terra foi descoberta, escritores populares inventaram mundos de fantasia sob sua crosta. "Fizemos uma magnífica descoberta, meu rapaz! Provamos que a terra é oca", diz Perry em "No centro da Terra" de Edgar Rice Burroughs, quando sua perfuradora mecânica, a "toupeira de ferro", aterrissa em Pellucidar. "Passamos através da crosta até o mundo interior." Depois, o herói varonil David Innes, filho de um rico americano proprietário de minas, segue uma "tentadora rapariga pré-histórica" chamada Dian, a Bela, através da Terra das Sombras Terríveis e das Montanhas das Nuvens, observando a luta pela predominância das espécies entre aberrações evolucionárias nos mares de Lural Az.

A luminosidade sobre o mar era intensa, como se semanas de dias encobertos tivessem se reunido em uma única luz profunda. Marina estava na prancha de desembarque, segurando a mão de minha filha enquanto esperavam; seus cabelos brilhavam, seu anoraque era vermelho como o casco do quebra-gelo. "Não nos julgue", disse ela quando partimos, "nós queremos isto. Somos iguais no permafrost – sem dinheiro, sem polícia – não há mais igualdade em nenhum outro lugar". Por razões geopolíticas, a Rússia está novamente reforçando sua presença em Svalbard, demarcando o território nacional, trazendo mais homens para trabalhar nas minas. Ao mesmo tempo, a Noruega, membro da Otan desde 1949, gostaria que o enferrujado assentamento soviético desaparecesse. Barcos de pesca russos atritam-se com a guarda costeira norueguesa. E os objetos esféricos brancos visíveis nas montanhas quando as nuvens se dissipam têm, acredita a Rússia, algo a ver com o Sistema de Defesa Antimísseis americano. Quando íamos embora, olhei para trás para ver os mineiros que acabavam de sair do oco da terra; eles fumavam, mirando o nosso navio no rumo do Sul e as ásperas montanhas, em seu eterno regresso do outro lado do fiorde.

13.
Archan e Irkutsk

"O que você e eu faríamos em Moscou, Boris (ou em qualquer outro lugar na vida)?

A essência de uma pessoa não pode ser desmontada em pedaços de vida cotidiana.

Ser um herói não lhe garante um apartamento..."

Marina Tsvetáieva, carta a Boris Pasternak, 10 de julho de 1926

Acordei em Tunká, depois de um sono breve perturbado pela mudança de fuso horário, onde os raios cósmicos em noites sem luar são capturados por caixas de metal. Seguindo um padrão de gigantescas colmeias em toda a campina seca da planície da Buriátia, as armadilhas são montadas em estacas desajeitadas de madeira sobre blocos de concreto aparente. Dentro das caixas ficam "detectores de luz Tcherenkov" – fototubos que levam o nome do aluno mais brilhante de Serguei Vavílov, Pável Tcherenkov – que medem a energia de raios cósmicos quando caem na terra em chuvas de partículas carregadas. Trazendo consigo vestígios do tempo cósmico e indícios dos gases interestelares que atravessaram e com os quais colidiram em sua jornada de alta energia a partir de buracos negros e de desconhecidas galáxias distantes, os raios penetram em nossa atmosfera, participando da evolução e da mutação da vida na Terra. Os físicos os estudam para obter informações sobre a estrutura e o funcionamento do universo, sobre o mistério de sua origem.

O Túpoliev, que aterrissava em Irkutsk, fizera a morte parecer próxima. Horas depois, minha mente ainda estava turva e eu ainda me sentia nauseada. Ao longo da rodovia, arranjos de flores de plástico sujas homenageavam vítimas fatais de acidentes de automóvel. Seus parentes próximos enlutados tinham enfaixado as árvores ao redor de cada santuário com panos e fitas com orações xamânicas. Teriam aqueles farrapos sujos apaziguado as almas dos mortos, insultados por uma morte sem sentido?

Na região do lago Baikal, que Tchékhov cruzou a caminho de sua visita às colônias penais de Sacalina, ele encontrou todas as paisagens que mais prezava: o Cáucaso, Zvenígorod, o Don. "Consiga com o procurador que o envie para cá", escreveu para casa, assinando "seu irmão asiático". Ele se queixava de que a Sibéria era espaçosa demais para caber em uma carta; era um lugar mais para ser sentido do que visto. Depois de Zun Morino, onde a terra se torna plana e os picos nevados dos montes Saian aparecem, o chiado arrítmico do Jiguli finalmente se acalmou, o sol matinal aqueceu minha face e meus olhos se aproximaram com gratidão da cena mutável.

Vânia, o motorista russo que eu e minha amiga contratamos em Irkutsk, nos levava por um desvio até a aldeia de Khurai-Kobok, onde visitaríamos o xamã que havia lançado um encanto sobre seu novo Jiguli. Durante quilômetros acompanhamos as águas azul-prateadas do Irkut, que nasce em Angará e corre para o oeste através do vale do Túnkin até a fronteira com a Mongólia. As pedras em seu leito raso parecem seixos de neve. Depois de Tunká, pela qual milhares de exilados políticos passaram após colidirem com as autoridades do Estado, pegamos a pequena estrada que vai para o Norte, diretamente para o sopé dos montes Saian orientais, na direção de Archan, cujo nome significa "fonte sagrada". Os buriatas a denominam "terra de Gesar". Em uma das inumeráveis variações de *Gesar*, o épico de tradição oral que os buriatas compartilham com os mongóis e com os tibetanos, os picos rochosos de Saian, que se elevam a mais de três mil metros de altura no extremo Norte do vale, são trinta e três cavaleiros celestiais que decidiram não voltar mais para os céus depois de terem purificado o mundo dos espíritos malignos, e permaneceram na terra como fiéis guardiões.

Gesar é a *Ilíada* da Ásia Central. É tradicionalmente recitado pelos *gesarchins* somente depois de escurecer, durante nove noites seguidas. Os feitos de seus heróis na terra são o extravasamento de aventuras e desafios no céu noturno. Khan Kurmas confronta no céu seu inimigo Altai-Ulan, a quem indiferentemente esquarteja em pequenos pedaços que caem na terra e tornam-se espíritos malignos. Os pequenos demônios contaminam a terra com todo tipo de impureza e desgraça: arrastando-se como vermes, zumbindo como moscas, envenenando as fontes dos rios, tornando a terra estéril e os insetos venenosos. Trazem doenças, pobreza, fome e ruína; fazem os homens esquecerem-se do amor e da compaixão. Finalmente, Bukhe--Beligte, o filho do meio dos três filhos de Khan Kurmas, que nasceu como um menino terrestre em uma humilde choupana, assume o desafio de erradicar a praga dos demônios da face da terra.

Antes de Kultuk, na ponta mais ocidental do Baikal, enchemos o tanque em uma bomba solitária, visível de longe, que lançava uma majestosa sombra na larga faixa de asfalto queimada pelo sol sob o azul seco do céu da Buriátia. A bomba, o posto e o caminhão quebrado em frente estavam pintados do mesmo azul, em diferentes estágios de decadência e corrosão. Paramos em um sinal e vimos um trem correndo por uma curva da ferrovia Transiberiana, transportando tanques recentemente produzidos e centenas de tonéis de armas, para depois mergulhar na neblina púrpura de uma garganta entre colinas cobertas de bétulas.

Paramos novamente em uma curva da estrada, bem acima do Baikal, para comprar cerveja e omul defumado, a truta da Sibéria. Os peixes já limpos estavam sobre um linóleo, seus lados estanhados enrugados unidos com palitos de dente, mostrando uma carne vertebrada gelatinosa, cuja gordura rosa-pálida Vânia avaliava com suas mãos queimadas de sol. Na praia do lago, onde hesitamos em comer o peixe que ele escolhera para nós com tanto orgulho, o chão estava seco, mas frio demais para que pudéssemos sentar, então ficamos acocoradas, olhando através de montes de escória e guindastes enferrujados no cais diante das colinas, onde uma névoa fina emplumava o céu. Embora já estivéssemos no fim de maio, a espessa camada de gelo na superfície do lago havia recuado apenas poucos metros da borda rochosa, então podíamos somente imaginar a lendária limpidez desse grande arco de água doce esverdeada em que o omul nadava.

"Santo mar, livre Baikal / Santo barco, um barril de omul", dizem os primeiros versos de "Pensamentos de um fugitivo", do professor distrital de meados do século XIX Dmítri Davídov. Musicado por prisioneiros anônimos que trabalhavam nas minas de prata de Niértchinsk, o poema logo se tornou uma canção folclórica que todos na região sabiam cantar. A histórica (em oposição a pré-histórica) voz do Baikal é a voz dos fugitivos, afinada com todas as possibilidades de liberdade no ambiente natural, assim como com todas as crueldades. Com névoas e baías protegidas por penhascos de onde um fugitivo, invisível a qualquer patrulha de montanha, podia entrar na água em um barril de peixe abandonado, essa paisagem tornou-se cara aos prisioneiros. Na cultura dos camponeses de Baikal, descendentes dos cossacos, condenados fugitivos eram há muito tempo reverenciados e quando passavam ganhavam pão e tabaco *makhorka** para fumarem em seu caminho.

"A administração de Irkutsk é repulsiva... sem nenhuma moral ou consciência", escreveu Mólotov em 1915 a seu amigo Aleksandr Aróssev, quando estava exilado em uma aldeia remota chamada Manzurka. Ele estivera em Moscou financiando células bolcheviques em fábricas até ser denunciado, junto com seus camaradas, por um *agent provocateur*, e preso. Como gostava de recordar em sua velhice, ele fez parte da viagem à Sibéria com os pés acorrentados. Passou vários meses na região de Irkutsk comendo pouco, bebendo muito e consolidando suas credenciais bolcheviques. Em Manzurka fez amizade com o bolchevique Aleksandr Scherbakov, que mais tarde moraria no nº 3 em Moscou e do qual se diz ter implorado a Mólotov para assumir a liderança da União Soviética no lugar de Stálin após a invasão nazista, e com Martin Lacis, um dos mais cruéis fanáticos da Tcheká. "No que diz respeito a livros", escreveu Mólotov a Aróssev da Sibéria, "se você puder me mandar algo substancial, especialmente marxista, eu ficaria extremamente grato... estou desesperado por livros."

Os contornos do passado são apenas esboços tênues no entorno do Baikal, que foi descoberto por estrangeiros que registravam acontecimentos como História e lugares como Geografia. O passado da Sibéria rapidamente recai na pré-história, na qual o mundo é explicado por meio de mitos e cosmologias de um pequeno grupo de caçadores-coletores, para os quais a geologia é o drama familiar do Pai Céu e da Mãe Terra. Na lenda local, o Angará, único rio entre milhares que flui para fora do lago levando suas águas até o oceano Ártico, é uma filha rebelde apaixonada. O elevado rochedo conhecido como a Pedra do Xamã, que se ergue acima da aldeia de Listvianka nas cabeceiras do Angará, é a pedra que o Pai Baikal jogou na forte correnteza de sua filha-rio quando ela o desafiou e rompeu as margens para correr até as montanhas e encontrar seu prometido, o rio Ienisei.

Ao contrário das estepes do Sul, esta paisagem conta com defesas naturais. Os russos alcançaram as bordas do lago somente em meados do século XVII, vários anos depois de terem alcançado o oceano Pacífico, milhares de quilômetros a Leste. Os evenques, pastores de renas que os russos chamavam de tungues, disseram aos exploradores russos que o lago se chamava "Lamu", e que o povo que vivia em suas margens, os *"brátski"*, buriatas, o

---

* Tabaco de qualidade inferior.

chamavam de "Baigal". Durante milhares de anos xamãs reverenciaram o Baikal, que é a maior reserva de água doce do mundo, por seus poderes espirituais. Diz-se que a ilha Olkhon, centro de xamanismo, é o local de sepultamento de Gengis Khan, o "Conquistador do mundo" que os buriatas veneram junto com o mítico Gesar, como um herói invencível que um dia retornará para libertar seu povo.

Os cossacos construíram a cidade murada de Irkutsk e logo depois a fortaleza de Tunká, o primeiro lugar no vale do Túnkin que os russos colonizaram em meio aos nômades *soióti*. Os cossacos cobravam tributo das tribos buriatas em "ouro brando", pele de zibelina, e com o lucro o Estado se fortificou. Até hoje Moscou extrai da Sibéria um fluxo de riquezas que faz com que a cidade brilhe à noite: ouro, prata, diamantes, urânio, gás natural e petróleo. A Sibéria é um lugar para homens de energia. "Você voltará correndo da Sibéria para mim", exclama a rica madame Khoklakova a Mítia Karamázov em um non-sequitur enlouquecido, quando ele suplica pelos três mil rublos que salvarão Grúchenka da luxúria de seu pai: "Estive observando você no último mês... dizendo a mim mesma: é um homem de energia... Esse é um homem que encontraria minas". Mas, assim como seu criador e muitos antes dele, em vez disso Mítia foi enviado para a Sibéria por um promotor.

Os buriatas de Túnkin recentemente resistiram à escavação de minas em seu vale por acreditarem que isto perturbaria as energias sagradas da paisagem. Dizem que as minas no Saian irritam os espíritos locais e criam doenças. Até que Pútin vetasse o projeto em nome do meio ambiente, um oleoduto, a ser implantado conjuntamente pela British Petroleum e pela petroleira russa Yukos, foi estendido através do vale do Túnkin. O fundador da Yukos, Mikhail Khodorkóvski, outro homem de energia, está agora em uma prisão em Tchitá, na Buriátia oriental, preso em outubro de 2003 quando ia para Irkutsk dar uma palestra sobre democracia a estudantes, e condenado por um tribunal de Moscou dezoito meses depois por fraude e evasão de divisas.

Passamos pela entrada de uma fazenda coletiva denominada Proletariado. Uma senhora que carregava uma bolsa com o rótulo em inglês "Born to Shop" esperava em um ponto de ônibus. Meu guia da era soviética dizia que o vale do Túnkin era famoso pela energia de seus trabalhadores, nos moldes dos trabalhadores de choque do stakhanovismo dos anos 1930, Stiepan e Anna Baiborodin. Paramos para beber a água de uma fonte na beira da estrada nos limites de uma floresta. Túnkin, a "terras dos Archan", é pródiga em fontes de água mineral. Nos áridos pastos do outro lado da estrada, a chaminé de um forno de campo rústico e enferrujado fumegava, administrado por duas buriatas robustas com lenços na cabeça, que o alimentavam com lenha de bétula. Debruçamo-nos na cerca e observamos as mulheres retirarem batatas de sua cuba para dá-las aos trabalhadores no campo ao lado. Os nômades *soióti* pastoreavam o pálido rebanho com longos chifres naqueles campos de ervas prateadas aromáticas e ainda viviam em iglus feitos com pele de rena, feltro e casca de bétula, até serem forçados a entrar em fazendas coletivas no final dos anos 1940. Três crianças de braços e pernas finas galoparam em pôneis para nos observar. O mais novo, um menino de uns sete anos com apenas um cobertor dobrado servindo de sela, puxou as rédeas da montaria e a fez empinar, cada vez mais alto, seu riso levado pelo vento.

Um pouco antes de Khurai-Kobok, a morte novamente nos espreitou. Vânia acelerou para ultrapassar um pequeno caminhão. Sua pose súbita de piloto estava mais para instinto estético do que para qualquer outra coisa, um desejo de arriscar tudo em nome de uma momentânea visada livre de obstáculos na avenida de pinheiros que levava ao sopé do Saian. O ônibus em sentido contrário pareceu acelerar também. Tenho certeza de que quando Vânia saiu para a ultrapassagem ele não tinha visto o motociclista e seu sidecar que ocupavam toda a faixa em frente ao caminhão, cujo motorista provou não ter a menor vontade de liberar nem um centímetro de estrada para ninguém. Os rostos de meus filhos apareceram para mim em um lampejo durante a fração de segundo em que um espaço se abriu entre o ônibus e o sidecar, e Vânia (que como todos os homens na Rússia evitava usar o cinto de segurança por uma questão de princípios) desviou o barulhento Jiguli protegido pelo encantamento de um xamã.

Paramos em uma aldeia para comprar vodca para o ritual xamanístico. Além de vodca, a loja só vendia cerveja e *stakántchiki** de sorvete de creme branco, que nós saboreamos na beira da estrada empoeirada como se fosse o sabor da própria vida. ("Sempre há vodca", escreveu Tchékhov em Baikal. "Se você perguntar por que eles não comem carne ou peixe, eles explicam que não há transporte, que as estradas são ruins e assim por diante, mas sempre há tanta vodca quanto você quiser, mesmo nas mais remotas aldeias.") Perguntei a Vânia por que o xamã precisava de vodca, e penso que

---

* Copinhos.

minha risada o desagradou quando ele me disse que depois de segurá-la em minhas mãos por alguns minutos ela começaria a refletir meu estado de espírito. Ele cuspiria a vodca em meu colo, advertiu Vânia. Com uma pitada de desconforto, perguntei a Vânia se ele tinha certeza de que o xamã não diria nada sobre meu futuro. Desdenho dos augúrios; não quero mentes anuviadas pela vodca. Não, disse Vânia, o xamã lida apenas com os distúrbios menores facilmente tratados no mundo espiritual. Ele vai invocar espíritos para desfazer as más energias em sua família e afastar problemas de sono e digestão. (E também, quem sabe, os poderosos espíritos que protegem os frágeis Jigulis cujos motoristas estejam possuídos por eventuais sortilégios de morte.)

A palavra tungu "xamã" apareceu impressa pela primeira vez na hagiografia escrita pelo primeiro exilado político na Sibéria, o arcebispo cismático de século XVII Avvákum. Na sofisticada obra literária confessional de Avvákum, que introduziu o vernáculo russo na linguagem escrita, ele descreve a paisagem e a vida selvagem do Baikal e o desempenho de um xamã que gritava, dançava e se jogava no chão, espumando pela boca. Para Avvákum, o xamã era um charlatão ou o "demônio", possuído por uma energia sobrenatural sombria. O botânico de Catarina, a Grande, o alemão Peter Simon Pallas, que viera a Túnkin cem anos depois para registrar a vida selvagem, enxergava os êxtases do xamã como uma farsa elaborada, terrores fantasiosos que mantinham os nativos na servidão.

Mircea Eliade, acadêmico do século XX e estudioso de religião comparada, classificava o xamã como um "especialista na alma humana", que "somente ele, a 'enxerga' pois conhece sua 'forma' e seu 'destino'". Em *O xamanismo e as técnicas arcaicas do êxtase*, ele reuniu relatos de etnógrafos sobre crenças e práticas xamânicas de todo o mundo. Um nativo da Sibéria disse a um etnógrafo que

> ...tudo o que existe está vivo. A lâmpada vagueia por aí. As paredes das casas têm vozes próprias. Até o urinol tem um lugar para ele e uma casa. As peles dormindo nos sacos conversam à noite. Os chifres que jazem nas tumbas erguem-se à noite e caminham em procissão ao redor dos montes enquanto os mortos se levantam e visitam os vivos.

Eliade diz que a Buriátia acredita que as almas dos xamãs hereditários são carregadas pelos espíritos em voos noturnos extáticos, para o Leste se está destinado a ser um xamã "branco", para o Oeste se deve tornar-se um "negro". Nestas viagens noturnas os xamãs aprendem a forma dos deuses e espíritos, assim como seus nomes. As pessoas têm duplos animais que vêm em sua ajuda. Doenças podem ser causadas por espíritos que se desgarram enquanto elas dormem, e que se perdem ou são capturados em suas jornadas noturnas.

Enquanto Eliade compilava suas descobertas em Paris, os xamãs da Sibéria viviam clandestinos, cruelmente perseguidos nos anos 1930, muitos fuzilados ou jogados sob o gelo do Baikal com pesos amarrados nos pés. Nas fazendas coletivas, os buriatas eram ensinados a venerar e agradar a Lênin e Stálin, heróis e divindades de um novo ocultismo.

A casa de madeira do xamã curtida pelo sol ficava perto da estrada, rodeada por uma cerca derribada, com venezianas recentemente pintadas de branco emolduradas em azul. Havia um poste telegráfico no jardim, com seus fios caídos sobre o telhado. Atrás da casa, em frente ao brilho do Saian, havia uma pequena colina perfeitamente arredondada como as colinas nas pinturas místicas de Riokh. Uma colina sagrada, disse-me casualmente Vânia. De acordo com as crenças xamânicas, os três reinos são interligados por rios, árvores ou montanhas sagrados. Era tudo como tinha que ser. O xamã se separara de sua comunidade; a paisagem estava em consonância.

O xamã de Vânia tinha sido instruído na arte por seu avô xamã, fora das vistas das autoridades soviéticas. Quando sua fazenda coletiva se desintegrou no fim do período soviético, ele começou a praticar silenciosamente, e as pessoas começaram a acorrer de muito longe. Do outro lado da estrada estavam as ruínas da fazenda coletiva, uma necrópole de maquinaria e edifícios agrícolas em escombros. Na entrada de um estábulo meio queimado, cheio de pedregulhos e de incongruentes colunas de madeira entalhada, os dentes de um arado quebrado enterravam-se na terra seca.

Um menininho estrábico com uma camiseta listrada estava de pé no meio da estrada, sorrindo forçado para nós. Quando o xamã abriu a porta de trás da casa, ele entrou conosco, sorrindo entusiasmadamente. Dentro da casa, à maneira siberiana, três aposentos com as paredes forradas de madeira estavam dispostos ao redor de um grande fogão. Quase não havia móveis e tudo estava limpo e escovado. O xamã nos recebeu na cozinha, em frente ao fogão. Não havia nenhuma parafernália especial: sem penas, pandeiros, berloques ou vestes cerimonias de peles de animais. Ele vestia um paletó sobre um agasalho esportivo com zíper e manteve seu chapéu pontudo de couro. Sentamos em lados opostos da mesa, onde havia um saco plástico com ervas secas. Entreguei-lhe a garrafa que segurara piedosamente pelos últimos vinte minutos. Ele despejou um pouco de vodca em uma taça minúscula e olhou para dentro dela. "Seu sangue não é puro", disse, olhando em meu rosto pela primeira vez. Teria a vodca lhe dito isto? Percebi que a unha de seu indicador direito era preta e tão comprida que se enrolava a partir da ponta do dedo. No aposento da frente, o neto do xamã estava ajoelhado sobre uma cadeira, olhando através da janela para eventuais carros que passavam sob o brilho do sol, esperando o ritual acabar para então poder ligar a televisão. O xamã macerou algumas ervas na taça, fechou os olhos e começou a cantar: "*Hondolo, hondolo, hondolo*". Olhou-me novamente e anunciou que alguns de meus ancestrais, há muito tempo atrás e em lugar muito distante, tinham sido boas almas e praticado a boa mágica. Sorveu um gole da vodca e cuspiu-a, não em meu peito, mas de volta para a taça. "Dei boas bênçãos para seus filhos e para seu sono ruim", disse. O sol pela janela lateral aquecia o linóleo e levantava um suave aroma de ervas secas, vodca e madeira velha.

***

Ficamos em Archan em uma alta floresta de cedros e pinheiros, em uma pequena hospedaria próxima ao rio Kungarga, cuja proprietária era uma mulher de nome Agáfia. Logo começamos a nos referir a ela como Baba Iagá, o que era injusto, dado que ela não guardava nenhuma semelhança com a bruxa dos contos de fada, e sim tinha as costas retas e um rosto corado e sorridente, e o lenço branco que ela usava na cabeça a fazia parecer com as matronas cossacas da Sibéria, de quem ela era, sem dúvida, descendente. Era só porque ela tinha as unhas das mãos longas e encardidas ("*kogti-nogti, Baba Iagá* – Baba Iagá, unhas-garras") e porque, depois de termos comido as costeletas de omul preparadas para o café da manhã, almoço e jantar ela dava um jeito de cercar nossas cinturas com os braços e de beliscar nossas costelas para verificar se nós estávamos engordando tão bem quanto ela achava que deveríamos. "Não se acha nada para comer", disse Tchékhov sobre a Sibéria, "e termina-se com a sensação de ter asas." Se ao menos isso ainda fosse verdade…

Na longa viagem de carro, Vânia dissera-nos que a casa de Agáfia era a mais sossegada e limpa que ele já conhecera. (Púchkin fantasiou em

Evguiêni Oniéguin com uma Rússia cheia de estalagens aconchegantes para o viajante fatigado, e este sonho ainda não morreu.) Mais limpa que a limpeza, disse Vânia, o melhor lugar do mundo para lavar sua alma. Para chegar na casa, tivemos que seguir um gasoduto superficial revestido por um isolamento mal colocado que serpenteava pela pequena e dispersa cidade de Archan, passando pelos altos muros do sanatório de Saian. Galinhas ciscavam livremente na entrada do quintal de Agáfia, que era uma confusão de tábuas e detritos espalhados entre galpões de ferro corrugado. Grandes cedros disseminavam sua sombra sobre toda a propriedade, na qual havia duas casas e diversas edículas: uma *bánia*, uma cozinha com um fogão a lenha de alvenaria caiada e um bico de gás preso em uma lata, um WC (cabana desmantelada que encerrava um buraco na terra) e despensas bizarras. A hospedaria era seu orgulho. Ela e o marido (que nunca aparecia, mas ocasionalmente espiava nossas entradas e saídas pela janela de sua casa) tinham-na construído com as próprias mãos, usando madeira de variadas idades, de modo que algumas paredes tinham fibras de um dourado claro e outras eram feitas com tábuas enegrecidas pelo frio cujas fibras estavam empenadas e enrugadas como pele exposta ao tempo. Nosso quarto estava mobiliado com duas camas baixas de madeira arrumadas com lençóis brancos limpos e cobertores que cheiravam a hóspedes anteriores. Havia ainda dois outros quartos no edifício térreo, aos quais levava um corredor escuro.

Três baldes de água retirada do Kungarga estavam alinhados do lado de fora da cozinha. Enquanto nos ciceroneava pela casa, Agáfia desembrulhou ostensivamente uma nova barra de sabão e colocou-a em uma pequena engenhoca que pendia ao lado da porta: um prato largo com um tampão comprido que, quando empurrado de baixo, liberava, como uma torneira, um fio de água. O sabão, viemos logo a saber, era um gesto de hospitalidade destinado ao nosso uso exclusivo, pois Agáfia nunca o havia tocado e preferia limpar suas mãos no avental depois de ter preparado nossas costeletas. Tomar banho de vapor na *bánia* empoeirada era mais parecido com sentar-se no buraco oco fumegante de uma árvore queimada. Nunca ficava realmente quente como nas *bánia* de pedra da cidade, e isto tornava difícil enxaguar-se com a água fria do rio que estava nos baldes ao lado do fogareiro.

Comíamos na varanda, e um menino buriata que morava na casa ao lado vinha, de pés descalços, através de um buraco na cerca, sentar-se em uma calota abandonada para observar nossas refeições. No nosso primeiro dia em Archan fazia calor, e ao anoitecer mosquitos infestaram o quintal e moscas se reuniram na varanda, excitadas pela tigela de açúcar e pelos restos de nosso omul, que Vânia havia dado em um prato a Agáfia, para serem jogados fora. Na segunda noite sugerimos a Agáfia que nosso peixe defumado tinha acabado, mas ela protestou dizendo que ainda havia boa carne nos ossos e trabalhou para limpá-los, depositando fiapos em nossos pratos e balançando suavemente enquanto cantava "Santo mar, livre Baikal" com um brilho matreiro nos olhos. Depois do jantar, tomamos o caminho até o Kungarga para atravessar a rápida correnteza sobre suas pedras de mármore. Sentadas nas raízes de um cedro que ficava na margem, no adorável frescor do ar do anoitecer, aderi ao hábito de fumar da minha companheira, para tirar o gosto que permanecia em minha boca.

Logo após adormecermos em nossa primeira noite, fomos acordadas por vozes masculinas na varanda. Havia sons de garrafas tilintando e de Agáfia arrumando a louça. O ruído permaneceu até por volta das cinco horas, e as vozes dos homens aumentavam conforme eles bebiam. (Agáfia disse-nos na manhã seguinte que eram trabalhadores que reformavam o sanatório, e que apareceram inesperadamente à procura de sua comida.) Ficamos com inveja do quarto de Agáfia nos fundos. Tinha comigo um livro da biblioteca de Sands (que ele parecia não ter lido), um volume pesado pouco apropriado para viajar ou para se distrair em momentos insones, mas eu o peguei e folheei suas páginas sob a luz de uma lanterna, cortando as páginas unidas com minhas unhas.

O livro, que fora publicado pela Academia de Ciências dois anos antes da morte de Stálin, era um volume de cartas e outros textos ocasionais do dezembrista Ivan Iakúchkin, condenado a trabalhos forçados na Sibéria oriental, assim como a maioria dos homens mais instruídos e civilizados de sua geração, por ter tomado parte na revolta contra a aristocracia tsarista em 1825. "Nas profundezas das minas siberianas, mantenha sua orgulhosa paciência", Púchkin saudou seus amigos desde Moscou. "Seu trabalho amargo não é em vão, nem o alto esforço de seu pensamento." Percebi que a série na qual o livro aparecera fora editada por Serguei Vavílov, que morreu no ano da publicação, e seu nome na capa fora tarjado de preto. Daquelas páginas emergiu uma vívida geografia de amizade, afeição familiar, inconformidade, persistência, aversão pela escravidão e pela injustiça e esperança política: uma geografia traçada através das cidades da Sibéria – Tchitá, Selenguínsk, Kiákhta, Ialútorovsk, Tunká, Irkutsk – onde Iakúchkin e outros dezembristas exilados passaram trinta anos de suas vidas, primeiramente na prisão, posteriormente sob vigilância em lares próprios. Alguns dezembristas tinham esposas da mesma classe que os seguiram até a Sibéria. Outros casaram-se com mulheres locais russas ou mesmo buriatas. Os exilados dedicavam-se a trabalhos instrutivos: estudo, educação das crianças locais, desenvolvimento da horticultura, desenho e catalogação da flora e fauna da Sibéria e pintura de aquarelas uns dos outros. Eles sentiam-se tocados pela paisagem e a tocavam em retorno. Havia algum consolo escondido em um livro sobre estes homens (que eram mantidos pelo regime soviético como protorrevolucionários) para um intelectual como Vavílov, que viveu tão próximo ao poder sob um regime infinitamente mais aterrador?

Uma das mais longas cartas de Iakúchkin fora escrita para sua sogra, Natália Cheremiétieva, na "admiravelmente bem construída" prisão-fortaleza próxima de Tchitá, que o tsar encomendara para manter juntos os nobres politicamente perigosos, separados dos demais. A carta de Iakúchkin, totalmente resignada e generosa nos mais simples detalhes, foi o primeiro e mais completo relato das condições de encarceramento dos dezembristas, e cópias dela circulavam entre parentes e amigos de Moscou e São Petersburgo. Dirigindo-se à sogra como "cara amiga", Iakúchkin fala de sua angústia, às vezes aguda, para com a vida e com as crianças que deixara para trás, mas confessa que na prisão, onde fica sentado sozinho pensando nas pessoas que ama durante o anoitecer, por vezes se sente tão feliz com nunca antes se sentira. Velho no corpo, era jovem em espírito e, mais importante, livre para seus estudos em ciências naturais e para o desenvolvimento de um currículo escolar clássico. Seguindo o clássico gênero de escrita do cárcere, ele descreve o interior do aposento em que está encarcerado. Familiariza Natália Cheremiétieva com sua rotina diária e com o pequeno cômodo, quente e iluminado, onde encontra consolo em sua mobília própria (madeira escura que lhe traz lembranças da casa da sogra), um samovar que ele tem orgulho de limpar quase tão bem quanto Stiepan (um dos servos que uma vez ele tentara libertar), um jogo de jantar de porcelana, retratos de sua mulher e filhos, um crucifixo e livros.

Algumas páginas depois havia outra carta notável, escrita em 1837 para Iakúchkin, pelo filósofo Piotr Tchaadáiev. Nela, Tchaadáiev descreve para o amigo distante o escândalo em torno da publicação de sua "Primeira carta filosófica", quando o editor da revista que a publicou foi exilado em Vólogda, todos os papéis de Tchaadáiev foram apreendidos e o próprio Tchaadáiev foi declarado insano. A carta de Tchaadáiev, que recebeu um famoso comentário de Herzen, "ressoou como um tiro de pistola na noite escura" do reino do tsar Nicolau I. Ela estabelece os termos da polêmica entre os "eslavófilos" e os "ocidentalistas" que tomou conta da Rússia ilustrada pelo resto do século XIX e além. Nela, Tchaadáiev lamenta que a cultura russa seja "unicamente baseada no empréstimo e na imitação". "No entanto", ele medita, "situada entre duas grandes divisões do mundo, entre o Oriente e o Ocidente, com um cotovelo apoiado na China e outro na Alemanha, deveríamos ter... unificado em nossa civilização o passado do mundo inteiro." Na carta a Iakúchkin, Tchaadáiev elogia os dezembristas pela coragem na adversidade e pelo fato de ele ter se dedicado a um sério trabalho intelectual no exílio e aprisionamento. Insinuava ter visto uma cópia da carta que Iakúchkin escrevera à sogra. Tchaadáiev imediatamente envolveu o amigo exilado em uma conversa intelectual de alto nível, desculpando-se pelo fato de sua primeira carta estar cheia de *préoccupations*, mas ele é de tal forma uma pessoa de ideias que não pode livrar-se de sua influência; elas são todo o interesse de sua vida e o fundamento de sua existência. Pergunta-se sobre o estado dos sentimentos religiosos de Iakúchkin, lamenta seu "estagnado deísmo" anterior, espera que os estudos atuais o levem a uma séria contemplação das questões de ordem moral de maior importância e que Iakúchkin afaste-se das "dúvidas de uma alma pequena às quais o deísmo leva", observando que a ciência mais atual não está em conflito com a religião, ao contrário, as novas descobertas no campo da eletricidade dão suporte à cosmogonia bíblica. Olhando no mapa a localização atual de Iakúchkin, tão distante dos movimentos intelectuais atuais, Tchaadáiev consola-se com o fato de que o tempo em que vivem está tão saturado pelo *fluide régénerateur* que, dado o estado mental de Iakúchkin, ele não estaria tão longe de sua influência por mais distante que fisicamente pudesse estar. As ideias, escreveu Tchaadáiev, respeitam a lei de que tudo flui em direção ao centro.

***

Na manhã seguinte, caminhamos por uma pequena trilha que levava do portão de trás da casa de Agáfia até a floresta, margeando o rio sob outra volta do gasoduto, em direção à fonte de Khongor Ula em seu bosque de mil pinheiros enfeitados com inúmeras fitas. Na floresta, passamos por um datsan budista ao pé da colina, com o teto em forma de pagode pintado de amarelo, vermelho e azul brilhantes. Altas bétulas prateadas erguiam-se atrás dos túmulos dos lamas no solo gramado; azaleias cor-de-rosa, *bagalnik*, floresciam nas bordas da floresta escura. O datsan, em sua ampla campina, apresentava a única cena claramente organizada daquela cidade, na qual tudo mais parecia desarrumado, gasto e vacilante. O ar estava tépido. A luz roçava as montanhas e a disposição das nuvens imensas dava-lhes uma aparência perfeitamente regular tanto no tamanho quanto na forma.

Ajoelhados em uma pequena plataforma de madeira sob uma ponte de concreto, pessoas se revezavam para encher garrafas plásticas com a água da fonte que jorrava de uma bica enferrujada. Desde 1830 essas águas "geomagnéticas" têm sido usadas para curar os russos da Sibéria. Algumas águas renovam as energias; outras melhoram o sono. Nos últimos anos de exílio na Sibéria, Iakúchkin esteve em Irkutsk para tratamento de um inchaço nas pernas doloroso e incapacitante por um médico de nome Djibovski, que o aconselhou a vir para as águas do Túnkin para se curar. O médico tratou as pernas dele com uma essência de ervas tão malcheirosa que Iakúchkin hesitou em visitar os velhos amigos Volkonski e Trubetskoi em suas casas na cidade.

Depois da fonte ficavam as estruturas do *resort* da era stalinista: uma avenida ladeada por estátuas de gesso de trabalhadores atléticos, urnas e uma escada cerimonial combalida que conduzia a uma balaustrada aos pés de uma trilha florestal que subia através das quedas de uma cascata. Comprei em um quiosque uma brochura de vinte anos atrás sobre o sanatório de Saian, que afirmava que a maioria dos visitantes do sanatório sofria de exaustão neuropsicológica, acrescentando que para a maioria deles a condição era piorada pelos grandes sofrimentos associados à viagem a Archan. Nos limites poeirentos da avenida, repousando suas pernas pesadas no sol da manhã, velhas senhoras sentadas em cadeiras dobráveis vendiam ervas desidratadas em sacolas plásticas abertas. Comprei um punhado daquilo que entendi ser pétalas desidratadas de crisântemo de uma doce senhora que me disse ter se aposentado recentemente de uma carreira na qual dirigia caminhões de carvão para vender ervas medicinais em Archan. "Ar bom", disse ela, acenando com a mão para a montanha e o céu, "ecologia boa". Disse-me para colocar algumas pétalas no chá, todas as manhãs, para "refrescar minha cabeça". Hoje, queria ter comprado todo o conteúdo de sua sacola, cheia de mágico farelo azul-acinzentado.

***

"Se alguém me dissesse que uma árvore é sagrada, eu a tocaria", disse-me Vânia, resumindo sua filosofia religiosa. No último sítio terapêutico ao qual nos levou, uma fonte de "água da vida" às margens do selvagem Irkut, até a cerca de arame fora santificada com pedaços de pano e sacos plásticos amarrados. Pagamos a um homem por uma cabine e vestimos trajes de banho. Éramos os únicos visitantes. Mais à frente, na margem do rio, havia uma tenda solitária com seu tecido tão amarrotado e desbotado que parecia fazer parte da paisagem natural. A água mineral, que vertia abundantemente de um chuveiro ligado a um cano que saía do chão, vinha da terra exatamente na temperatura do corpo humano, cheirando fortemente a ferro. Suas propriedades tinham transformado a laje de concreto onde estávamos em um tapete de musgo verde-fluorescente. Era penoso sair do raio de alcance daquela água para o vento frio que soprava do campo, e penso ter-me banhado naquele *fluide régénerateur* por tempo demais, pois após alguns quilômetros na longa estrada de volta para Irkutsk sentia-me fraca e trêmula, muito próxima do estado de "exaustão neuropsicológica" que Archan alardeia curar.

Todo viajante chega em Irkutsk exausto, escreveu Tchékhov para casa. Para nós, o cansaço era uma benção, pois o apartamento de quarto único nos subúrbios da cidade que o primo de Vânia vagou para nosso uso naquela noite era num lugar desolado, e ficaríamos contentes de cair no sono. Choveu bastante na manhã seguinte. Tomamos chá com uma infusão de pétalas de crisântemo na cozinha minúscula, e olhamos pela janela, através dos galhos de bétulas ainda sem folhas e para as fileiras de prédios de apartamentos da era Krhuschóv. Não era difícil imaginar por que aquela cidade, conexão na rota da heroína da Ásia Central para a Europa, tinha índices tão altos de dependência de drogas e HIV.

Talvez minha sensibilidade ainda estivesse saturada dos minerais ativos do Túnkin, mas Irkutsk, naquela manhã, parecia um lugar de páthos insuportável. Aleksandr Mien foi enviado para cá em 1955, quando o Instituto de Peles se mudou de Moscou para Irkútsk. Foi aqui que dividiu um quarto por três anos com Gleb Iakúnin, que se convertera do ateísmo ao cristianismo e tornara-se um padre dissidente que renegava a autoridade do Patriarca de Moscou. Quando embarcamos em um ônibus para irmos ao centro da cidade, um homem que corria pela rua deixou cair sua maleta. Enquanto ele limpava a maleta, o ônibus que ele tentara alcançar acelerou para dentro de uma grande poça, encharcando-o com uma água imunda. Antes de visitar as casas dos dezembristas, paramos em um pequeno café e pedimos o chá com limão do cardápio. *"Niet limona"* – "Não tem limão" – disse a mulher do balcão. "Aquilo não é limão?", perguntei apontando para um pires com fatias de limão na prateleira atrás dela. Ela estreitou os olhos, depositou lentamente uma fatia em cada xícara diretamente com os dedos encardidos e empurrou o chá pelo balcão com tanta força que ele quase entornou.

A casa de Maria Volkónskaia foi uma inesperada revelação de iluminação e estilo: uma mansão de dois pavimentos cinza-claro, com muitas janelas amplas e a entrada em um grande jardim cercado de estábulos e anexos. É um trabalho histórico de reconstrução. Na Primeira Guerra Mundial foi usada como caserna pelos cossacos. Dos anos 1920 até os anos 1970 foi dividida em apartamentos coletivos. Ao mudar-se da aldeia de Úrik para que seu filho pudesse frequentar o ginásio, Irkutsk foi o mais próximo que a princesa Maria Volkónskaia conseguiu chegar de um retorno à rica civilização europeia que deixara para trás ao acompanhar seu marido Serguei Volkónski no exílio na Sibéria. Sua fina casa de madeira de pinheiro lariço foi transportada para cá desde Úrik e, como não lhe era permitido aparecer em lugares públicos, a sociedade de Irkutsk vinha até ela, fazendo da casa o centro da vida cultural local. (O tsar e seus agentes ainda acreditavam que a energia de certos indivíduos deveria ser cuidadosamente contida, não percebendo o quanto a contenção intensificava a sua força.) Ela promovia bailes e festas à fantasia para os jovens de Irkutsk e muitos músicos famosos de passagem faziam apresentações em sua casa.

Maria Volkónskaia vinha de uma linhagem distinta. O acadêmico erudito Mikhailo Lomonóssov era seu bisavô. Seu pai, o general Nikolai Raiévski, era herói das guerras napoleônicas. Na adolescência, visitou balneários com Púchkin. "Apenas para se divertir", contou Púchkin, Maria e sua irmã banhavam-se em fontes ácido-sulfurosas e ferruginosas em um aprazível *resort* no Sul da Rússia, onde durante as noites ganhavam em jogos de cartas e de azar. Hospedando-se nos Raiévski, Púchkin rejubilava-se com uma "vida despreocupada rodeado por uma família querida". Ele amava e admirava a simplicidade e a beleza da alma do general Raiévski, da mesma maneira que amava o "alegre céu meridional". Caminhando pelas praias da Crimeia, ele leu Byron, Voltaire e André Chénier. Nas margens do rascunho de *Evguiêni Oniéguin*, fez um esboço da *jolie laide* Maria, com seus cachos erráticos e seu queixo determinado.

O general Raiévski opôs-se à decisão da filha de acompanhar o marido à Sibéria e, sob ordens do tsar, ela foi forçada a deixar o filho ainda bebê,

Nikolino, com seus pais na capital. A caminho do Leste, Maria parou em Moscou na casa de sua cunhada, a princesa Zinaída Volkónskaia, na rua Tverskáia. Zinaída organizou um concerto em homenagem a Maria, a que Púchkin assistiu, quando ela cantou uma ária da *Agnese*, de Paër, na qual uma filha pede perdão a seus pais. A voz de Zinaída falhou antes que terminasse a canção, Maria começou a soluçar e teve que sair da sala. Púchkin, para quem os dezembristas eram acima de tudo uma questão de amizade, ficou tão emocionado com o encontro que começou a trabalhar no poema "Nas profundezas das minas siberianas", esperando terminá-lo a tempo de ela levá-lo em sua viagem. Quando o pequeno Nikolino morreu com a idade de dois anos, Púchkin compôs seu epitáfio: "No trono do Eterno Criador, ele olha para o exílio terreno com um sorriso, abençoa sua mãe e ora por seu pai". Incerta se "agradaria ao lembrar a outros de si mesma", Maria transmitiu seus agradecimentos a Púchkin pelas palavras que ele encontrara para "consolar o amor de uma mãe".

Quase dois séculos mais tarde, no terno lugar em que o pessoal e o político se encontram, as lembranças de Maria ainda proporcionam não só prazer, mas consolo e coragem. Enquanto eu esperava no corredor do Tribunal Meshchánski em uma compacta multidão de jornalistas e simpatizantes no verão de 2005, Mikhail Khodorkóvski prestava, em um jaula de ferro, seu depoimento final para o tribunal que o declarara culpado por fraude e evasão fiscal ao fim de um falso julgamento que concluiu os trabalhos com a leitura pelo juiz, ao longo de nove dias, sem nenhuma expressão e com a destreza de um narrador de corridas, de uma reprodução virtual do relatório do promotor. "Isto não foi um julgamento", disse Khodorkóvski, e depois agradeceu sua mulher, Inna, por seu amor, chamando-a de "verdadeira *dekabristka*", esposa de um dezembrista.

Naquilo que pode ter sido percebido como uma zombaria, o Krêmlin ou a Lubianka (de onde, aparentemente, saíram todas as ordens relativas ao caso Khodorkóvski) retomaram o fio histórico da autorrealização heroica do magnata do petróleo, respondendo ao seu sinal com um gesto de particular crueldade. Em outubro, Khodorkóvski, sem saber para onde o levavam, foi secretamente transportado, sozinho em um vagão lacrado, para uma colônia penal em Krasnokámiensk, a quase mil quilômetros de Tchitá, a mais de seis mil quilômetros de Moscou, no extremo oriental da Buriátia. Uma semana depois, por meio de um advogado, enviou uma mensagem a seus "amigos":

Desde 16 de outubro de 2005 estou na terra dos dezembristas, condenados políticos e minas de urânio.

O Krêmlin tentou me isolar completamente do país e do povo... tentaram me destruir fisicamente... Esperam que Khodorkóvski seja logo esquecido. Tentam convencê-los, meus amigos, de que a luta acabou. Que devemos nos reconciliar com as regras dos burocratas autossuficientes da Rússia. Isto não é verdade. A luta apenas começou...

O tempo do conformismo está passando – o tempo dos heróis está chegando.

Khodorkóvski não foi esquecido. Por meio dele, um debate público que começou com os dezembristas continuou na era Pútin. Três anos depois da primeira carta de Khodorkóvski da Sibéria, a revista *Esquire* da Rússia perguntou ao escritor Grigóri Tchkhvartichvíli (também conhecido como Boris Akúnin, criador do superdetetive Erast Fandorin) quem ele mais gostaria de entrevistar. Tchkhvartichvíli respondeu, sem hesitação, que gostaria de entrevistar Khodorkóvski, cujo destino "não lhe deixava em paz". Em uma longa entrevista, conduzida por cartas, o escritor detetive e o prisioneiro político discutiram, entre outros assuntos, as razões para a prisão de Khodorkóvski; o significado de seu julgamento espetaculoso (que Tchkhvartichvíli chamou de "a mais vergonhosa página da justiça pós-soviética"); a corrupção nos mais altos escalões do poder; as atitudes de sua mulher, pais e filhos em relação à sua situação difícil; a natureza da liberdade; o peso da riqueza (afogar-se em bens); suas convicções religiosas e filosóficas ("se Deus não existe e se toda a nossa vida é apenas um instante entre o pó e o pó, então para que serve tudo? Para que servem nossos sonhos, nossos sofrimentos, nossos esforços? Para que serve o conhecimento? Para que serve o amor?"); o impacto duradouro do jugo mongol ("a partir do momento em que começou a 'marcha para o Leste', o Estado tratou a população da maneira como um ocupante trata povos conquistados"); e (com referência aos dezembristas, Herzen, Púchkin, Tchaadáiev, Sákharov e o poeta Ióssif Bródski) a pungente história do liberalismo russo.

Nenhuma pessoa pensante, disse Tchkhvartichvíli, acredita seriamente na versão oficial da queda de Khodorkóvski (de que sua companhia era um "grupo criminoso" cujo negócio era a fraude e a evasão fiscal). Teria sido ele preso porque quebrou um acordo verbal entre Pútin e os "oligarcas" de 1990, de que eles se manteriam fora da política? Teria sido (como mulheres de uma certa idade tendem a acreditar) porque Khodorkóvski era bonito demais, mais alto que Pútin e uma vez ousara apresentar-se para uma audiência presidencial sem gravata? Teria sido porque Pútin acreditava que ele planejava usar seu dinheiro para organizar uma "revolução laranja"? Ou teria sido porque, como acredita Tchkhvartichvíli, ao alcançar sua ambição de se tornar o empreendedor mais bem-sucedido da nova Rússia com a idade de quarenta anos, Khodorkóvski compreendeu que "dinheiro não traz felicidade" e decidiu devotar suas energias a ajudar a Rússia a finalmente tornar-se uma nação civilizada e competitiva – uma determinação que deu a um certo alguém motivo de ansiedade?

Tchkhvartichvíli reflete a respeito de questões relativas à justiça legal. Por que, pergunta-se, os juízes e o promotor prosseguiram com aquela farsa? Não era mais como nos dias do grande terror de Stálin, quando as pessoas no interior do sistema legal temiam por suas vidas. Não era mais como na era Brejnev, quando aqueles que não condenavam dissidentes arriscavam ir eles mesmos para a prisão ou para um hospital psiquiátrico (o *psikhuchka*). Khodorkóvski retruca que, assim como muitos da *nomenklatura* e da burocracia, o juiz e o promotor do seu caso estavam provavelmente motivados pelo *kompromat*, arquivos com "material comprometedor" com os quais indivíduos eram intimidados e coagidos à corrupção e ao conformismo. Ele preferia pensar nas centenas de indivíduos que, dizia, tinham se recusado a fornecer provas falsas contra ele e seus sócios, mesmo sob ameaça de serem perseguidos. Nomeou dois: Anatóli Pozdniakov, ex-diretor da companhia Apatíti, e Evgeni Komarov, ex-governador da região de Múrmansk, que "sob a mais severa pressão recusaram-se a agir contra suas consciências".

***

Quando Iakúchkin visitou os Volkónski em Irkutsk em 1854, achou Serguei envelhecido, mas com a saúde bastante vigorosa. (Ao contrário de Iakúchkin, Serguei Volkónski viveria o bastante para ver a libertação dos servos em 1861.) Em suas casas, eles discutiam assuntos atuais (a guerra da Crimeia contra os "cabeças-vermelhas", como eles chamavam os ingleses) e a terrível história de Piotr e Andrei Boríssov. Os irmãos dezembristas tinham se devotado à botânica e à pintura de aves da Sibéria. Naquele ano,

Piotr morrera de um ataque cardíaco e em seu pesar Andrei incendiara sua casa e se enforcara.

Chegamos quando o ensaio para um concerto vespertino estava para começar. Uma soprano franzina em um vestido de noite sintético, cílios postiços e um elaborado penteado fixado com laquê suava de nervosismo na antessala do salão principal, a pele dos ombros arrepiada pela corrente de ar que entrava com o abrir e fechar das portas. O atendente disse-nos que o museu estava fechado; quando expliquei a ele de quão longe tínhamos vindo, ele nos disse para nos apressarmos pelas salas, sem ingressos, e para garantirmos que estaríamos fora de vista antes de a audiência chegar. Talvez fosse melhor ver rapidamente as exposições cuidadosamente constituídas. A história que contavam – de uma alta cultura europeia lutando por se enraizar na fronteira da estepe asiática – floresceu sob Stálin e ainda está vividamente ativa sob Pútin. O museu tinha uma réplica do piano vienense que Maria Volkónskaia mandara trazer para a Sibéria; uma aquarela (do pintor dezembrista Nikolai Bestújev) dos Volkónski em seus aposentos na prisão-fortaleza perto de Tchitá, com poltronas de bétula no estilo do império; vitrines mostrando os manuscritos de poemas escritos para os dezembristas e por eles, incluindo saudações de Púchkin de Moscou. Vi-me olhando fixamente para o fino bordado de uma capa para cachimbo, de um cachimbo comprido em estilo oriental, que Maria Volkónskaia fizera para o marido em seus primeiros anos na Sibéria. Na sala ao lado, a soprano aquecia a voz com arpejos ascendentes. Enquanto voltava para o patamar, eu podia ouvir através da porta os compassos de abertura de "Porgi Amor", o prolongado suspiro de doloroso amor conjugal da condessa em *As bodas de Fígaro*, de Mozart.

14.
Ulan-Udé e Kiákhta

> "Nossos pensamentos são nossos,
> nenhum de seus fins nos pertence."
>
> Ator-rei, *Hamlet*

Perto do Buda Azul, sentado em postura adamantina no trono de lótus, estavam as "cinco irmãs longevas". "Aqui na Buriátia nós amamos as irmãs", disse nossa guia, Lida, ao apontar com seus óculos dobrados para as sinuosas figuras coloridas acima de nós, na parede do datsan budista. Após nossa viagem para Ivolguinsk pela estepe suja, apoiada no automóvel e fumando um cigarro Vogue, Lida nos disse com uma risada discreta que era ao mesmo tempo budista e xamanista, e que era grata a Lênin por não ter tido que viver em uma tenda.

"Os sábios e deuses da Ásia, ao contrário das soturnas figuras do Velho Testamento, eram chegados a uma ironia", escreveu o comunista francês Romain Rolland na introdução da edição da biblioteca de Mólotov dos contos de Rabindranath Tagore. Era um dos mais belamente editados entre todos os seus livros, um clássico das edições NEP, com uma gravura que mostrava um iogue e um Buda sereno na posição de lótus na capa. "A voz de Tagore é a voz do brâmane – o sorriso do Buda", escreveu Rolland. Mas as únicas palavras sublinhadas no exemplar de Mólotov, em tinta roxa vacilante, foram as palavras "nosso silêncio significou muito mais do que o que jamais dissemos".

O budismo lamaísta disseminou-se pela Mongólia e pela Sibéria a partir de exploradores russos que chegavam vindos do Oeste. Os cossacos estavam mais interessados em cobrar tributos dos nativos em peles de zibelina do que em salvar suas almas por meio de atividades missionárias e, no início do século XVIII, quando a fronteira com a China manchu foi delimitada, a maioria dos buriatas adotou o budismo, facilmente sincretizado a suas crenças xamânicas. Em 1741, o budismo foi reconhecido como religião oficial pela tsarina Isabel da Rússia (a mesma dos palácios barrocos açucarados e que logo expulsaria António Sanches do império sob suspeita de ser judeu). Em meados do século XIX havia uma grande quantidade de mosteiros por toda a estepe, com seus brilhantes templos coloridos, aqui conhecidos como datsans, erguendo-se em cores ricas na paisagem descolorida pelo sol. Os mosteiros eram locais de instrução onde os jovens eram iniciados nas "ciências interiores", assim como nas "ciências seculares" da gramática, medicina, lógica e tecnologia e nas "ciências menores": poesia, métrica, música, astrologia e dança. Quando o explorador americano George Kennan (parente distante do diplomata George F. Kennan) visitou o lamastério de Gusínoe Ózero (Lago dos Gansos), ao sul de Ulan-Udé, foi recebido pelo lama chefe, que lhe perguntou se era verdade, conforme oficiais russos lhe tinham dito, que o mundo era redondo, uma vez que esta crença contrariava os livros tibetanos.

Em 1945, quando Stálin flexibilizou as restrições às práticas religiosas, o datsan de Ivolguinsk foi definido como o único centro espiritual budista na Rússia e, até hoje, é a residência do lama Pandido Khambo, chefe dos lamas russos. Com a nova liberdade de 1991, um Instituto Budista foi aqui fundado e os noviços budistas estudam mongol antigo, inglês, etnografia e tecnologia da informação, assim com a antiga disciplina da *choira*, debate filosófico.

Dentro do Sogshin Dugan, como o templo principal é conhecido, tudo é de seda, ricamente pintado ou tingido de dourado, vermelho, amarelo e azul. Lida nos guiou pelo panteão e pelas paisagens simbólicas nas paredes: paraíso no Leste; a sílaba OM (que víramos pintadas em rochas ao longo da estrada) na esfera solar; uma taça e um rosário de crânios; e a verde Tara, a deusa da devoção, mãe dos budas e símbolo de seus atos iluminados. Em um dos cantos ficavam os Dakinis, que viajam através do espaço e guiam os praticantes budistas na direção da iluminação; são também conhecidos como "viajantes do espaço" ou "andarilhos do céu". Mais adiante ficava Dalha, o deus inimigo ou guerreiro, que cavalga um cavalo branco e é frequentemente mostrado nos templos buriatas com seus oito irmãos, pois ali é o local de culto dos Nove Irmãos de Dalha, que distribuem desigualmente a riqueza.

Depois do trem noturno de Irkutsk a Ulan-Udé, que corre para Leste pela borda meridional do lago Baikal, tomamos o café da manhã no Hotel Gesar (o melhor exemplo que eu já vira da estética sombria do privilégio comunista tardio), e então perambulamos pelas ruas da cidade na tranquila manhã de domingo. Na praça principal, um grupo de viajantes chineses perguntou-nos se permitiríamos que eles nos fotografassem em frente à cabeça maciça de Lênin, a maior representação do crânio do bolchevique em todo o mundo. Placas comemorativas nas paredes do edifício governamental "barroco vermelho" celebravam as vitórias locais do Exército Vermelho na Guerra Civil, após batalhas encarniçadas, que levaram à criação da república autônoma da Buriátia, da qual a antiga cidade-guarnição cossaca de Verkhneúdinsk era a capital. Viver sob tendas de feltro foi considerado "retrógrado", e os buriatas começaram a acorrer para Verkhneúdinsk para viver em construções. Mais "especialistas" russos chegaram durante o Primeiro Plano Quinquenal e a cidade começou a seguir o "genplan",* quando então surgiram subúrbios com prédios de apartamentos ao redor de projetos industriais. Em 1935, como parte da política soviética para as nacionalidades, baseada em princípios étnicos, o nome da cidade foi mudado para Ulan-Udé (Udá Vermelho) devido ao largo rio Udá que corre pela cidade na direção sul para desaguar no rio Selengá.

Encontramos Lida no museu etnográfico. Com o olhar vivaz e as unhas pintadas de vermelho lustroso, ela se destacava vividamente das dúzias de objetos misteriosos de culto tungu de que ela era curadora: *ongons* ou espíritos familiares, com cabelos desgrenhados e olhos brancos grosseiramente esculpidos, para os quais não restava mais nenhuma casa ou propriedade para proteger, a não ser suas caixas de vidro. Quando perguntei a Lida sobre a vida em Ulan-Udé, ela respondeu com uma risada sonora: "Ulan-Udé está adormecida. Sempre esteve, sempre estará".

No lado mais distante da praça principal, longe da mirada de Lênin, fica a cidade velha, um punhado de ruas dispostas no padrão quadrangular do século XVIII, com casas de madeira de pavimento único, arcadas comerciais e belas igrejas, hoje decadentes. Quando Kennan chegou aqui, no fim do século XIX, achou que a cidade era pouco mais que uma cidadela. Ele viera para estudar o sistema penal da Sibéria e surpreendeu-se admirando a prisão recentemente construída em Verkhneúdinsk, o que o convenceu de que o governo russo "não era totalmente indiferente aos sofrimentos dos criminosos exilados".

Kennan encontrou-se com exilados que tinham trabalhado nas minas e tido permissão para se estabelecerem em cidades siberianas miseráveis,

---

* Acrônimo russo para Instituto Geral de Planejamento de Moscou.

vivendo em simples casas de madeira, cujas histórias pareciam "fornecer uma ilustração muito instrutiva do completo desrespeito pelos direitos individuais que caracterizam o governo russo no trato com seus cidadãos que se tornam suspeitos, com ou sem razão, de inconfidência política". Considerava as entrevistas com os exilados políticos um tônico estimulante depois das enfermidades que sofrera na viagem, tendo conhecido uma senhora exilada educada na Suíça que declarou que "podemos morrer no exílio, nossos filhos podem morrer no exílio, mas no mínimo alguma coisa vai resultar disto".

Paramos na Univermag, uma loja de departamentos que ocupou um dos lados das arcadas comerciais. Em uma esquina que também vendia roupas de cama e mesa e ornamentos tungu feitos de ossos, havia uma banca que vendia material de leitura para o povo da cidade adormecida: histórias populares sobre os citas e os antigos rus; obras de teologia de Riokh e de Madame Blavátski, que era natural da Rússia; uma antologia de mestres espirituais do Oriente e um livro chamado *O segredo da Rússia*. Escolhi dois livros do filho de Akhmátova, Liev Gumilióv, e um novo livro publicado pelo Instituto de Estudos Orientais que reinterpretava a história do "barão louco", Ungern-Sternberg, que acreditava ser a reencarnação de Gengis Khan e aterrorizou essa região durante os quatro anos posteriores à queda dos Románov.

Roman Nicolaus Fiódorovitch von Ungern-Sternberg, que afirmava descender de Átila, o Huno, e dos cavaleiros medievais teutônicos que se estabeleceram no Báltico, era aos trinta anos de idade um guerreiro experiente no tempo da Revolução. Assim como Budiónni, lutara em regimentos cossacos e fora condecorado com a Cruz de São Jorge durante a Primeira Guerra Mundial. Fascinado pelos mongóis e sua paisagem, foi para Leste, para o Baikal, após a abdicação do tsar e adotou o budismo lamaísta e as práticas ocultas. Nas paisagens do império fracassado, novos regimes de bases étnicas eram imaginados. A intelectualidade buriata foi conquistada pela ideia de um reino pan-mongol. No fim de 1918, após a retirada do Exército Vermelho de Trótski, uma conferência de buriatas-mongóis foi realizada em Verkhneúdinsk, financiada pelos japoneses, visando a criação de uma Grande Mongólia, independente tanto da Rússia quanto da China. O barão Ungern, que sonhava com a recriação do império de Gengis Khan, recrutou um exército de voluntários de várias nacionalidades: buriatas, mongóis, cossacos remanescentes do derrotado Exército Branco, tártaros, japoneses e chineses. As qualificações necessárias para o recrutamento eram um casaco de peles, um cavalo e uma sela, sapatos mongol-buriatas *ítchigui* e um chapéu *papakha*.* Seus soldados eram pagos por meio de atamãs cossacos. A companhia de homens em torno de Ungern tinha a reputação de ser constituída por viciados em cocaína e alcoólatras. O uso ilimitado de narcóticos e vodca abasteceu as atrocidades espetaculares de seu exército, os estupros e as mais insanas e inimagináveis mutilações, sistematicamente direcionadas e com especial crueldade aos judeus, bolcheviques e qualquer pessoa com defeito físico. (Por acreditar na reencarnação, o barão afirmava fazer com a carnificina um favor para essas pessoas.) Viajando com seu profeta budista pessoal e setenta guarda-costas enviados pelo Dalai Lama, Ungern comandou um exército de seis mil homens na Mongólia no outono de 1920. "As tribos dos sucessores de Gengis Khan acordaram", disse ele, "ninguém pode extinguir a chama nos corações dos mongóis. Na Ásia haverá uma grande nação, desde o Pacífico até o oceano Índico e as margens do Volga… será uma vitória do espírito." Prometendo construir uma avenida de patíbulos desde a Mongólia até Moscou, declarou-se Imperador da Rússia.

A aventura do barão foi interrompida em maio do ano seguinte, quando seu exército foi cercado pelos bolcheviques perto de Kiákhta Troitskossavsk e ele foi encontrado por uma patrulha do Exército Vermelho, sozinho e ferido, contorcendo-se no pó enquanto formigas rastejavam sobre seu corpo, gritando: "Eu sou o barão Ungern-Sternberg". Um dos comandantes que enfrentaram Ungern foi o comandante da Cavalaria Vermelha Konstantin Rokossóvski, cujo cavalo morrera sob ele durante a batalha. O relatório do primeiro interrogatório de Ungern, em uma caserna em Troitskossavsk, foi imediatamente enviado ao Comissário para os Assuntos Estrangeiros, Gueórgui Tchitchérin, em Moscou, e ficou conhecido entre os acadêmicos como a "Ungerníada". Em seu segundo interrogatório, em Irkutsk, o barão novamente expôs sua crença na monarquia e na aristocracia, descrevendo o autoritário Nicolau I como o governante ideal, um tsar que entendia perfeitamente que sem o chicote o povo cai na ruína moral e física. Após um julgamento secreto em um teatro de Novonikoláievsk (hoje Novosibirsk), no qual Emilian Iaroslávski e Ivan Máiski atuaram como promotores, o barão foi fuzilado em setembro de 1921. "Por milhares de anos os Ungern deram ordens", disse o barão ao tribunal, "nunca recebemos ordens de ninguém.

---

* Chapéu de astracã.

Recuso-me a aceitar ordens da classe trabalhadora." Para Iaroslávski, Ungern simbolizava o inimigo de classe que odiava o poder soviético porque todas as suas propriedades foram distribuídas entre os camponeses. Descreveu a sentença contra o barão como uma sentença contra toda a nobreza. "A tragédia do barão Ungern", disse, "foi que ele não conseguiu equiparar seus poderes débeis com a força formidável contra a qual ele se ergueu."

Que tortura refinada fazer o barão enfrentar Emilian Iaroslávski como promotor! Um homem exatamente da mesma idade de Ungern, Iaroslávski (nascido Minei Izráilevitch Gubelman no seio de uma família de exilados políticos em Tchitá) era para o barão o pior tipo de bolchevique, um judeu de cabelos grossos que usava óculos. O criador involuntário desta picante *mise-en-scène* ideológica no teatro de Novonikoláievsk foi Mólotov, que persuadira Lênin a mandar Iaroslávski de volta para a Sibéria depois da Guerra Civil. "Claro que foi obra minha, mas não me arrependo de que ele tenha sido mandado", disse Mólotov a Tchúiev muitas décadas depois, relembrando os eventos com clareza. Iaroslávski, que participara da difícil tomada de Moscou pelos bolcheviques e fora o primeiro comissário do distrito militar de Moscou, começara a se preocupar com bagatelas, disse Mólotov: "Uma hora requisitava calças para uma pessoa, outra hora eram sapatos para outra...". Após a ordem de Lênin para que fosse para o Leste, Iaroslávski correu para o escritório de Mólotov, em frente ao que hoje é a Voentorg, gritando: "Seu carreirista! Tem mão sua em todo este assunto! Você é um intriguista!". "Do que você está me acusando?", retrucou Mólotov, "eu só quero você trabalhando em outro lugar." (O motorista de Mólotov uma vez divertiu-o ao observar como era bom que a Rússia tivesse uma Sibéria para enviar toda a escória e lixo humanos.)

Para o outro promotor, Ivan Máiski, a estepe siberiana era uma fonte de inspiração comunista. Em suas memórias, *Antes da tempestade* (escrito em Londres, foi o único livro que eu encontrei tanto na biblioteca de Sands quanto na de Mólotov), o embaixador soviético na corte de St. James lembra como, na Mongólia após a Revolução, sentiu-se transbordado pela percepção das possibilidades da Sibéria e escreveu um poema que começava: "Eu acredito no homem! A Mãe Natureza concebeu-o em paixão inspirada, como a pérola da criação, e deu-lhe razão imortal e poder sobre si mesmo...". Através da escuridão dos séculos, a humanidade marcharia em direção ao comunismo. O homem poderia mudar até o clima. "Não há limites para sua determinação imperial!"

Evguiêni Bielov, autor do livro que eu comprara na Univermag, sugere que havia muito mais coisas em jogo nas crueldades de Ungern do que as que Iaroslávski abordou em seu cru discurso acusatório marxista. Bielov assumiu uma visão "revisionista" de Ungern, tradicionalmente alcunhado de "ditador da Mongólia" e agente dos japoneses. (Como já havia dito Mólotov referindo-se a Hitler, o barão Ungern não seria um maníaco, mas um "homem idealista".) Bielov argumenta, citando cartas de Ungern a seus seguidores na Mongólia não utilizadas anteriormente, que ele não era nem um degenerado lunático nem um ditador, e que, ao contrário da afirmação do Comintern, não tinha ligações com os japoneses. Apesar de todo seu sadismo e do fracasso final, Ungern era um homem brilhante, escreveu Bielov, a quem os mongóis consideravam um verdadeiro líder nacional. O barão era um erudito. Falava várias línguas europeias e aprendeu chinês e mongol. Era familiarizado com as ciências e o conhecimento contemporâneos e podia citar à vontade escritos budistas sagrados e as Escrituras. Suas ideias eram baseadas em profundos estudos comparados de religião. Conhecia bastante bem o cristianismo e o budismo, assim como o comunismo e o judaísmo, que ele odiava por acreditar que o Talmude continha um plano para a destruição das nações e dos Estados.

Ungern dividia o mundo entre Ocidente e Oriente, raças "amarelas" e raças "brancas", fadadas ao confronto. A sagrada cultura oriental fora preservada intocada por três mil anos; daí provém seu poder sobre a cultura Ocidental, que entrara em decadência e levara à queda da aristocracia, à democracia burguesa e finalmente à revolução dos trabalhadores. Odiava banqueiros e financistas como a maior abominação entre todas. Admirava a hierarquia rígida das culturas orientais e suas concepções de superioridade racial. As frases "a luz que vem do Oriente" e "o podre Ocidente" ocorriam em quase todas as cartas que escreveu para príncipes mongóis, generais chineses monarquistas e seus agentes na Manchúria e em Pequim. "Sempre fui convicto de que devemos esperar pela luz e salvação, que só podem vir do Oriente e não dos europeus, que estão corrompidos desde a raiz." O "Reino do meio" de Ungern defenderia o Oriente contra o maligno Ocidente; e incluiria as tribos mongóis e os nômades da Sibéria e da Ásia Central, Cazaquistão e Tibete. Prometia que um dia surgiria um novo conquistador, maior do que Gengis Khan, que governaria até que "o Rei do Mundo se erguesse de sua capital subterrânea", trazendo felicidade para toda a humanidade.

***

Nas fivelas dos cintos e nos fechos das correias dos antigos hunos, figuras de cavalos selvagens eram muitas vezes encaixadas em pares retorcidos, com os pescoços entrelaçados em uma única e estreita volta do bronze. Os cavalos vivos que agora pastavam as ervas secas da bacia do rio Selengá alcançavam os ofícios uns dos outros sem a paixão estilizada dos ornamentos zoomórficos que os estudiosos caracterizaram como "barroco da estepe"; a intimidade preguiçosa do aconchego pastoril entre as árvores espinhosas foi interrompida pelo estalido de nossos passos, e os cavalos galoparam pela planície, para fora de nossas vistas.

Ficamos tentadas a nos desviar e a nos demorar na estrada para Kiákhta em direção ao Sul. Nosso motorista buriata, Protas, estava cansado de nós por sempre "vermos beleza", como ele dizia, e sempre pedirmos para encostar o carro para que eu pudesse contemplar a vista e tirar fotos, e para que minha companheira pudesse fumar e fazer rápidos esboços da paisagem; ele estava preocupado que o melhor café de estrada desse lado da Mongólia pudesse fechar antes de ele chegar ao seu prato de *pozi*, carne cozida no vapor. Logo ao Sul de Ulan-Udé, para poupar tempo, ele dirigiu com ousadia por um campo de batatas cujo solo escondia um antigo assentamento dos xiongnus; e depois, aumentando o giro do motor do Jiguli, subiu a colina árida onde os membros da realeza desse povo nômade foram enterrados com seu tesouro. Os xiongnus são hunos que cruzaram o deserto de Góbi vindos da China setentrional, há três mil anos, para expandir seu império através da estepe siberiana. Durante o terceiro século a.C., as tribos de colonos xiongnu unificaram-se sob um clã real. Comerciavam peles das florestas siberianas e metais, cobravam tributos e controlavam as rotas comerciais.

Enquanto caminhávamos por entre as pedras brutas que vedavam as tumbas vazias deste jardim selvagem dos mortos, Protas deixou uma oferenda em copeques em uma pedra xamânica ereta. O vento estava tão forte que nossas palavras quase não se propagavam. Antes de irmos embora, ele amarrou mais uma fita de plástico em um ramo do solitário "velho homem-árvore". Ela vai tremular, disse ele, junto com os outros farrapos nos galhos, e os espíritos amistosos do lugar ouvirão todos os seus anseios e desejos.

Antes da descoberta por arqueólogos russos, nos anos 1890, do esconderijo dos animais de bronze "sibério-citas" nos montes funerários ao redor de Kiákhta, aqueles hunos eram conhecidos apenas a partir de fontes escritas chinesas. Os chineses Han esperavam poder enfim amansar os rudes pastores nômades com os objetos de luxo que comercializavam. Venderam-lhes seda na esperança de que suas habilidades na sela diminuíssem se não estivessem vestidos de feltro e couro. Eles ofereciam aos xiongnus, que a eles se rendiam, roupas finas e carroças, iguarias para comer e músicas suaves. As descobertas nas tumbas da Buriátia dão suporte à afirmação de Heródoto de que os citas vieram do Leste para o Oeste através das estepes para se estabelecerem no Norte do Azov e no delta do Don.

Desde estas descobertas, o prestígio deste povo extinto cresce incessantemente. Em 1938, no auge do terror stalinista, Liev Gumilióv, com vinte e seis anos de idade, filho único de Akhmátova e de seu primeiro marido, o poeta Nikolai Gumilióv, foi preso pela segunda vez e enviado para a Sibéria. Trabalhara em expedições geográficas da Universidade de Leningrado nos montes ocidentais de Saian, como estudante, no início dos anos 1930. Trabalhou no gúlag de Norilsk como técnico em Geologia, contemplando o sistema punitivo da Antiguidade e trabalhando secretamente em uma história do povo huno.

Enquanto isto, em Leningrado, Akhmátova continuava a trabalhar secretamente em "Réquiem", ciclo de poemas que começara após a primeira prisão de seu filho em 1935, e sobre aquela perda maternal individual foi construído um monumento à angústia coletiva. O arquivo da polícia secreta sobre Liev Gumilióv foi aparentemente aberto depois que Mandelstam recitou o satírico poema anticomunista em homenagem a ele e à Akhmátova, em 1934. Foi no epigrama sobre Stálin que Mandelstam aludiu ao pescoço fino de Mólotov e chamou-o de "meia-pessoa":

Vivemos, sem sentir o país sob nossos pés.
Nossos discursos a dez passos não podem ser ouvidos,
E onde há o suficiente para um meio-orador,
Chamam de volta o montanhês do Krêmlin...
Rodeado por uma turba de chefes de pescoço fino,
Ele joga com os serviços de meias-pessoas.

Quando a monografia de Gumilióv, *Xiongnu: A Ásia central na Antiguidade*, foi publicada em 1960, Gumilióv tinha cumprido uma terceira sentença de oito anos nos campos, lutado na batalha de Berlim e parado completamente de falar com a mãe, um relacionamento torturado até a destruição pelos mecanismos do grande terror.

Fabulosas hordas citas para Heródoto e Plínio, bárbaros agressores de além da Grande Muralha para os chineses e um apêndice obscuro ao nome de Átila para a mentalidade europeia, os cavaleiros nômades da Ásia central reentraram na história, na obra de Gumilióv, como cultos habitantes de uma região geográfica distinta – um "Mediterrâneo árido" – para a qual sua arte, cultura, religião e sistemas políticos e econômicos foram sutilmente adaptados. Os hunos tornaram-se o exemplo fundamental da teoria "científica" de Gumilióv, a etnogênese, que explica a ascensão, a prosperidade e o desaparecimento dos povos com um processo "biológico". A paisagem e o clima, para Gumilióv, são elementos determinantes na formação da etnicidade; os povos são uma "antropofauna". Para Gumilióv, os fenômenos étnicos são materiais, fatos objetivos. "Não há uma única pessoa no planeta sem etnicidade", declarou. Apesar de ter ele mesmo sangue misturado – Akhmátova tinha orgulho de seu sangue tártaro e Gumilióv compartilhava as feições asiáticas dela – ele desprezava a exogamia, que ele pensava destruir a natureza e a cultura.

Em sua obra maior, *A etnogênese e a biosfera da Terra*, Gumilióv atribui a prosperidade histórica das coletividades humanas ao conceito de *passionarnost*, "passionaridade" – um neologismo para energia criativa, o "impulso antientrópico" que irrompe de um "ethnos" durante um período criativo e posteriormente reflui. A duração aproximada de um ethnos, que se "situa no limite entre a biosfera e a sociosfera", é de 1200 a 1500 anos, o que abrange o período criativo, o tempo de sua prosperidade e sua inevitável decadência. A passionaridade é um atributo biológico, "uma capacidade inata do organismo em absorver energia externa e devolvê-la sob forma de trabalho". Alexandre, o Grande, Joana D'Arc, sacerdote Avvákum e Napoleão eram grandes "passionários". A cultura pode ser enganadora, acreditava Gumilióv. Aquilo que chamamos de "prosperidade" deveria ser entendido como "dissipação", quando as pessoas usam a grande herança acumulada por seus ancestrais, o que cria uma falsa impressão de abundância. Comparações que medem os povos não europeus pela cultura europeia e falam de seu atraso ou estagnação não fazem sentido, argumenta Gumilióv, porque cada região cultural tem seu caminho próprio.

Desde sua morte em 1992 Gumilióv tornou-se uma figura cultuada. Em livrarias por toda a Rússia suas obras ocupam grandes prateleiras na seção de história. Um monumento foi erguido para ele no Cazaquistão em 2005 e uma universidade foi nomeada em sua homenagem em Astaná, a capital cazaque. A obra de Gumilióv pode ser facilmente lida como uma afirmação do grande futuro para a Rússia-Eurásia que tantos russos acreditam que a história lhes deve. Ele sugere uma identidade geopolítica baseada na herança da estepe. Argumentando insistentemente contra o eurocentrismo, Gumilióv pinta tanto a China quanto o Ocidente como agressores predatórios, e insiste que a Rússia "pode ser salva unicamente por meio do eurasianismo".

Ao ignorar as evidências históricas das devastações do khan Bati, que destruiu milhares de cidades russas no século XIII, Gumilióv nega que a presença mongol tenha sido um "jugo". (Para estudiosos como Dmítri Likhatchov, a chegada dos khans no dorso de seus cavalos por toda a estepe foi um desastre definidor da Rússia, que estivera anteriormente entre as nações europeias mais econômica e culturalmente desenvolvidas.) Gumilióv fala, em lugar disto, do frutífero caráter salvador do domínio mongol – uma simbiose entre Rus e a Horda de Ouro – que estabeleceu o primeiro estado pan-eurasiano: um modelo para os tsares russos. Para Gumilióv, o jugo "judeu-cazar" (um novo conceito que ele desenvolveu) foi muito mais deletério do que a invasão mongol, por que o "estereótipo comportamental" judeu não é compatível com os estereótipos comportamentais das etnias eurasianas. Para os discípulos deste misticismo racial, alguns deles organizados em 2001 em um "movimento sociopolítico" liderado por um esperto demagogo com boas relações com o Krêmlin chamado Aleksandr Dúguin, o eurasianismo é um bom antídoto para o "atlanticismo". Os poderes atlânticos são poderes marítimos, e a Eurásia é um poder terrestre, construído na conquista de estradas áridas, o retângulo das estepes, que é equivalente ao que é o Mediterrâneo para o Ocidente. A força geopolítica das civilizações marítimas sempre se opôs à civilização eurasiana. No âmbito da política externa, a "Eurásia" compromete-se a "apoiar as forças que agem contra o processo de 'globalização nos moldes americanos'", visando uma fusão turco-eslava e possíveis alianças com países islâmicos.

Selenguinski, situada a cem quilômetros ao Sul de Ulan-Udé, onde o bisavô africano de Púchkin, general Gannibal, uma vez protegeu as fronteiras do império, foi outrora a cidade fortificada mais importante da região. Mais tarde, Udinsk foi fortificada e tornou-se Verkhneúdinsk. No século XIX, no entanto, a mais proeminente cidade dessa região fronteiriça foi Kiákhta-Troitskossavsk. Juntos, o rio Selengá e a velha estrada para Kiákhta descrevem a longa figura de um oito, serpenteando em direção ao Sul e cruzando-se em Selenguinski, perto do Gusínoe Ózero. As características botânicas e geológicas e a sabedoria xamânica do "Lagos dos gansos" foram cuidadosamente documentadas pelo dezembrista Nikolai Bestújev em seus últimos anos de exílio na Sibéria. Após prestarem treze anos de trabalho, Bestújev e seu irmão Mikhail obtiveram permissão, nos anos 1840, para instalarem-se em Selenguinski. A casa deles permanece alta entra as choupanas de madeira da rua principal desse decrépito posto avançado, perto das brancas colunas dóricas de terracota e gesso da biblioteca local, outrora lar dos mercadores que adotaram o filho ilegítimo de Bestújev e de sua concubina buriata. As ruínas de pedra da igreja barroca em frente dão uma indicação do charme de Kiákhta, oitenta quilômetros adiante.

Nikolai Bestújev havia notado os estratos de carvão marrom ao redor do Gusínoe Ózero. Uma estação de energia, construída sob Stálin, ainda funciona depois da linha férrea, na margem norte, e envia eletricidade à Mongólia. Em *O dezembrista Nikolai Bestújev, Primeiro explorador da Sibéria* (1950), a escritora Lídia Chukóvskaia compara a escura cena industrial com a tranquilidade primordial que Bestújev experimentou quando estudava às margens do lago, um século antes, e sugere que ele se teria deliciado com um futuro medido em Planos Quinquenais. Mas Stálin ainda vivia quando suas monografias inócuas sobre as atividades dos dezembristas exilados apareceram sob o selo da Editora Estatal de Literatura Geográfica. Citar Lênin e louvar a coletivização deve ter sido um preço pequeno a ser pago pela liberdade de descrever a energia civilizatória, a manifesta *passionaridade* que sustentou os dezembristas naquele lugar alienígena. *Sofia Petrovna*, a novela que ela escrevera em 1939 sobre uma mãe que perdeu seu filho em um gúlag, ainda estava trancada na gaveta da escrivaninha da futura dissidente, e os versos de "Réquiem", que ela memorizou para sua amiga Akhmátova antes que o manuscrito fosse queimado, segredados em sua mente. Décadas mais tarde, quando pôde contar a história, Chukóvskaia escreveu:

> Subitamente, no meio de uma conversa, ela ficava em silêncio, dirigia seu olhar para o teto e para as paredes, pegava um pedaço de papel e um lápis; então dizia em voz alta algo deveras mundano... cobria o papel com uma escrita apressada e me entregava. Eu lia os poemas e, após memorizá-los, devolvia-os em silêncio... e então ela queimava o papel...

Os estudos de Chukóvskaia sobre os dezembristas (como o livro de Iakúchkin que herdei de Sands) foram publicados quando Liev Gumilióv, filho de sua amada amiga, estava de volta ao gúlag. Aqueles livros eram uma espécie de escrita secreta, uma escrita com fundo falso e gavetas secretas do tipo que Akhmátova alude em "Poema sem herói". Escrever sobre o tsar Nicolau I e sobre os dezembristas, mesmo que em frases emparedadas entre citações piedosas de Lênin, era escrever sobre a tirania e a esperança por justiça e liberdade política. Se Stálin, Mólotov e Vichínski podiam empregar palavras como "democracia" e "humanismo", como faziam, então Chukóvskaia também podia fazê-lo. Seu pequeno livro sobre *Passado e pensamentos*, de Herzen, que apareceu quinze anos depois, tinha o mesmo páthos. Ela fala quão difícil fora o amigo de Herzen, Granóvski, ter-se atido à sua crença em uma vida após a morte e não se ter tornado um verdadeiro materialista. Em firmes exclamações a lápis, Sands corrigiu pedantemente a distância atribuída por Chukóvskaia entre Primrose Hill e o centro de Londres, e objetou que a cerimônia no Krêmlin em que Chukóvskaia afirma que Nicolau I e seus padres agradeceram a Deus pelo enforcamento dos cinco dezembristas na verdade fora uma cerimônia de agradecimento pela preservação da vida do tsar. A dissidência de Chukóvskaia ainda estava dissimulada em 1950. Em seus aposentos em Cambridge, Sands não podia saber que quando ela escrevia sobre as crueldades do Krêmlin ela escrevia em código. Havia armadilhas em cada página daquele livro. Quem sabe havia mais amor do que desprezo no pedantismo dele. E Chukóvskaia teria adorado saber que seu pequeno livro viajaria para tão longe, que um catedrático em Cambridge corrigiria sua geografia de Londres, uma cidade que ela jamais veria.

Chukóvskaia conta como, apesar da vigilância da polícia, Bestújev e seus amigos conspiradores instituíram escolas camponesas, compilaram dicionários de buriata, pintaram os raros pássaros e borboletas das estepes, construíram estufas para melões e pepinos chineses e semearam batatas, aspargos e couve-rábano, em uma terra que conhecia apenas cebolas e repolhos. Eles coletavam espécimes, desidratavam plantas, insetos, flores e empalhavam aves, para depois enviá-los aos jardins botânicos e à Sociedade Naturalista de Moscou. Sentados, em vestimentas rasgadas de seda, com os dedos ressequidos, os irmãos Borísssov pintavam orquídeas e vênus papa-moscas. Em meados do século XIX, assim como em meados do século XX, o conhecimento histórico e geográfico da Sibéria foi enriquecido pelas atenções de intelectos tiranizados. As cartas e memórias dos dezembristas compõem um poema de amor à Sibéria único, escreve Chukóvskaia. Sob suas penas, aquelas terras inóspitas tornam-se ricas e frutíferas, cheias de promessas.

Liev Gumilióv estava sensibilizado pela ideia de que a natureza "aguarda pelo fenecimento das coisas (da tecnosfera)", à espera de recuperar o material que foi dela roubado pela humanidade. A grama da estepe, a contorcida grama cujo nome Kiákhta deve o seu, que se alonga em toda as direções até o horizonte, faz a "tecnosfera" parecer trivial, destinada a ser superada. No entanto, a humanidade é tenaz e tende a preservar as coisas que faz. Nikolai Bestújev escreveu da Sibéria para sua família em São Petersburgo, pedindo por tintas. Pediu por "lago" e "azul da Prússia" de uma loja específica na esquina das ruas Gorókhovaia e Bolchaia Morskaia, lembrando-se precisamente de quantas cores cabiam em uma caixa. Os mais de setenta retratos em aquarela que Bestújev pintou dos dezembristas em Tchitá têm sido discutidos na Rússia desde os anos 1860. "Pergunte pelos desenhos", escreveu Tolstói em seu caderno de notas quando concebia o romance *Os dezembristas*, que evoluiu para *Guerra e Paz*. Em 1921, quando a família que os mantivera deixou a Rússia, a obra de Bestújev desapareceu. Em 1945, as aquarelas foram rastreadas por um acadêmico chamado Zilbershtein até a casa de uma família camponesa de velhos crentes a cuja guarda foram confiadas em Kúntsevo. Espalhados em uma colcha de veludo sob uma luminária, não muito distante das datchas de Stálin e Mólotov, ali estavam os retratos feitos por Bestújev de seus amigos: Maria Volkónskaia com o rosto apoiado na mão, não muito depois de passar uma noite com Púchkin em um salão da rua Tverskáia, as torres de guarda e as paredes de troncos das fortalezas de Tchitá nas janelas atrás dela. Depois de vinte anos de buscas, Zilbershtein declarou ter sido este o melhor dia de sua vida. Foi um momento espiritual, disse, quando tocou o passado.

Os últimos quilômetros na direção de Kiákhta conduziram a uma colina arenosa, através de florestas perenes. O solo da floresta estava cheio de festivas *barguznik*, a rosada flor esférica que cresce entre os pinheiros. Os Bestújev gostavam de dirigir por essa estrada na direção oposta. Embora fossem sempre hóspedes respeitados entre os magnatas liberais e os boas-vidas dessa cidade de estupenda e passageira prosperidade, os exilados a viam como uma "Babilônia em miniatura": barulhenta, sofisticada e exaustiva. Depois do champanhe e dos fogos de artifício, dos bailes de caridade com os *bon-vivants* do Clube dos Mercadores e das noites literárias nos salões dos milionários, Mikhail Bestújev ficou aliviado por retornar à "abençoada Selenguinski". Nikolai visitava Kiákhta quando era chamado: para pintar retratos dos barões do chá e suas esposas, ajudar o jornal local, restaurar ícones italianos na catedral e participar de dramaturgia amadora nas noites de verão no parque.

Antes da abertura do canal de Suez, a maior parte do chá que a Europa aprendera a desejar chegava aqui vinda de Kalgan, na China, para ser vendida por atacadistas russos. A maior rival de Kiákhta no comércio do chá era a Companhia das Índias Orientais; e enquanto a Inglaterra lutava contra a China na Guerra do Ópio nas décadas de 1830 a 1850, a fortuna da cidade decolou. Até a Inglaterra bebia o chá de Kiákhta. No início, o chá era trocado por peles de lince e de zibelina ou por tecidos de lã prussiana em sofisticadas embalagens russas; depois, nos anos 1850, para lucro espetacular dos mercadores de Kiákhta – mestres em todo tipo de contrabando e fraude envolvendo notas promissórias e *assignats* –,* o Estado suspendeu as restrições à exportação de moedas de ouro e prata. Agora, carroças marcadas com "zibelina" não precisariam mais cruzar a fronteira com fundos falsos recheados de ouro e prata, com os dignitários se perguntando por que pareciam tão pesadas.

Literatura contrabandeada fluía igualmente através de Kiákhta. Os dezembristas podiam contrabandear para fora seus escritos, e os mercadores e funcionários públicos que vinham para a Rússia através da China traziam cópias da revista antiautocrática *O sino*, de Herzen, transportada desde Londres. No fim do século ainda havia surpresas para os viajantes nas lojas de livros usados de Kiákhta. Encontrar um número de *All the Year Round* de Charles Dickens, durante uma tarde de procura, era o único prazer de George Kennan nesta parte da Buriátia, onde se queixava de que "pouco sono, comida insuficiente e revolta constante" deixavam-no incapaz de usufruir do que quer que fosse.

Cruzar a fronteira em Kiákhta, disse Kennan, é como voar em um tapete mágico nas *Mil e uma noites*: em um momento você está na Rússia, e em seguida você passa por uma cortina para dentro do império chinês. Em Maimachan, a cidade logo após a fronteira, as minúsculas casas têm dragões e esferas douradas nos telhados, mercadores com barbas compridas e finas caminham com túnicas de seda bordada e o ar cheira fortemente a alho e tabaco chinês. Os mercadores chineses e russos compartilham sua

---

* Concessões.

própria linguagem comercial, cheia de palavras influenciadas pelo inglês, como pakgaus, "packing house".

O Museu de Kiákhta está cheio de natureza transformada em artefatos, o "domínio da matéria morta pelo homem vivo", relembrando a frase de Marx. Um mostruário após o outro de pássaros empalhados e borboletas: cotovias da Mongólia e curiangos com olhos de vidro e penas empoeiradas, e uma parede de vistosas borboletas da América do Sul, todas elas, disse-nos a guia do museu com orgulho, trocadas com um museu de Buenos Aires por um único, "um único!" espécime buriata, uma borboleta marrom insípida chamada *Fedra*. Nas paredes havia uma série de pássaros canoros desenhados pelos neuróticos irmãos Boríssov (homens destruídos pela polícia secreta do tsar, escreveu Chukóvskaia) que, insistiu a guia tirando o xale de renda e levantando-se para guiar-nos ao redor das vitrines, capturaram "tão perfeitamente" a *manera*, o jeito, de cada pássaro: o régulo, o dom-fafe e a estrelinha, "como uma linda mulher" exibindo suas plumas da cauda, olhando para o espectador com a cabeça inclinada em um ângulo coquete. Na sala seguinte havia mais artefatos exumados da estepe pelo arqueólogo Y. D. Talko-Grintsevitch nos anos 1890, peças de metal forjadas pelos antigos hunos, que a "tecnosfera" não devolveria ao silêncio da natureza. Éramos os primeiros visitantes depois de um longo tempo, suspirou a guia. Os únicos forasteiros que tinham vindo a Kiákhta eram grupos de observadores de pássaros, disse, que vieram para acompanhar as migrações.

O canal de Suez já tinha escoado muito do comércio de Kiákhta quando a ferrovia transiberiana foi desviada trinta quilômetros mais para o Oeste nos anos 1890. Os últimos mercadores se mudaram, deixando suas mansões e clubes para a instruída sociedade de orientalistas que colonizara a cidade. As antiguidades hunas que os arqueólogos descobriram nas areias da estepe podem ser a mais pura expressão da "passionaridade" eurasiana, mas o museu de Kiákhta, que foi fundado para preservá-las – a última instituição viável nesta bela cidade morta – é o produto criativo do dinheiro de comerciantes, que mistura e dispersa pessoas – a antropofauna de Gumilióv – sem consideração. As pessoas são também dispersas pela força e pelo movimento das ideias, como as ideias que levaram um judeu bolchevique e um barão protonazista a se enfrentarem em um teatro na Sibéria. A história não se move para frente. Não se move em linha reta ou em círculo, mas em um arabesco que nem sempre é um belo traçado.

Nada de fotos na fronteira, disse Protas. Assim, tirei uma da catedral, com prostitutas oxigenadas e soldados buriatas negociando em seus degraus rachados. Depois virei-me para a fronteira a apertei o obturador com a câmera em meu peito; os caminhões carregados no posto de controle saíram no ângulo, deslizando em direção a uma minivan da Procter & Gamble, um quiosque de vodca e uma estátua prateada de Lênin. Ele parou nos portões da precária fábrica de tricô que hoje ocupa o lugar da grande casa neoclássica de embalagens na qual o chá chinês foi outrora classificado e empacotado em sacos de pele.

Epílogo

"Quero que alguém me dê de presente um dia
inteiro só para mim...

*Escreva-me sobre Moscou no verão. Minha coisa
favorita, ao ponto de uma paixão.*"

Marina Tsvetáieva, carta a Boris Pasternak, 1 de
julho de 1926

Estou cansada da sala de leitura. Lá fora faz calor, e posso ver as torres do
Krêmlin pelas janelas laterais empoeiradas. O céu está um verdadeiro azul
bizantino, feito para o brilho das cúpulas douradas. Aberta diante de mim
está a hagiografia da pseudobióloga stalinista Olga Lepechínskaia, de 1953.
"Não era uma cidade como esta que assomava diante dos visionários do passado, quando sonhavam com o futuro da humanidade?", começa a merce-
nária escritora do Partido, imaginando uma Lepechínskaia sempre jovem
graças a seus banhos diários de água carbonatada, de pé na varanda de uma
casa no cais, do outro lado do rio Moscou. Ela vê "as torres e as cúpulas, as
graciosas colunas, as cornijas em ogiva, os edifícios coroados por torreões
e pináculos tal como um requintado estatuário... encantos criados por milhões de mãos humanas", e assim por diante. Em um dia de verão como
este, senti-me ridícula ao ler estas viciosas e justamente esquecidas fraudes.

Dostoiévski estava certo quando observou em suas notas, em Londres,
que o que o viajante almeja é uma visão da cidade bem do alto. Na sátira
menipeia, na qual o teórico literário soviético Mikhail Bakhtin via uma
precursora da ficção de Dostoiévski, há exemplos de observação da vida
de uma cidade de uma grande altura. E se fosse possível enxergar dentro
de cada cômodo por alguns segundos, para tentar desvendar onde a história está sendo feita? A maior parte do que acontece não é visto, e dificilmente algo é anotado.

"Gostaria de ter lido todos os seus nomes", lamentou-se Akhmátova, em
"Réquiem", referindo-se aos milhares de vítimas de Stálin e de seus homens:

mas eles levaram a lista embora e não há nenhum lugar onde se possa achá-la.
Para eles teci um grosso manto
com as pobres palavras que entreouvi.

Quando Chalámov estava no permafrost natural de Kolimá e olhou para os corpos das vítimas de 1938 sendo arrastados para dentro de valas comuns por um buldôzer americano, teve uma revelação sobre a arquitetura de Moscou. Os edifícios altos de Moscou são como torres de observação, vigiando os prisioneiros da cidade, escreveu em "Lend-Lease". O que veio primeiro, perguntou-se, as torres do Krêmlin ou as torres de observação? As torres de observação da área do gúlag eram, decidiu, o símbolo arquitetônico – a ideia principal – de seu tempo.

O velho elfo de cabelo eriçado veio novamente para o meu lado da mesa. Desde o dia em que chamou minha atenção na fila para a chapelaria, na primavera passada, ele considera que temos um entendimento especial e a qualquer momento vai me lançar um olhar malicioso e fazer uma mesura. "*Kto piérrrvii?*" – Quem é o prrrimeirrro?, perguntou o homem da chapelaria, que adora observar qualquer tipo de posição social, pois é algo que vai além da economia monetária que o deixara para trás. Na minha frente, uma senhora em um vestido vermelho aveludado com um longo rosário de miçangas de plástico dourado e um colar de lamê ajustou seu largo cinto vermelho. Usava tênis vermelhos combinando, e seu cabelo estava pintado de alaranjado. Tinha vindo para a biblioteca para ler. Em uma cidade inebriada pela moda, esta biblioteca é um carnaval de anacronismo. Eu olhava a imagem do candidato do Partido Comunista da Federação Russa, Ziugánov – que usava um terno elegante, exatamente como todos os outros candidatos –, que o homem da chapelaria pendurara no pilar de mármore entra as fileiras de casacos. Um senhor de idade, que tinha uma medalhinha espetada no sujo nó da gravata, penteava o ralo cabelo branco de suas estranhas madeixas e, enquanto guardava o pequeno pente de plástico de volta no bolso, disse: "Para que serve votar em qualquer um deles? Não é uma eleição de verdade", e enquanto eu ainda estava aquiescendo, ele acrescentou "Gorbachov, Bória, Pútin, são tão pequenos e insignificantes quanto qualquer outro. Nunca mais tivemos um líder de verdade como Stálin". O que faz aqui um homem como este, todos os dias com suas pilhas de livros e prospectos? Nunca tive a oportunidade de espiar em sua mesa o que ele pedia, porque ele sempre estava nela ou podia aparecer ao lado de repente, vindo não sei de onde.

Saio para dar uma volta. No bolso da minha jaqueta tenho a pesada chave de metal de nosso apartamento no nº 3. Em algumas semanas vamos devolvê-la a Aleksandr Aleksándrovitch e fechar a porta. Ele está pensando em vendê-lo. O apartamento do quarto andar está à venda por milhões. Foi anunciado como o "apartamento do general Rokossóvski". Os agentes imobiliários acreditam que a conexão com o herói soviético adicionará meio milhão de dólares ao valor, mas a família de Rokossóvski afirma achar esta abordagem vulgar, porque memória não tem preço. Rokossóvski conheceu sua mulher em Kiákhta, depois de combater o barão Ungern; era a filha de um oficial local que inicialmente se opusera à contenda. O general foi preso em 1937 e torturado por semanas em uma prisão de Leningrado. Foi libertado em 1940 e, após serviços relevantes na Guerra Patriótica, mudou-se para o apartamento 63.

Fiquei de pé sobre as lajes de granito do pavimento embaixo de Dostoiévski. Ele está de costas para a biblioteca. Este mausoléu do pensamento lembra muito um edifício do Terceiro Reich: um lugar adequado para o repouso de Hitler, um lugar estranho para uma estátua de Dostoiévski. Como disse uma vez Likhatchov, quando houve uma discussão sobre o monumento a Dostoiévski, "não existem heróis positivos em Dostoiévski". Mas Mólotov considerava que a própria Rússia era o herói positivo de Dostoiévski, e que a "missão divina" da Rússia na história era algo sobre o que o escritor estava certo. Era algo que Stálin também compreendia, disse Mólotov: "o grande destino histórico e a missão inevitável do povo russo – o destino sobre o qual Dostoiévski escreveu: o coração da Rússia, mais do que o de qualquer outra nação, está destinado a ser universal, ela é a abrangente e a humanitária nação das nações".

Desci para cá novamente, uma noite antes das eleições presidenciais, e havia um comboio de ônibus Icarus vindo da esquina sob escolta policial, ônibus sujos com a palavra *Diéti* – "crianças" – escrita em suas janelas. Na manhã seguinte, as crianças, que tinham vindo de ônibus para Moscou provenientes de escolas e institutos das províncias, apareceram trajando jaquetas de beisebol idênticas com a palavra "*nachi*" – "nosso" – e balançando cartazes em apoio a Pútin e ao Partido da União Russa. Permaneceram na praça o tempo suficiente para ser filmadas pelos telejornais vespertinos, e então voltaram a seus ônibus para ser conduzidas para fora da cidade.

Acima, eretas no alto das cornijas do edifício, estão as estátuas heroicas de corpos hipertrofiados, com suas belas cabeças debruçadas sobre livros. Abaixo delas, em baixo-relevo na parede lateral da biblioteca, ficam as faces em granito e mármore preto atrás das quais estão as maiores mentes da humanidade: Platão, Darwin, Copérnico e, por último, os russos Dmítri Mendeléiev e Ivan Pávlov. Esta biblioteca na verdade são muitas bibliotecas. A biblioteca de Nikolai Fiódorov, que acreditava que um dia ressuscitaríamos todos os corpos e todos os pensamentos das vibrações moleculares nas profundezas secretas da matéria, a começar pela poeira dos livros. A biblioteca de Vladímir Niévski, que acreditava que a educação pública seria o fundamento do grande futuro comunista. E havia a biblioteca do bibliopsicólogo Nikolai Rúbakin, pioneiro da "psicologia da leitura", que usava a terapia da leitura para promover a saúde mental. Como estava lendo livros publicados em meados dos anos 1930 – Vichínski e Otto Schmidt – eu continuava encontrando o ex-libris de Rúbakin, que exibia as palavras "Verdade e Justiça" no centro de uma sala ladeada de livros, inundada pela luz solar.

Marina Tsvetáieva tinha orgulho do fato de que seu pai, Ivan Tsvetaiev, um dos maiores historiadores da cidade de Moscou bem como fundador e curador do Museu Púchkin de Belas Artes, tinha legado para o Museu Rumiántsev todos os livros restantes de sua vasta biblioteca. Sua mãe também "doara a biblioteca de seu pai e a sua para o museu. Assim, dos Tsvetaiev, Moscou recebeu três bibliotecas". "Eu doaria a minha própria", acrescentou, "se não tivesse sido forçada a vendê-la durante os anos da Revolução." Ela se lembra de uma estante em seu lar de infância, não longe daqui, subindo a Arbat a partir da travessa Sívtsev Vrájek, em uma casa que não está mais lá. "No segundo gabinete vivia o explorador que nos conduziu para o fundo dos matagais do bem e do mal, para aquele lugar onde eles estão inescapavelmente entrelaçados e, em seu entrelaçamento, dão forma à vida real." Tsvetáieva sabia, em 1912, que nada da realidade de sua infância permaneceria, e escreveu curtos poemas líricos que os críticos consideraram íntimos e domésticos demais, nos quais contemplava sua mãe, sua irmã, seu lar e as ruas de Moscou. "As pequenas casas da velha Moscou... desparecem das modestas vielas... Pequenas casas, tal qual palácios de gelo, onde espelhos sobem até os tetos pintados... estas casas, com seus retratos e clavicórdios, estão sendo substituídas por prédios de seis andares, por que é o 'direito' de seus 'proprietários'." Tsvetáieva reivindica seu direito de memorizá-las com uma nostalgia que, cinco anos após escrevê--las, tornar-se-ia perturbadora e poderosa, proibida. Sua segunda coletânea de poemas, *Lanterna mágica*, na qual estes versos foram publicados, não foi muito apreciada pelos críticos. Ela dedicou o livro a seu marido, Serguei Efron, que lutaria pelos Brancos, espionaria para a NKVD e seria levado da Lubianka, quando os alemães se aproximavam de Moscou em 1941, em um caminhão marcado com "carne" ou "pão", para ser fuzilado. "Tudo será um lampejo de apenas um minuto", escreveu em uma epígrafe, "o cavaleiro e o pajem, o feiticeiro e o tsar... Chega de cogitações! No fim das contas, o livro de uma mulher é apenas uma lanterna mágica!"

Desço os traiçoeiros degraus de granito da passagem subterrânea que em uma direção conduzem ao Jardim de Alexandre e, na outra, descem até o metrô, e pela qual pode-se atravessar por baixo a Vozdvíjenka e sair ao lado do velho hotel Peterhof, a quarta casa dos sovietes, onde um dia o presidente Kalínin manteve seu escritório. Hoje, metade do edifício pertence à Duma e a outra parte é um complexo luminoso de escritórios para contadores e advogados internacionais. Uma porta de metal baixa abre-se dentro da passagem subterrânea, logo depois de um homem ajoelhado com seus livros. Esta foi a primeira vez que eu reparei na porta. Por ela posso ver as obras do metrô: passarelas, fios grossos que serpenteiam infinitamente, lâmpadas, escadas metálicas e trilhos, todo um mundo subterrâneo. O vendedor de livros está novamente aqui. Ele desceu com sua bolsa cheia de livros que colocou sobre uma toalha de plástico suja entre excrementos de pombos e manchas de cuspe, sobre o piso arenosodo subterrâneo. O que ele trouxe para mim hoje? Algo curioso. Um pequeno folheto com as bordas amareladas: o discurso de Stálin "Sobre o materialismo histórico e dialético" e outros tesouros ainda mais antigos: um livro sobre *Canções da prisão e do exílio* publicado em 1930, canções que os velhos bolcheviques usavam para manter a moral elevada durante os longos anos na Sibéria, antes de alcançarem o seu reinado. E ainda outra curiosidade: uma polêmica de 1899, encapada com papel pardo, do grande zoólogo Timiriázev, chamada "O frágil despeito do antidarwinismo", uma polêmica contra o eslavófilo conservador Nikolai Strákhov, autor de *A luta contra o Ocidente na literatura russa*, aliado do Appolon Grigóriev de Sands, um dos únicos amigos próximos de Tolstói e biógrafo de Dostoiévski, com quem ele manteve uma amizade rancorosa. (Foi Strákhov quem repassou a Tolstói, em uma carta, o arrepiante boato sobre Dostoiévski "e uma menina em uma *bánia*".) O título do folheto de Timiriázev, aqui embaixo no subterrâneo, com uma mancha roxa na extremidade de sua embalagem de papel pardo feita por um dos proprietários anteriores, ainda guarda a fragrante fúria intelectual com a qual foi escrito. Por que eu o estou comprando? Talvez nunca o leia. Padre Mien dizia que os livros o procuravam, tal como parentes e amigos o faziam nas proximidades de seu aniversário. Eu tinha muitos livros estranhos e seria melhor trazê-los aqui para vendê-los, mas não abandonarei Timiriázev na toalha de plástico, entre alcoólatras e músicos adolescentes desinibidos em busca de óbolos. Seu destino é voltar para Cambridge em minha mala. Timiriázev viveu em frente ao nº 3, em uma pequena casa isolada atrás da Casa do Professor onde, até ela ser encapada para *remont*, seu livro *A vida das plantas* ficava aberto sobre a mesa na página sobre clorofila.

Enquanto me encaminhava para a biblioteca naquela manhã, equipes cinematográficas tinham acabado de sair pelo portão de trás da Casa do Professor, após saírem do Hospital do Krêmlin onde Polina Jemtchújina ficou internada para morrer de câncer e fora visitada todos os dias pelo amoroso Mólotov. Como fazia calor, as janelas do hospital estavam abertas, a mesma fileira de janelas que outrora foram as janelas do jovem conde Serguei Cheremiétiev. Uma jovem médica de jaleco branco olhava para fora. O palácio era agora o prédio mais deteriorado da rua. Perguntei-me quando a casa seria reformada. Os armários envidraçados atrás dela, no quarto, logo seriam descartados e substituídos por algum sistema de armazenamento importado, branco e cromado. No pátio, quase esbarrei no artista que, de acordo com as babás ali presentes, arranjara outra mulher, ainda mais jovem. Trajava roupas de verão: sapatos de couro de crocodilo, uma camisa vermelha e uma jaqueta Burberry xadrez, longos cabelos revoltos, olhar maníaco. Na semana anterior ouvira a *komendantka* chamá-lo de *kótik*, que significa "gatinho". O artista é rico e famoso, mas aparenta estar sempre assustado e perdido.

O sol brilhava sobre a placa de Dmítri Manuílski, e por um instante projetou-a espelhada no pavimento. As câmeras tinham registrado outra tomada de um momento histórico: uma cruz dourada acabava de ser montada na mais alta cúpula da parcialmente restaurada Igreja do Sinal, que por muito tempo deteriorava-se como cozinha do hospital. A igreja barroca fora inspecionada pelo novo regime em 1920. Suas relíquias foram retiradas em 1922, uma grande quantidade de prata foi transportada para o arsenal do Krêmlin. A igreja foi fechada em 1929, e a proposta de transformá-la em uma praça de esportes para estudantes universitários foi abandonada em favor de um projeto para fazer dela a cozinha do Hospital do Krêmlin. Hoje, o prefeito assistiu à cerimônia com os mais altos eclesiásticos da igreja ortodoxa, que desfilaram pela Románov, à luz do sol, rindo e gracejando em suas barbas compridas e cruzes pesadas que desciam até o meio do peito.

"Não precisamos de igrejas no centro de Moscou", disse Mólotov quando interrogado sobre a demolição da Catedral do Cristo Salvador, "está errado." "É difícil mudar os deuses das pessoas", disse Chátov ao assassino especialista em lavagens cerebrais Stavróguin em Os *demônios*, de Dostoiévski, quando discutiam a ideia eslavófila de a Rússia ser a única nação "divinizada" do mundo. O Padre Mien chamava a era stalinista de "a noite polar" da história russa. Via o stalinismo como um fenômeno religioso, que "direcionou os impulsos atávicos e espirituais do povo para uma causa única, fez da figura do líder a 'medida de todas as coisas', deu-lhe atributos divinos e um poder ilimitado". "Você alguma vez sonhou com ele?", perguntou Félix Tchúiev ao idoso Mólotov. Sonhara. "Eu estava em algum tipo de cidade destruída, e não conseguia achar a saída", replicou Mólotov; "e então encontrei-o." O sonho parece ter sido o mais próximo que ele chegou de uma real compreensão de seu papel na história. Em algum recôndito profundo de sua terrível mente, Mólotov percebia que o que ele e Stálin fizeram tinha algo a ver com destruição. A vida onírica é parte da vida de uma cidade. No entanto, embora a vida seja como um sonho, não é um sonho. Nas masmorras do mundo não estamos sozinhos.

Nos anos 1960, quando Mólotov e Khruschóv viviam ambos no nº 3, Polina Jemtchújina encontrou Khruschóv na rua. (Khruschóv assumira a datcha de Mólotov tão logo Mólotov fora expulso do Partido e, como lembrou a filha de Stálin, Allilúieva, plantava milho no lugar das magníficas roseiras que Mólotov cultivara em seus amplos jardins.) Jemtchújina implorou-lhe para que Mólotov fosse readmitido no Partido. Em vez disto, Khruschóv levou-a para ver as listas nos arquivos em que seu marido escrevera "para ser fuzilado" ao lado dos nomes de seus velhos camaradas e esposas, inclusive do chefe do Partido na Ucrânia, Stanislav Kossior e de sua mulher, que também tinham vivido no nº 3. Tchúiev recordou-se do corpo de Mólotov no ataúde, sua cabeça balançando no pescoço enrugado enquanto o esquife era carregado. Em nenhuma das imagens de Mólotov que eu já tenha visto seu pescoço parece fino ou sua cabeça pequena, como Nadiéjda Mandelstam dissera; embora eu admita que aquelas feições amplas e os olhos penetrantes e satisfeitos possam lembrar os de um gato lustroso.

Do outro lado da Mokhovaia, na entrada de serviço do Manej reformado, caixas estão sendo descarregadas de uma camionete com placa estrangeira.

Mais tarde, nesta semana, a Feira de Belas Artes de Moscou será inaugurada no Manej, repleta de velhos mestres, Picassos e diamantes imaculados trazidos a Moscou por *marchands* de Genebra e Nova York. Esta grande "casa de exposições" perto do Krêmlin foi construída para comemorar o quinto aniversário da vitória russa sobre o Grande Exército de Napoleão, que entrara em Moscou em 1812 para encontrar a cidade destruída pelo fogo. Desde a Revolução até a morte de Stálin, o elegante edifício no estilo do império foi usado como estacionamento para veículos do governo. Poucos anos atrás, na noite de março da segunda eleição de Pútin para a presidência, o Manej pegou fogo. (Ninguém pensou que a catástrofe fora acidental. O prefeito, Iúri Lujkov, elaborou planos de reforma – total, com três pavimentos e um estacionamento subterrâneo – logo na manhã seguinte.) O vento carregou fragmentos flamejantes das vigas do telhado do Manej por cima da Mokhovaia, dos edifícios da universidade e do Hospital do Krêmlin até a Románov, onde caíam no asfalto, em chamas que se extinguiam até virar cinzas, debaixo da nossa janela.

Caminho até depois da Casa de Esquina, pela Vozdvíjenka e ao longo da passarela de madeira sob os andaimes. A Loja Militar de Departamentos foi demolida dois anos atrás, e um novo edifício ergue-se em seu lugar. O prefeito Lujkov prometeu que será uma réplica da Voentorg, que os moscovitas vieram a amar (eles terminam por amar todos os edifícios da cidade), mas ninguém acredita nele. Lujkov obedece a seu próprio gosto, que ele chama de "imperial". O novo edifício ainda está envolto em seu vasto sudário verde, agora em farrapos. Vão cobrir a fachada com granito polido, favorito dos planejadores da cidade porque mostra opulência. Os rostos dos trabalhadores da Ásia central, agachados no alto dos andaimes, fitam os pedestres abaixo. O som de nossos saltos é amplificado; esgueiramo-nos uns entre os outros sem sorrir.

Lufadas de ar quente sopram a areia do canteiro de obras em minhas pernas. Na esquina da rua Povarskaia, logo depois da igreja onde o conde Nikolai e Praskóvia se casaram, há um anúncio enorme de uma joalheria italiana, que pergunta: "Qual é o segredo do luxo?". Algumas semanas antes este *outdoor* dizia "Moscou, vote em Pútin!", mas o regime é pragmático no que diz respeito à propaganda: negócios em primeiro lugar. No hotel Moskvá, antes da eleição presidencial, durante alguns dias havia uma imagem gigantesca de Pútin com seu herdeiro escolhido, Dmítri Medviédev, vestindo *bomber jackets* de couro. Assim que terminou a eleição-espetáculo, foi fixado um anúncio da Rolex que mostrava uma áspera mão masculina com um belo relógio de ouro no pulso, acima do *slogan*: "Todo o poder em suas mãos".

Na esquina do Anel de Bulevares, camponesas idosas vendem ramalhetes de peônias cor-de-rosa em baldes de plástico. Caminho pelos bulevares Nikítski e Tverskoi em direção à praça Púchkin, depois da casa onde Herzen nasceu, na qual Óssip e Nadejda Mandelstam moraram no início dos anos 1920 e novamente no início dos anos 1930, antes da primeira prisão do poeta. No discurso no Clube dos Nobres na inauguração da estátua de Púchkin, que hoje está na praça Púchkin, Dostoiévski disse, a uma nação aterrorizada por bombas terroristas, que a Rússia salvaria o mundo. Ivan Turguêniev, que (assim como o historiador Granóvski) tinha sido minuciosamente satirizado em *Os demônios* como um escritor europeu pomposo e narcisista, olhara para os "pequenos olhos maldosos" de Dostoiévski e ficara maravilhado com seu brilho perigoso. No entanto, apenas a imaginação do escritor de *Os demônios* poderia assimilar o que aconteceria no edifício do Clube dos Nobres (reformado com motivos florais pelo arquiteto Meisner) menos de sessenta anos depois: os julgamentos espetaculosos dos velhos bolcheviques, com Vichínski clamando pelo sangue de seus torturados camaradas de olhares esgazeados, e Karl Radek, a testemunha estrela, brincando sarcasticamente com as mentiras escritas a seu respeito pelos interrogadores da Lubianka: "Sem nenhum motivo, apenas pelos belos olhos de Trótski – o país voltará ao capitalismo".

Tsvetáieva amava a estátua de Púchkin por seu negror férreo. Ela chamava o monumento ao poeta nacional russo, que tinha um bisavô africano, de monumento contra o racismo, um monumento à miscigenação. Havia outrora um mosteiro ambíguo nesta praça, onde hoje fica um cinema e o cassino Shangri-La, com a fachada coberta de plástico multicolorido voluteando no ar. "O Mosteiro de Strastnoi ergue-se rosado sobre a cinzenta praça", escreveu Tsvetáieva no poema "Tverskáia", no qual imagina-se andando pela rua Tverskáia com sua irmã adolescente em um dia de primavera. A Tverskáia é "o berço de sua juventude, é o berço de seus corações quase adultos". Tudo elas contemplam: as vitrines brilhantes cheias de diamantes, o pôr do sol, os sinais de trânsito, as vozes dos passantes.

Mólotov veio para Moscou pela primeira vez no mesmo ano, depois de seu exílio em Vólogda. Lembrava-se da Tverskáia coberta de neve. E Varlam Chalámov lembrava de suas impressões sobre a Tverskáia quando

Moscou ainda era nova para ele, em 1924, e ele assistiu à parada do Dia da Revolução, liderada por Trótski em seu uniforme do Exército Vermelho, estatura baixa e testa ampla, caminhando ao lado de Bukhárin, Iaroslávski e Kámienev. A Tverskáia, hoje, é mais larga do que era. Nos anos 1930, seus altos edifícios de apartamentos foram afastados, rolando sobre rodízios subterrâneos, para melhor adaptá-la aos desfiles. Mas os diamantes – Tiffany, Chaumet, Bulgari – voltaram para as vitrines que antes exibiam "peixes", "queijos", "leite" ou "pão". Este ano foi a primeira vez depois de décadas em que ICBMs* foram exibidos na Praça Vermelha no desfile do Dia da Vitória, em 9 de maio. Podíamos ouvi-los rugindo pela Tverskáia durante os ensaios noturnos.

Há um novo hotel onde o Intourist ficava, o Ritz Carlton, com um amplo espaço onde carros podem disparar e um terraço na cobertura com sofás de couro branco com vista para a Praça Vermelha e para o Krêmlin. O bar serve um coquetel de Martini chamado "Cassino Royale". "Torre ao lado de torre, muro ao lado de muro, palácio ao lado de palácio! Uma estranha mistura de arquitetura recente e antiga, pobreza e riqueza, à maneira europeia e à maneira e costumes orientais", escreveu Konstantin Bátiuchkov em "Passeando por Moscou", "um inescrutável fluxo divino junto com o vazio da vaidade e da verdadeira glória e grandeza, ignorância e iluminação, humanidade e barbarismo".

Virei na Gazietni, a "travessa dos jornais", passei pelo Edifício dos Telégrafos e pelo McDonald's, passei pela igrejinha azul-claro em frente à qual quase todos os transeuntes param para se curvar e persignar, passei pela Casa dos Compositores e pelo Ministério do Interior. Do lado de fora do conservatório, na varanda externa do Coffeemania, pessoas bonitas bebem cappuccino e fumam. Ouve-se música vindo dos andares de cima: uma cantora lírica ensaiando *La Traviata*, seus compassos confundindo-se com Beethoven em um piano mais atrás no pátio. A segunda esposa do marechal Budiónni, a adorável contralto Olga Mikháilova, filha de um ferroviário de Kursk, estudou aqui nos anos 1920 antes de juntar-se à Ópera do Bolchoi como solista. Foi presa em agosto de 1937 por frequentar recepções em embaixadas estrangeiras. Depois de dezenove anos presa em um gúlag, retornou a Moscou com a saúde física e mental combalidas, e com histórias que ninguém queria escutar sobre seus repetidos estupros coletivos nos campos de concentração.

* Mísseis Balísticos Intercontinentais, na sigla em inglês.

A última moda nos restaurantes sofisticados de Moscou é pedir pratos elegantes e deixá-los na mesa praticamente intocados. Quase tudo nos cardápios custa uma semana de salário. Em três dos carros estacionados do lado de fora do Coffeemania havia emblemas do FSB no para-brisa dianteiro. Passei pelo salão de beleza onde, na semana anterior, fiquei esperando porque minha cabelereira Natacha disse que um de seus clientes viera para cortar os cabelos e cuidar das unhas, sem hora marcada, e que era um general do FSB a quem ela se sentira obrigada a ceder a minha hora. É exatamente como disse Nikolai Bestújev, há aproximadamente dois séculos: o "brilho exterior da corte foi levado para a legítima felicidade do Estado, para a expansão do comércio, para a riqueza da classe comerciante e dos bancos, para o bem-estar de todo o povo". Os cortesãos de Pútin estão mais interessados em seus casacos, relógios de pulso e penteados do que em qualquer missão divina do povo russo, não importa o que digam ao "povo" todas as noites na TV. Do lado de fora do edifício do Ministério do Interior, milicianos esperam ao sol com as portas de seus carros abertas, com os rádios ligados. As portas do Museu Zoológico, na esquina, estão abertas para a penumbra interior, onde uma mandíbula de baleia repousa na laje, sob a escada, junto com lobos siberianos de olhos amarelados e briozoários do mar de Barents, e onde Mandelstam caminhou pelas galerias de ferro forjado com poemas fluindo de sua cabeça. Do lado de fora do edifício nº 4 da Románov, guardas afastam cones de trânsito para dar passagem a uma Mercedes suspensa no ar. Quantas pessoas nesta cidade passam toda a vida laboriosa de pé nas ruas, guardando lugares privilegiados para o conforto dos poderosos?

Voltei para casa ontem à noite depois de uma noitada com amigos no nº 5. Ao descer do quinto andar pelas escadas, espiei o progresso da reforma do último apartamento comunitário do edifício. Os trabalhadores tadjiques convidaram-me para entrar como se fossem os proprietários e eu uma convidada de honra, e mostraram-me o trabalho em gesso dourado das cornijas moldadas. Fora, na rua, soprava um vento forte. Entrei no nº 3 pela "entrada negra". Atrás de mim, as telas verdes esfarrapadas que envolviam a nova Voentorg drapejavam como as velas de um navio na tempestade, e viam-se as luzes de dentro através dos rasgos no tecido.

Nunca há uma hora certa para deixar uma cidade. "Tudo estava em ordem e digno", escreveu Akhmátova em 1939, "Moscou, começo de primavera. Amigos, livros e o pôr do sol na janela." Assim são as coisas. Ordem, amigos, livros. "Em Moscou, sem mim" hoje é o meu título de capítulo favorito em *Passado e pensamentos*, de Herzen. Em breve não estaremos mais vivendo em cima de uma agência de turismo *luxe* onde eu possa comprar uma passagem para o extremo da Sibéria. Devolvi as chaves do apartamento de Mólotov há algum tempo. O banqueiro esqueceu-se de pedir quando foi embora e eu as mantive na gaveta de minha escrivaninha por meses, ouvindo os passos, no corredor de cima, do tímido casal de Dresden que se mudara para lá depois do banqueiro e que, disse-me a zeladora, eram representantes da Fundação Adenauer, que apoia o desenvolvimento da sociedade civil na Rússia. O casal alemão nunca veio nos cumprimentar e eu nunca os encontrei nas escadas, mas de vez em quando eles promoviam recepções e pelas portas abertas do apartamento ouvia-se a música de um quarteto de cordas. Na manhã seguinte de uma de suas noitadas, a zeladora disse que Mikhail Gorbatchov estivera entre os convidados, mas ela não estava particularmente sensibilizada por sua visita, dado que, como para a maior parte de sua geração, não havia nada de bom para se dizer sobre o homem que trouxera a democracia para a Rússia e entregara o Império.

Certo dia, subi para devolver a chave para a alemã, que foi muito gentil e educada, ofereceu-me chá e levou-me para olhar o apartamento. A lanterna mágica se fora – ela não se lembrava de tê-la visto –, assim como o tapete do xá da Pérsia, que a neta de Mólotov (que se chamava "Skriábina") dissera-lhe que valia dezesseis mil euros. Os livros ainda estavam por lá quando eu abri a estante inferior, mas as estantes do corredor tinham sido levadas, com Churchill e Dante. Depois que os alemães se foram, a zeladora ficou triste. A alemã costumava descer para sentar-se em seu quarto no porão e ouvir as fitas gravadas da zeladora cantando canções patrióticas. Seu amor pela alemã tinha uma ponderável importância histórica para a zeladora, pois o maior dia de sua vida fora em 1941. Ela rememora todos os dias como, aos dezoito anos, ela e suas camaradas – "todas jovens, fortes e patriotas" – construíram barricadas contra os tanques alemães nas ruas de Moscou.

O apartamento 61 foi recentemente vendido pelos herdeiros de Mólotov para um produtor de TV que já era proprietário do apartamento 62 – último lar de Trótski em Moscou – do outro lado do patamar. Durante semanas o ruído de reformas veio lá de cima. Esta será minha última tortura por *remont* em Moscou, disse a mim mesma enquanto furadeiras soavam acima da minha mesa de trabalho. Uma noite, começou a pingar água do teto no quarto de minha filha, e eu subi novamente as escadas. A mulher do produtor tinha voltado da Toscana. Sua beleza de finos traços tornara-se mais grosseira. Tinha engordado desde a época em que eu costumava vê-la regularmente, na escada, impassível e perfeita em seu visom preto. Agora ela usava sandálias de dedo e uma blusa de seda cinzenta sem forma, seu cabelo loiro estava desarrumado, o rosto amuado recém-ferido por injeções de beleza. Levou-me até o banheiro, muito menos interessada no vazamento em nosso quarto do que em saber o que eu achava do seu gosto a respeito de louça sanitária e de revestimentos de mármore. Mostrou-me os cômodos. O painel de madeira ainda estava no lugar, mas o revestimento sintético das paredes dos quartos tinha sido retirado, assim como as estantes do corredor. No canto onde ficava a lanterna mágica havia um dispendioso divã de veludo roxo com uma moldura dourada em curvas assimétricas. Havia fileiras de fotografias em molduras de madeira polida ou prateadas no rebordo da janela do que um dia foi o escritório onde Mólotov "vasculhava tudo, do amanhecer até o anoitecer", vendo más tendências tomarem forma, fato que, segundo ele, "começou, desafortunadamente, nos meus tempos e de Stálin". Minha vizinha surpreendeu-me olhando para um retrato dela, tirado em um momento luminoso de absoluto glamur, de braços dados, em uma festa, com a estilista italiana Miuccia Prada. "Sapatos!", disse ela, ingressando na língua inglesa com um sorriso adorável.

Nota

Fiz referência no texto a muitos livros que li e pesquisei enquanto trabalhava em *A lanterna mágica de Mólotov*. Estas breves notas bibliográficas são destinadas a leitores que queiram se aprofundar no assunto.

Em 1991, ano do centenário de Óssip Mandelstam, sua primeira coletânea *Stone* foi publicada em uma elegante edição bilíngue da Collins Harvill, em páginas duplas com tradução para o inglês (e introdução e notas) de Robert Tracy. A *New York Review of Books* recentemente republicou os *Selected Poems* de Óssip Mandelstam, de trinta anos atrás, cotraduzido pelo estudioso de Mandelstam Clarence Brown e pelo poeta americano W. S. Merwin (Nova York, 2004). Traduções da prosa de Mandelstam, incluindo *Fourth Prose* e *Journey to Armenia*, podem ser encontradas em *The Prose of Osip Mandelstam*, traduzido, com ensaios críticos, por Clarence Brown (North Point Press, São Francisco, 1986) e *The Collected Critical Prose and Letters*, editado por Jane Gary Harris (Collins Harvill, Londres, 1991). A Collins Harvill publicou os dois volumes de memórias de Nadiéjda Mandelstam, traduzidos por Max Hayward, em 1971 e 1974, com os títulos *Hope Against Hope* e *Hope Abandoned*. Ela própria exigiu estes títulos em inglês, que fazem trocadilho com seu nome, Nadiéjda, que em russo significa "esperança". O segundo volume termina com uma carta de amor que ela escreveu, e não pôde enviar, ao seu marido, em outubro de 1938, quando ela não sabia onde ele estava, nem mesmo se estava vivo ou morto. "Somente agora é possível iluminar o trecho escuro da rua Mandelstam", observou Vitáli Chentalínski (referindo-se ao poema de Mandelstam sobre seu próprio nome) em *The KGB's Literary Archive*, que apareceu em uma edição resumida por John Crowfoot em 1995 (The Harvill Press), com introdução de Robert Conquest. Chentalínski foi rebaixado como jornalista, no período soviético, por referir-se repetidamente a Pasternak e Tsvetáieva em seus textos. Quando Chentalínski aproveitou a "glasnost" e entrou na Lubianka (discretamente apoiado no Krêmlin pelo assessor de Mikhail Gorbatchov, Aleksandr Iákovlev) para peticionar à KGB pelos arquivos ocultos sobre escritores suprimidos, foi-lhe dito que ele era o primeiro escritor a entrar naquele edifício de livre e espontânea vontade. Suas pesquisas trouxeram muitas atrocidades à luz, inclusive a morte e o enterro de Mandelstam em uma vala comum, os protocolos do interrogatório de Isaac Bábel e uma carta para Mólotov (como chefe do governo soviético) do diretor de teatro Vsiévolod Meierhold (que foi preso ao mesmo tempo que Bábel), na qual Meierhold descreve os espancamentos que produziram as '"confissões" tão apreciadas por Andrei Vichínski: "as intoleráveis dores físicas e emocionais fizeram meus olhos verter um interminável rio de lágrimas... 'A morte, tenho quase certeza, a morte é melhor do que isto!', diz um interrogado a si mesmo". *A Century of Violence in Soviet Russia*, de Aleksandr Iakovlev, foi publicada pela Yale University Press em 2002, traduzida por Anthony Austin. (Sob Gorbatchov, Iákovlev foi chefe de uma comissão para reabilitação de vítimas de repressão política.) "Papéis não são destruídos; pessoas sim", escreve Iakovlev, "mais e mais papéis manchados de sangue se empilham em minha mesa... Se apenas os papéis queimassem e os homens e mulheres retornassem à vida!" Li o admirável livro de Iákovlev no apartamento de Mólotov, onde um dia o banqueiro o deixara sobre a escrivaninha no gabinete.

Inside the Stalin Archives (Atlas & Co., Nova York, 2008), de Jonathan Brent, faz um bom relato dos desafios e emoções ao trazer para a luz materiais de arquivos do período soviético, assim como de "quanto nos traz perplexidade e frequentemente tristeza" este tipo de trabalho. Pelos últimos dezessete anos, Brent tem colaborado com os acadêmicos russos Olieg Naúmov e Olieg V. Khlevniuk, entre outros, na série *Annals of Communism* da Yale University Press. *Stalin's Letters to Molotov, 1925–1936* (1995) foi um dos primeiros livros publicados nesta inestimável série de prazo indeterminado. As caricaturas dos líderes do Partido que mencionei em *A lanterna mágica de Mólotov* podem ser encontradas em *Piggy Foxy and The Sword of Revolution: Bolshevik Self-Portraits* (Yale University Press, 2006), organizado por Aleksandr Vatlin e Larissa Malachenko, com prefácio de Simon Sebag Montefiore.

The Akhmatova Journals, de Lídia Chukóvskaia, traduzido por Milena Michalski e Sylva Rubashova (Harvill, 1994), relata como Chukóvskaia conservou o "Réquiem" de Akhmátova na memória. Uma imagem menos hagiográfica dos grandes poetas chega até nós pelas controversas e fascinantes memórias da crítica literária Emma Gerstein de sua conturbada amizade com os Mandelstam, Akhmátova e Liev Gumilióv, publicadas em 2004, em inglês, traduzidas e editadas por John Crowfoot (The Harvill Press). (Para alguns leitores russos, Gerstein lançou luz demais sobre a "rua Mandelstam".) *The Word that Causes Death's Defeat: Poems of Memory*, de Nancy K. Anderson (publicado pela Yale na série *Annals of Communism*, em 2004), que inclui a tradução de versos de "Réquiem" e do "Poema sem herói" de Akhmátova, assim como uma biografia da poetisa e ensaios críticos sobre poesia, é o mais valioso recurso para leitores de língua inglesa.

A longa introdução de Carol J. Avins em sua edição anotada do *1920 Diary* de Isaac Bábel, com tradução de H. T. Willetts (Yale University Press, 1995), fornece um vívido retrato do escritor e de sua vida. Existem várias edições de seus contos em traduções inglesas, incluindo a de David McDuff para a Penguin Books (edição revisada, 1998). Algo sobre a prosa de Marina Tsvetáieva foi publicado em inglês em *A Captive Spirit: Selected Prose*, editado e traduzido por J. Marin King, publicado pela Ardis (Ann Arbor, 1980) e pela Virago Press (1983). *Earthly Signs*, com a tradução de Jamey Gambrell dos cadernos de notas de Tsvetáieva em 1917-1922, em Moscou (Yale University Press, 2002), dá uma boa noção de Tsvetáieva como prosadora, e inclui um ensaio crítico e biográfico valioso feito pelo tradutor. Uma nova edição inglesa da extraordinária correspondência tridirecional entre Pasternak, Tsvetáieva e Rainer Maria Rilke, em 1926, foi publicada pela *New York Review of Books* em 2001, traduzida por Margaret Wettlin, Walter Arndt, e Jamey Gambrell. *Selected Poems*, de Tsvetáieva, traduzido por Elaine Feinstein a partir de versões literais de Angela Livingstone, foi publicado em várias edições pela Oxford University Press e, mais recentemente, pela Carcanet, em 2004. O terrível fim da vida de Tsvetáieva foi recontado em *Death of a Poet: The Last Days of Marina Tsvetaeva*, de Irma Kudrova, traduzido por Mary Ann Szporluk, com introdução de Ellendea Proffer (Gerald Duckworth and Co., Londres, 2004). *Kolyma Tales*, de Varlam Chalámov, traduzido por John Glad, foi publicado pela W. W. Norton em 1980, e pela Penguin Books em 1994. Olhando para trás na história literária russa, versões em inglês dos contos de Tchékhov "Fortuna", "No caminho" e "A dama do cachorrinho" apareceram em *About Love and Other*

Stories (Oxford University Press, 2004), uma coleção de novas traduções sofisticadas de Rosamund Bartlett. O conto "Bóbok" de Dostoiévski pode ser encontrado em *Russian Short Stories from Pushkin to Buida*, editado e traduzido por Robert Chandler (Penguin, 2005).

Entre as muitas fontes históricas, pesquisei particularmente (e com gratidão) *Molotov: A Biography*, de Derek Watson (Palgrave Macmillan, Londres, 2005) e *Kremlin Wives*, de Larissa Vassílieva, traduzido por Cathy Porter (Arcade, Nova York, 1992). Fiz uso extensivo das conversas com Mólotov registradas por Félix Tchúiev entre 1969 e 1986. *Hundred and Forty Conversations with Molotov*, de Tchúiev (*Sto sorok besed s Molotovym*) foi publicado em 1991. Albert Resis editou uma coleção resumida destas conversas, em inglês, *Molotov Remembers: Inside Kremlin Politics* (Ivan R. Dee, Chicago, 1993). Em 1999, Tchúiev publicou uma edição mais completa e corrigida, com um sonoro título novo (difícil de transcrever adequadamente em inglês), *Molotov: The Semi-Powerful Ruler* (*Molotov: poluderzhavnyi vlastelin*). Assim como uma quantidade de fotografias interessantes – Mólotov em sua mesa de trabalho, com a jovem filha de Stálin, comendo geleia de uma colher, de braços dados com Hitler – o livro de Tchúiev contém algumas figuras verbais evocativas. Em um "dia branco de inverno digno de um conto de fadas", quando caminhavam pela aldeia de Jukóvka, Tchúiev e Mólotov encontraram Chostakóvitch do lado de fora de sua datcha. Quando saíam, o compositor se levantou e "olhou longamente para Mólotov".

Tchúiev afirma que Mólotov sabia que ele escreveria um livro sobre ele. O neto de Mólotov, Viatcheslav Níkonov, diz que isto é mentira. Ele chama o *Hundred and Forty Conversations* de "livro pirata", cuja publicação foi uma grande surpresa para a família. Embora sua autenticidade não seja questionada (e Níkonov estava presente em muitos dos encontros), a gravação escondida das conversas por Tchúiev foi, digamos, "desonrosa". Ao mesmo tempo em que Níkonov é ambivalentemente grato a Tchúiev pela preservação de detalhes históricos que de outra maneira seriam perdidos, ele lamenta que o idoso Mólotov pareça nas conversas mais estúpido e menos intelectual do que na realidade era. Níkonov, cientista político e especialista em história americana, está trabalhando em uma biografia em vários volumes de seu avô, uma tarefa para a qual, diz ele, sua vida inteira o preparou. O primeiro volume (Moscou, 2005) aborda Mólotov desde o ano de 1924, pesquisando arquivos de família e do Estado. Níkonov coloca em seus capítulos epígrafes de Púchkin e Mandelstam; discute as opiniões que Mólotov tinha de Tolstói, Dostoiévski e Tchékhov, e coloca citações dos cadernos de notas de Tsvetáieva no faminto inverno de Moscou em 1919, quando "aprendemos a amar: pão, fogo, floresta, sol, sono...".

Índice

A

Abelardo, Pedro (1079-1142), 84

Abissínia, 146

Abramóvitch, Roman Arkádievitch (1966-), 277

Abu Ubaid Abd Allah al-Bakri (1010-1094), 104

Adelaide, 18

Adenauer, Fundação, 342

Adjara, 84

Afanássiev, Aleksandr Nikoláievitch (1826--1871), 137, 141

Afeganistão, 145

Afinoguiénov, Aleksandr Nikoláievitch (1904-1941), 262-3

Akhmátova, Anna Andreievna (1889-1966), 16; e Boris Filippov, 169; na Itália, 143; e Liev Gumilióv, 210, 317, 322-3, ; e memória, 18; e Moscou, 341; *Poema sem herói*, 41, 68, 83, 140, 142, 148-9, 325; "Primeira elegia", 180-1; *Réquiem*, 19, 322, 325, 331; e Tsushima, 142

Akúnin, Boris *ver* Tchkhvartichvíli 311

Alasca, 253

Aleksei Mikháilovitch, tsar (1629-1676), 150

Aleixo II, (Aleksei Mikháilovitch Rídiguer) Patriarca de Moscou e de Todas as Rússias (1929-2008), 260

Alemanha, 62, 97, 167, 169, 188, 191, 267, 306

Alexandra Fiódorovna, tsarina (1872-1918), 90

Alexandre I, tsar (1777-1825), e bánias, 109; assentamentos militares, 160; entrada triunfal em Paris, 110; morte, 224; museu memorial em Taganrog, 228, 233, 235

Alexandre II, tsar (1818-1881), 46

Alferaki, Akhilles (1846-1919), 231

Alighieri, Dante (1265-1321), 83, 143, 148, 249, 255, 342

Allilúieva, Svetlana Iossífovna (1926-2011), 76, 81-2, 88, 337

Altai, região, 173

América, 79

Amsterdã, 229

André, o apóstolo, 104, 178

Andréiev, Andrei (1895-1971), 30

Andrópov, Iuri Vladímirovitch (1914-1984), 118

Antuérpia, 268

Apatíti, 282-3, 286

Arábia, 114, 161

Arbat, 44, 65, 88, 264

Arezzo, 143

Armênia, 17

Aróssev, Aleksandr Iákovlievitch (1890--1938), 93-4, 245, 297

Artsikhóvski, Artémi Vladímirovitch, 164, 167-9, 223

Astápenko, Mikhail Pávlotvich (1951-), 215

Astracã, 212

Átila, o huno (406-453), 317, 323

Averintsev, Serguei Sergueievitch (1937--2004), 134

Avvákum, sacerdote (1620-1682), 240, 256, 300, 323

Azizian, Atik Kiegamóvitch (1899-1971), 92, 93

Azov, 105; fortaleza turca, 214, 229

B

Bábel, Isaac Emmanuílovitch (1894-1940), "A carta", 223; "A história de um cavalo", 198; "Argamak", 207; e Budiónni, 206-8;

O exército de cavalaria, 206-8; diário de 1920, 207-8; "Uma noite no Tsarina", 29; e Tcheká, 207

Baden-Baden, 104

Baikal, lago, 26, 295-301, 304, 315, 317

Bakhchi-Sala (Bolchiee Sali), 219-20, 236

Bakhtin, Mikhail Mikháilovitch (1895-1975), 219, 236

Baku, 77

Balándin, Aleksei Aleksandrovitch (1898--1967), 119-20, 122, 132, 135

Balándina, Nina Alekseievna, 119-23, 126, 130, 133-5

Balándina, Vera Arsénievna (1871-1943), 121-2, 132

Balmont, Konstantin Dmítrievitch (1867--1942), 125

Bálticos, estados, 98

Barents, mar de, 22, 271, 280-1, 286, 288, 341

Barents, Willem (1550-1597), 291

Bátiuchkov, Konstantin Nikoláievitch (1787-1855), 247-51, 253-4, 340

Batumi, 84

Bati, khan (reinado: 1227-1255), 221, 324

Baudelaire, Charles (1821-1867), 7, 25-6

Bebel, August (1840-1913), 142

Beethoven, Ludwig van (1770-1827), 86, 245, 259, 276, 340

Beloboródov, Aleksandr Gueórguievitch (1891-1938), 31, 70,-1, 95, 200; processa Boris Dumienko, 238

Benjamin, Walter (1892-1940), 21, 33, 60-5; *Arcades*, 63; "Desempacotando minha biblioteca", 87-8, 95; *Diário de Moscou*, 63-4; *Rua de mão única*, 65

Berdiáiev, Nicolas (Nikolai) Aleksándrovitch (1874-1948), 18, 24, 74, 240

Berlim, 31, 40, 78-9, 253; Batalha de, 322; crânio de Hitler, 79; exposição de Aleksandr Boríssov, 270; em Khaldei, 281; Mólotov janta com Hitler, 98

Bestújev, Mikhail Aleksándrovitch (1800--1871), 325, 327

Bestújev, Nikolai Aleksándrovitch (1791--1855), 86, 325-7, 313, 341

Biblioteca Lênin (Biblioteca Estatal Russa), 19, 24-5, 29, 32, 88, 95, 97, 130, 143, 179, 275-6

Biéli, Andrei (Boris Nikoláievitch Bugáiev) (1880-1934), 253

Bielínski, Vissarion Grigórievtch (1811--1848), 159; sobre contos de fadas, 248

Bielov, Evguiêni, 320

Biéria, Lavriénti Pávlovitch (1899-1953), 31, 66, 84, 97-8; em Akhmátova, 149; e bomba atômica, 124; e Polina Jemtchújina, 118

Bizâncio, 25, 158, 161, 233

Blackett, P. M. S. (1897-1974), 124

Blavátski, Madame Elena (1831-1891), 173, 175, 368

Blok, Aleksandr Alekándrovitch (1880--1921), 88, 143, 201

Boerhaave, Herman (1668-1738), 105

Bolchaia Dmítrovka, rua, 81, 116

Bolchaia Lubianka , rua, 116

Bolchaia Nikítskaia, rua (rua Herzen), 30, 33-6, 48, 85, 192, 258

Bolonha, 145

Boríssov, Alexander Alekseievtch (1866--1934), 269-70

Boríssov, Andrei Ivánovitch (1798-1854), 312-3, 329

Boríssov, Piotr Ivánovitch (1800-1854), 312-3, 329

Brejnev, Leonid Ilítch (1906-1982), 31, 76, 184-5, 312

Brest-Litovski, 62

Briédov, Anatóli, 280

Brik, Óssip Maksímovitch (1888-1945), 203

Briússov, Valéri Iákovlevitch (1873-1924), 88

Bródski, Joseph (Ióssif) Aleksándrovitch (1940-1996), 261, 311

Bryant, Louise (1885-1936), 60, 203

Brzeziński, Zbigniew (1928-2017), 175

Buber, Martin (1878-1965), 62

Budberg, Moura (1891-1974), 259

Budiónni, Semion Mikháilovitch (1883--1973), 30, 70, 95, 203-8, 317, 340; e Boris Dumienko, 236-7

Buenos Aires, 215, 329

Buffon, Georges Louis Leclerc (1707-1788), 33

Bukhárin, Nikolai Ivánovitch (1888-1938), 25, 81, 89, 91, 93, 129, 340

Bulgákov, Mikhail Afanásievitch (1891--1940), 126

Bulgária, 76

Búnin, Ivan Aleksieevitch (1870-1953), 83

Byron, George Gordon (1788-1824), 21, 140, 249, 309

C

Cambridge, 16, 19, 63, 74, 265, 281, 326; geneticistas, 146; Isaac Newton, 144

Campanella, Tommaso (1568-1639), 129

Canal de Suez, 328-9

Canal do Mar Branco, 284

Casa Pachkov, 19, 49

Catarina II, tsarina (a Grande) (1729-1796), 102, 104-6, 108, 213, 300; e armênios, 236; e Radíshchev, 159; e Taganrog, 229

Cáucaso, 53, 84, 109, 187, 204, 211-2, 234, 295

Causley, Charles (1917-2003), 279

Cazaquistão, 66, 71, 124, 234, 320, 324

Centúrias Negras, 168, 233, 253

Chalámov, Varlam Tikhonóvitch (1907--1982), 59, 60, 83, 339, 346; *A quarta Vólogda*, 240-3, 245, 252, 258; sobre Bátiuchkov, 247-8; casa museu, 253-5; "Cherry Brandy", 255-6; "Descendente de um dezembrista", 59, 83, 86; sobre Dostoiévski, 227-8; "Grafite", 86, 272; "Lend-Lease", 265, 273, 332; Likhatchov escreve para, 163; Nadiéjda Mandelstam sobre, 256; "O trem", 243; "Ração seca", 59, 241, 257

Chaliápin, Fiódor Ivánovitch (1873-1938), 114-5

Chámbala, 173, 278

Chancellor, Richard (1521-1556), 269

Chékhtel, Fiódor Óssipovitch (1859-1926), 231-2, 242

Chénier, André (1762-1794), 309

Cheremiétiev, conde Aleksandr Dmítrievitch (1859-1931), 55

Cheremiétiev, conde Nikolai Pietróvitch (1751-1809), 34-5, 44, 105, 108

Cheremiétiev, conde Serguei Dmítrievitch (1844-1918), 42-3, 50, 125, 336

Chesterton, Gilbert Keith (1874-1936), 175

China (Catai), 76, 216, 269, 291, 306, 314, 317, 321, 324, 328

Chólokhov, Mikhail Aleksándrovitch (1905--1984), 215

Chostakóvitch, Dmítri Dmítrievitch (1906--1975), 61-2, 347

Chukotka, 277

Chukóvskaia, Lídia Korneievna (1907-1996), 21-2, 325-7, 329, 345-6

Chumákher, Piotr Vassílievitch (1817-1891), 112

Churchill, Winston (1874-1965), 22, 75, 247, 261, 266, 342

CIA, 83

Cítia, 201-2

Citas, 220, 321-323

Clairmont, Claire (1798-1879), 140, 149, 155

Clube de caça, 50-2, 59

Clube dos nobres (House of Unions), 182, 339

Colinas Lênin (Sparrow Hills, Leninskie Gori), 7, 80, 82

Comintern, 25, 128, 320

Conrad, Joseph (1857-1924), 89

Constantino I, Imperador (*c.* 272-337), 36, 166

Constantinopla, 161, 205

Copenhague, 277

Copérnico, Nicolau (1473-1543), 144, 334

Coreia do Norte, 243

Cossacos, 50, 53, 60, 70, 77, 142, 200, 205-15, 221-30; canções 215; e o tesouro enterrado, 222; e Pedro, o Grande, 229; na Sibéria, 296-7, 309, 314

Crimeia, 15, 79, 221, 229, 309

Crônicas de Nóvgorod, (1016-1471), 165, 173

Cruys, Cornelius (1655-1727), 229

Cruz Vermelha, 58, 117, 132

D

Dal, Vladímir Ivánovitch (1801-1872), 83

Dalai Lama, 318

Darwin, Charles (1809-1882), 132, 141, 145, 246, 334

Davídov, Denis Vassílievitch (1784-1839), 102
Davídov, Dmítri Pávlovitch (1811-1888), 296
Davies, Joseph E. (1876-1958), 79
Deníkin, Anton Ivánovitch (1872-1947), 205, 236
Diáguilev, Serguei Pávlovitch (1872-1929), 143
Dickens, Charles (1812-1870), 328
Dimítrov, Gueórgui (1882-1949), 25
Dinamarca, 161
Dobroliúbov, Nikolai Aleksándrovitch (1836- 1861), 188
Dostoiévskaia, Anna Grigórievna (Sitkina) (1846-1918), 178, 181
Dostoiévskaia, Liubov Fiódorovna (Liuba) (1869-1926), 181, 195, 196
Dostoiévski, Fiódor Mikháilovitch (1821--1881), 22, 24-6, 83, 100, 141, 173-4, 178-9, 335; em Akhmátova, 180-1; *Bóbok*, 134; Chalámov sobre, 247, 254; e comida, 185-6, 226; *Diário de um escritor*, 228; estátua de, 25, 333; Mólotov lê, 246; *Notas de inverno sobre impressões de verão*, 176; *Os demônios*, 32, 176-7, 181-2, 190, 194-4, 337, 339; *Os irmãos Karamázov*, 181-2, 185-6, 192-7, 263, 298; como profeta ortodoxo, 174, 179; discurso sobre Púchkin, 182-3, 339; no Stáraia Russa, 176-7, 180-2, 188-9
Dresden, 249, 268, 342
Dubróvin, Vladímir Dmítrievitch (1855--1879), 193
Dúguin, Aleksandr Gueliévitch (1962-), 324
Dumas, Alexandre (1802-1870), 254
Dumienko, Boris Mokiévitch (1888-1920), 205, 237-8
Dzerjínski, Edmund Rufin Iossífovitch (1838-1882), 233
Dzerjínski, Félix Edmúndovitch (1877--1926), 60, 234-5, 284

E

Efímov, Boris Efímovitch (1900-2008), 71
Efron, Serguei Iákovlievitch (1893-1941), 335

Egunov, Andrei Nikoláievitch (Andrei Nikoliev) (1895-1968), 169
Ehrenburg, Iliá Grigórievtch (1891-1967), 283
Eliade, Mircea (1907-1986), 300-1
Eliot, T. S. (1888-1965), 149
Engels, Friedrich (1820-1895), 73, 82, 129, 183, 191-2, 194
Epstein, Mikhail Naúmovitch (1950-), 289-90
Escandinávia, 161
Essentuki, 187, 206
Estados Unidos, 40, 89, 118, 124, 148, 203, 244, 253, 265, 280
Exército Vermelho, 18, 30, 32, 40, 49, 52, 83, 89, 126, 316-7, 340; expurgo do, 95; na guerra civil, 18, 205, 215, 316, 318; na Segunda Guerra Mundial, 280-1, 288-9
Exército Branco, 30, 52, 201, 205, 237, 261, 317, 335

F

Fenimore Cooper, James (1789-1851), 254
Fiet, Afanássi Afanássiévitch (1820-1892), 144
Filióvski, Pavel Pietróvitch (1856-1951), 233-4
Filippov, Boris Andreievitch (Filistínski) (1905-1991), 169
Finlândia, 60, 126
Fiódorov, Nikolai Nikoláievitch (1829--1903), 24-5, 42, 45, 47, 77, 97, 130, 334; e Dostoiévski, 192-4
Firsánova, Vera (Vorónina; Goniétskaia) (1862-1934), 115
Flandres, 161
Florênca, 143
França, 22, 39, 97, 161, 193, 249, 264
France, Anatole (1844-1924), 84, 89
Freidenberg, Boris Viktórovitch (1850--1917), 113-5
Frúmkin, Moisei Ilítch (1878-1938), 31, 92-3
Frunze, Mikhail Vassílievitch (1885-1925), 30, 89
FSB, 179, 194, 341

Fúrtsieva, Ekatierina Alekseievna (1910--1974), 31

G

Gadjiev, Magomet Imadutdínovitch (1907--1942), 286-7
Galileu (1564-1642), 143, 145
Gannibal, Abram Pietróvitch, general (1696-1781), 324
Gástev, Aleksei Kapitónovitch (1882-1939), 289-90
Gauss, Johann Carl Friedrich (1777-1855), 138
Gavarni, Paul (1804-1866), 20
Gaziétni, travessa, 340
Genebra, 130, 338
Gengis Khan (reinado: 1206-1227), 298, 317-8, 320
Gênova, 161
Geórgia, 34, 107-10, 139, 247
Giotto (c. 1267-1337), 143
Goethe, Johann Wolfgang von (1749-1832), 138, 140, 144
Gógol, Nikolai Vassílievitch (1809-1852), 137, 196
Golítsin, família, 36, 116
Golouchev, Serguei Sergueievitch (Glagol) (1855-1920), 125
Gonétski, Aleksei Nikoláievitch, 113-6
Gontcharova, Natália Sergueievna (1881--1962), 39
Gorbatchov, Mikhail Sergueievitch (1931-), 342, 345
Gorbátov, Boris Leóntievitch (1908-1954), 290
Górki, Maksim (Aleksei Maksímovitch Pechkov) (1868-1936), 77, 125, 200, 232, 252, 284
Grã-Bretanha, 265
Grabar, Ígor Emanuilóvitch (1871-1960), 153-5, 168
Gramsci, Antonio (1891-1937), 25
Gránin, Danil Aleksándrovitch (1919-2017), 156-7
Granóvski, Timofiei Nikoláievitch (1813--1855), 177, 326, 339

Greenwich Village, 60
Grigóriev, Apollon Aleksándrovitch (1822--1864), 19, 335
Grigoróvitch, Dmítri Vassílievitch (1822--1899), 224-6
Guericke, Otto von (1602-1686), 138
Guerra Civil, 30, 72, 86, 147, 162, 199, 204-6, 214, 236-7, 316; na Sibéria, 316-19; Tsvetáieva e, 200-1, 215
Guerra da Crimeia, 312
Guiliaróvski, Vladímir Alekseievitch (1853--1935), 50-2
Guíppius, Zinaída Nikolaievna (1869-1945), 55, 169
Guizot, Francois (1787-1874), 83
Gul, Roman Boríssovitch (1896-1986), 215
GUM, 39
Gumilióv, Liev Nikoláievitch (1912-1992), 143, 169, 322
Gumilióv, Nikolai Stepánovitch (1886--1921), 210-1, 317, 322-4, 326-7, 329, 346

H

Hegel, Georg Wilhelm Friedrich (1770--1831), 86-7
Heine, Heinrich (1797-1856), 253, 276
Helena, santa (c. 246/50-330), 36, 166
Helsinque, 20
Heraclius, Imperador (c. 575-641), 36
Heródoto (c. 484 a.C. - c. 425 a.C.), 201-2, 220, 323-3
Herzen, Aleksandr Ivánovitch (1812-1870), 7, 21-2, 85-7, 311, 326, 328, 339, 341-2; e Nóvgorod, 160-1, 173-4; e Tchaadáiev, 305-6
Hesíodo, 129, 249
Himmelfarb, B.V. (1883-?), 38, 89
Himmler, Heinrich (1900-1945), 169
Hingley, Ronald (1920-2010), 16
Hitler, Adolf (1889-1945), 75, 79, 88, 96, 126, 148, 169, 320, 347; crânio em Moscou, 97, 333; e Mólotov, 98
Ho Chi Minh (1890-1969), 25
Hoffmann, E. T. A. (1776-1822), 137
Holanda (Países Baixos), 115, 229

Homero, 249
Hospital do Krêmlin, 18, 31-2, 44, 52, 336, 338

I

Iágoda, Guénrikh Grigórievitch (1891--1938), 78, 207
Iákovlev, Iákov Arkádievitch (1896-1938), 93
Iakúnchikov, Vassíli Ivánovitch (1827-1907), 125
Iakúnchikova, Maria Vassílievna (1870--1902), 125
Iakunin, Gleb Pávlovitch (1934-2014), 260, 308
Iakúchkin, Ivan Dmítrievitch (1793-1857), 22, 46, 304-7, 312, 326
Iakúchkin, Ivan Viatcheslávovitch (1885--1960), 147
Iánin, Valentin Lavréntevitch (1929-), 157, 166-7, 223
Iaroslavl, 53
Iaroslávski, Emilian Iaroslávovitch (1878--1943), 30, 70, 82, 90, 143, 340; processa Ungern-Sternberg, 318-20
Iáuza, rio, 109-112
Iejov, Nikolai Ivánovitch (1895-1940), 95, 149, 207
Iéltsin, Boris Nikoláievitch (1931-2007), 39, 239, 260, 277
Ienisei, rio, 120, 122, 297
Iessénin, Sergei Aleksándrovitch (1895--1925), 144
Igreja Católica, 84, 175
Ílmen, lago, 26, 158, 161, 170; Dostoiévski e, 176-9
Imeretia, 108
Índia, 116, 173, 269
Inglaterra, 97-8, 265, 288, 328
Instituto de Estudos Orientais, 99, 116, 317
Instituto Marx-Engels (Arquivo Estatal Russo de História Política e Social – RGASPI), 71, 81
Irkutsk, 15, 243, 294-5, 297-8, 304, 307-9, 312, 315, 318
Isabel, tsarina (Elizavieta Petrovna) (1709--1761), 104-5, 314

Islândia, 265, 291
Itália, 78, 139-40, 143-4, 149, 249, 251, 270
Iugoslávia, 76
Iúriev, mosteiro, Nóvgorod, 170-1
Ivan III, tsar (1440-1505), 35, 157
Ivan IV, tsar (o Terrível) (1530-1584), 221, 240, 249, 252, 269
Ivolguinsk, 314-5

J

Jardim de Alexandre, 18, 335
Jdánov, Andrei Aleksándrovitch (1896--1948), 94
Jeleznovodsk, 187
Jemtchújina, Polina Semiónovna (1897--1970), 66, 77-80, 84, 90-1, 96, 117-8, 336-7; prisão, 128, 287
Jerusalém, 36, 47, 106, 178
Júkov, Gueorgui Konstantínovitch, marechal (1896-1974), 31, 40, 286
Júkovka, 66, 80, 347
Jukóvski, V. S. (1925-), 38, 66, 80, 117
Jukóvski, Vassíli Andreievitch (1783-1852), 249

K

Kaganóvitch, Lázar Moiséievitch (1893--1991), 81-2
Kalínin, Mikhail Ivánovitch (1875-1946), 60, 92, 335
Kámienev, Liev Boríssovitch (1883-1936), 60, 91, 124, 340
Karamzin, Nikolai Mikháilovitch (1766--1826), 178, 215
Karlovy Vary (Karlsbad), 104
Kartchevskaia, Serafima Vassílievna, 183, 186
Katyn, floresta de, 98
Kazan, 93
Kem, 52
Kennan, George (1845-1924), 258, 315
Kennan, George F. (1904-2005), 315-6, 328
Kerch, 222

Keriénski, Aleksandr Fiódorovitch (1881-
-1970), 116
KGB, 19, 40, 118, 120, 135, 260, 344-5
Khaldei, Evguêni Ananiévitch (1917-1997),
280-2
Khaltúrin, Stiepan Nikoláievitch (1857-
-1882), 194
Khárkov, 230, 233
Kherson, 178
Khodorkóvski, Mikhail Boríssovitch (1963-),
159, 298, 310-2
Khotiaj, 156-7
Khruschóv, Nikita Sergueievitch (1894-
-1971), 31, 80, 82, 337; discurso secreto
de 1956, 84, 95, 126, 191, 195
Kiédrov, Mikhail Sergueievitch (1878-1941),
258-9
Kipling, Rudyard (1865-1936), 254
Kírov, Serguei Mirónovitch (1886-1935), 77,
183, 283, 285-6
Kitai-górod, 60
Kiukhelbiéker, Vilguélm Kárlovitch (1797-
-1846), 36
Kluge, Herman Avgustovich (1871-1956), 285
Knipper, Olga Leonárdovna (1868-1959),
51, 114
Kolimá, 252, 254, 256, 265, 272, 274, 275, 332
Kollontai, Aleksandra Mikháilovna (1872-
-1952), 60, 64, 91
Kómi, 71, 168, 242
Kóniev, Ivan Stepánovitch (1897-1973), 31,
40; O ano da vitória, 40
Korostin, 176
Koróvin, Konstantin Alekseievitch (1861-
-1939), 269
Kossíguin, Aleksei Nikoláievitch (1904-
-1980), 30-1
Kossior, Stanislav Víktorovitch (1889-1939),
31, 337
Kostromá, 53
Koteliansky, Samuel Solomonovich (1882-
-1955), 21
Kotlas, 271
Kovaliova, Praskóvia (Jemchugova;
Cheremiéteva) (1768-1803), 34, 41, 108,
112, 338
Krasnoiarsk, 121

Krasnokámiensk, 310
Krjijanóvski, Gleb Maksimiliánovitch
(1872-1959), 121
Krúpskaia, Nadiéjda Konstantínovna (1869-
-1939), 79
Kuchner, Boris Anisímovitch (1888-1937),
202-3, 225, 284
Kun, Béla (1886-1938), 25
Kuráiev, Andrei (1963-), 175
Kursk, 285-7, 340
Kuskovo, 112
Kutúzov, Mikhail Ilariónovitch, marechal
(1745-1813), 117, 206
Kúzin, Boris Sergueievitch (1903-1975), 34
Kuznétski Most, 97, 99, 116, 118, 128
Kuznétski, travessa, 89
Kuznetsov, Nikolai Dmítrievitch (1863-?),
151

L

Lācis, Asja (1891-1979), 62, 64-5
Lacis, Martin Ivánovitch (Latsis) (1888-
-1938), 297
Lamarck, Jean-Baptiste (1744-1829), 146-7
Lapônia, 269
Lariónov, Mikhail Fiódorovitch (1881-1964),
39
Leiden, 105
Lemke, Mikhail Konstantínovitch (1872-
-1923), 85-7
Lênin, Vladímir Ilitch (Uliánov) (1870-
-1924), 24, 31, 48, 52, 54, 60-2, 69-70,
72, 79-80, 82, 84, 88, 91-2, 94, 117, 121,
125-6, 130-1, 144, 146, 151, 164-5, 189-
90, 204-6, 213, 240, 257-60, 262, 265-
6, 301, 314, 319, 325-6; ataques contra
a religião, 151; tentativa de assassinato,
57-8; e balneário de Stáraia Russa,
190; e Berdiáiev, 240; e ciência, 131,
144-5; culto de, 265-6, 301; discurso
para recrutas do Exército Vermelho,
52; estátuas de, 25, 213, 316, 330; no
exílio, 130; e Guerra Civil, 52, 205, ;
e Iaroslávski, 319; e Mólotov, 69-70; e
NEP, 61-2; "Testamento", 254

Leningrado (São Petersburgo, Petrogrado), 22-3, 41, 79, 145, 161-3, 165, 168, 183, 284, 322, 333

Leóntiev, Pável Mikháilovitch (1822-1874), 222

Lepechínskaia, Olga Boríssovna (1871-1963), 130-2, 332

Lepechínskaia, Olga Panteleimónovna, 130

Lepechínski, Panteleimon Nikoláievitch (1868-1944), 132

Levitan, Isaac Ilitch (1860-1900), 124, 125, 224, 231

Liérmontov, Mikhail Iúrevitch (1814-1841), 46-7, 113, 144, 159, 196, 215, 227

Likhatchov, Dmítri Sergueievitch (1906--1999), 170, 178, 333; e Dostoiévski, 176-7, 195, 333; e o norte, 267, 270-2; e jugo mongol, 324; e Nóvgorod, 157, 160-8

Linnaeus, Carolus (1707-1778), 145

Lisénko, Trofim Deníssovitch (1898-1976), 131, 137-8, 145, 147-8

Listvianka, 297

Litvínov, Ivi, 61

Litvínov, Maksim Maksímovitch (1876--1951), 61, 79, 97

Lockhart, Robert Bruce (1887-1970), 54, 58, 259

Lóko, Vassíli Timofeievitch (Zoritch) (1899--1937), 77

Lomonóssov, Mikhailo Vassílievitch (1711--1765), 267-8, 292, 309

London, Jack (1876-1916), 254

Londres, 20, 54, 83, 96, 146, 249, 259, 268, 291, 319, 36, 328, 331

Lótman, Iuri Mikháilovitch (1922-1993), 171, 175

Lozínski, Mikhail Leónidovitch (1886--1955), 83

Lubianka (sede da polícia secreta, prisão), 35, 38, 62, 66, 84, 117-8, 277, 310, 339, 345; Bábel em, 207-8; Balándin em, 120-1; Beloboródov em, 238; Efron em, 334-5; estátua de Dzerjínski fora de, 233; Jemtchújina em, 66, 84, 117-8; Radek e, 324; Reilly e, 234; Rúdzutak e, 91; Sávinkov e, 234; relíquias de são Savva Storojiévski em, 151

Lujkov, Iuri Mikháilovitch (1936-), 338

Lunatchárski, Anatóli Vassílievitch (1875--1933), 60, 190, 246

Lúnin, Mikhail Sergueievitch (1787-1845), 59-60

M

Magadan, 273

Maiakóvski, Vladímir Vladímirovitch (1893--1930), 203

Máiski, Ivan Mikháilovitch (1884-1975), 318-9

Makhnó, Néstor Ivánovitch (1888-1934), 236

Malienkov, Gueorgui Maksimiliánovitch (1902-1988), 31, 66, 97

Malory, Thomas (*A morte de Arthur*) (*c.* 1405-1471), 83

Máltsev, Nikolai, 244-6

Mámontov, Savva Ivánovitch (1841-1918), 264, 269

Mandelstam, Nadiéjda Iákovlevna (1899--1980), 19, 34, 72, 134, 337, 339; sobre Bábel, 207; e Chalámov, 256

Mandelstam, Óssip Emiliévitch (1891-1938), 16, 156, 169, 339, 341; *A quarta prosa*, 61, 64, 72, 99, 241-2; sobre Bátiuchkov, 250; em Chalámov, 255-8; "Cherry Brandy", 33-4, 61; sobre Dante, 255; *Jornal da Armênia*, 34, 83, 146, 156, 169, 259; epigrama sobre Stálin, 322; *Pedra*, 17, 20, 33-4, 250

Manej, 142, 337, 338

Manuílski, Dmítri Zakhárovitch (1883--1959), 30, 128, 336

Mao Tsé-Tung, presidente (1893-1976), 76

Mar Báltico, 161

Mar Branco, 85, 161, 260-1, 266, 269, 271-2, 283

Mar Cáspio, 161

Mar de Azov, 199, 202, 209, 219, 221, 224

Mar Morto, 178

Mar Negro, 146, 161, 178, 201, 221

Marburgo, 168

Marx, Karl (1818-1883) 18, 53, 64, 71, 74, 117, 129, 131-2, 142, 266; em Chalámov, 254;

358

Manifesto comunista, 194, 213; Mólotov lê, 246

Marxismo, 5, 31, 62, 74, 82, 84, 87, 89, 95, 131, 141, 144; Likhatchov sobre, 163; e teoria da relatividade, 276, 277

Medviédev, Dmítri Anatólivitch (1965-), 338

Meisner, Aleksandr Felitsiánovitch (1859--1935), 57, 339

Mejlauk, Valéri Ivánovitch (1893-1938), 204, 262

Mendeléiev, Dmítri Ivánovitch (1834-1907), 145, 334

Mercader, Ramón (1914-1978), 70

Merejkóvski, Dmítri Sergueievitch (1865--1941), 246

México, 70, 89

MI6, 83

Mialo, Ksênia Grigoriévna, 175

Mien, Aleksandr Vladímirovitch (1935-1990), 121, 134-5, 175, 219, 308, 336-7; e Rublióv, 154

Mikoian, Anastas Ivánovitch (1895-1978), 81

Minsk, 52

Mokhovaia, rua, 18, 25, 32, 138, 337-8

Mólotov, Viatcheslav Mikháilovitch (1890--1986) (Scriábin), 15, 16, 17, 18, 19; e aprisionamento de Jemtchújina, 114, 120; na Biblioteca de Lênin, 25-6; e bomba atômica, 124, 126; e Budiónni, 204, 206; casamento, 118, 216; e coletivização, 91-3, 203; e Churchill, 22, 75, 277; sobre Dostoiévski, 190; e Dumienko, 237; e Dzerjínski, 235; na enciclopédia, 84; exílio na Sibéria, 297; e o Grande Terror, 94, 117; e Herzen, 85-7; e Hitler, 98; e Iaroslávski, 318-9; invasão nazista, 79, 280-1; sobre igrejas, 337; massacre de Katyn, 97-8; lanterna mágica, 26, 342; e livros, 85-99; e Lunatchárski, 190; Mandelstam e, 16-7, 322; e Manuílski, 30-1, 34-5, 40; pacto Mólotov-Ribbentrop, 97-8; e nacionalização da propriedade, 53, 62, 66-70; e o norte, 266, 272; e Pávlov, 183, 285; e Plekhánov, 87-8; e poesia, 88;

primeira visita a Moscou, 257-8, 339-40; sentenças de morte, 272; sobre os objetivos da vida, 259; e Spitsbergen, 288; e Stálin, 15-7, 34, 74, 76, 91, 97, 244, 247; e Tchékhov, 80, 83, 228, 246-7; e trabalho forçado, 273; e Trótski, 72-4, 76, 98; e Nikolai Vavílov, 137, 147; em Vólogda, 243-7

Mólotova, Svetlana, *ver* Scriábin

Mólotovsk (Severodvinsk), 85, 269

Mongólia, 84, 295, 314, 317, 319-1, 325

More, Thomas (1478-1535), 129

Morózov, Nikolai Aleksándrovitch (1854--1946), 90

Mozart, Wolfgang Amadeus (1756-1791), 313

Mundo da Arte, movimento, 143, 153

Munique, 100

Murátov, Pável Pavlovitch (1881-1950), 42, 143, 153

Muraviov, Nikita Mikháilovitch (1795--1843), 249

Muraviov-Apóstol, Serguei Ivánovitch (1796-1826), 249

Museu Politécnico, 215

Museu Púchkin de Belas Artes, 18, 172, 334

Museu Riokh, Moscou, 172

Museu Rumiántsev (Biblioteca Lênin, Biblioteca Estatal de Russa), 24, 334

Museu Schussiév de Arquitetura, 34

Museu Zoológico, 34

N

Nakhímov, Pável Stiepánovitch, almirante (1802-1855), 117

Nansen, Fridtjof (1861-1930), 269

Napoleão Bonaparte (1769-1821), 21, 47, 57, 59, 150, 160, 206; caixa de rapé de, 51; derrota de, 224, 249, 338; invasão de Moscou, 36, 39, 42, 47, 98, 109-10; em Liev Gumilióv, 323

Nedvígovka, 221-22

Neglínnaia, rio, 35, 37, 108-9, 116

Neglínnaia, rua, 114-16, 151

Nekrássov, Nikolai Alekseievitch (1821--1878), 83, 86, 203

NEP (Nova Política Econômica), 61-2, 76, 88-9, 90-1, 241, 283-4, 314
Nestor, o cronista (c. 1056-c. 1114), 104
Newton, Isaac (1643-1727), 144
Nicolau I, tsar (1796-1855), 160, 306, 318, 326
Nicolau II, tsar (1868-1918), 90, 115, 142, 152, 204
Nietzsche, Friedrich (1844-1900) 100, 162, 221-22, 233
Niévski, Vladímir Aleksándrovitch, 25, 334
Níjni Kislóvski, travessa, 209
Níjni Nóvgorod, 53
Nikítski, Bulevar, 59, 280, 339
Nikítski, Portas, 60
Nikólina Gorá, 128-9
Nikólskaia, rua, 142
Níkonov, Aleksei Dmítrievitch (1917-1992), 169
Níkonov, Viatcheslav Alekseievitch, (1956-), 80, 87, 246
NKVD, 95, 97, 117, 120, 138, 147-8, 277, 335; prisões em Nóvgorod, 161; em Taganrog, 231
Nolinsk, 85
Norilsk, 120, 275-6, 322
Noruega, 265, 288-90, 293
Nova York, 59, 148, 253, 338
Nóvaia Ziémlia, 269-70, 275, 285
Novorossíisk, 205
Novotcherkassk, 236-7

O

Ochánin, Liev Ivánovitch (1912-1997), 282-3
Odessa, 53-4, 206-7, 222
OGPU, 72, 92, 147
Oldenburg, Sergei Fiódorovitch (1863--1934), 92, 116, 232
Olkhon ilha, 298
Omsk, 181, 195
ONU (Nações Unidas), 97, 128, 179
Orenburg, 120
Orientalismo, 23, 99
Orlov, família, 36
Otan, 175, 203

Otten, Elizavieta Emiliévna, 31, 54-9
Oxford, 16, 266

P

Palácio Alferaki (museu regional de Taganrog), 228, 230, 233
Pallas, Peter Simon (1741-1811), 33, 300
Paracelso (1493-1541), 106
Paris, 20, 51, 63, 79, 105-6, 110, 115, 121-2, 215, 270, 290, 301
Partido da União Russa, 333
Pascal, Blaise (1623-1662), 140
Pasternak, Boris Leónidovitch (1890-1960), 16, 24, 88, 200-1, 272, 294, 331, 345-6
Pasternak, Leonid Óssipovitch (1862-1945), 24
Pater, Walter (1839-1894), 143
Pávlov, Ivan Pietróvitch (1849-1936), 183, 185-6, 189-9, 285, 334
Pedro I, tsar (o Grande) (1672-1725), 103, 104, 154, 176, 178, 292; e os cossacos, 212; estátua em Arkhánguelsk, 261; e Marinha, 224;e Taganrog, 229
Península de Kola, 271, 279, 282, 285
Pequim, 242, 320
Perediélkino, 263
Perm (Mólotov), 85, 132
Pérsia, 76, 161, 212, 342
Petrogrado, 58, 60, 258, 266, 271
Petrovka, rua, 89, 115-6, 197
Piatakov, Gueórgui Leónidovitch (1890--1937), 91
Pierin, Nóvgorod, 170-5
Piéstel, Pável Ivánovitch (1793-1826), 159
Pionguiangue, 242
Pirojkova, Antonina Nikoláievna, 207
Platão (428 a.C.-348 a.C.), 129, 140, 144, 334
Plekhánov, Gueórgui Valentínovitch (1857--1918), 87-8
Pobedonóstsev, Konstantin Pietróvitch (1827-1907), 183, 193
Poe, Edgar Allan (1809-1849), 83
Politburo, 33, 39, 49, 69, 82, 91-2, 94, 98, 118, 244, 262
Politkóvskaia, Anna Stiepánovna (1958--2006), 217-8

Polônia, 23, 98, 205-6
Polónski, Iákov Pietróvitch (1819-1898), 224-5
Polónski, Viatcheslav Pávlovitch (1886--1932), 71, 190, 207
Ponomariov, Vassíli Sergueievitch (1907--1978), 168-70
Power, Rhoda (1890-1957), 199-200
Praça Vermelha, 18, 39, 52, 57, 61, 212-3, 340
Prada, Miuccia, 343
Preobrajiénski, Evguiêni Alekseievitch (1885-1937), 59
Pretchístienka, rua, 113-4
Proust, Marcel (1871-1922), 20, 26, 65
Pskov, 52, 164
Puccini, Giacomo (1858-1924), 217
Púchkin, Aleksandr Sergueievitch (1799--1837), 21-2, 45, 154, 172, 313, 324, 327, 334, 347; na antologia cossaca, 215; sobre Bátiuchkov, 249; Casa de Púchkin, Instituto de Literatura, 162; e contos de fada, 248; e dezembristas, 304, 308, 310; *Evguiêni Oniéguin*, 21, 59, 83, 88, 101, 264, 302-3; Khodorkóvski sobre, 311; Mólotov e, 246; *Ruslan e Liudmila*, 101, 102, 110, 219; Serguei Vavílov lê, 141, 144; estátua de, 182, 339; e Stienka Rázin, 212-3; em Taganrog, 233; *Viagem a Azrum*, 110, 114, 116, 138
Púchkin, praça, 339
Pugatchov, Emilian Ivánovitch (*c.* 1742--1775), 213
Pútin, Vladímir Vladímirovitch (1952-), 25, 48, 173, 313, 332, 341; e Andrópov, 118; e Chámbala, 173, 278; culto a, 180; e Frota do Norte, 286; e Khodorkóvski, 159, 173, 179, 332-3; e *o Kursk*, 285; e Medviédev, 268, 338; e *nach* (grupo jovem), 12, 333; Politkóvskaia sobre, 218; segunda eleição de, 338; e vale de Túnkin, 298

Q

Quirguistão, 85, 151

R

Radek, Karl Bernárdovitch (1885-1939), 89, 251, 258, 339
Radíshchev, Aleksandr Nikoláievitch (1749--1802), 159
Raiévski, Nikolai Nikoláievitch, general (1771-1829), 309
Rakhmáninov, Serguei Vassílievitch (1873--1943), 114, 227
Rakhmanóvski, travessa, 111
Ransome, Arthur (1884-1967), 251
Razin, Stiepan (Stienka) Timofeievitch (1630-1671), 212-3
Razumóvski, Aleksei Grigoriévitch, conde (1709-1771), 35, 44
Razumóvski, Kirill Grigoriévitch, conde (1728-1803), 105
Reed, John (1887-1920), 60
Rehbinder, Piotr Aleksándrovitch (1898--1972), 122-3
Reilly, Sidney (1873/74-1925), 31, 52-9, 234, 258-9; morte de, 234
Riazan, 110
Ribbentrop, Joachim von (1893-1946), 97
Rice Burroughs, Edgar (1875-1950), 293
Richter, Zinaída Vladímirovna (1890-1967), 283-4
Rio Don, 53, 198-205, 209-15, 218-9, 222-4, 229, 236, 275, 295, 322; primeiros mapas do, 229
Rio Duína, 261, 264, 268
Riokh, Nikolai Konstantínovitch (1874--1947), 172-5, 301, 317
Rojdiéstvenka, rua, 116
Rokossóvski, Konstantin Konstantinovich (1896-1968), 31, 318, 333
Rolland, Romain (1866-1944), 314
Roma, 168, 247
Románov, Nikita Ivánovitch (boiardo) (*c.* 1607-1654), 35, 44
Rossolimo, Grigóri Ivánovitch (1860-1928), 125-6
Rúbakin, Nikolai Aleksándrovitch (1862--1946), 276, 334
Rubens, Peter Paul (1577-1640), 253

Rublióv, Andrei (*c.* 1350-1428), 83, 153-4, 253
Rúdzutak, Ian Érnestovitch (1887-1938), 91
Ruskin, John (1819-1900), 143
Russo-japanesa, guerra, 93, 204
Russo-turca, guerra (1828-1829), 110
Russo-turca, guerra (1877-1878), 43, 50, 228
Rutherford, Ernest (1870-1938), 122
Riazánov, David Boríssovitch (1870-1938), 71, 81, 88, 94-5, 148

S

Sacalina, ilha de 295
Saian, montes, 295, 298-9, 301, 303, 307, 322
Sákharov, Andrei Dmítrievitch (1921-1989), 123-4, 129, 136-7, 140, 311
Samotiótchni, canal, 108
Sanches, António Ribeiro Nunes (1699--1783), 105-7, 109, 113, 315
Sands, Edward (1922-1994), 20-1, 26, 216, 264-5, 272, 280, 282, 304, 319, 326, 335
Sandunov, Sila Nikoláievitch (1756-1820), 107-9, 112, 115
Sandunova, Elizavieta Semiónovna (1772--1826), 102, 108-9, 111
São Mikhail de Klópski (m. 1453 ou 1456), 157
São Petersburgo, 43, 58, 61, 87, 104-5, 108, 121, 132, 154, 169, 186, 193-4, 196, 204-5, 211, 221-3, 228, 241, 249, 255, 283, 305
São Savva Storojiévski (m. 1407), 105-1
São Sérgio de Rádonej (*c.* 1320-1392), 44, 150
Saratov, 94, 137, 148
Sávinkov, Boris Víktorovitch (1879-1925), 234, 240, 259
Sávvino-Storojiévski, mosteiro, 149, 152-3
Scherbakov, Aleksandr Sergueievitch (1901--1945), 297
Schmidt, Otto Iúlievitch (1891-1956), 232, 261-3, 274-8, 334
Schmidt, Sigurd Ottovich (1922-2013), 232
Schubert, Aleksandra Ivánovna (1827-1909), 188
Schúsev, Aleksei Víktorovitch (1873-1949), 126

Sedov, Gueórgui Iákovlievitch (1877-1914), 274-5
Sedova, Natália Ivánovna (1882-1962), 72
Segunda Guerra Mundial (Grande Guerra Patriótica), 30, 76, 159, 170, 191, 223, 262, 286
Selenguinski, 324-5, 328
Selengá, rio, 316, 321, 324
Serebriakov, Leonid Pietróvitch (1887--1937), 62, 9, 128
Serebriakova, Galina Iossífovna (1905-1980), 62, 118, 128
Serov, Valentin Aleksándrovitch (1865-1911), 125, 269
Shakespeare, William (1564-1616), 86, 254
Shaw, George Bernard (1856-1950), 83
Shelley, Percy Bysshe (1792-1822), 86, 140
Símonov, Konstantin Mikháilovitch (1915--1979), 254, 282-3
Síria, 216
Sívtsev Vrájek, travessa, 90
Skadóvski, Serguei Nikoláievitch (1886--1962), 125-7
Skriábina, Svetlana Viatcheslávovna (1926--1986), 79, 87
Smidóvich, Piotr Guermoguiénovitch (1874-1935), 30
Sóbol, Andrei (Iuli) Mikháilovitch (1888--1926), 60
Sokólnikov, Gregori Iákovlievitch (1888--1939), 31, 62, 91
Soljenítsin, Aleksandr Issáievitch (1918--2008), 67
Soloviov, Vladímir Sergueievitch (1853--1900), 24
Solovki, 254, 264, 271
Spengler, Oswald (1880-1936), 89, 93, 99, 100, 103-4, 107, 109, 111, 115
Speránski, Nikolai Sergueievitch (1857--1909), 125
Sriétenka, rua, 135
Stálin, Ióssif Vissariónovitch (1878-1953), 84, 117-20, 122, 312, 335; devoção de Budiónni por, 204; e ciência, 126-8, 131, 136-8, 140, 144-5, 147; e coletivização, 203-4; consolida o poder, 62, 337; culto a, 84, 301; e Frunze, 30; Grande Terror

25, 32-3, 38, 94-5; *História do Partido Comunista*, 82; Jemtchújina e, 96; e a mulher de Kírov, 77; como leitor, 81-2, 88; e Mólotov, 16-7, 34-5, 74, 76, 78, 91, 97, 244-5; e Pávlov, 183; e Plekhánov, 88; e reconstrução de Moscou, 36; e religião, 315; e Segunda Guerra Mundial, 30-1, 40, 279; no "Testamento" de Lênin, 254; e tortura, 95; e Trótski, 69-73, 78-80, 89, 206; e Vichínski, 128-9

Stanislávski, Konstantin Sergueievitch (1863-1938), 51, 58

Stankiévitch, Nikolai Vladímirovitch (1813-1840), 177

Stankiévitch, Aleksandr Vladímirovitch, 177

Stáraia Plóschad (praça antiga), 35

Starotcherkásskaia, 209

Stempkovski, Ivan Alekseivitch (1789-1832), 222-3

Stolípin, Piotr Arkádievitch (1862-1911), 246

Strabo (63 a.C.-c. 24 d.C.), 220-2

Strákhov, Nikolai Nikoláievitch (1828-1896), 177, 335

Stravínski, Igor Fiódorovitch (1882-1971), 172

Stroganov, conde Serguei Grigórievitch (1794-1882), 223

Suvórin, Aleksei Sergueievitch (1834-1912), 226

Suvórov, Aleksandr Vassílievitch, marechal, 117

Swift, Jonathan (1667-1745), 292

T

Tachkent, 146

Tagore, Rabindranath (1861-1941), 90, 239, 314

Tajiquistão, 85

Talko-Grintsevitch, Iulian Dominókovitch (1850-1936), 329

Tambov, 93

Tanais, 201-2, 219-21, 223

Tasso, Torquato (1544-1595), 249

Tchaadáiev, Piotr Iákovlievitch (1794-1856), 305-6, 311

Tchaikóvski, Iliá Pietróvitch (1795-1880), 187

Tchaikóvski, Piotr Ilitch (1840-1893), 125, 276

Tchecoslováquia, 76, 78

Tchékhov, Anton Pávlovitch (1860-1904), 22, 26, 50, 77, 112; "A dama do cachorrinho", 238; "A estepe", 135, 155, 220, 226-7; "Beldades", 219-20; e Dostoiévski, 226; "Fortuna", 223-4; e Guiliaróvski, 50; infância, 221; Mólotov lê, 80, 83, 246-7; "Na bánia", 113, 115, 226; "O cossaco", 226; *O jardim das cerejeiras*, 238; Olga Knipper, 51, 114; "Os nervos", 199; e "No caminho", 227; na Sibéria, 295, 299, 308; no sul, 219, 225-6, 230, 231, 235;e Zvenígorod, 124-6

Tcheliúskin, 276-8

Tcherenkov, Pável Alekseievitch (1904-1990), 294

Tchitá, 304-5, 310, 313, 319, 327

Tchitchérin, Gueórgui Vassílievitch (1872-1936), 318

Tchkhvartichvíli, Grigóri Chalvóvitch (Boris Akunin) (1956-), 311-2

Tchúiev, Félix Ivánovitch (1941-1999), 66, 78, 80, 88, 93, 257, 272; sobre os livros de Mólotov; 82-3; sobre os sonhos de Mólotov, 337; sobre Mólotov e literatura, 88, 190; sobre Tchékhov, 228, 247

Teatro Bolchoi, 39, 54, 116, 142

Teatro de Arte de Moscou, 18, 50-1, 55, 56, 59, 126

Téffi (Nadiéjda Aleksándrovna Lokhvítskaia) (1872-1952), 125

Teófanes, o Grego (c. 1340-c. 1410), 161, 253

Tevossian, Ivan Fiódorovitch (1902-1958), 31

Tibete, 169, 173, 320

Ticiano, 153

Tiesenhausen, barão Vladímir Gustavovitch von (1825-1902), 223

Tíflise, 108, 110

Timiriázev, Kliment Arkádievitch (1843-1920), 146-7, 246, 335

Timiriázev, Konstantin Klimentiévitch, 131

Timochenko, Semion Konstantínovitch, marechal (1895-1970), 30

Tiútchev, Fiódor Ivánovitch (1803-1873), 144

Togliatti, Palmiro (1893-1964), 31
Tokhtamich, Khan (m.1405), 150
Tolkien, J. R. R. (1892-1973), 175
Tolstói, Liev Nikoláievitch (1828-1910), 24, 125, 189, 226, 246, 335; *Anna Kariênina*, 238; *Os cossacos*, 211-2, 215, 230; sobre contos de fada, 248; em Chalámov, 254; *Guerra e paz*, 206, 327
Tómski, Mikhail Pávlovitch (1880-1936), 91
Toscana, 69, 343
Tretiakov, galeria, 152-4
Trótski, Liev Davídovitch (1879-1940), 30-1, 33, 38, 53, 54, 60-1, 81, 260; *A revolução traída*, 73, 76-7, 274; na biblioteca de Mólotov, 89, 91; e os cossacos, 205; e o Exército Vermelho, 317, 340; na rua Granóvski, 69, 70-4, 200, 238, 342; e *luxe*, 241
TsUM, 39
Tsushima, batalha de, 142
Tsvetaiev, Ivan Vladímirovitch (1847-1913), 334
Tsvetáieva, Marina Ivánovna (1892-1941), 16, 119, 334; Chalámov e, 253-4; correspondência com Pasternak 200-1, 294, 331; "O Don", 215; "Passagem livre", 213; dissertação de Politkóvskaia sobre, 218; e Púchkin, 339; "Versos citas", 201; e Stienka Rázin, 213
Tsvetnoi, bulevar, 111
Tukhatchévski, Mikhail Nikoláievitch, marechal (1893-1937), 62, 95-6
Tula, 110, 230
Tunká, 294-5, 298, 304
Turguêniev, Ivan Sergueievitch (1818-1883), 19, 339
Turquia, 114, 147, 216, 228
Tverskoi, bulevar, 33, 339
Tverskáia, rua, 29, 39, 62, 64-5, 142, 285; albergue da, mosteiro Sávvino--Storojiévski na, 150; Púchkin vive na, 102; Tsvetáieva na, 339-40; salão Zinaída Volkónskaia, 310, 327

U

Ucrânia, 38, 52, 74, 92, 290
Ulan Bator, 242

Ungern-Sternberg, Roman Nicolaus Fiódorovitch von (1886-1921), 317-8
Urais, 85
Uspénski, Savva Mikháilovitch, 151-2
Ustreka, 176

V

Varga, Evguiêni Samúilovitch (1879-1964), 89
Vassílievski, Aleksandr Mikháilovitch, marechal (1895-1977), 30
Vavílov, Nikolai Ivánovitch (1887-1943), 136, 140, 145-8
Vavílov, Serguei Ivánovitch (1891-1951), 126, 136-8, 140-5; e conservação, 154-5; e Iakúchkin, 304-5; na Itália, 149; e Tcherenkov, 294
Velhos crentes, 211, 327
Veneza, 143, 161, 249
Verne, Júlio (1828-1905), 254, 293
Verona, 143
Vesselóvski, Nikolai Ivánovitch (1848-1918), 223
Viázemski, Piotr Andreievitch (1792-1878), 249
Vichínski, Andrei Ianuariévitch (1883--1954), 31, 60, 62, 96, 120, 124, 334, 339; datcha, 129, 130; e Manuílski, 128, 129; septuagésimo aniversário de Stálin, 138; e Nikolai Vavílov, 137
Viena, 270
Vladivostok, 52
Voentorg (loja militar de departamentos), 19, 39, 41-2, 319, 338
Volga, rio, 52, 210, 212-3, 222
Vólkhov, rio, 165, 171, 173-4, 175, 178
Volkónskaia, Maria Nikoláievna (1806--1863), 309, 313, 327
Volkónskaia, Zinaída Aleksándrovna (1792--1862), 102, 310
Volkónski, Serguei Grigórievitch (1788--1865), 307, 309
Volóshin, Maximilian Aleksándrovitch (1877-1932), 201
Voltaire (François Marie Arouet) (1694--1778), 142, 174

Vorkutá, 241
Vorochílov, Kliment Iefremovitch,
   marechal (1881-1969), 30, 80, 81, 96,
   203-4, 206
Voronej, 147
Vorónina, Vera *ver* Firsánova
Vozdvíjenka, rua, 19, 31, 32, 34-5, 42, 47, 61,
   89, 97, 112, 121, 208, 278, 335
Vvediénskoie, 125

W

Webb, Sidney (1859-1947), 264
Wells, Herbert George (1866-1946), 83
Willoughby, Hugh (m.1554), 269
Woolf, Virginia (1882-1941), 21
Wortley Montagu, Lady Mary, 113

X

Xiongnu (Hunos), 321-2

Y

Yukos, 298

Z

Zaporoje, 77
Zaraisk, 110
Zassúlitch, Vera Ivánovna (1849-1919), 194
Zinóviev, Grigóri Evsiévitch (1883-1936),
   91, 124
Ziugánov, Guenádi Andreievitch (1944-),
   332
Známienka, rua, 49
Zóschenko, Mikhail Mikháilovitch (1895-
   -1958), 125
Zvenígorod, 26, 119, 123-5, 137, 139, 295;
   Sávvino-Storojiévski, mosteiro, 149,
   150-3, 155
Zvonarski, travessa, 114

Molotov's Magic Lantern © Rachel Polonsky, 2010

Todos os direitos desta edição reservados à Todavia.

Grafia atualizada segundo o Acordo Ortográfico da Língua
Portuguesa de 1990, que entrou em vigor em 2009.

capa
Ciça Pinheiro
ícones da capa
Mauricio Pierro
mapas
András Bereznay
preparação
Mariana Donner
revisão
Renata Lopes Del Nero
Eloah Pina
revisão de termos russos
Leny Cordeiro
composição
Marcelo Zaidler

Dados Internacionais de Catalogação na Publicação (CIP)
——
Polonsky, Rachel
A lanterna mágica de Mólotov: Uma viagem
pela história da Rússia: Rachel Polonsky
Título original: *Molotov's Magic Lantern:*
A Journey in Russian History
Tradução: Sergio Mauro Santos Filho
São Paulo: Todavia, 1ª ed., 2018
368 páginas

ISBN 978-85-88808-05-8

1. Literatura russa 2. Ensaio 3. Viagem 4. Mólotov
I. Santos Filho, Sergio Mauro II. Título

CDD 891.7
——
Índices para catálogo sistemático:
1. Literatura russa: Ensaio 891.7

todavia
Rua Luís Anhaia, 44
05433.020 São Paulo SP
T. 55 11. 3094 0500
www.todavialivros.com.br

fonte
Register*
papel
Munken print cream
80 g/m²
impressão
Geográfica